Klaus-Josef Notz

Das Lexikon des Buddhismus

HERDER / SPEKTRUM
Band 4700

Das Werk

Der Buddhismus als Weltreligion, die den ganzen asiatischen Kontinent umspannt, prägt Kulturen, die wirtschaftlich und politisch zu den dynamischsten der Erde gehören. Und er trifft seit langem auch im Westen auf zunehmendes Interesse wegen seiner geistigen und spirituellen Kraft. Das neue Lexikon des Buddhismus antwortet auf Erwartungen und Bedürfnisse nach breiterer fundierter religionswissenschaftlicher und buddhismuskundlicher Information. Angesichts der Breite und Vielfalt der unterschiedlichen kulturellen und nationalen Ausprägungen und Verzweigungen und der nicht nur historischen, sondern auch sprachlichen Vielfalt präsentiert das Werk eine plausible Auswahl aus der Fülle des zu berücksichtigenden Stoffes. Es macht sie so für den interessierten Laien zugänglich und nutzbar. Das Lexikon des Buddhismus informiert über die hauptsächlichen Lehrtraditionen und Schulen des Buddhismus wie auch über die historischen Ausformungen in den buddhistischen Leitkulturen. Es berücksichtigt zudem die Rezeption des Buddhismus in der westlichen Hemisphäre. Historisch kompetent und philologisch verläßlich, in objektiver Darstellung und großer Ausgewogenheit hinsichtlich der Traditionen, Schulen und Lehrsysteme bereitet das Werk in über 1200 Artikeln ein umfassendes Wissen gut lesbar für interessierte Laien auf: Die kompetente Basisinformation und die Brücke zu allen Verstehensfragen, die in die praktische und spirituelle Begegnung, in die geistige Auseinandersetzung mit dem Buddhismus und in den heute so notwendigen Dialog der Kulturen und Religionen hineinführen. „Ein Grundlagenwerk für den interreligiösen Dialog und die Ökumene der Religionen" (Professor Eugen Biser). „Wegen der Fülle seines Materials und der sachlich kompetenten Darstellung ist dieses Werk begrüßenswert. Hilfreich und nützlich ist es für Menschen, die sich aufgrund buddhistischer Literatur über Fachausdrücke genauer informieren wollen" (Amoghavajara Karl Schmied).

Der Herausgeber

Klaus-Josef Notz, geb. 1942, studierte Theologie und Soziologie und promovierte mit einer Arbeit über die Rezeptionsgeschichte des Buddhismus in Deutschland in Religionsgeschichte. Als Religionswissenschaftler ist er in der Erwachsenenbildung und mit einem Lehrauftrag an der Universität München tätig.

Das Lexikon des Buddhismus

Grundbegriffe, Traditionen, Praxis

Band 2
N–Z

Herausgegeben
von Klaus-Josef Notz

Herder
Freiburg · Basel · Wien

Gedruckt auf umweltfreundlichem,
chlorfrei gebleichtem Papier

Originalausgabe

Satz: DTP-Studio Helmut Quilitz, Denzlingen
Herstellung: Freiburger Graphische Betriebe 1998
Umschlaggestaltung: Joseph Pölzelbauer
Umschlagmotiv: Mandalay: Mönch beim Anbringen einer
Inschrift im Tempelbezirk, © Achim Bunz
Foto des Herausgebers: © Foto Sessner
ISBN: 3-451-04700-4

N

nāga (Skt/P). Zumeist Bezeichnung für schlangengestaltige, niedere ↗Götter, die häufig in der indischen Mythologie anzutreffen sind u. durchaus unterschiedlichen Charakter tragen (oft als Bewacher verborgener Schätze geschildert). N. kann jedoch gelegentlich auch hohe Wesen, wie ↗arhats u. den ↗Buddha bezeichnen.

L.: P. Wodilla: Niedere Gottheiten des Buddhismus, Erlangen 1928; T. V. Mahalingam: The Nagas in Indian history and culture, JIH 43 (1965), 1–69. (sl)

Nāgārjuna (vermutlich 2.–3. Jh.) kann mit Recht als der bedeutendste Philosoph des ↗Mahāyāna angesehen werden, dessen Einfluß in allen Richtungen des Mahāyāna u. in der Advaita-Vedānta-Schule des ↗Hinduismus greifbar ist. Nicht nur wirkungsgeschichtlich gehört er zu den wichtigsten Philosophen der Menschheit. Über sein Leben ist wenig Gesichertes bekannt (vermutlich war er ein süd-ind. ↗Brahmane), da die Biographien stark legendarischen Charakter tragen u. ihm möglicherweise mit mehreren Personen gleichen Namens vermischen (besonders mit einem buddh. Tantriker aus dem 7. Jh.). Zahlreiche Schriften werden N. zugeschrieben, deren Authentizität allerdings umstritten ist (z. B. Bhavasaṅkrānti, Bodhisambhāraśāstra; Catuḥstava, Daśabhūmikavibhāṣā, Dvādaśanikāya, Mahāprajñāpāramitāśāstra, ↗Mahāyānaviṃśika, Pratītyasamutpādahridayakārikā, Ratnāvali, Suhrillekha, Śūnyatāsaptati, Sūtrasamuccaya, Vaidalyaprakaraṇa, Yuktiṣāṣṭikā). Als unumstritten authentisch gelten ↗Mūlamadhyamakakārikā u. Vigrahavyāvartanī, die auch in Skt erhalten sind. In der Diskussion der traditionsimmanenten hermeneutischen Frage nach dem eigentlichen Wesen der ↗Lehre des ↗Buddha setzt N. einen entscheidenden Einschnitt durch die Einführung der radikalen logischen Kritik. Alle Aussagen, auch die der buddh. Lehre, erweisen sich als deskriptiv unzutreffend, da die logische Analyse unvermeidliche Aporien aufdeckt, die auf das begriffliche Denken selbst zurückgehen. Die buddh. Lehre ist jedoch „relativ wahr“ (doppelte ↗Wahrheit), weil sie zur Erkenntnis (↗prajñā) der höchsten Wahrheit i. S. der ↗śūnyatā-Lehre hinzuführen vermag. Hauptansatzpunkte der logischen Kritik N. bilden die bedeutungstheoretisch gefaßte Interdependenz aller Begriffe sowie die ontologisch gefaßte zeitlich-kausale Strukturiertheit aller Gegebenheiten. Beide Ansatzpunkte sieht N. im ↗pratītyasamutpāda enthalten, weshalb er dessen Aussageintention mit der śūnyatā-Lehre identifiziert.

A.: Madhyamakvṛttih, M.s (Madhyamikasūtras) de Nāgārjuna avec la Prasannapadā commentaire de Candrakīrti, éd. L. de La Vallée Poussin, St.-Pétersbourg 1903–13 (BBu 4); Mūlamadhyamakārikāḥ, ed. J.W. de Jong, Madras 1977; Madhyamakaśāstra, ed. P.L. Vaidya, Darbhanga 1960 (BST 10); Vigrahavyāvartanī, ed. E.H. Johnston, A. Kunst, MCB 9 (1951), 99–152; engl. Übers. v. K. Bhattacharya in Journal of Indian Philosophy, 1 (1972) 217–261. – Ü.: M. Walleser: Die mittlere Lehre (Madhyamikaśāstra) des N., nach der tib. Version übertr.; ders.: dass., nach der chin. Version übertr. 1911–12 (Die buddh. Philosophie in ihrer geschichtl. Entwicklung, 2–3); Le Traité de la Grande Vertu de Sagesse de N. [Mahāprajñāpāramitāśāstra], tr. E. Lamotte, 5 Bde., Louvain 1944–80 (BM 18, PIOL 2, 12, 24); C. Lindtner: N.s filosofiske vaerker, Kopenhagen 1982. – L.: K. Venkata Ramanan: N.‘s Philosophy as Presented in the Mahāprajñāpāramitāśāstra, Rutland – Tokyo 1966 (Neudr. Delhi 1975); T.R.V. Murti: The Central Philosophy of Buddhism, London 21960 (Nachdr. 1968); F.J. Streng: Emptiness, Nashville 1967; K.K. Inada: N., Tokyo 1970; Jan Yün-hua: N., one or more? A new interpretation of Buddhist hagiography, History of Religions 10 (1970), 139–155; M. Sprung (Hg.): The Problem of Two Truths in Buddhism and Vedanta, Dordrecht 1973; V. Fatone: The Philosophy of N., Delhi 1981; D. Seyfort Ruegg: The Literature of the Madhyamaka School of Philosophy in India, 1981; C. Lindtner : Nāgārjuniana, Copenhagen 1982; T. Vetter: Die Lehre N.s in den Mulamadhyamikakarikas, in: Epiphanie des Heils, Wien 1982, 87–108; ders.: Zum Problem der Person in N.s Mūlamadhyamika-kārikās, in: Offenbarung als Heilserfahrung in Christentum, Hinduismus u. Buddhismus, 1982, 167–185; G. Bugault: Logic and Dialectics in the Madhyamikakārikās, Journal of Indian Philosophy, 11 (1983), 7–76; D. J. Kalupahana: N., New York 1986; P. Schmidt-Leukel: Logische Kritik und mystische Erfahrung bei N., in: ders.: A. Kreiner (Hg.). Religiöse Erfahrung und theologische Reflexion, 1993; E. Frauwallner: Die Philosophie des Buddhismus, 41994. (sl)

Nāgārjunikoṇḍa, auch: Nāgārjunakoṇḍa; heute nicht mehr erhaltene ind. Stadt stromaufwärts von ↗Amaravati. Ab dem 1.–2. Jh. n. Chr. wurde N. zu einem der bedeutendsten Zentren des Buddh. der Āndhra-Kultur mit mehreren Klöstern. Nach einigen Quellen soll ↗Nāgārjuna in N. gelebt haben u. gestorben sein. (sl)

Nālāgiri, Name des Arbeitselefanten, der auf Anstiftung des ↗Devadatta auf den ↗Buddha losgelassen wurde, um ihn zu töten (Cv 7,3,11–12). Topos der Erzählung, die im Kern historisch sein könnte, ist die alles bezwingende Macht der Güte (↗mettā). (no)

Nālandā, nordöstl. von ↗Bodh-Gayā gelegene Stadt, die ab dem 5./6. Jh. zur bedeutendsten buddh. Klosteruniversität ↗Indiens wurde. In N. lehrten vor allem wichtige Vertreter der ↗Yogācāra-Schule, wie z. B. ↗Dignāga, Dharmapāla, Śīlabhadra u. ↗Dharmakīrti, aber in späterer Zeit auch Vertreter der ↗Mādhyamika-Schule wie ↗Śāntideva u. ↗Śāntirakṣita. Ab dem 7./8. Jh. wurde N. auch zu einem Zentrum tantrischer Studien (↗Tantrismus), dann jedoch bald von ↗Vikramaśīla an Bedeutung übertroffen. Eine lebendige Schilderung des Lebens in N. hat ↗Hsüan-tsang, der dort 633 unter Śīlabhadra studierte, hinterlassen. Ende des 12. Jh. wurde N. im Zuge der muslimischen Invasionen zerstört.

L.: H. D. Sankalia: The Unversity of N., Madras 1934. (sl)

nāma-rūpa (Skt/P), Inbegriff der 5 körperlich-geistigen Konstituenten der empirischen Persönlichkeit in der buddh. Anthropologie (↗skandha), das sind die 5 Daseinsgruppen, nämlich Körper (rūpa) u. Geistigkeit (↗nāman). n.-r., wörtlich: „Benennung u. Gestalt", begegnet als 4. Glied des 12gliedrigen Satzes der Entstehung in Abhängigkeit (↗pratītyasamutpāda, paticcasamuppāda) als durch Bewußtsein bedingt u. selbst Grundlage der 6 Sinnesbereiche Sehen, Hören, Riechen, Fühlen, Schmekken u. Denken. (no)

nāman (Skt, P nāma), Name, Benennung (wie lat. nomen u. althochdt. namo). Begriff aus der buddh. Anthropologie zur Bezeichnung der geistigen Anteile der ↗Person, nämlich: Gefühl, Wahrnehmung, Willensstrebungen, Selbstbewußtsein (Daseinsgruppen, ↗skandha, ↗nāma-rūpa). (no)

namu-Amida-butsu (jap., Skt namo Amitābhāya Buddhāya), wörtlich: „Verehrung dem Buddha ↗Amitābha“. n. ist im ↗Amida-Buddh. die Verehrungsformel ↗Amidas. Durch sie erlangt der Vertrauende nach dem ↗Sukhāvatīvyūha-Sūtra aufgrund des Ur-Gelübdes Amidas die Hingeburt ins ↗Reine Land. In der ↗Jōdo-Shinshū ist n. zugleich der eigentliche Name Amidas. (sl)

Nan-ch'üan P'u-yüan (jap. Nansen Fugan), chin. Vertreter der ↗Ch'an-Schule (Nan-ch'üan); 745–834. Sein Lehrer war ↗Ma-tsu, seine Schüler waren ↗Tung-shen, Ch'ang-sha Ching-ts'en u. ↗Chao-chou. N. Spruchsammlung „Nan-ch'üan yü-lu“ ist teilweise im „Ch'uan-teng-lu“ (↗Tao-yüan) enthalten. (so)

naraka (Skt, P niraya), der „abwärts führende Weg“ zur „Hölle“, die allerdings aus der Karma-Lehre (↗karma) heraus als zeitlich begrenzt verstanden wird. n. bezeichnet den Zustand des Leidens schlechterdings (↗Leiden) u. gehört zu den 4 niederen Existenzebenen (apāya, ↗saṃsāra). (no)

Nara-rokushū, „die 6 Sekten von Nara“, die 6 Schulen der buddh. Frühzeit in ↗Japan, entsprechend den hauptsächlichsten buddh. Traditionen in ↗China, so benannt nach der Hauptstadt der damaligen historischen Epoche Nara (710–794). Diese sind: 1. die Sanron-Schule (625), die auf der ↗Mādhyamika-Schule fußt; 2. die Jōjitsu-Schule (625), die methodisch-analytisch dem ↗Hīnayāna folgte, inhaltlich aber das mahāyānische Leerheitskonzept (↗śūnyatā, ↗Mahāyāna) vertrat; 3. die Hossō-Schule (654), die jap. Variante der ↗Yogācāra-Schule; 4. die Kusha-Schule (658), die auf dem ↗Abhidharmakośa des ↗Vasubandhu fußte; 5. die ↗Kegon-Schule (730), die ursprünglich Huayan-Schule hieß u. sich lange als eine der Hauptschulen in Japan behauptet hat; u. 6. die Ritsu-Schule (jap. Risshū), die die mönchische Observanz u. den ↗vinaya pflegte. (no)

Nāropa (Skt, tib. na ro pa), ind. Tantriker adeliger Herkunft (956–1040) (!), vorübergehend Lehrer an der buddh. Universität ↗Nālandā, Schüler des ↗Tilopa u. Hauptlama des ↗Marpa. Anfangs der Schwarzen Magie verpflichtet, wird er von seinem ↗Guru auf einen mit den undenklichsten Beschwernissen gespickten Pfad der Läuterung geschickt, der ihn schließlich mit Hilfe außergewöhnlicher yogischer Techniken, die in den ↗„Sechs Lehren des N." überliefert sind, zur Befreiung führt.

L.: H. Hoffmann: Tibet, o. J. (Orient. Series 5); A. Grünwedel: Die Legenden des Nā.ro.pa ..., 1933; H.V. Guenther: The Life and Teaching of N., Oxford 1963. (ev)

Nat (burmesisch), in ↗Burma einheimische Vorstellung von National- u. Naturgöttern, die im burmesischen Volksbuddh. eine große Rolle spielen. Man unterscheidet Familien-, Dorf-, regionale u. nationale N. Heiliger Ort des N.-Kultes, der vom Buddh. akkommodiert wurde, ist der Berg Popa nahe bei Pagan. Die im ↗Pāli-Kanon genannten ↗devas sind in Burma mit den N. identifiziert, daneben gibt es Naturgottheiten, die in Bäumen, Gewässern, auf Bergen wohnend gedacht sind. Sie stehen den Menschen häufig feindlich oder ambivalent gegenüber. (no)

Nationalismus. Der Begriff N. hat sich im 19. Jh. in Europa entwickelt zur Beschreibung eines politischen Bewußtseins, das auf staatlich-völkische Besonderheit, innere Homogenität u. gleichzeitige äußere Abgrenzung zielt. Die Kolonialstaaten haben nationalistisches Denken ‚exportiert'. Jedoch unterscheidet sich asiat. N. vom europ. durch eine zusätzliche Identitätsproblematik, die aus der Kolonialsituation der Vergangenheit u. der gegenüber Europa noch beschleunigten technisch-wirtschaftlichen Revolution herrührt. In den Theravāda-Ländern ist der Buddh. in den Mittelpunkt nationaler Identifikation gerückt, die der doppelten Überfremdung durch Kolonialstaat u. Christentum entgegengestellt wurde. Die gegenwärtigen Konflikte in Sri Lanka sind stark durch diese religiös-nationale Verknüpfung geprägt. In ↗Japan verhält sich der Buddh. eher distanziert zum ebenfalls dominanten N. (bo)

nembutsu (jap., Skt buddhānusmriti), wörtlich: „Achtsamkeit (↗sati) auf den ↗Buddha richten", bezeichnet n. im ↗Amida-Buddh. das Denken an u. das Aussprechen des Namens ↗Amidas: ↗namu-Amida-butsu. Im n. artikuliert sich das Vertrauen auf ↗tariki. Nach ↗Shinran gilt es, das n. durch die Praxis von ↗Güte u. ↗Mitleid „zu leben“.

L.: D. T. Suzuki: Der Weg zur Erleuchtung, 1957. (sl)

Nembutsu-Sekte, jap. yūzū Nembutsu, die 1. amidische Schule (↗Amitābha, ↗Amida, ↗Amidismus) in ↗Japan, 1124 von Ryōnin gegründet. ↗Erlösung, so lehrte Ryōnin, sei nur zu erlangen durch die beständige Rezitation des ↗nembutsu (bis zu 60 000 mal täglich.). (no)

Neokonfuzianismus. Der N. begann mit einer Throneingabe von Han Yü 803, in der er die Rückbesinnung auf die einheimischen Kulturgüter des klassischen Altertums (Chou-Zeit, bis 221 v. Chr.) vertrat. Als Reaktion auf die Vormachtstellung des Buddh. wollte er die Philosophie von Konfuzius u. Menzius zur Orthodoxie erhoben wissen. – In der Sung-Zeit war der N. stärker vom Taoismus beeinflußt. Maßgeblich wurde das „Buch der Wandlungen“. In der Ming-Zeit war der N. vom Buddh. beeinflußt, besonders aus der ↗Ch'an-Schule. In dieser Epoche beschäftigte man sich in neokonfuzianischen Kreisen mit der Subjektivität (hsien-hsüeh, das ist die Gelehrsamkeit vom Geist).

L.: C. Chang: The Development of Neo-Confucian Thought, 2 Bde., New Haven 1963. (so)

Neotaoismus ist eine geistige Strömung der Wei-Chin-Zeit (220–420, eine Zeit der Zersplitterung Chinas), die gegen die konfuzianische ↗Scholastik der Han-Zeit gerichtet war u. sich aus der Philosophie des Lao-tzu ableitete. Der N. bestand in 2 Richtungen als Hsüan-hsüeh („Gelehrsamkeit vom Dunklen“, das ist die Metaphysik) u. ch'ing-t'an („reine Gespräche“, d. h. abstrakt, ohne sozialen u. politischen Bezug). Erstere interpretierte taoistische u. konfuzianische Werke in synkretistischer Manier, letztere pflegten Disputationen, romantische Wanderungen, Dichtung, Trunkenheit u. Unkonventionalität. Kernbegriffe des N. sind wu (Nichtsein als transzendentes Sein) u. tzu-jan (Natur, Natürlichkeit), seine Hauptvertreter sind Wang Pi, Ho Yen, Kuo Hsiang. Der N. verband sich in S-China mit dem Buddh. (↗Tao-an). (so)

Nepal. Königreich auf der Südseite des ↗Himalaya, nördl. an ↗China (Tibet), östl. an ↗Sikkim, südl. u. westl. an ↗Indien grenzend, Flächenausdehnung 147 181 km² mit 18 100 000 Einwohnern (1989) unterschiedlicher Ethnie (Gurkha, Newar, Sherpa, Gurung, Tamang, Kiranti u. a.). Hauptstadt ist Kathmandu, Staatsreligion ist der Hinduismus, etwa 7 % der Bevölkerung gilt als buddh. – Etwa 400 bis 350 v. Chr. wurde ↗Buddha Śākyamuni im südnepalesischen ↗Lumbini geboren, der Buddh. erlebte unter den ↗Licchavi-Fürsten im 2.–8. Jh. zusammen mit dem Hinduismus eine Blütezeit, seine Anhänger wurden jedoch etwa 800 unter dem hinduistischen 7. Shankaracharya zu einem großen Teil zwangskonvertiert. Nach einer Aufsplittertung in zahllose kleine Fürstentümer während der Thakuri-Dynastien (um 750–1200) ergriffen die frühen (etwa 1200–1482) u. späten Malla-Herrscher (1482–1768) die Macht. Durch ihren Handel mit ↗Tibet wirtschaftlich gestärkt, errichteten letztere die 3 im Kathmandu-Tal gelegenen Stadtkönigtümer Kathmandu, Patan u. Bhaktapur, deren kunstvoll gestaltete Tempel, Pagoden u. Verehrungsschreine zu den herausragenden Kunstschätzen der nepalesisch-newarischen Kultur zählen. – 1768 eroberten die Gurkhas, indo-arische Bergstämme, das Kathmandu-Tal u. gründeten mit der Shah-Dynastie das Königreich N. Auseinandersetzungen mit Tibet (1792) u. den Briten (1815/16) führten zur Schwächung der Monarchie. 1846 erhielt die Familie Rana mit Jung Bahadur das Recht auf die Vererbung des Amtes des Ministerpräsidenten. 1951 wurde das Rana-Regime gestürzt u. Nepal zur konstitutionellen Monarchie nach brit. Vorbild ernannt. Nach allgemeinen Wahlen 1959 löste König Mahendra (reg. 1951–72) das gewählte Parlament 1960 wieder auf u. führte 1962 das Rätesystem (Panchayat) ein. 1972 folgte ihm sein Sohn, König Birendra (geb. 1944). Nach politischen Unruhen im Frühjahr 1990 wurde die Verfassung von 1962 aufgehoben, der König zum konstitutionellen Oberhaupt des Landes ernannt u. am 9. 11. 1990 eine neue, von Parteien getragene, demokratische Verfassung proklamiert. – Nach der Zwangskonversion im 8. Jh. vermochte der Buddh. in N. nur in einer stark hinduisierten Form zu überdauern. Er hatte unbuddh. Tieropfer zu akzeptieren, besaß keine Klöster, die der Befolgung des buddh. Mönchsideals dienen konnten u. bekam nach dem Niedergang des Buddh. in ↗Indien nur noch geringe befruchtende Impulse von Tibet. Lediglich im nordnepalesischen Fürstentum ↗Mustang sowie in den angrenzenden Regionen Dolpo u. Nubri vermochte sich eine weitgehend originäre buddh.-animistische Kultur zu erhalten. N. bedeutendste buddh. Heiligtümer bilden der ↗Swayambunāth-stūpa u. ↗Bodhnāth-stūpa.

L.: L. Petech: Medieval Hist. of N., Rom 1958 (Serie Orient. Roma 10); D.R. Regmi: Medieval N., 4 Bde., Calcutta 1965/6; ders.: Ancient N., Calcutta [3]1969; ders.: Modern N., 2 Bde., Calcutta 1975; W. Donner: N., Raum, Mensch u. Wirtschaft, 1972 (Schriften d. Inst. f. Asienkunde i. Hamburg, 32); P. Pal: The Art of N., 1, Leiden 1974; F.W. Funke: Die Sherpa u. ihre Nachbarvölker, 1978; ders.: Die Sherpa u. i. Nachbarn, 1982 (Khumbu Himal 14), R. Baumgartner: Trecking u. Entwicklung i. Himalaya, 1980 (Konkrete Fremde 2); T. Hagen: N., 1980; M.S. Slusser: N. Mandala, Princeton 1982; B. Kölver, S. Lienhard (Hg.): Schriftenreihe Nepalica 1–7, St. Augustin 1986–1994; L.F. Stiller: The Rise of the House of Gorkha, ... 1768–1816, Kathmandu [2]1975; ders.: The Silent Cry, ... 1816–1839, Kathmandu 1976; M. Brauen (Hg.): N., 1984 (Ethnol. Schriften Zürich 2), R. Shaha: Mod. N. ... 1769–1955, 2 Bde., Delhi 1990; H.-J. Aubert: N., 1992; G. Toffin (Hg.): N., Past and Present, Paris 1993; B. Kölver (Hg.): Aspects of Nepalese Traditions, 1992 (N. Research Center Publications 19); R. Mitra: The Skt Buddhist Literature of N., Calcutta 1882 (Neudr. 1971); C. B. Schresta: Buddhist Geography of Ancient N., Kathmandu 1956; H. Bechert, J.-U. Hartmann: Observations on the Reform of Buddhism in N., Journal of the Nepal Research Center 8 (1988), 1–30; H. Bechert: Report on a Study of Buddhist Revival in N., in: B. Kölver (ed.): Aspects of Nepalese Tradition, 1992, 181–192. (ev)

Nettipakaraṇa (P), wörtlich: „das Buch der Leitung (zur wahren Religion)", nichtkanonische Schrift (↗Kanon) des späteren ↗Theravāda, dessen Verfasserschaft die Tradition dem Mahākaccāyana zuschreibt. Das Werk, um die Zeitenwende entstanden, stellt den frühesten Versuch der methodischen Darstellung der Buddha-Lehre dar (↗Lehre des Buddha). (no)

Neubuddhismus bezeichnet zunächst den buddh. Modernismus, der vornehmlich in ↗Ceylon u. ↗Birma in der 2. Hälfte des 19. Jh. als Gegenbewegung gegen den Kolonialismus u. christliche Mission in erklärter Rückbesinnung auf die eigenen religiösen u. kulturellen Wurzeln einsetzte. Diese Rückbesinnung artikulierte sich in westl. Argumentationsfiguren, wodurch eine Bruchlinie zur überlieferten Tradition entstand. Hervorstechendes Merkmal dieses buddh. Modernismus ist das durchgängige Bemühen, die Vernunftgemäßheit des Buddh. zu erweisen u. seine Kongruenz mit westl. Wissenschaft – bis schlußendlich dahingehend, ihn zum Rationalismus umzumünzen. Früher Vertreter dieser Position war Anagārika ↗Dharmapāla (1864–1933), aber durchaus auch Vertreter des ↗saṅgha in Sri Lanka u. Birma. – Der Exponent eines N. in Deutschland wurde der Arzt Paul Dahlke (1865–1928) mit seiner Gemeinde um die programmatisch so benannte „Neubuddhistische Zeitschrift" (Berlin ab 1917). Zahlreiche seiner Veröffentlichungen setzten sich mit dem Verhältnis zwischen Buddha-Lehre u. abendländischer Wissenschaft auseinander. Dabei verstand sich Dahlkes N. als Kontrastprogramm zum „Altbuddhismus" der „Buddh. Gemeinde für Deutschland" von Georg ↗Grimm (1868–1945) u. Karl ↗Seidenstücker (1876–1936). So versteht Dahlke den von allen legendären Zügen gereinigten Buddh. als „nüchterne Lebenslehre", deren Wert in ihrem „Wirklichkeitsgehalt" liege (Dahlke, 1918). (no)

Neumann, Karl Eugen, geb. 18. 10. 1865 in Wien, gest. 18. 10. 1915 in Wien, Indologe u. Übersetzer von Teilen des ↗Suttapiṭaka des Pāli-Kanons (↗Pāli-Kanon): D, M, Dhp, Thag/Thig, Snip, auszugsweise auch A u. S. In jüngerer Zeit werden die Übers. von N. kritischer beurteilt: Um der Lesbarkeit der Texte willen u. aus sprachästhetischen u. stilistischen Gründen habe er die Genauigkeit der Übers. vernachlässigt. Tatsächlich ging aber von seinen Übers. eine tiefe u. breite Wirkung aus in die sich formierende buddh. Bewegung des dt.-sprachigen Raumes.

Ü.: Die Reden Gotamo Buddhos, 3 Bde., Nachdruck Zürich 1956–57. – L.: H. Hecker: Die Lehre des Buddha u. K.E.N., 1955; ders.: K.E.N., Erstübersetzer der Reden des Buddha. Anreger zur abendländ. Spiritualität, Wien 1986. (no)

Ngawang Losang Gyathso (tib. ṅag dbaṅ blo bzaṅ rgya mtsho), tib. Name des 5. ↗Dalai Lama ↗Tibets (1617–82). Wegen seiner überragenden staatsmännischen Fähigkeiten, der Erbauung des berühmten ↗Potala u. seiner außergewöhnlichen Gelehrsamkeit wird er oft der „Große Fünfte" genannt. Mit seiner

1642 erfolgten Ernennung zum Herrscher über ↗Tibet durch den mongolischen Khoshoten-Fürsten Gushri Khan begründet er die weltliche u. religiöse Herrschaft der ↗Dalai Lamas in ↗Tibet in Form einer „lamaistischen Theokratie". (ev)

nibbāna (P) ↗nirvāṇa

Nichiren (1222–1282) ist einer der großen Reformatoren des jap. Buddh. in der Kamakura-Zeit, auf dessen Lehren sich die ↗Nichiren-Schule gründet. 1237 Ordination zum ↗Tendai-Mönch im Kiyosumi-Tempel (nahe seines Heimatdorfes Kominato). 1240 Übersiedlung nach ↗Kamakura, dort Studium der Lehren des Jōdo- u. Zen-Buddh. 1243–1253 vertieftes Studium der Tendai- u. ↗Shingon-Lehren in den Klöstern des ↗Hiei-Berges u. des Kōya-Berges. 1253 Beginn der öffentlichen Verkündigung in seinem Heimattempel Kiyosumi. Aufgrund heftiger Widerstände Flucht nach Kamakura. 1261–1263 Verbannung nach Izu, danach erneutes Wirken in Kamakura. 1271 wird ein Todesurteil in Verbannung umgewandelt, die N. diesmal in Sado verbringt. Dort entstehen seine wichtigsten Lehrschriften. 1274 Rückkehr nach Kamakura u. bald Beginn eines zurückgezogenen Lebens – umgeben von seinen engsten Schülern – auf dem Minobu-Berg. 1282 stirbt N. in Ikegami (nahe Tokyo). Nach den langen u. ernsthaften Studien der buddh. Lehren seiner Zeit war N. zu der Überzeugung gelangt, daß allein das ↗Lotus-Sūtra die höchste Wahrheit enthalte, die N. vor allem in der Lehre von der transzendenten Buddhaschaft Śākyamunis u. der allgemeinen ↗Buddhanatur erblickte. Fortan sah N. in den anderen, von ihm mit größter Schärfe bekämpften Schulen nur mehr gefährliche Abirrungen von der wahren Lehre – gefährlich auch deshalb, weil N. von einem kausalen Zusammenhang zwischen dem sozio-politischen Wohlergehen ↗Japans u. der Blüte der wahren Lehre ausging. N. verkündete, ohne Ablehnung des intellektuellen Zugangs, die Rezitation des Titels des Lotus-Sūtras u. die Verehrung Śākyamunis als einen auch den ungebildeten Gläubigen möglichen Heilsweg.

L.: M. Anesaki: N., the Buddhist Prophet, 1916 (Neudr. Gloucester/Mass. 1967); G. Renondeau: La doctrine de N., Paris 1953; ders.: Le Bouddhisme japonais, Textes fondamentaux de … Hōnen, Shinran, Nichiren et Dōgen, Paris 1965; F. Masutani: N., Tokyo 1967; Y. Tagaki: N., Tokyo 1970; M. v. Borsig: Leben aus der Lotos-Blüte, 1976; B. Petzold: Buddhist Prophet N., Tokyo 1978; N. Shoshu International Centre, Tokyo, ed.: A Dictionary of Buddhist Terms and Concepts, 1983; franz. Ausgabe: Dictionnaire du Bouddhisme, tr. de l'anglais par R. de Berval, 1991. (sl)

Nichiren-Schule. Die N.-S. bildet unter Einschluß ihrer zahlreichen Sub-Schulen neben den Schulen des ↗Zen- u. des ↗Amida-Buddh. die bedeutendste buddh. Richtung ↗Japans. Sie gründet sich auf die Lehren ↗Nichirens (Verehrung des ↗Lotus-Sūtras als dem allein vollkommenen Ausdruck der wahren Lehre des ↗Śākyamuni) u. entsteht in ihrer organisierten Form aus dem engsten Schülerkreis Nichirens im Zusammenhang mit der Verwaltung seines Grabes auf dem Berg Minobu. Bereits 1288 gründet Nikkō (1246–1333), ein Schüler Nichirens, die erste Sub-Schule (Kōmonha). 1384 formiert sich durch Nichijū die 2. Sub-Schule (Myōmanji-ha). 3 weitere Sub-Schulen (↗Honjōji-ha, Happon-ha, Nisshin-monryū) entstehen im 15. Jh. aus Streitigkeiten über den doktrinären Vorrang der einzelnen Teile des Lotus-Sūtras. Gemeinsam mit den beiden ersten Sub-Schulen werden diese auch als „Shōretsu-ha" bezeichnet. Bei den beiden ersten Abspaltungen hatte bereits die Frage des Verhältnisses zu anderen buddh. Schulen eine entscheidende Rolle gespielt. Sie führte im 16./17. Jh. erneut zu heftigen Kontroversen u. zur Bildung der kompromißlosen Fujufuse-ha, die jedoch erst 1875 ihre staatliche Anerkennung erhielt. Auf der Basis von Nichirens Lehre entstehen ab der Mitte des 19. Jh. große Laienbewegungen: 1857 die Butsuryūkō, 1879 die ↗Kokuchūkai, 1925 die ↗Reiyūkai, 1930 die ↗Sōka Gakkai u. 1938 die ↗Risshō Kōseikai. Insgesamt kann man als Charakteristika der N.-S. ihre harte Ablehnung anderer buddh. Schulen (die in den Spaltungen nur graduell problematisiert wurde), eine enge Verbindung von Buddh. u. Politik u. (so vor allem in den neuen Bewegungen) eine starke Betonung der Fragen des alltäglichen Lebens ansehen. Ein nicht zu unterschätzendes Moment bildeten immer wieder auch paranormale Phänomene, wie z. B. Wunderheilungen.

L.: K. Mochizuki: The Nichiren Sect, Tokyo 1958; W. Kohler: Die Lotus-Lehre, Zürich 1962; M. v. Borsig: Leben aus der Lotos-Blüte, 1976; A. Matsunaga, M. Daigan: Foundations of Japanese Buddhism, vol. 2: The Mass Movement, Los Angeles – Tokyo 1976. (sl)

Nicht-Ich-Lehre ↗anātman (Skt, P anattā)

Nidānakathā (P), wörtlich: „Ursprung der Erzählung", ein außerkanonisches Werk der P-Komm.-Lit. Die N. bietet eigenständige Texte zur Buddha-Legende (↗Buddha), ohne indes über die spätere Lebenszeit u. den Tod des Buddha zu berichten.

Ü.: J. Dutoit: Jātakam, Bd. 7, 1921. (no)

Niddesa (P), Schrift aus der 5. Sammlung (↗Khuddaka-Nikāya) des ↗Suttapiṭaka im ↗Pāli-Kanon, bestehend aus 2 Teilen: Mahāniddesa u. Cullaniddesa. Vermutliche Abfassungszeit der ältesten Teile (im Cullaniddesa) dürfte die Regierungszeit ↗Aśokas (3. Jh. v. Chr.) sein, die jüngeren Teile (Mahāniddesa) dürften vor dem 2. Jh. n.Chr. entstanden sein. Die Saddhammapajjotikā ist ein Komm. zum N.

A.: Mahāniddesa, 2 Bde., ed. L. de La Vallée Poussin, E.J. Thomas, PTS, 1916–17 (repr. 1978); Cūllaniddesa, ed. W. Stede, PTS, 1918 (repr. 1988). (no)

Nieh-p'an (chin.), Nirvāṇa-Schule. Sie fußt auf dem MPS/Skt als ihrem Haupttext, der in einer kurzen u. einer langen Version existiert. Die 1. Übers. der kurzen Version erfolgte zwischen 265 u. 313 durch ↗Dharmarakṣa, das ist „Ni-yüan-ching", die 1. Übers. der kurzen Fassung, „Nieh-p'an-ching", stammt von ↗Dharmakṣema; sie wurde von ↗Hui-yüan überarbeitet. ↗Tao-shen vertrat als 1. in ↗China die Lehren der N.-Sch.: alle Wesen haben an der ↗Buddha-Natur Anteil. Tao-sheng klassifizierte die buddh. Lehrsysteme in 4 Wahrheiten (dharmacakra, fa-lun), von denen N. die höchste ist. Einflüsse von N. gingen aus auf die ↗T'ien-t'ai-Schule, auf ↗Hua-yen u. ↗Ch'an. Bedeutende Vertreter der Schule sind Hui-kuan, Pao-lin. Die Blütezeit der Schule lag während der Sui-Dynastie, in der T'ang-Zeit begann ihr Niedergang mit der Vorherrschaft der T'ien-t'ai u. ↗San-lun-Schule. (so)

Nihilismus, philosophische oder moralische Position, die sich von dem lat. Begriff „nihil", „nichts", ableitet. Gemeint ist damit die Ablehnung u./oder Leugnung jeder Wertorientierung u. der Möglichkeit der Seinsbegründung. Daher unterscheidet sich ein moralischer von einem ontologischen N., wobei allerdings häufig der moralische N. als praktische Schlußfolgerung aus dem ontologischen N. gilt. – Zu den Zeiten des ↗Buddha wurde der N. in ↗Indien vertreten, z. B. durch ↗Ajita Kesakambalin (D 2,23). Von dieser Position der Nastikas, der Leugner einer sittlichen Weltordnung, u. von den Materialisten (Cārvākas, Lokāyatas) setzte sich der Buddha energisch ab. Tatsächlich sah er sich vor allem im Zusammenhang mit seiner Lehre von ↗anātman, dem Vorwurf des N. ausgesetzt (M 22). Dieser N.-Verdacht setzte sich in der Buddh.-Geschichte fort gegen Positionen im ↗Mahāyāna, besonders gegenüber der Lehre von der ↗śūnyatā, die selbstverständlich auch im mahāyānischen Denken keinerlei Bezug zum N. besitzt. Vor allem sahen sich die Theoretiker von śūnyatā, die ↗Mādhyamikas, als Nihilisten diffamiert. – Ein plattes modernes Mißverständnis von ↗nirvāṇa mißversteht u. mißinterpretiert diese zentrale buddh. Heilskategorie im Sinne eines N. als Ausfallsgröße. (no)

nikāya (Skt/P), Gruppe, Klasse, Sammlung. 1. n. werden die 5 Teile des ↗sutta-piṭaka des ↗Pāli-Kanons genannt. Diese 5 n. ergeben sich nach formalen Ordnungkriterien: ↗Dīgha-N., lange Sammlung, ↗Majjhima-N., mittellange Sammlung (gemeint: Sammlung der mittellangen Lehrreden), ↗Saṃyutta-N., Sammlung der zusammengehörigen (↗Lehrreden), ↗Aṅguttara-N., angereihte Sammlung, ↗Khuddaka-N., Sammlung der kurzen (Lehrtexte). – 2. n. werden auch Ordenszweige und Klosterverbände im theravādischen (↗Theravāda) ↗saṅgha genannt aufgrund der gemeinsamen Ordinationssukzession, besonderer Regelobservanzen oder auch als Ergebnis von Reformen des saṅgha eines Landes. (no)

nipāta (P) ↗Sutta-nipāta

Ninshō (1217–1303) galt seiner tätigen Barmherzigkeit wegen seinen Zeitgenossen in ↗Japan als ein lebender ↗Buddha. Er u.

sein Lehrer Eison (1201–1290), beide Mitglieder der Ritsu-Schule (jap. Risshū), vertraten, daß man Armen u. Aussätzigen durch materielle Hilfe Barmherzigkeit zu erweisen habe. (no)

nirmāṇakāya (Skt), „Leib der (magischen?) Manifestation" oder „Verwandlungsleib"; Bezeichnung für die irdischen ↗Buddhas, die innerhalb der mahāyānischen ↗Trikayā-Lehre als Manifestationen bzw. Aspekte des ↗dharmakāya gelten. Die hiermit ausgedrückte Sicht der historischen Buddhas ist charakteristisch für die ↗Buddhologie des ↗Mahāyāna. (sl)

nirodha (Skt/P), Aufhebung, Verlöschen. 1. Aufhebung des Leidens, 3. der 4 edlen Wahrheiten: Aufhebung der Gier als Ursache des Leidens und damit der Wiedergeburt (↗saṃsāra). n. ist die Voraussetzung für ↗nirvāṇa, wird manchmal mit diesem sogar identisch gesetzt. 2. Als Zustand der Aufhebung (Skt/P n. samāpatthi) wird n. auf einer meditativen Stufe (↗Meditation) erfahrbar, auf der alle Geistes- u. Bewußtseinstätigkeit ausgeschaltet ist. 3. Systematisch u. methodisch genutzt ist n. als Meditationsgegenstand in der „Betrachtung der Aufhebung" (nirodhānupassanā P), einer der 18 Formen des „Hellblicks" (↗vipassanā). (no)

nirvāṇa (Skt, P nibbāna), zentraler buddh. Begriff für das Heilsziel, die ↗Erlösung, abgeleitet von der Skt-Wurzel nir-vā = verwehen, verlöschen, gemeint in u. für diese saṃsārische (↗saṃsāra), d. h. unsere empirische, Welt. n. ist daher definiert als das Ende der Wanderungen durch die Existenzen. Kein ↗karma entsteht u. besteht mehr, da alle Absichten erloschen sind. Die Wurzelgrößen des Unheilsamen: Gier, Haß u. Verblendung sind vernichtet (S XXXVIII, 1), die Greifekraft nach immer neuer Existenz, die ↗tṛṣṇā (P taṇha, der Durst nach Werden), ist versiegt. Damit ist das Begehren zu Ende, die 5 Daseinsgruppen, die die Person konstituieren, sind vor dem Tod des Erlösten nur noch akzidentiell mit ihm verbunden, aber eigentlich vergangen: das Ende des Leidens ist erreicht. n. wird daher beschrieben als der höchste Friede, das Ungewordene, Ungestaltete, das Unbedingte (asaṃskṛta), die Todlosigkeit. Dabei ist das vortodliche n. vom ↗mahāparinirvāna, dem „großen vollständigen Verlöschen" (im Tod) zu unterscheiden. Im ersteren ist der Erlöste (↗Buddha, ↗arhat) noch mit den 5 Daseinsgruppen (Körper, Wahrnehmung, Empfindung, Tatabsicht u. Bewußtsein) akzidentiell, also nicht wesentlich, verbunden (P sa-upādi-sesanibbāna). Das anupādisesanibbāna (P), das n., bei dem die Daseinsgruppen nicht mehr bestehen, tritt mit dem Tod des Erlösten ein. Der Buddha besteht darauf, daß n. nicht nihilistisch als Vernichtung interpretiert werden darf (↗Nihilismus). Vor einer strikten Auslegung der ↗anātman-Lehre stellt sich ohnedies die Frage: Vernichtung wessen? Verlöschen bedeutet lediglich Nicht-mehr-Existenz in der Welt der Geburten u. Tode u. des Kausalnexus. – Im ↗Mahāyāna ist als Ausfluß der Konzeption der „Leerheit" oder „Merkmalslosigkeit" (↗śūnyatā) der Wirklichkeit die Unterscheidung in saṃsāra u. n., also in Unheil u. Heil, wie sie der ältere Buddh. trifft, nicht sinnvoll, sondern Ergebnis eines (falschen) dualistischen Denkens. Welt u. n. seien damit in Wahrheit eins (Texte, siehe im Anhang, S. 540–542). (no)

L.: L. de La Vallée Poussin: The Way to N., Cambridge 1917; ders.: N., Paris 1925; ders.: Dernière note sur le N., in: Etudes d'orientalisme publiées à la mémoire de R. Linossier, Bd. 2, Paris 1932, 329–354; T. Stcherbatsky: The Conception of Buddhist N., Leningrad 1927 (Nachdr. Delhi 1978); E. Obermiller: N. According to the Tibetan Tradition, IHQ 5 (1929), 211–257; G. Mensching: Zum Streit um die Deutung des buddh. N., ZMR 48 (1933), 33–57; E.J. Thomas: N. and Parinirvāṇa, Leiden 1947; R.L. Slater: Paradox and N., Chicago 1951; R.G. Welbon: The Buddhist N. and its Western Interpreters, Chicago 1968; R.E.A. Johansson: The psychology of N., London 1969; H.S. Sobti: Nibbāna in early Buddhism, based on Pāli sources (6th B.C. to 5th A.D.), Delhi 1985; M. Abe: Buddhist N., in: ders.: Zen and Western Thought, Honolulu 1989, 205–215. (ec)

Nirvana-Schule (chin.) ↗Nieh-p'an

Nishida, Kitarō, jap. Philosoph (1870–1945), Begründer der ↗Kyōto-Schule. N. entstammte einer ↗Jōdo-Shin-Familie, wurde jedoch 1901 zum Zen praktizierenden Laien. 1910 erhielt er einen Lehrstuhl an der Kaiserlichen Universität in ↗Kyōto, den er bis zu seiner Emeritierung 1928 innehielt. N. führte in die jap. Philosophie erstmals die eingehende Beschäftigung mit westl. Philosophie ein. Besondere Aufmerksamkeit widmete er dabei der Philosophie Bergsons, dem Neo-Kantianismus u. der christlichen ↗Mystik. Sein grundlegendes Thema war die philosophische Explikation der „reinen Erfahrung", die er später zu einer Philosophie des „absoluten Nichts" (das ↗Absolute) ausweitete.

W.: J. Nishida: Die intelligible Welt. Drei philosophische Abhandlungen, ins Dt. übertr. u. eingel. v. R. Schinzinger, 1943; Über das Gute, a. d. Jap. v. P. Pörtner, 1993. – L.: S. Ueda: Das Religionsverständnis in der Philosophie des Nishida Kitaro, in: E. Gössmann, G. Zobel (Hg.): Das Gold im Wachs, Fs. T. Immoos, 1988, 513–530; L. Brüll: Die japanische Philosophie, 1989; R. Ohashi (Hg.): Die Philosophie der Kyoto-Schule, Texte, Einf., Nachw., 1990. (sl)

Nishitani, Keiji, jap. Philosoph (1900–1990), der ↗Kyōto-Schule; dort Lehrtätigkeit von 1935–1964 u. im Anschluß an seine Emeritierung an der buddh. Otani-Universität. 1937–1939 Studienaufenthalt in Deutschland, u. a. bei M. Heidegger. N. hat die Philosophie Nishidas weiterentwickelt, insbesondere hinsichtlich der Auseinandersetzung mit dem abendländischen ↗Nihilismus, dem naturwissenschaftlichen Weltbild u. dem Christentum, dem er sich stark annähert. In seinem wichtigen Werk „Was ist Religion?" entwickelt N. eine auf die ↗śūnyatā-Lehre gegründete Religionsphilosophie, deren Ziel die Überwindung des Nihilismus durch eine buddh., jedoch von Christentum u. ↗Existentialismus inspirierte, Sicht ist.

W.: K. Nishitani: Was ist Religion? Aus d. Jap. v. D. Fischer-Barnicol, 1987. – L.: R. Ohashi (Hg.): Die Philosophie der Kyōto-Schule, 1990. (sl)

nīvaraṇa (P/Skt nīvaraṇa), Hemmung, Hindernis, also Zustände, die den geistig-spirituellen Fortschritt aufhalten. Man unterscheidet 5 n.: sinnliches Begehren (P kāmacchanda-n.), Übelwollen (P vyāpāda-n.), Mattigkeit (P thīnamiddha-n.), Aufgeregtheit u. Gewissensunruhe (P uddhaccakukkucca-n.), Zweifel (P vicikicchā). Zusammen mit den 5 Gruppen des Ergreifens (upādānaskandha, ↗skandha), den 6 Sinnen-Bereichen mit ihren Objekten, mit den 7 Erleuchtungsgliedern (sambodhyaṅga) u. den ↗4 edlen Wahrheiten gehören sie zu den existentiellen Gegebenheiten (dharma, dhamma); vgl. A V, 193; IX, 40; Entstehung u. Überwindung der n. siehe A I,2; VI,21. (no)

Nonnenorden. Die Tradition spricht der Pflegemutter des ↗Buddha, ↗Mahāprajāpatī Gautamī, die Initiative zur Gründung des buddh. N. zu. Der Buddha habe zunächst beharrlich seine Zustimmung verweigert u. erst auf Vermittlung von ↗Ānanda seine Einwilligung gegeben, allerdings verbunden mit der pessimistischen Prognose, daß der ↗dharma wegen des Hinzutretens der Frauen zum ↗saṅgha nur halb so lange blühen werde. Jüngere historische Forschung bezweifelt, daß der N. z. Z. des Buddha überhaupt bestanden habe. Die ↗bhikṣunī unterliegt 8 strengen Regeln (gurudharma), nämlich die Regenzeit an einem Ort zu halten, wo auch Mönche wohnen; sich 14tägig von einem Mönch unterweisen zu lassen; selbst keinen Mönch unterrichten oder zurechtweisen zu dürfen. Schließlich müssen Nonnenweihe (↗upasampadā), Regenzeitabschlußfeier und ↗prātimokṣa zusätzlich immer vor einem Mönchskapitel wiederholt werden. Nonnen befolgen 290 (oder 355) Regeln gegenüber 220 Regeln der Mönche. Dennoch leben Nonnen wie Mönche. Unter bestimmten Voraussetzungen, nämlich dann, wenn eine Bewerberin noch nicht 20 Jahre alt ist oder länger als 12 Jahre verheiratet war, mußte diese ein 2. Probejahr durchlaufen. Im ↗Theravāda ist die Ordinationssukzession abgerissen, wobei der genaue Zeitpunkt (456 n. Chr.?) u. die Gründe dafür noch nicht abschließend geklärt sind. Theravādische Nonnen sind daher keine Ordinierten (sie heißen auch nicht bhikkhunī), sondern sind „de facto-Nonnen", d.h., sie tragen das Ordensgewand u. halten die 10 Mönchsregeln (↗śīla) ein. Daher heißen sie auch dasasīla-upāsikā („10-Regeln-Laienanhängerinnen") u. sie unterliegen auch nicht dem ↗vinaya. Seit dem 6. Buddh. ↗Konzil von Rangun (1954–1956) mehren sich die Bestrebungen, den theravādischen N. wieder formal zu errichten – möglicherweise durch Anschluß an die mahāyānische Ordinationssukzession, die niemals abgerissen ist (↗Mahāyāna). Im ↗Zen-Buddh. beobachten die Nonnen im Gegensatz zu den Mönchen heute noch den ↗Zölibat. (no)

Nyānaponika Mahāthera, Geburtsname: Siegmund Feniger, geb. 21. 7. 1901 in Hanau, gest. 19. 10. 1994 in Kandy/Sri Lanka; bedeutender dt. buddh. Mönch u. Gelehrter, Schüler von

↗Nyānatiloka. Ordination 1937 in Sri Lanka. Teilnahme am 6. Buddh. ↗Konzil 1956 in Rangun, 1958 auf der Konferenz der World Fellowship of Buddhists in Bangkok. 1958 gründete er die Buddhist Publication Society in Kandy (Reihen: „The Wheel“, „Bodhi Leaves“). Zahlreiche Veröffentlichungen u. Übers.

W. (Auswahl: Satipatthana, 1950 (veränd. u. erw. Aufl. u. d. T. „Geistestraining durch Achtsamkeit“, 1975); Dhammasanghani (Übers. d. 1. Buches d. Abhidhamma-Pitaka; als Ms. vervielfältigt), 1950; Abhidhamma-Studies, Kandy ²1965; Lehrreden aus d. Systematischen Sammlung des Pali-Kanons, Samyutta-Nikaya 17–34 (Übers.), 1967; Anguttara Nikaya, An Anthology, 2 pts., Kandy 1970–75; Sutta-Nipata (Übers.), ²1977; Der einzige Weg (Anthologie), ²1980; Die Wurzeln von Gut und Böse (Anthologie), 1981; Hg. v. „Die Fragen des Königs Milinda“, Interlaken 1985; Hg. u. bearb. v. Nyanatiloka (Übers.), Anguttara-Nikaya, 5 Bde., ⁵1993. – L.: Des Geistes Gleichmaß, Fs. z. 75. Geb., hg. v. K. Onken, 1976; Zur Erkenntnis geneigt, Fs. z. 85. Geb., hg. v. K. Onken, 1986; N., Im Lichte des Dhamma. Buddh. Texte, Mit einer Kurzbiographie u. einem Glossar, hg. v. K. Onken, 1989; H. Hecker: Lebensbilder deutscher Buddhisten. Ein bio-bibliographisches Handbuch, Bd. I, 1990; „nicht derselbe und nicht ein anderer“. Beschreibungen und Gespräche, Bilder, Texte und Dokumente zum 90. Geb. des Ehrw. N. Mahathera, 1991; M. Baumann: Deutsche Buddhisten, 1993. (no)

Nyānatiloka Mahāthera (Geburtsname: Anton Walter Florus Gueth), geb. 19.2.1878 in Wiesbaden, gest. 28.5.1967 in Colombo/Sri Lanka; ursprünglich Musiker, dann buddh. Mönch u. Gelehrter. N. trat im September 1903 als erster Deutscher in Rangun/Birma als Novize in den buddh. Orden (↗saṅgha) ein u. wurde im Februar 1904 zum ↗bhikkhu ordiniert. Nach dem fehlgeschlagenen Versuch einer Klostergründung in Europa (1909–11) gründete N. 1911 in S-Ceylon bei Galle sein Inselkloster (Hermitage Island) auf der Insel Polgasduwa im Ratagama-See, das in der Folge ein klösterliches Zentrum für westl. Mönche wurde. N. schlossen sich eine Reihe Europäer an, die er ordinierte. Er übers. eine Reihe buddh. Schriften aus dem ↗Pāli-Kanon bzw. auch außerkanonische Schriften: den ↗Aṅguttara-Nikāya, den ↗Visuddhimagga des ↗Buddhaghosa u. den ↗Milindapañha; er verfaßte ein buddh. Wörterbuch u. eine „Pali-Anthologie u. Wörterbuch“ (München-Neubiberg 1928). Mit seinen Übers. u. Schriften u. besonders auch durch sein Beispiel gelebter buddh.-mönchischer Existenz beeinflußte

N. maßgeblich die sich formierende buddh. Bewegung in Deutschland.

W.: Kleine systematische Pāli-Grammatik, 1910 (Neudr. Capelle a. d. Yssel/Niederlande 1995); Pāli-Anthologie und Wörterbuch, 1928 (Neudr. Capelle 1995); Der Weg zur Erlösung, in den Worten der buddh. Urschriften ausgew., übers. u. erl., 1956 u. ö.; Das Wort des Buddha, eine systematische Übersicht der Lehre des Buddha in seinen eigenen Worten, ausgew., übers. u. erl., [4]1978; Buddh. Wörterbuch, hg. v. Nyanaponika, [4]1989. – Ü.: Puggala Paññatti, 1910 (Neudr. Capelle 1995); Visuddhi-Magga, Der Weg zur Reinheit, [3]1975; Milindapañha, hg. u. teilw. neu übers. v. Nyanaponika, Interlaken 1985; Die Lehrreden des Buddha aus der Angereihten Sammlung (Aṅguttaranikāya), 5 Bde., hg. v. Nyanaponika, [5]1993. – L.: E. Benz: Hinduist. u. buddh. Missionszentren in Indien, Ceylon, Burma und Japan, Zs. f. Religions- u. Geistesgesch., Bd. 10, 1958, 357–358; Nyanaponika et al. (ed.): N. Centenary Volume, Kandy 1979; H. Hecker: Lebensbilder deutscher Buddhisten, Bd. 1, 1990, 17–40; ders.: Der erste deutsche Bhikkhu, 1995 (Schriftenreihe Buddh. Modernismus der Univ. Konstanz, Forschungsberichte, 10); M. Baumann: Deutsche Buddhisten, 1993. (no)

Nyingmapa (tib. rñiṅ ma pa), „die Alten", aufgrund ihrer roten Kopfbedeckung auch „Rotmützen-Schule" genannte Schulrichtung des ↗Lamaismus. – Als im Zuge der ↗Späten Bekehrung Tibets im 10. Jh. die Entwicklung verschiedener philosophischer Schulen einsetzte, bildete sich mit den N. auch eine Schulrichtung heraus, die an die eigene nationale buddh. Tradition der ↗Frühen Bekehrungsperiode (7.–9. Jh.) anzuknüpfen suchte u. 1. den legendären ind. Magier ↗Padmasambhava zu ihrem Hauptguru erklärte, 2. die in der ↗Frühen Bekehrungsperiode übers. „Alten ↗Tantras", deren Ursprung u. Authentizität anderen Lehrern dieser Zeit z. T. zweifelhaft erschien, zur Grundlage ihrer Lehrauslegung machte. Mit ihrer Ausbreitung besonders in O-Tibet entstanden unter den N. zahlreiche Strömungen von lediglich regionaler Bedeutung, deren eigenständige Lehrtraditionen z. T. auf Synthesen mit den Lehren der ↗Kagyüpa-Schule oder auch der späten, synkretistischen Form der tib. ↗Bön-Religion zurückzuführen waren. Mangels einer einigenden starken Hand kam es zunehmend zur Zersplitterung der Schule, die im politischen Leben ↗Tibets mehr u. mehr an Bedeutung verlor. Als einer ihrer bedeutendsten, von allen Untergruppierungen anerkannten Lehrer gilt ↗Long Chenpa (1308–63). – Die Überlieferung der N.-Lehren erfolgt durch ↗bhikṣus, „Vollmönche", oder durch tantrische, in ehe-ähnlicher Gemeinschaft lebende Yogis, die ihre Lehrtradition in leiblicher Erbfolge weitergeben. Das kanonische Schrifttum der N. besteht aus ↗Kanjur, ↗Tanjur u. Nyingmä Dschübum; ihre Lehren gliedern sich in die seit Jh. von Lehrer zu Schüler tradierten ↗Kama-Lehren sowie die von ↗Tertöns gefundenen ↗Terma-Lehren, die nach ihrer Entdeckung ebenfalls in eigenen Überlieferungslinien tradiert werden. Die Gesamtheit der buddh. Lehren klassifizieren die N. in 9 Fahrzeuge (tib. theg pa rim pa dgu), von denen die ↗Dzogchen-Lehren die Essenz ihrer Lehranschauungen darstellen.

L.: E. K. Dargyay: Rise of Esoteric Buddh., Delhi 1977; Dudjom Rinpoche, Jigdrel Yeshe Dorje: The Nyingmapa School of Tibetan Buddhism. Its Fundamentals and History, Boston 1991: Weitere Lit. ↗Lamaismus. (ev)

O

Ōbaku (jap.) ↗Huang Po

Ōbaku-Zen neben ↗Rinzai- u. Sōtō-shū die 3. Schule des jap. ↗Zen-Buddh. Sie führt sich auf Yin-yüan Lung-ch'i (jap. Ingen Ryūki; 1592–1673) zurück. Dieser war 1654 nach ↗Japan gekommen. Er beanspruchte, die „Wahre Rinzai-Schule" zu vertreten, die in ↗China Elemente des ↗Amidismus aufgenommen hatte. Im heutigen Japan ist die Schule nahezu bedeutungslos geworden. (no)

Offenbarung als rel.-wiss. Ordnungskategorie begründet den Typ der O.-Religion. O. (lat. revelatio, von revelare, wörtlich: den Schleier zurückziehen; griech. apokalypsis, von apokalyptein, enthüllen) versteht sich als vermittelte normative Botschaft, als deren eigentlicher Autor Gott, jedenfalls nicht der menschliche O.-Träger gilt. O.-Religionen sind Judentum, Christentum u. Islam; aber auch im ↗Hinduismus gelten bestimmte religiöse Traditionen als geoffenbart (śruti u. smṛti). Der Buddh. versteht die ↗Lehre zwar als unabhängig von den Buddhas (↗Buddha), nicht jedoch als Botschaft oder Wort eines Gottes, von Göttern oder einer göttlichen Macht. (no)

Olcott, Henry Steel, geb. 1832, gest. 17.2.1907, amerikanischer Oberst, Journalist u. Mitbegründer der Theosophischen Gesellschaft (1875 in New York zusammen mit H.P. ↗Blavatsky). 1878 reist O. zusammen mit Helena Blavatsky nach Adyar/Indien u. 1880 nach Ceylon, wo beide öffentlich zum Buddh. konvertierten. Im Anschluß daran gründet O. im gleichen Jahr in Colombo/Ceylon die „Buddhist Theosophical Society" (Buddh. Theosophische Gesellschaft). In der Folge setzte sich O. lebhaft für den Auf- u. Ausbau des buddh. Bildungswesens in Ceylon ein. 1891 berief er eine Konferenz einer beginnenden buddh. „Ökumene" ein, welche aus ↗Ceylon, ↗Birma, ↗China, ↗Japan u.a. beschickt wurde. Wichtig wurde auch sein buddh.

Katechismus, der 1887 auch ins Dt. übersetzt erschien. Sein Verständnis des Buddh. war jedoch stark theosophisch geprägt u. verfehlte damit ein authentischeres Verständnis.

W.: H. S. Olcotts Buddh. Katechismus, neu bearb. u. stark erw. nebst Appendices, Erl. u. Glossar v. K. Seidenstücker, 1908. (no)

Oṃ (altind.), bereits in den Veden (↗Veda) nachweisbares ↗Mantra, eine heilige Silbe der Hindus, Buddhisten u. Jinisten, die allgemein den Anfang u. die Essenz des gesamten Kosmos als Schwingung wiedergibt, aber auch zahlreiche andere spezielle Ausdeutungen erfahren hat. (ev)

O-mi-t'o Fo (chin.) ↗Amitābha

Oṃ maṇi padme hūṃ, gewöhnlich mit „O Kleinod in der Lotusblüte" übers. ↗mantra des ↗Avalokiteśvara, das oft als das meistgesprochene Gebet der Welt bezeichnet wird, da es im Leben der Tibeter allgegenwärtig ist. (ev)

Opfer. Der Buddh. war von Anfang an ausgesprochen kultkritisch. Insbesondere lehnte der ↗Buddha jede Form des blutigen O. ab. Das O. stellt eine der ältesten Formen dar, durch die sich die Menschen in Kontakt mit den Göttern setzen wollen. Ausgehend von der Intention unterscheidet man Sühne-, Dank- u. Bitt-O. Ursprung dürfte ein uralter Entschuldigungsritus von Jägern an das getötete Tier sein. – Aśoka verbot, vermutlich aus buddh. Ethik heraus, in seinem Reich die Tieropfer durch ein Edikt. Im ↗Tantrismus, vornehmlich in seiner „linkshändigen" Form, wurden wieder O. gebräuchlich. Indes besteht kein Zweifel, daß der Buddha das O. durch dāna, die Almosengabe, ersetzt wissen wollte. Heutige Frömmigkeitspraxis „opfert" als Verehrungsgabe dem Buddha gerne Blüten. (no)

Orakelpriester (tib. lha pa). Bezeichnung von Medien im lamaistischen Kulturkreis, die in Trancezuständen, die oft mit Hilfe spezieller Rituale herbeigeführt werden, von Gottheiten besessen werden u. ihren Fragestellern Prophezeiungen sowie Ratschläge geben. Abgesehen von ganz wenigen Ausnahmen, wie etwa dem tib. Staatsorakel, dem Medium von Nechung (tib. gnas chuṅ), das regelmäßig in bedeutenden Staatsangelegenheiten, bei der Identifizierung von ↗Tulkus u. ä. zu Rate gezogen wurde, bilden die O. eine außerlamaistische Institution, zumal die von ihnen in Trance Besitz nehmenden „Wesen" gewöhnlich als nicht dem buddh. ↗Pantheon zugehörige Gottheiten, sondern als lokale Schutzgottheiten angesehen werden, die nicht spirituellen, sondern lediglich weltlichen Zielen dienstbar gemacht werden können. Der Wert der Aussagen der O. wird von den Anhängern der Kagyüpa-Schule in Zweifel gezogen.

L.: R. de Nebesky-Wojkowitz: Oracles and Demons of Tibet, s'Gravenhage 1956; G. Schüttler: Der tibet. Orakelpriester, 1971. (ev)

Orden ↗saṃgha, saṅgha

Ordination ↗upasampadā

P

pabbajjā (P, Skt pravrajyā), wörtlich: „Fortgehen“, gemeint aus der Familie, damit eigentlich „Weltentsagung u. Eintritt in das Mönchsleben, u. zwar zunächst als Novize (sāmaṇera P, śrāmaṇera Skt). Daher versteht man unter p. den formalen Akt der Novizenweihe, für die ein Mindestalter von 8 Jahren notwendig ist. Der sāmaṇera wird in die Mönchsrobe eingekleidet u. übernimmt die Verpflichtung zur Einhaltung der 10 Sittenregeln (↗śīla). Der typologische Vorentwurf für die p. ist der Auszug des nachmaligen ↗Buddha aus seiner Familie in die „Hauslosigkeit“. ↗paribbājaka. (no)

paccaya (P, Skt pratyaya), wörtlich: Voraussetzung, Abhängigkeit, Bedingung, von dem das Bedingte oder die Wirkung abhängt; Schlüsselbegriff der streng kausal orientierten buddh. Weltsicht. Der Begriff ist eng mit dem „Satz vom bedingten Entstehen“ (Skt ↗pratītyasamutpāda, P paticcasamuppāda) verbunden wie auch mit dem philosophischen Konzept der Dharma-Lehre (↗dharma), d.h. der Lehre von den Grundlagen der Wirklichkeit, wie sie beispielsweise in der Abhidharma-Lit. vorgetragen wird (↗Abhidharma). (no)

pācittiya (P, Skt pātayantika oder pāyantika), Kategorie von Regeln aus dem ↗pāṭimokkha des ↗vinayapiṭaka, deren Übertretung verunreinigt (92 für die bhikkhus, 166 für die bikkhunīs) u. die eine bestimmte Buße erfordern. Zu ihnen gehört beispielsweise die Vorschrift, nicht vorsätzlich zu lügen, anderen nicht übel nachzureden, andere Mönche nicht zu bedrohen oder tätlich anzugreifen, keine alkoholischen Getränke zu trinken oder nicht ohne Auftrag der klösterlichen Oberen mit Nonnen zu sprechen. (no)

padma (Skt), Lotus, ein Seerosengewächs. Im Buddh. Symbol für den ↗Buddha (figürlich durch die L.-Blüte als Thron). Im

↗Mahāyāna Symbol für den ↗Bodhisattva ↗Avalokiteśvara, im ↗Amidismus für die ↗Lehre des Buddha. (no)

Padmapāṇi (Skt). „Der den Lotus in der Hand hält"; anderer Name des Bodhisattvas ↗Avalokiteśvara, der auf eines seiner wichtigsten ikonographischen Attribute abzielt. (sl)

Padmasambhava (Skt, tib. padma \`byuṅ gnas), „dessen Ursprung der Lotus ist", legendenumwobener, ind. Magier (8. Jh.), der vom tib. König ↗Tisong Detsen nach ↗Tibet eingeladen wurde, um dort die dem Buddh. feindlich gesonnenen Dämonen zu unterwerfen u. zu Schützern des ↗dharma (Skt ↗dharmapāla) zu machen. Als Gründer ihrer Schulrichtung wird er von den ↗Nyingmapa wie ein 2. ↗Buddha verehrt. Er gilt als Emanation des ↗Avalokiteśvara u. damit des Buddha ↗Amitābha. Seine Historizität ist umstritten. – Der Mythologie zufolge wurde er im Lande ↗Uḍḍiyāṇa auf dem See Dhanakośa in einer Lotusblume geboren u. schon bald ein Meister der ↗Tantras. Er vollführte von Anfang an obskure, nur dem Eingeweihten verständliche, wundervolle Taten, meditierte auf Leichenstätten u. legte in 8 Ländern, indem er in 8 verschiedenen Erscheinungsformen (tib. guru mtshan brgyad) auftrat, Hindernisse beseitigte u. seinen Schülern esoterische tantrische Lehren übermittelte, den Grundstein für deren erfolgreiche buddh. Bekehrung. Für seine Zeitgenossen noch unverständliche Lehren versteckte er als ↗Termas an zahlreichen Orten ↗Tibets. Unter seinen 6 Lebensgefährtinnen gebührt Mandāravā, der Prinzessin von Zahor, und ↗Yeshe Tshogyal als seinen beiden Hauptbegleiterinnen besondere Beachtung. Unter zahllosen Schülern ist die Gruppe seiner 25 Hauptschüler bekannt. Zu seinem Gedächtnis feiern zahlreiche ↗Rotmützen-Klöster die bekannten ↗Tshechu-Festspiele.

L.: G.-C. Toussaint: Le Dict de Padma, Paris 1933 (Bibl. de l'Inst. d. Hautes Etudes Chin. 3); W.Y. Evans-Wentz (Hg.): Der geheime Pfad der großen Befreiung, ^{3}1972; K. Douglas, G. Bays (Übers.): The Life and Liberation of P., 2 Bde., Emeryville 1978; W. von Essen, T.T. Thingo: P. Leben u. Wundertaten des großen tantrischen Meisters im Spiegel der tib. Bildkunst, 1991. (ev)

Pälkhor Chöde (tib. dpal \`khor chos sde), in ↗Gyantse, W-

Tibet, gelegene ehemalige Klosterstadt, die zahlreiche, verschiedene Schulrichtungen angehörenden Klöster, einen großen ↗Dukhang, sowie den berühmten gleichnamigen, zwischen 1414–24 errichteten, begehbaren, vielstöckigen ↗Stūpa, der zu den bedeutendsten Baudenkmälern der tib. Kultur zählt, beherbergt.

L.: M. Henss: Tibet, 1981; G. Tucci: Indo-Tibetica, IV. 1, 3, 1941; K.-H. Everding: Tibet, 1994. (ev)

Pagan, um 849 in der Irrawady-Ebene gegründete Hauptstadt des 1. birmanischen Großreichs (↗Burma) bis zur Zerstörung dieses Reiches im Mongoleneinfall Kubilai Khans 1287. In dieser Zeit war P. ein bedeutendes buddh. Kultur- u. Kultzentrum. Heute finden sich von ca. 9000 Padogen (↗Pagode) ca. 5000 Überreste in P. Der Buddh. war im 5./6. Jh. in seiner mahāyānischen (↗Mahāyāna) u. tantrischen (↗Tantrismus) Form in das Reich von P. gekommen. Unter dem bedeutenden König der Dynastie von P. (1044–1283) Anawrahta (Anaurhata) Mensaw d.Gr. (1010–1052) machte sich der ↗Theravāda-Buddh. in P. heimisch u. blieb in der Folge die maßgebliche Form des Buddh. bis heute.

L.: P. Strachan; Imperial P., Art and Architecture of Burma, Honolulu 1990. (no)

Pagode, eine architektonische Form des buddh. Sakralbaus, die sich aus dem ↗Stūpa entwickelt hat. Wie der Stūpa steht die P. häufig im Dienst des Reliquienkultes. Sie beinhaltet in diesem Falle Reste des Leichenbrandes des ↗Buddha oder eines ↗arhat oder Teile von Gegenständen aus dem Besitz des Buddha oder eines Heiligen. Nach dem Satz des Buddha: „Wer die Lehre sieht, sieht mich“ gelten auch Texte aus dem Kanon, auf Metallplättchen gestanzt, als „Reliquie“, die in einer P. deponiert sein kann. Die P. als Bauform ist besonders häufig in O-Asien verbreitet (↗China, ↗Korea, ↗Japan), aber auch in Ländern des ehemaligen Indochina: in ↗Burma, ↗Thailand, ↗Kambodscha. In ↗Sri Lanka entspricht der P. die Dagoba. Charakteristisch für die typische Gestalt der P. sind „Schirme“, faktisch Etagen, die wie Scheiben um den turmartigen Gebäudekern herumlaufen. Die Zahl dieser Etagen ist immer ungerade, häufig 7 oder 9, manchmal aber durchaus bis 13. Das Fundament, auf dem die P. aufruht, symbolisiert die Erde, die Kugel, die die Spitzen des turmartigen Ausbaus ziert, die Vollkommenheit. Eine der bedeutendsten P. ist die Shwedagon-P. in Rangun/Burma; die berühmteste chin. P. stand in Lo-yang mit einer Höhe von fast 200 m.

L.: G. H. Franz: P., Turmtempel, Stupa, Graz 1978. (no)

Pai-chang Huai-hai (jap. Hyakujō Ekai), Chin.; 720–814; einer der wichtigsten Vertreter der ↗Ch'an-Schule nach ↗Hui-neng. Wie ↗Nan-ch'üan u. Ta-mei Fa-ch'ang war auch P. Schüler von ↗Matsu. Seine Schüler waren ↗Kuei-shan u. Huang-po. In seinem Werk „Pai-chang ch'ing-kuei" (Reinheitsregeln von P.) schuf P. dem Ch'an gemäße Klosterregeln u. begründete damit eine eigenständige Klostertradition des Ch'an. Das Werk ist in der ursprünglichen Fassung nicht erhalten, nur in einer Zusammenfassung im „Ch'uan-teng-lu" (↗Tao-yüan) u. in einer erweiterten Fassung aus der Yüan-Zeit. Z. T. gelten die Regeln bis heute. P. betont besonders den Wert körperlicher Arbeit. Bis P. lebten die Ch'an-Mönche vornehmlich in Klöstern der ↗Lü-Schule.

W.: Spruchsammlung „Pai-chang kuang-lu". (so)

Pai-ma-ssu (chin.), „Kloster zum weißen Pferd", ältestes Kloster in ↗China in Lo-yang, gegründet im 1. Jh. n. Chr. Heute gehört das Kloster zur ↗Ch'an-Tradition. (no)

Pakistan (Urdu, Land der Reinen), 1947 gegründete islamische Republik im NW des ind. Subkontinents. 97,2 % der Bevölkerung bekennen sich zum Islam, der Staatsreligion ist. – Die Anfänge der Geschichte des Buddh. auf dem Gebiet des heutigen P. liegen in der Zeit der ↗Maurya-Dynastie. Taxila (nahe Islamabad) wurde in der Folgezeit zu einem Zentrum buddh. Gelehrsamkeit, Gilgit im NW Kashmirs zum Ausgangspunkt buddh. China-Mission entlang der Seidenstraße. Zeugnis der Begegnung mit der griech. Kultur ist die Kunst im alten ↗Gandhāra. Als Förderer des Buddh. gilt der Kuṣāṇa-König ↗Kaniṣka (2./3. Jh. n. Chr.), der in der Hauptstadt seines Großreiches Puruṣapura (heute: Peshawar) einen riesigen Stūpa errichten ließ. Nach dem Bericht des chin. Pilgers ↗Hsüan-tsang fügte der Einfall der weißen Hunnen im 6. Jh. dem Buddh. durch die Zerstörung seiner Klöster schweren Schaden zu. Mit der Eroberung des Sind durch arab. Heere um 711 begann die Islamisierung P. (mü)

Palden Lhamo (Skt śrīmatī devī, tib. dpal ldan lha mo), „Glorreiche Göttin", ↗Lhamo. (ev)

Pāli ist eine mittelind., genauer: eine mittelindoarische Sprache, die sich aus dem Skt herleitet. Gesprochen wurde sie in der westind. Provinz Avanti, deren Hauptstadt Ujjenī (P), heute Ujjain, unter der Maurya-Dynastie Hauptstadt der W-Provinz u. nach legendärer Tradition Ausgangspunkt der buddh. Missionierung Ceylons gewesen ist. Zugleich war Avanti ein Zentrum des ↗Theravāda in W-Indien. Damit erklärt sich die Verbreitung des P. zusammen mit dem Theravāda seit Beginn unseres Jahrtausends von Ceylon in die anderen Länder S-Asiens (↗Burma, ↗Laos, ↗Thailand, ↗Kambodscha), nicht zuletzt durch die Verbreitung des Kanons der theravādischen Schule in P., des ↗P-Kanons. Daher bedeutet das Wort P., eigentlich „Text", inzwischen spezifiziert „buddh. Text" im Unterschied beispielsweise zu „Kommentar". Als kanonische Sprache (↗Kanon) ist P. quasi die Sakral-Sprache des südl. Buddh. geworden. – Mit Gewißheit ist P. allerdings nicht die Sprache, in der der ↗Buddha gelehrt hat, wie auch nicht die Sprache des „Urkanons". Seit R.O. Franke 1902 (wie zuvor N. L. Westergaard u. E. Kuhn) ist die Annahme, daß P. ein östl. Dialekt u./oder identisch sei mit ↗Māgadhī, der Sprache im Königreich Magadha, in dem der Buddha vornehmlich lebte u. wirkte, aufgegeben. Daher müssen die kanonischen P.-Texte aus einem östl. Idiom übersetzt sein. Den Nachweis dafür erbrachte S. Lévi (1912) aufgrund östl.-idiomatischen Sprachkolorits u. spezifischer Etymologie in den P.-Texten. Weiterhin sind die älteren Teile des P.-Kanons (sutta u. vinaya) in P. nicht Quelle u. Vorlage erhaltener Parallelfassungen in anderen Sprachen (Skt), nämlich anderer Schulen, sondern P.-Texte u. anderssprachliche Varianten gehen auf eine gemeinsame Quelle zurück, die vermutlich in einer östl. Sprache abgefaßt war. Dies wies besonders H. Lüders (aus dem Nachlaß, 1954) nach, daß nicht aus dem P. ins Skt bzw. buddh. Skt übersetzt wurde. – Bedeutendstes klassisches Werk der P.-Grammatik ist die Schrift Saddanīti des burmesischen Mönchs Aggavaṃsa aus dem 12. Jh. Das Studium des P. u. der kanonischen P.-Texte erfuhr von Ceylon aus im 18. Jh. eine Renaissance, vor allem durch Välivițiyē Saranankara, 1753–1778 letzter Sangharāja Ceylons (↗Nikāya), u. dessen Schüler. Den eigentlichen Beginn der abendländischen Erforschung der P.-Tradition leitete 1826 Eugène Burnouf mit seiner Arbeit „Essai su le p." ein. Den P.-Buddh. haben stärker dt., engl., dänische u. niederländische Indologen u. Buddhologen bearbeitet, was zu einer zeitweiligen Überbewertung der südl. Tradition des Buddh. geführt hat – z. B. auch in Deutschland (W. Geiger, H. Oldenberg). Bedeutsam war 1881 die Gründung der P. Text Society (PTS) in London durch Thomas William Rhys Davids (1843–1922). Ein Versuch, eine ähnliche Gesellschaft, die „Dt. P. Gesellschaft", zu gründen durch Karl ↗Seidenstücker (1876–1936) u. Walter Markgraf (gefallen 1914/15), scheiterte noch in den Anfängen 1913.

L.: A. K. Warder: Introduction to Pali, PTS, London [2]1974; M. Mayrhofer: Hdb. des P. mit Texten u. Glossar. Eine Einführung i. d. sprachwiss. Studium des Mittelindischen, 2. Tle., 1951; S. Lévi: Observations sur une langue précanonique du bouddhisme, in: JA 1912, 495–514; H. Lüders: Beobachtung über die Sprache des buddh. Urkanons, a. d. Nachlaß hg. v. E. Waldschmidt, 1954; ders.: Philologica Indica, 1940; W. Geiger: P., Literatur u. Sprache, 1916; R. O. Franke: P. u. Skt, Straßburg 1902; P.C. Bagchi: The origin and home of P., Indian Culture 2 (1936), 777–780; O. v. Hinüber: Zur Geschichte des Sprachnamens P., in: Beiträge z. Indienforschung, E. Waldschmidt z. 80. Geb. gewidmet, 1977, 237–246; H. Bechert (Hg.): Die Sprache der ältesten buddh. Überlieferung, 1980. (no)

Pāli-Kanon, ↗Kanon der buddh. Schule des ↗Theravāda, abgefaßt in P, der Sprache, die für die Tradition namengebend wurde. Für die Theravādins gilt der P.-K. als Buddha-vacana, als (authentisches) Buddha-Wort (↗Buddha). Die schriftliche Kodifizierung ist nicht genau datierbar, ebenso undeutlich ist die Text- u. Überlieferungsgeschichte. Als ganzes wurde der P.-K. gegen Ende des 1. Jh. v. Chr. in Ceylon schriftlich niedergelegt. Bis dahin wurden die Texte mündlich überliefert. Der P.-K. ist der einzig gänzlich erhaltene buddh. Kanon in einer ind. Sprache. Die Sammlung besteht aus 3 Teilen – daher ↗Tipiṭaka (P, Skt Tripiṭaka), „Drei-Korb", aus dem ↗Vinaya-piṭaka, das ist der Korb der Ordensregel, dem ↗Sutta-piṭaka, dem Korb der Lehrrede u. dem ↗Abhidhamma-piṭaka, dem Korb der vertieften Lehre. Das P.-Vinaya-piṭaka lag in seiner heutigen Gestalt erst um 100 n.Chr. vor; vom Sutta-piṭaka wurden die ersten 4 der 5 ↗nikāyas nach der Regierungszeit Kaiser ↗Aśokas im 3. Jh. v.Chr. gleichzeitig kompiliert. Später kam mit dem ↗Khuddakanikāya noch die 5. Sammlung dazu, die indes sehr alte Texte beinhaltet. Die „vertiefte Lehre" (der abhidhamma) wurde eine eigene Textsammlung. Sie ist insgesamt jünger u. nicht authentisches Buddha-Wort u. reflektiert bereits eine entwickelte buddh. ↗Scholastik. Der Textsicherung dienten gemeinschaftliche Rezitationen einer offiziellen Mönchsversammlung (↗Konzil). Das 1. Konzil von Rājagṛha (P Rājagaha) 483 v.Chr. in der Sattapaṇṇi-Höhle am Vebhāra-Berg (heute: Vaibhāra) fand unmittelbar nach dem Tod des Buddha statt. Mahākāśyapa befragte Upāli über den ↗vinaya u. ↗Ānanda über das Sutta-piṭaka. Das letzte dieser Konzile ist (nach theravādischer Zählung) das 6. Konzil, da 1954–1956 in Rangun tagte. Die 1. Drucklegung des P.-K. erfolgte erst 1893 unter König Chulalongkorn von Thailand. (no)

A. in Lateinschrift: Alle Texte– auch die wichtigsten postkanon. Werke – sind von der PTS (gegr. 1881 v. T. W. Rhys Davids) hg. worden (London 1882ff), ebenso zahlr. Werke d. Komm.-Lit. (Aṭṭhakathā); Einzelnachweise siehe bei d. d. Art. zu best. Werken. – A. in Devanāgarī-Schrift: Nalanda-Devanāgāri-Pāli-Series, General editor J. Kashyap, 41 Bde., Patna 1956–61. – Ü.: Die meisten Texte – auch postkanon. Werke – liegen in 2 PTS-Reihen auch in engl. Übers. vor: PTSTS, London 1909ff u. SBB, London 1895ff, in letzterer auch Skt-Werke; Einzelnachweise – ggf. auch auf Übers. ins Dt. oder Franz. – siehe bei den Art. zu best. Werken; Nachweise dt. Übers. bei H. Hecker: Der P., Hamburg 1965. – L.: H. Oldenberg: Studien zur Geschichte des buddh. Kanons, NAWG, Jg. 1912, 155–218; J. Przyluski: Le Concile de Rājagṛha. Introduction à l'histoire du canon et des sectes bouddhiques, Teil 1–3, Paris 1926–28; G.P. Malalasekera: P Literature of Ceylon, London 1928; B.C. Law: Chronology of the P Canon, Annals of the Bhandarkar Oriental Research Institute, 12 (1931), 171–202; ders.: History of P Literature, 2 Bde., London 1933 (repr. 1974); F.L. Woodward: P Tipitaka Concordance, 3 Bde., PTS, 1952–83; F.R. Hamm: Zu einigen Ausgaben des Pali-Tipitakas, ZDMG 112 (1962), 352–378; R. Webb: An Analysis of the Pāli Canon, With a Bibliography, Kandy 1975; O. v. Hinüber: Sprachl. Beobachtungen zum Aufbau des P-Kanons, StII 2 (1976), 27–40; A. K. Narain: Studies in Pali and Buddhism, Delhi 1979; K. R. Norman: P Literature including the Canonical Literature in Prakrit and Skt of all the Hīnayāna Schools of Buddhism, 1983 (HIL VII,2); H. Bechert: Tripiṭaka, KNLL, Bd. 19, 1992, 672–676; W. Halbfass: Reden des Buddha, KNLL, Bd. 19, 1992, 371–375; K. N. Hazra: P Language and Literature. A systematic survey and historical study, 2 Bde., New Delhi 1994. (ec)

Pali Text Society (engl.), 1881 durch Thomas William Rhys Davids (1843–1922) gegründet zur Förderung der P-Sprache u. P-Lit. Seit ihrem Bestehen ediert die PTS kritisch die Werke des ↗Pāli-Kanons in lat. Schrift, veröffentlichte Übers. der kanonischen Werke ins Engl. u. edierte die Pāli-Komm. u. die außerkanonischen Pāli-Schriften. (no)

Palmblattmanuskripte. Texte, die auf getrockneten u. konservierten Palmblättern – häufig der Talipot-Palme (corypha umbraculifera) – niedergelegt sind. P. stellen das übliche Schreibmaterial der alten Zeit in Indien u. den von Indien beeinflußten Anrainerkulturen dar. (no)

Pānadurē-vādaya, singhalesisch „Streitgespräch von Pānadurā" bei Colombo in Sri Lanka. Am 26. August 1873 fand vor zahlreichen buddh. u. christlichen Zuhörern ein Religionsdisput zwischen dem christlichen Theologen David de Silva u. dem buddh. Mönch Mohoṭṭivatte Guṇānanda Thera (1824–1891) statt. Im Disput obsiegte nach mehrheitlicher Auffassung der Zuhörer der ↗Thera. Dem P.-v. waren ähnliche Dispute vorausgegangen: 1865 in Vāragoda, 1866 in Liyangēullē u. 1871 in Gampala, an denen Guṇānanda Thera gleichfalls teilgenommen hatte, dazu 1865 in Baddēgama, 1866 in Udanvita. In allen Disputen konnte sich der christliche Vertreter gegen die buddh. Argumente nicht durchsetzen. In der Folge maß man dem P.-v. die größte Bedeutung unter diesen Disputationen zu.

A.: Paṃca mahā vādaya, hg. v. T. S. Dharmabandhu, Maradāna (Colombo) ^{2}1956; Buddhism and Christiniaty being an oral debate held at Pandura between The Rev. Migettuwatte Gunanda and The Rev. David de Silva, Introduction ... by T. M. Peebles, Colombo 1873. – L.: G. C. Mendes: Ceylon under the British, Colombo 1944; H. Bechert: Buddh., Staat u. Gesellschaft i. d. Ländern des Theravāda-Buddh., Bd. I. Grundlagen, Ceylon/Sri Lanka, ^{2}1988. (no)

pañca-śīla (Skt, P pañca-sīla), die 5 Sittenregeln, das sind die ersten 5 Sittenregeln (↗śīla) der Mönche, die auch von den Laien eingehalten werden (śikṣāpada). (no)

Panchen Lama (tib. paṇ chen bla ma), „Paṇḍita-Lama“, als Emanation des ↗Buddha ↗Amitābha geltender, in einer ↗Existenzlinie auftretender ↗Lama der ↗Gelugpa-Schule, der seinen Titel als Lehrer des 5. ↗Dalai Lama von diesem erhielt u. im westtib. Kloster ↗Tashilhunpo residiert. Seine späteren Wiederverkörperungen hielten sich als Repräsentanten ↗Tibets zumeist am mandschurischen Kaiserhof in Peking auf. Nach dem Dalai Lama gilt der P. L. als der zweithöchste Lama der Gelugpas. Der letzte P. L. verstarb 1989. Die Suche nach seiner Reinkarnation wurde zu einem Politikum zwischen der chin. Regierung u. der tib. Exilregierung. Der 1995 aufgefundene Kandidat des Dalai Lama wurde von China nicht akzeptiert u. auf Anordnung der chin. Regierung an einen unbekannten Ort im Kernland Chinas zur Erziehung verbracht. Als neuer P. L. wurde von chin. Seite ein Kandidat inthronisiert, den der Dalai Lama nicht anerkennt. – In der Existenzlinie des P. L. werden gewöhnlich 10 Lamas aufgeführt: Gelek Pälsang (1385–1438), 2. Sönam Choglang (1439–1504), 3. Wensa Losang Döndrub (1505–1566), 4. Losang Chöky Gyältshen (1570–1662), 5. Losang Yeshe (1633–1737), 6. Losang Pälden Yeshe (1738–1780), 7. Losang Tänpä Nyima (1782–1853), 8. Losang Pälden Chödag (1855–1882), 9. Losang Chöki Nyima (1883–1937), 10. Losang Tinlä Lhündrub (1938–1989), 11. Gedhun Chöky Nyima (1995–), von der VR China nicht anerkannt. (ev)

Pantheismus. Rel.-typologische Ordnungskategorie für Religionsformen, die an der Einheit von Göttlichem oder Absolutem mit Welt u. Mensch festhalten. Als Reduktion aller Wirklichkeit auf ein einheitliches Prinzip ist der P. ein monistisches Konzept. Im Einzelfall bleibt jedoch die typologische Zuordnung konkreter religiöser Traditionen zum P. gelegentlich problematisch. Im klassischen Sinne pantheistisch sind philosophische Systeme in ↗Indien, die ca. ab 800 v. Chr. von den ↗Upanischaden ihren Ausgang nehmen wie Sāṃkhya u. a. Formen des ind. Monismus (advaita). Der Buddhismus lehnt P. wie jede Form eines Theismus ab. (no)

Pantheon des Vajrayāna. Das P. d.V. besteht aus ↗Gottheiten u. ↗Buddhas, die vor allem als machtvolle, psychisch wirksame Mittel angesehen werden u. wesensmäßig nicht mit den Göttern z.B. des griech. Pantheons verwechselt werden dürfen. Entsprechend dem Grade ihrer Heilswirksamkeit lassen sie sich in verschiedene Klassen gliedern: Auf der untersten Stufe stehen die ↗dharmapālas, die „Beschützer der Lehre", die dem Gläubigen Schutz gewähren u. ihm durch Beseitigung aller Arten von Hindernissen beistehen; darüber werden die ↗ḍākinīs u. viras angeordnet, die transzendenten Rat vermitteln, darüber die „Hörer" (Skt śrāvaka), die ↗pratyekabuddhas u. die 8 Großen Bodhisattvas als Verkörperungen esoterischen Wissens. Darüber stehen die 35 Buddhas der Sündenvergebung (tib. ltuṅ bśags saṅs rgyas so lṅa), die die Klassen derjenigen Gottheiten abschließen, die im ↗Vajrayāna als Ausdruck des in den ↗sūtras gelehrten Wissens gelten. Darüber rangieren 4fach klassifiziert die ↗Gottheiten der 4 ↗Tantra-Klassen, die ↗Yidam-Gottheiten, die als Vermittler tantrischen Wissens u. als unübertreffliche meditative „Werkzeuge" zur Erlangung des erstrebten spirituellen Heils angesehen werden. Nur noch der ↗Lama als derjenige Pol, in dem sich alles Wissen u. alle Weisheit vereinigt, rangiert über ihnen. Darüber hinaus glauben die Anhänger des ↗Vajrayāna u. ↗Lamaismus an eine Vielzahl von niederen lokalen Göttern, Dämonen u. Geistern, die jedoch nicht zum buddh. P. zählen.

L.: ↗Gottheit. (ev)

Paradies, eine vor allem in den abrahamitischen Religionen beheimatete Vorstellung, die für den ungebrochenen Urzustand oder für das vollendete Heilsziel verwendet wird. Buddh. Analogien zur P.-Vorstellung im 1. Sinn finden sich im Aggañña-Mythos (D 27) u. im 2. Sinn im ↗Amida-Buddh. (sl)

Paradoxie. P., d. h. in sich widersprüchliche Aussagen, treten im Buddh. schon recht früh auf, sind zentral in den ↗Prajñāpāramitā-Sūtren u. werden dominant in den ↗Kōans. Besonders nach Auffassung der ↗Mādhyamika-Schule zeigen P. die Unmöglichkeit einer begrifflich adäquaten Wirklichkeitserfassung (↗śūnyatā). (sl)

pārājika (P/Skt). Die 4 p.-Regeln bezeichnen solche Verstöße gegen die buddh. Ordensobservanz (↗vinaya, ↗saṅgha), die den Ausschluß an den Orden (nāśanīya oder nāśana Skt, nāsana P) u. zwar ipso facto nach sich ziehen; d. h. der Ausschluß bedarf keines formalen Aktes. Der Ausschluß kann allenfalls durch ein geistliches Gericht festgestellt, aber nicht erwirkt werden. Die 4 Vergehen sind: Geschlechtsverkehr, Diebstahl, Mord und spirituelle Anmaßung. (no)

Paramārtha (chin. Chen-ti), 498–569 n.Chr. ind. Übersetzer. 546 Ankunft in Kanton; ab 548 in Chiang-yeh, Hauptstadt des Liang-Reiches; ab 556 in Kanton. P. brachte die Yogācāra-Philosophie (↗Fa-hsiang, ↗Yogācāra) nach China u. regte die ↗Shelun-Schule an. Übers.: Viṃśatikā, Mahāyānasaṃgraha, ↗Abhidharmakośa.

L.: P. Demiéville: L'origine des sectes bouddhiques d'après P., MCB 1 (1931–32), 15–65. (so)

paramārtha satya (Skt), „Wahrheit im höchsten Sinn"; nach dem mahāyānischen Konzept der doppelten ↗Wahrheit ist die p. weder begrifflich faßbar, noch sprachlich artikulierbar. Sie ist jene in der ↗Erleuchtung zuteil werdende, heilshafte Erkenntnis (↗prajñā), zu der alle sprachliche, begriffliche Artikulation hinführen will. (sl)

pāramitā (Skt), eigentlich „Vollkommenheit", später auch als „Hinübergelangen" (pāram ita) interpretiert, bezeichnet im Plural eine vor allem im ↗Mahāyāna anzutreffende Reihe von Qualitäten des ↗Bodhisattva, die auf dem Weg zur ↗Erleuchtung zu entfalten sind. Am häufigsten sind die folgenden 6 p. anzutreffen: Geben (dāna), Sittlichkeit (↗śīla; ↗Ethik), Geduld bzw. Ausdauer (kṣānti), Tatkraft (↗vīrya), ↗Meditation (dhyāna) u. ↗Weisheit (↗prajñā). In späteren Texten werden diesen noch hinzugefügt: geschicktes Mittel (↗upāya), ↗Gelübde bzw. Verpflichtung (↗praṇidhāna), spirituelle Kraft (↗bala) u. Wissen (↗jñāna).

L.: H. Dayal: The Bodhisattva doctrine in Buddhist Sanskrit literature, London 1932, Nachdr. Delhi 1975. (sl)

paribbājaka (P, Skt parivrājaka), Asketen, Bettler, Hauslose, Umherziehende, die ihr Weltentsagungsideal im Umherwandern (pari – völlig, Wurzel vaj – gehen, irgendwohin gelangen, P pabbajati, ↗pabbajjā) zu verwirklichen suchten. In buddh. Quellen werden indes buddh. Asketen u. Mönche niemals p. genannt, sondern nur die Vertreter anderer Schulen (vielleicht brahmanische Wandermendikanten). Mit der Lebensweise der buddh. Mönche verband sie Hauslosigkeit u. das Erbetteln der täglichen Nahrung. (no)

parinirvāṇa (Skt, P parinibbāna) ↗mahāparinirvāṇa

paritta (Skt/P, singhalesisch pirit); Rezitation von sūtras im theravādischen Buddh. (↗Theravāda) zur Schadensabwehr durch die Anrufung himmlischer Wesen. Dieses Element des südl. Volksbuddh. ist magisch bestimmt u. fehlte im alten Buddh. Auf Druck der Laienschaft haben die Mönche die p.-Praktik übernommen.

L.: Extraits du P., textes et commentaires en Pali par M. Grimblot, avec introduction, traduction, notes et notices par L. Feer, JA, 6e série, 18 (1871), 225–335; W. Waldschmidt: Das P., eine magische Zeremonie der buddh. Priester auf Ceylon, Baessler-Archiv, XVII, 1934, 139–150. (no)

pariyatti (Skt), „gelernter Wortlaut der ↗Lehre (des ↗Buddha)", gemeint: das Studium der Lehrschriften des Buddh. Es muß ergänzt werden durch Praxis (↗paripatti) u. Verwirklichung u. Durchschauung der Lehre. Aus diesen 3 ergibt sich ein Stufenweg für den Mönch. (no)

Pasedani (P, Skt Prasenajit), König von ↗Kosala (ca. 560–487 v. Chr.) zu Lebzeiten des ↗Buddha. P. war nach buddh. Quellen Laienanhänger des Buddha, den er auch als Gesprächspartner u. Ratgeber schätzte, wie aus zahlreichen Dialogen in den Lehrreden hervorgeht. P. folgte nach Ausbildung in Takkasīla, damals einer der ersten Schulen in ↗Indien, u. Bewährung in einem administrativen Amt seinem Vater Mahākosala in der Regierung nach. P. wird im Kanon ungemein lebendig geschildert, so daß hinter der lit. Gestalt eine historische Person sichtbar wird: ein Mann mit philosophischen Neigungen, dem guten

Leben dabei nicht abhold, ein Frauenheld u. Bonvivant, ein Freund des Buddha u. Förderer des buddh. Ordens, wenngleich er auch andere religiöse Schulen bedachte. P. wurde von seinem Sohn ↗Viḍūdabha durch einen Putsch entmachtet (vermutlich 487 v. Chr.) u. starb unmittelbar danach in Rājagaha, wo er sich Beistand gegen seinen Sohn erbitten wollte. (no)

Pāṭaliputra (Skt, P Pāṭaliputta), zuvor Pāṭaligāma, heute Patna, Hauptstadt des ind. Bundesstaates Bihar, früher Hauptstadt des Königreichs ↗Magadha unter ↗Aśoka (268–239 v. Chr.); Versammlungsort des 3. ↗Konzils unter der Schirmherrschaft Aśokas, der auf das Konzil maßgeblichen Einfluß nahm, im Jahr 253. Ziel der Versammlung unter der Leitung des Ältesten Moggaliputta Tissa war die Reinigung des ↗saṅgha. Das dem ↗Kathāvattu aus dem ↗Abhidhamma-piṭaka des ↗Pāli-Kanons zugrundeliegende Streitgespräch soll 250 v. Chr. in P. stattgefunden haben. (no)

Patan (Skt Lalitapura), buddh. Zentrum eines der 3 Malla-Reiche im Tal von Kathmandu in ↗Nepal. P. war der kulturelle Mittelpunkt Nepals bis zur Regierungszeit von König Jayasthiti Mallas (1382–1395 n.Chr.): Ausdruck des hindustisch-buddh. Synkretismus (↗Hinduismus) ist der Kult u. das Wagenfest des „Roten Matsyendranātha“, einer hinduistischen Gottheit, die man mit dem ↗Bodhisattva ↗Avalokiteśvara identifiziert. (no)

Paṭisaṃbhidāmagga (P, Skt pratisaṃvid), Weg der Analyse: Schrift aus dem ↗Khuddaka-nikāya, die in enger Beziehung zum Saṃyuktāgama steht. Sie dürfte zusammen mit dem ↗Niddesa zu den späteren Teilen des ↗Kanons gehören u. in der Zeit nach Aśoka eingefügt worden sein.

A.: P., ed. A. C. Taylor: 2 Bde., PTS; 1905–07 (repr. 1979); P. Commentary, ed. C. V. Joshi, 3 Bde., PTS, 1933–1947 (repr. 1979). – Ü.: The Path of Discrimination, tr. Ven. Ñānamoḷi, Introduction by A. K. Warder, PTS, 1982 .(no)

Patna ↗Pāṭaliputra

patra (Skt, P patta) ↗Almosenschale

Patriarchen 1. P. sind buddh. Persönlichkeiten von hoher Autorität, die als Garanten der Authentizität u. Kontinuität der je eigenen Tradition angesehen u. in P.-Listen geführt werden, die meist bis in den älteren Buddh. zurückreichen. (sl) – 2. Im chin. u. jap. Buddh. spielen P. (chin. zu-shih, jap. soshi) eine wichtigere Rolle, wenngleich sie auch in anderen buddh. Traditionen, etwa der tib., nicht fehlen. Der Nachfolger des P. war durch ein „dharma-Siegel" (chin. fa-yin; jap. bōin, inka) ausgewiesen. Durch Spaltung in nördl. u. südl. ↗Ch'an-Schule 734 (↗Shen-hui) entstanden verschiedene Stammbäume u. damit die früheste lit. Gattung des Ch'an (ch'uan-teng-lu, die „Weitergabe der Lampe"), von der die Liste „Leng-chia shih-tz'u-chi" die älteste dieser Gattung (um 720), „Ching-te ch'uan-teng-lu" (↗Tao-yüan) die berühmteste ist. Die Südschule des Ch'an wird überhaupt „Ch'an der P." genannt; seit 796 wurde sie die maßgebliche Richtung im Ch'an. ↗Hui-neng wurde zum idealen P. u. drängte sogar ↗Bodhidharma zurück. Die anderen buddh. chin. Schulen schufen nach dem Vorbild der Ch'an-Schule eigene Genealogien u. übernahmen das P.-Institut. (so)

Paṭṭhāna (P), „Das Buch des Ursprungs", ist eine Schrift des ↗Abhidhammapiṭaka.
Ü.: Engl.: P., tr. by U Nārada Sayadaw, London 1969. (no)

Pegu (Skt Haṃsavatī), Hauptstadt des buddh. südbirmanischen Reiches der Mon nach dem Mongoleneinfall unter Khubilai Khan 1287 im heutigen ↗Burma. Bedeutend ist die Kyaikpun-↗Pagode bei P. mit 4,30 m hohen Statuen, die die 4 Grundmauern der Pagode bilden. Sie stellen Śākyamuni u. 3 seiner Vorgänger dar. (no)

Perfect Liberty Kyōdan (PL-Kyōdan; engl.-jap.), „Orden der Vollkommenen Freiheit", neobuddh., jap. Gemeinschaft, 1926 gegründet durch Miki Tokuharu (1871–1938) zunächst unter dem Namen Hito no Michi Kyōdan (jap.; Orden vom Weg des Menschen) u. nach staatlichem Verbot 1937–1945 von Miki Tokuchika (*1900) unter der heutigen Bezeichnung PLK wiederbegründet. Miki Tokuharu entstammt der Zen-Tradition (↗Zen; Mönchsname Chōgen). In ihrer Lehre strebt die Gemeinschaft einen neuen Lebensstil der Anhänger an u. will die „Kunst des Lebens" lehren. Leben ist buchstäblich als Kunst verstanden u. findet in Sport („Golfreligion" als abschätzige Bezeichnung für PLK), Spiel, Gestaltung u. Dichtung ihren Ausdruck, Ausdruck nämlich vollkommener Freiheit. PLK ist in ↗Japan wie auch außerhalb Japans verbreitet (USA, Australien, Thailand, Vietnam u. in einigen Ländern Südamerikas). Die Gemeinschaft zählt 2,5 Mio. Mitglieder.

L.: The PL-Order. Perfect Liberty, Tondabayashe 1951; W. Kohler: Der PL-K:, Ostasien 6, Zürich 1961/62; J. Yamashima: An Essay of the Way of Life, 1950. (no)

Person, von lat. persona (personare – hindurchtönen) – eigentlich Maske, Rolle aus der Theatersprache. In abendländisch-philosophischer Begrifflichkeit versteht sich unter P. die Summe der individuellen Merkmale in einem einheitlichen Gesamtbild aus Körper, Geist u. Seele. In diesem Verständnis entspricht in buddh. Begrifflichkeit ↗pudgala (Skt, P puggala) dem P.-Begriff u. ↗nāma-rūpa der abendländischen Terminologie. In der buddh. Lehre ist die P. vor der anattā-, karma- u. saṃsāra-Lehre (↗anātman, ↗karma, ↗saṃsāra) als ein einmaliges, endliches Produkt aus karmischen Bedingungen, die einer individuellen Gier (tanhā) nach Existenz je konkrete Gestalt verleihen, begriffen. Die Konstituenten der P. sind: Körper, Wahrnehmung, Empfindung, Willensstrebungen (geistige Bildekräfte) u. Bewußtsein. Da die Konstituenten selbst nicht ewig u. unveränderlich sind, kann auch deren Produkt nicht über die je konkrete Person hinaus dauern. Die Annahme eines überdauernden Persönlichkeitskerns, eines Ursprungsselbst oder einer unsterblichen Seele ist nach buddh. Vorstellung „Ich-Wahn". (no)

Peṭakopadesa (P). Außerkanonische Schrift des späteren ↗Theravāda – wörtlich: „Belehrung der die Schriften Studierenden" –, dem Mahākaccāyana zugeschrieben; abgefaßt vor dem 3. nachchristlichen Jh.

A.: P., hg. v. Arabinda Barua, PTS, London 1949. (no)

Petavatthu (P). Zum ↗Khuddaka-nikāya gehörige Schrift –

wörtlich: „Gespenstergeschichten“ (von Skt preta, P peta – Leichengespenst). Abgefaßt in 4 Kap. mit 51 metrischen Erzählungen. Zuerst 1889 von Minayeff herausgegeben.

Ü. Engl.: Henry S. Gehman: The Minor Anthology of Pali Canon, Part IV – Stories of the Departed, London 1942. (no)

Phadampa Sanggye (tib. pha dam pa saṅs rgyas), südind. Yogi, der als ehemaliger Mönch des Klosters Vikramaśīla in der Zeit von 1097 bis zu seinem Tode 1117 wiederholt in ↗Tibet weilte u. zum Begründer der ↗Zhijepa-Schule u. der ↗Cö-Lehren wurde. (ev)

Phagpa Lama (tib. `phags pa bla ma), „Heiliger Lama“, ↗Lodrö Gyältshen. (ev)

Phalayāna (Skt, tib. `bras bu'i theg pa), „Fahrzeug der Frucht“, Bezeichnung des ↗Vajrayāna, die herausstellt, daß das angestrebte Heil im Vajrayāna schon auf dem Weg als Frucht erfahren werden kann. (ev)

phassa (P, Skt sparśa), wörtlich: Berührung, meint Sinneseindruck. ↗pratītyasamutpāda. (no)

Pilger. Vom 5.–7. Jh. reisten immer wieder chin. P. nach ↗Indien, um die prominenten Stätten des Lebens des ↗Buddha, ↗Lumbinī, ↗Kapilavastu, ↗Bodh Gayā u. a., u. die bedeutenden buddh. Ausbildungsstätten wie z. B. ↗Nālandā zu besuchen. Ihr Interesse galt dabei nicht nur der Kenntnisnahme der authentischen buddh. Traditionen, sondern sie sammelten auch Texte, Reliquien u. Buddhastatuen, die sie nach ↗China mitnahmen. 1. uns bekannter P. ist ↗Fa-hsian, der 399–412 Indien bereiste. Weitere waren ↗Hsüan-tsang (Xuanzang), der 629–645 in Indien weilte; er soll mehr als 600 Texte nach China mitgenommen haben. Ferner gleichfalls im 7. Jh. Kui-ji u. Yi-tsing. Letzterer war 671 über Sumatra nach Indien gereist u. hatte 10 Jahre in Nālandā studiert. Er brachte bei seiner Rückkehr nach China 695 ca. 400 Texte mit. Fa-hsian, Yi-tsing u. Hsüantsang haben schriftliche Reiseberichte hinterlassen. Buddhistenverfolgungen unterbrachen diese P.-Fahrten aus China. Sie wurden danach in größerem Umfang nicht wiederaufgenommen, zumal der Buddh. ab ca. 1000 n. Chr. aus Indien verschwunden war. Lediglich Chang-chun ist aus späterer Zeit bekannt, der 1221–24 Indien bereist hat.

L.: K.L. Hazra: Buddhism in India as described by the Chinese pilgrims. A.D. 399–689, New Delhi 1983. (no)

Piprāvā, Ausgrabungsstätte, identisch mit ↗Kapilavastu II, d. h. das neue Kapilavastu, wo es nach der Zerstörung durch den König von Kosala ↗Viḍūḍabha wieder erbaut wurde u. zwar ca. 16 km vom alten Kapilavastu entfernt, das heute auf nepalesischem Territorium (Tilaurakoṭ) liegt. (no)

piṭaka (Skt/P). Wörtlich: Korb, Behältnis, figürlich: für Sammlung von Texten oder Lehren, die innerlich zusammengehören. Daher ist p. im Pāli-Kanon (↗Kanon) das formale Prinzip übergreifender Ordnung: ↗vinaya-p. (Korb der Ordenszucht), ↗sutta-p. (Korb der Lehrreden) u. ↗abhidhamma-p. (Korb der erklärten Lehre). (no)

PL-Kyōdan ↗Perfect Liberty Kyōdan

Politik. 1. Der Buddh. hat, anders als z. B. die Religion des Islam, einen unpolitischen Grundcharakter, er kennt keine politische Utopie. Der ↗Buddha selbst verhielt sich pragmatisch-konservativ gegenüber den Herrschern seiner Zeit. Die von ihm gelehrte Gleichheit der Menschen (Kastenkritik) ist nicht politisch umzumünzen, blieb aber auch nicht ohne indirekte politische Wirkung. Mönche sollen sich gemäß dem ↗vinaya nicht in politische Angelegenheiten einmischen, waren aber häufig als Berater ihrer Herrscher tätig u. hatten durch ihre Predigten zu allen Zeiten Einfluß auf das Volk. In ↗Japan (Mittelalter) u. besonders in ↗Tibet sowie in den anderen Himalaya-Staaten war bzw. ist ihr Einfluß am größten. 2. Trotz seiner politischen Zurückhaltung gab der Buddha Anweisungen für die konkrete Weltgestaltung. Die P. der Herrscher soll auf ↗Toleranz, Friedfertigkeit u. sozialethische Werte abgestellt sein. In verschiedenen Mahāyāna-Schulen gibt es Ansätze zu einer politischen Theorie auf dem Boden der Einsicht, durch gutes öffentliches Handeln dem Wohl der Wesen zu nützen. Der moderne politische Buddh. ist geprägt durch die Privatisierung der Religion in der Kolonialzeit u. die Auflösung der vormaligen Einbindung der politischen u. religiösen Sphäre. In ↗Sri Lanka u. ↗Burma wird heute die Bewahrung des dhamma (in der Tradition des ↗Pāli-Kanon) als politische Aufgabe verstanden u. umgekehrt auch zur politischen Legitimierung benutzt.

L.: R.A. Gard: Buddhist Political Thought, A Bibliography, Washington 1952; ders.: Der Buddhismus, Genf 1981, 289–327; U.N. Ghoshal: A History of Indian Political Ideas, Bombay 1959; H. Bechert: Buddhismus, Staat und Gesellschaft in den Ländern des Theravada-Buddhismus, 3 Bde., 1966–73 (Bd. 1, [2]1988); ders.: Theravada Buddhist Sangha. Some General Observations on Historical and Political Factors in its Development, JAS XXIX, 4 (Aug. 1970), 761–778; P.A. Pardue: Buddhism. A Historical Introduction to Buddhist Values and the Social and Political Forms The Have Assumed in Asia, New York 1968; H. Dumoulin (Hg.): Buddhismus der Gegenwart, 1970; D.E. Smith: Religion and Political Development, Boston 1970. (bo)

Polo, Marco, geb. ca. 1255 in Venedig, gest. 8. 1. 1324 in Venedig; Kaufmann u. Weltreisender. 1271 reiste P. durch Innerasien nach ↗China, wo er mehrere Jahre am Hof Kublai Khans (1215–1294), dem Enkel Dschingis Khans, weilte, der seit 1260 über die ↗Mongolen, u. ab 1280 über ↗China herrschte. P. brachte 1295 bei seiner Rückkehr nach Europa die 1. Nachrichten über den Buddh. in jüngerer Zeit u. vor allem über den tib. Budd. mit.

L.: J. Witte: Das Buch des M.P. als Quelle f. d. Religionsgeschichte, 1916; W. Formann u. a.: M.P., Wien 1970. (no)

pongyi, birmanesische Bezeichnung für den buddh. Mönch (↗bhikṣu), wörtlich: „der große Verdienste hat“. (no)

Potala (tib. po ta la), die 1645–94 auf dem Berge Marpori (tib. dmar po ri) im tib. ↗Lhasa erbaute Winterresidenz des ↗Dalai Lama. Hinter ihrer 360 m breiten, 110 m hohen Fassade enthält sie 1000 Räume. Berühmt ist der P. für seine bis zu 15 m hohen Reliquien-stūpas der Dalai Lamas.

L.: M. Henss: Tibet, 1981; P. Shicong, Y. Keling: The P. Palace of Tibet, New Delhi o. J.; S. Batchelor: Tibet Guide, London 1987; K.H. Everding: Tibet, 1993. (ev)

pradakṣiṇā (Skt), die Rechtsumwandlung als Zeichen der Verehrung einer Person oder eines heiligen Objekts. (no)

Prajāpatī (Skt, P Pajāpatī) ↗Mahāprajāpatī

prajñā (Skt, P paññā). I. „Weisheit, Erkenntnis, Einsicht". p. ist ein für alle buddh. Richtungen zentraler Schlüsselbegriff, der die Natur des buddh. Heilsweges u. Heilszieles kennzeichnet. Schon im älteren Buddh. ist p. neben śīla u. ↗samādhi eines der 3 Prinzipien des ↗Achtfachen Pfades, der zur ↗Erlösung (↗nirvāṇa) bzw. zur ↗Erleuchtung führt, die selber wiederum mit vollkommener p. identifiziert wird. Obwohl p. deutlich den gnoseologischen Aspekt akzentuiert, ist sie nie getrennt von existentieller Realisation i.S. meditativer u. ethischer Persönlichkeitsentwicklung u. daher nicht mit rein intellektuellem Wissen zu verwechseln, sondern eng verbunden mit in psychologischen Kategorien beschreibbarer Erfahrung. Gegenstand der p. im engeren Sinn ist die buddh. Lehre, im Grunde jedoch die von dieser vermittelte Einsicht in die Grundgegebenheiten des Daseins u. die Heilswirklichkeit. Im ↗Mahāyāna, wo p. als Höhepunkt der Vollkommenheiten (↗pāramitā) des ↗Bodhisattva erscheint, erfährt p. nochmals eine starke Aufwertung. Dieser Prozeß wird eingeleitet durch die ↗Prajñāpāramitā-Sūtren, die p. durchgängig i. S. der ↗śūnyatā-Lehre als Einsicht in die Unzulänglichkeit aller Begriffe kennzeichnen (einhergehend mit der dieser entsprechenden Freiheit vom Anhaften u. der Verwirklichung des allumfassenden ↗Mitleids), u. fortgeführt durch die philosophischen Schulen. p. wird in der Folge entweder mit ↗upāya, der Kenntnis der nun als „Geschicktes Mittel" (vgl. doppelte Wahrheit) verstandenen Lehre korreliert (so vor allem im buddh. ↗Tantrismus; dort auch als weibliche Erscheinung personalisiert), oder mit dem Mitleid, das das entscheidenste Charakteristikum der Bodhisattva-Gesinnung ist. In dieser dem Buddh. spezifischen Konzeption von p. dürfte der Grund dafür liegen, daß seine hohen intellektuellen Leistungen meist von einseitigem Rationalismus frei blieben.

L.: E. Conze: The Prajñāpāramitā Literature, The Hague 1960; K.N. Jayatilleke: Early Buddhist Theory of Knowledge, London 1963; R.E.A. Johansson: The Dynamic Psychology of Early Buddhism, Oxford 1978; D.J. Kalupahana: The Principles of Buddhist Psychology, New York 1987. (sl)

II. In tib. Tradition (tib. ye śes) gestaltet sich p. nach den ↗Vajrayāna-Lehren als die in ihrem eigentlichen Wesen unterschiedslose Natur der Wirklichkeit, die ↗Leerheit, in der Welt der Erscheinungen in einer Polarität, deren beide Prinzipien ↗upāya (= „Methode") und p. (= „Weisheit") genannt werden. Wenngleich sich diese beiden Prinzipien auf allen Daseinsebenen entfalten, sind mit ihnen speziell die beiden bedeutendsten Komponenten des tantrischen Heilsweges gemeint: 1. upāya bezeichnet die „Methode" zur Verwirklichung des Weges, das ist die Praxis von ↗bodhicitta u. 2. p. bezeichnet die aus der unmittelbaren Einsicht in die wahre Natur der Wirklichkeit, der Leerheit, entstehende „Weisheit". Wichtig ist zu verstehen, daß upāya und p. sich gegenseitig bedingende u. ergänzende, gleichwertige Prinzipien sind. In der Ikonographie finden diese Prinzipien in männlichen (= upāya) u. weiblichen (= prajñā) ↗Gottheiten ihren Ausdruck, die oft in „sexueller Vereinigung" (tib. ↗Yab-Yum) dargestellt werden – ein symbolischer Ausdruck der Vereinigung geistiger Polaritäten im Meditierenden. Unzulässigerweise wird die p. oft mit der ↗śakti identifiziert, der weiblichen „Kraft" im Hinduismus, die dort jedoch im Gegensatz zum Buddh. das aktive, kreative Prinzip versinnbildlicht. Im linkshändigen buddh. ↗Tantrismus vollzieht der nicht an das Keuschheitsgebot gebundene yogin das Ritual u. U. mit einer Partnerin, ↗mudrā, als Verkörperung der p., wobei der yogin selbst sich in die männliche Gottheit (upāya) transformiert. ↗Tantrismus und ↗Vajrayāna. (ev)

Prajñāpāramitā-Sūtren (Skt). Die P. gehören zu den ältesten u. zugleich wichtigsten Texten des ind. ↗Mahāyāna. Ihre Entstehung dürfte im 2. Jh. n. Chr. anzusiedeln sein u. reicht evtl. sogar ins 1. Jh. Sie werden benannt u. unterschieden nach der Zahl ihrer Strophen (Śloka) in solche mit 100 000, bis zu 500 u. 300 Ślokas. Als ältestes unter den P. gilt jenes in 8000 Ślokas, das ↗Aṣṭasāhasrikā-Prajñāpāramitā-Sūtra, wobei die kürzeren oder längeren Sūtren z. T. als Variationen desselben erscheinen. Besondere Verbreitung hat das Sūtra in 300 Ślokas gefunden, das ↗Vajracchedikā-Prajñāpāramitā-Sūtra. In Stil u. Begrifflichkeit sind die P. noch sehr den älteren buddh. ↗Sūtren verwandt u. bleiben weitgehend frei von der phantasievollen bildlichen Ausschmückung, wie sie sich in anderen ↗Mahāyāna-Sūtren findet. Doch ist ihr durchgängiges Thema die für den Mahāyāna-Buddhismus grundlegende ↗śūnyatā-Lehre, deren Erkenntnis als höchste ↗Weisheit (↗prajñā) vorgestellt wird. Nach der Legende sollen sie als Predigten des ↗Buddha von ↗Nāgas bewahrt u. schließlich ↗Nāgārjuna übergeben worden sein, der von einigen Forschern als Autor eines Teils der P. angesehen wird. Zumindest stimmt von der inhaltlichen Tendenz her Nāgārjunas Relativierung aller Begrifflichkeit i. S. der doppelten ↗Wahrheit sachlich mit der Art u. Weise überein, wie die P. die Auffassung einer dogmatisch festschreibbaren Wirklichkeit zugunsten einer nonkognitiven, heilspragmatischen Interpretation der buddh. Lehre korrigieren.

L.: A. Yuyama: A Grammar of the Prajñāpāramitā-ratna-guṇasaṃcayagāthā, Canberra 1973. – Ü.: E. Conze (Übers.): The Short Prajñāpāramitā Texts, London 1973. – L.: M. Walleser: Prajñā Pāramitā, 1914 (enth. Teilübers. d. Aṣṭasāhasrikā u. vollst. Übers. d. Vajracchedikā); T.R.V. Murti: The Central Philosophy of Buddhism, London 1955; S. Hanayama: A Summary of Various Research on the Prajñāpāramitā Literature by Japanese Scholars, Acta Asiatica 10 (1966), 16–93; P. Beautrix: Bibliographie de la littérature Prajñāpāramitā, Bruxelles 1971; L. Lancaster (Hg.): Prajñāpāramitā and Related Systems, Studies in Honour of E. Conze, Berkeley 1977 (Berkeley Buddhist Studies Series, 1); E. Conze: Materials for a Dictionary of the Prajñāpāramitā Literature, Tokyo 1967; ders.: The Prajñāpāramitā Literature, Tokyo ²1978. (sl)

Prajñaptivāda (Skt), aus den Gokulika (auch: Kukkuṭika), einer Subschule der ↗Mahāsāṃghikas, hervorgegangene, besonders im Land der ↗Andhra verbreitete u. bis zur Pāla-Dynastie existente Schule, deren Lehren eine dem frühen ↗Mahāyāna verwandte, nominalistische Tendenz besaßen (alles ist nur „Bezeichnung" = prajñapti). (sl)

Prākrit, Sammelbezeichnung für die mittelindoarischen Sprachen u. Mundarten. Die ursprüngliche Bedeutung von prākrita, „natürlich, gemein", charakterisiert sie als Volks- oder Umgangssprachen u. hebt sie von der Kunst- u. Gelehrtensprache des ↗Sanskrit ab. Insbesondere im Rahmen des Buddh. u. Jainismus entwickelten sich einzelne P. zu Lit.-Sprachen. – ↗Pāli, ↗Gāndhāri u. die verschiedenen Dialekte der Aśoka-Inschriften gelten als Altp. Jüngere Formen sind Ardhamāgadhī (auch Ārṣa gen.), Māhārāṣṭrī u. Śaurasenī. Den Übergang zum Neuind. bilden die unter der Bezeichnung Apabhraṃśa („Abfall, Niedergang") zusammengefaßten Dialekte.

L.: R. Pischel: Grammatik der P.-Sprachen, Straßburg 1900 (GindPh I, 8). (mü)

praṇidhāna (Skt), wörtlich: „Gebilde" ↗praṇidhi

praṇidhi (Skt) heißt das Gelöbnis eines ↗Bodhisattva im ↗Mahāyāna, ein ↗Buddha zu werden. Dieses Gelöbnis legen auch mahāyānische Mönche ab, zum Wohl der Wesen wirken zu wollen u. in dieser Intention energisch den Erleuchtungsweg zu beschreiten. (no)

Prāsangika (Skt), mahāyānische Schule (↗Mahāyāna), die im 5. Jh. n. Chr. aus der Spaltung der Nāgārjuna-Schule in die P. u. in die ↗Svātantrika-Schule entstanden ist. Die P. versucht in skeptizistischer Manier, den Gegner als unlogisch zu erweisen (prāsaṅga – unerwünschte Folge), um letztlich die Unbeweisbarkeit aller logischen Argumente zu zeigen. Bedeutende Vertreter waren Buddhapālita (5. Jh.) u. Candrakīrti (6. Jh.). (no)

prātimokṣa Skt (P pāṭimokkha), Ritual der Mönchs- u. Nonnengemeinschaft am Posadha- (P Uposatha-)Tag (an Neumond- u. Vollmondtagen). Dabei handelt es sich um eine Art „Beichtfeier" (↗Beichte) mit gemeinschaftlicher Erforschung über begangene Verfehlungen gegen die Ordenszucht (↗vinaya). Dementsprechend ist die p.-Feier im vinaya geregelt, in der Pāli-Version im 2. Hauptteil 2. Abschn.: Uposathakkhandhaka (in den Skt-Kanones des ↗Sarvāstivāda, der Dharmaguptakas u. a.: Poṣadhavastu) u. im Abschn. 14: Pātimokkhaṭhapanakkhandaka (Skt Poṣadhasthāpanavastu), das sind Anordnungen, die von der Teilnahme am p. ausschließen. Ursprünglich bekannten die Mönche u. Nonnen die Verfehlungen gegen die Observanz öffentlich in der p.-Feier, heute werden diese vor der eigentlichen Feier einem Mönch bekannt. In der Versammlung wird dann schließlich nur noch die Reinheit der Gemeinschaft festgestellt. Das „Beichtformular" umfaßt 227 Verhaltensregeln für Mönche u. 348 für Nonnen. (no)

B.: A. Yuyama: Vinaya-Texte, 1979 (SÜBS, ed. H. Bechert, 1). – A.: Le Prātimokṣasūtra des Sarvāstivādins, texte Skt par L. Finot, avec la version chinoise de Kumārajīva, tr. en franç. par E. Huber, JA 1913, 465–558; S.C. Vidyabhusana: So-sor-thar-pa; or A Code of Buddhist Monastic Laws, Being the Tibetan Version of Prātimokṣa of Mūla-sarvāstivāda School, JASB, N. S. 11 (1915), 29–139; E. Waldschmidt: Bruchstücke des Bhikṣuṇī-Prātimokṣa der Sarvāstivādin, 1926; Prātimokṣa-Sūtram (Mūlasarvāstivāda), ed. A. C. Banerjee, Calcutta 1954; Prātimokṣasūtra der Dharmaguptas, in: E. Waldschmidt et al.: Skt-Handschriften aus den Turfanfunden, 656; Prātimokṣasūtra of the Mahasaṅghikas, ed. W. Pachow, R. Mishra, Allahabad 1956; Ñānamoḷi Thera (Übers.): The Pātimokkha, Bangkok 1966; Prātimokṣasūtram of the Lokottararvādimahāsaṅghika School, ed. N. Tatia, Patna 1976 (TSWS 16); Prātimokṣasūtra der Sarvāstivādins, ed. G. von Simson, Teil 1ff, 1986ff (STT 11, AAWG 155). – L.: W.A. Pachow: A Comparative Study of the P. on the Basis of its Chinese, Tibetan, Skt, and P Versions, Santiniketan 1955 (SIS, 4); E. Frauwallner: The earliest Vinaya and the beginnings of Buddhist literature, Roma 1956 (SOR, VIII); D. Schlingloff: Zur Interpretation des Prātimokṣasūtra, ZDMG 113 (1963), 536–551; C. S. Prebish: Buddhist Monastic Discipline. The Skt P Sūtras of the Mahasamghikas and the Mūlarsarvāstivādins, 1975; C. Kabilsingh: A Comparative Study of the Bhikkhuni Pātimokkha, Varanasi 1984. (ec)

pratipatti (Skt, P paṭipatti), wörtlich: Praxis, Ausübung der Lehrrede im Gegensatz zum bloßen Auswendiglernen u. zum theoretischen Disputieren. p. gehört komplementär zu Gelehrsamkeit (Skt paryāpti) u. Verwirklichung (Skt prativedha). (no)

pratītyasamutpāda (Skt, P paṭiccasamuppāda) aus Skt pratit itya bzw. P paṭiccca = zur Voraussetzung habend, bedingt durch, abhängig von, zurückgehend auf; u. Skt samutpāda bzw. P samuppāda = Entstehen. p. wird übersetzt als Satz vom Kausalnexus bzw. vom bedingten Entstehen. Dieses buddh. Lehrstück von der ursächlichen oder – besser – konditionalen Abhängigkeit des Entstehens jedweder psychophysischen Existenz in der Welt gehört zusammen mit der Lehre vom Nichtselbst (↗anātman) zum Grundverständnis der ↗Lehre des ↗Buddha. Der p. zeigt, daß die Erscheinungen in einem kausalen bzw. konditionalen Abhängigkeitsverhältnis voneinander u. zueinander stehen; etwas nicht Abhängiges, nicht Kontingentes, also etwas Absolutes (↗Absolute), läßt sich in der Welt, zu der ausdrücklich auch die Götterwelten gehören, nicht ausmachen. – In seiner heutigen Gestalt, in der er keinesfalls auf den historischen Buddha zurückgeht, umfaßt der p. 12 Ursachen (nidāna) oder Glieder (aṅga), die Entstehen wie Vergehen bedingen. Diese sind: 1. Unwissenheit (Skt avidyā, P avijjā), 2. karmische Gestaltungen (Skt saṃskhāra, P saṅkhāra), 3. Erkennen (Skt vijñāna, P viññāna), 4. Person (Skt/P nāmarūpa), 5. Sinnenbereich (Skt ṣāḍāyatana, P salāyatana), 6. Berührung (Skt śparśa, P phassa), 7. Empfindung (Skt/P vedanā), 8. Begierde oder „Durst“ (skt tṛṣṇā, P tanhā), 9. Ergreifen oder Haften (Skt/P upādāna), 10. Werden (Skt/P bhava), 11. Geburt bzw. Wiedergeburt (Skt/P jāti), 12. Altern u. Sterben (Skt/P ↗jarā-maraṇa). Damit erklärt der p., wie es zur wiederholten (saṃsārischen; ↗saṃsāra) Existenz kommt. Aber er beantwortet auch die Frage, die sich aus der anattā- gegenüber der karma-Lehre ergibt (↗karma): ob denn der Täter derselbe sei, der auch die (karmischen) Früchte erntet – nämlich, daß er weder identisch, noch nicht identisch sei, sondern die Persönlichkeit eine flüchtige, momentane Erscheinung ist, abhängig von den 5 Gruppen des Anhaftens. – Die 12-Zahl der Glieder des p. ist vermutlich dadurch entstanden, daß 3 ehemals selbständige Reihen von bedingten Faktoren aneinandergehängt wurden. Heute interpretiert man diese gerne als 3 Existenzen, nämlich eine vergangene (Glieder 1 u. 2), eine gegenwärtige (Glieder 3–10) u. eine zukünftige (Glieder 11 u. 12). Die einzelnen Glieder des p. tauchen im übrigen auch an anderer Stelle auf: in der Benarespredigt u. in der Skandha- bzw. Persönlichkeitstheorie (anattā). Der p. wird manchmal für das Hauptstück der Buddha-Lehre gehalten (E. Lamotte: Histoire du bouddhisme Indien, dès origines à l'ère Śaka, 1958) oder für die fundamentale Begründung der Buddha-Lehre (E. Frauwallner: Geschichte der ind. Philosophie, Bd. 1, 1953). U. Schneider (1980, 103–111) hält den p. auch im Ansatz nicht für die authentische Lehre Gautama-Buddhas, allein aus formalen Kriterien: aus dem Fehlen seiner Erwähnung in den alten Texten der Buddha-Legende, aus der uneinheitlichen Überlieferung der Glieder in verschiedenen Texten, z.B. der Version einer 10gliedrigen Reihe, die auch noch umgekehrt aufgebaut ist, die aber durchaus eine ältere Version sein könnte. In seiner allgemeinen Version findet sich der p. in S II, 28: „Wenn dies ist, dann ist jenes; und umgekehrt, wenn dies nicht ist, dann ist jenes nicht, durch die Vernichtung von diesem wird jenes vernichtet.“ – Im ↗Mahāyāna – vor allem durch ↗Nāgārjuna u. in den diesem zugeschriebenen Madhyamakakārikās – werden die Merkmalslosigkeit (↗śūnyatā) u. das „Bedingte Entstehen“ (p.) miteinander identifiziert. Wie die Erscheinungen bedingt (aus anderen oder durch andere) entstehen, so können sie kein eigenes Wesen besitzen; sie sind also „leer“. (Text im Anhang, S. 539. 548–549.)

L.: A. Bareau: Der indische Buddhismus, in: Die Religionen Indiens III, 1964; E. Frauwallner: Geschichte der indischen Philosophie, Bd. 1, Salzburg 1953; E. Lamotte: Histoire du bouddhisme Indien, dès origines à l'ère Saka, Löwen 1958; U. Schneider: Einführung i. d. Buddh., 1980, 103–111; O. Oltramare: La formule bouddhique des douze causes, Genève 1909; L. de La Vallée Poussin: Bouddhisme, Études et Matériaux. Théorie des douze causes, Gand 1913; P. Masson-Oursel: Essai d'interpretation de la théorie bouddhique des douze conditions, RHR 71, Paris 1915, 30–46; D.J. Kalupahana: Causality, The Central Philosophy of Buddhism, Honolulu 1975. (no)

pratyaya (Skt, P paccaya), Vorstellung, Eintritt in die ↗Meditation mit dem Ziel, die „Einspitzigkeit“ (ekatānā) des Geistes u. schließlich die Versenkung (samādhi) zu erreichen. – In der ↗dharma-Lehre bezeichnet p. die gegenwärtige u. wechselseitige konditionelle Bezogenheit von Gestaltungen, das sind Wesen oder Objekte. Der Gedanke ist im ↗abhidharma ausgearbeitet. (no)

pratyekabuddha (Skt, P paccekabuddha); wörtlich: „Buddha für sich“, Einzelerwachter, Mensch, der aus eigenem Bemühen die erlösende Lehre (↗dharma) gefunden hat (darin unterscheidet er sich vom ↗arhat), der diese allerdings nicht verkündigt. Die Unterscheidung zwischen einem p. u. einem sammāsambuddha, einem „völlig Erwachten“, der die Lehre auch weitergibt, ist allerdings spät, jedoch noch im frühen Buddh., entstanden. Möglicherweise nannte man ursprünglich den buddh. Einsiedler-Asketen einen p. (A II, 56; M 116; D 16). Der Begriff p. taucht in älteren Pāli-Texten selten auf. ↗Buddha.

L.: P. Kloppenborg: Paccekabuddha. A Buddhist ascetic, Leiden 1974 (Orientalia Rheno-Traiectina, 20). (no)

Predigt ist die klassische Form religiöser Unterweisung meist durch einen Beauftragten einer Bekenntnisgemeinschaft, durch einen charismatischen religiösen Lehrer oder Führer.

Der ↗Buddha unterrichtete sowohl in öffentlicher Rede über die Lehre (↗dharma) – auch anläßlich besonderer Einladungen oder nur vor den Mönchen –, als auch in dialogischer Form in Einzelgesprächen. P. im eigentlichen Sinne stellt die Lehrdarlegung vor einer Mehrzahl von Zuhörern dar. Die Sammlung von P. stellt eines der Grundelemente des Kanons dar u. bildet die 1. Phase der Kanonisierung (↗Kanon). P.-Tätigkeit ist einer der Dienste, die die Mönche den Laien leisten. (no)

preta (Skt, P peta); wörtlich: „Abgeschiedener" (von pa-ita = fortgegangen), Leichengespenst; bildet eine der Wiedergeburtsebenen (auf absteigender Fährte; ↗saṃsāra). Das Gespensterreich gehört zum kāma-loka, der untersten Region der Welt.

L.: W. Stede: Über das Peta Vatthu, Diss. 1914; P. Wodilla: Niedere Gottheiten des Buddhismus, 1928; B.G. Law: The Buddhist conception of spirits, London 1936. (no)

Priester sind besonders bestimmte u. initiierte (geweihte) religiöse Funktionsträger, die im Auftrag der Gemeinschaft eine Verbindung zwischen göttlicher bzw. transzendenter u. menschlicher Sphäre herstellen u. daher für die Besorgung der Riten, insbesondere Opfer zuständig sind. Die P. Indiens (↗Indien) waren u. sind die Brahmanen. Obwohl der ↗Buddha priesterliche Religion als solche kritisiert, fungieren später in buddh. Ländern Mönche als P., besonders im Mahāyāna-Buddh. (↗Mahāyāna), aber auch in den Theravāda-Ländern (↗Theravāda). In ↗China u. Japan besorgen buddh. Tempel-P. (manchmal auch P.innen) die für die Laien nötigen Riten, vor allem Begräbniszeremonien. (bo)

Propaganda (Ausbreitung). Der ↗Buddha hat durch sein 40-jähriges Dasein als Wanderlehrer beispielhaft gezeigt, wie der ↗dharma verbreitet werden soll. Er wendet sich an Individuen, die selbst dessen Richtigkeit erkennen u. gleich ihm den Pfad zur Erlösung gehen wollen. Gewalt kann dazu kein Mittel sein. Die Offenheit des ↗saṅgha gegenüber den Laien ist ein notwendiges Moment der Ausbreitung. Im ↗Mahāyāna-Buddh. ist die Vollkommenheit (↗pāramitā) der „Wahl der geschickten Mittel" (upāya-kauśalya) als P.-Konzeption interpretiert worden. Der

Buddh. hat sich in allen Ländern gegebenen sprachlichen, kulturellen u. politischen Verhältnissen angepaßt u. gerade so den einen, zugrundeliegenen dharma zu übersetzen verstanden. (bo)

pudgala (Skt, P puggala), Begriff in der buddh. Lehre für die ↗Person als Ergebnis individueller karmisch geprägter Faktoren (↗karma) aus dem Zusammenwirken der 5 Konstituenten des Ich (Skt pañca upādānaskandhāh, P upādānakkhandha). Vor der anattā-Lehre versteht der Buddh. p. als relative Wirklichkeit (↗anātman); dies meint den saṃsārischen Aspekt, dem der p. angehört (↗saṃsāra). Von p. zu sprechen, macht nur in alltagssprachlichem Zusammenhang Sinn. Dennoch nahmen bestimmte buddh. Schulen – wie z. B. die Pudgalavādins – neben der durch die 5 Gruppen erzeugten empirischen Person noch einen unerkennbaren p. an, der das (ewige u. unzerstörbare) Subjekt der Erlösung sei. ↗Vatsīputrīya. (no)

Pudgalavāda (Skt, P Puggalavāda) ↗Vātsīputrīya

Puggalapaññatti (P). „Das Buch der Charaktere“, Schrift aus dem abhidhamma-piṭaka des ↗Pāli-Kanon (↗abhidhamma); folgt dem Ordnungsprinzip des Aṅguttara-nikāya.

Ü.: B. C. Law: Designation of Human Types (P), 1924, PTSTS XII, Ed. 1883 durch R. Morris, PTS. (no)

pūjā (Skt/P Verehrung), Form des Kultes im ↗Hinduismus u. Buddh. Zentral ist der buddh. p. das an den ↗Buddha erinnernde Moment, in der theravādischen p. vergleichbar am stärksten von allen buddh. Traditionen (↗Theravāda). Die kultische Verehrung des Buddha hat sich aus den Bestattungsfeierlichkeiten u. a. dem Stūpa-Kult (↗Stūpa) entwickelt. Die mahāyānische p. (↗Mahāyāna) nimmt neben dem anamnetischen auch das vergegenwärtigende u. anteilgebende Moment des kultischen Vollzugs auf. Moderne Formen der p. in Asien rezipierten durchaus auch einzelne Elemente des christlichen Gottesdienstes, wenngleich die buddh. p. niemals als „Gottes“dienst verstanden sein will. (no)

puṇya (Skt, P puñña) ↗Verdienst

R

Rad ↗cakra

Rāhula (Skt/P), Name des Sohnes des ↗Buddha u. dessen Gattin Bhaddakaccānā/Yasodharā. Der Tradition nach wurde R. beim 1. Besuch des Buddha in Kapilavastu nach dessen Erleuchtung als Novize in den buddh. Orden aufgenommen. Im Orden (↗saṅgha) spielt er keine herausragende Rolle. Immerhin sind ihm einige Unterweisungen gewidmet, die der Kanon überliefert (M 61, M 62, M 147). (no)

Rāhulamātā (P), „Mutter des Rāhula", gemeint ist Mutter des Buddha-Sohnes ↗Rāhula, als Bezeichnung für die Gattin des Buddha ↗Bhaddakaccānā/Yasodharā. (no)

rājā (Skt/P), Titel eines Angehörigen des weltlichen Adels (↗kṣatriya), der eine Führungs- oder Herrschaftsfunktion ausübt. Je nach den politischen Verhältnissen bedeutet r.: Familienoberhaupt, Stammeshäuptling, Präsident oder Mitglied der Ratsversammlungen in den Adelsrepubliken, Minister, Prinz, König, Weltenherrscher (↗cakravartin). Buddha wird ein r. des ↗dharma genannt. (mü)

Rājagṛha (Skt, P Rājagaha), das heutige Rajgir in S-Bihar, z. Z. des ↗Buddha Hauptstadt des Königreichs ↗Magadha, bis König Ajātaśatru (P Ajātasattu,) die Hauptstadt nach Pātaligrāma, das später Pāṭaliputra heißt, verlegt. R. wird in den Traditionen über das Leben des ↗Buddha häufig genannt u. war auch Ausgangspunkt der letzten Wanderung des Buddha vor seinem Tod. 483 v. Chr. soll sich hier das 1. buddh. ↗Konzil versammelt haben. (no)

Rāmañña-Nikāya (P), 1863/65 gegründeter Reform-Zweig im theravādischen ↗saṅgha in ↗Ceylon (↗Theravāda) über die Neueinführung einer birmanischen Ordinationstradition

(↗Birma). Ihr Gründer war Ambagahavattē Indrāsabhavarañña̤na (1830–86), der 1861 in Birma ordiniert woren war. Dieser Zweig kehrte wieder zur ursprünglichen Kastenlosigkeit des saṅgha zurück. In den 60er Jahren zählte er über 2000 Mönche u. besaß 1000 Tempel. (no)

Ramoche (tib. ra mo che). Name des von der chin. Prinzessin Wen ch'eng im 7. Jh. gebauten Tempels im nördl. ↗Lhasa, der den von der nepalesischen Prinzessin Bhrikuti als Mitgift nach ↗Tibet gebrachten „Kleinen ↗Jobo" enthält. (ev)

Rangun, Stadt in ↗Burma, Versammlungsort des (nach theravādischer Zählung; ↗Theravāda) 6. buddh. ↗Konzils 1954–1956. Mit der Shwedagon-↗Pagode, die Haarreliquien des ↗Buddha enthalten soll, ist R. eine bedeutende übernationale buddh. Wallfahrtsstätte. Bedeutende religiöse Bauwerke aus moderner Zeit sind die Mahāpāsāṇguhā, eine künstliche Höhle, in der das 6. Konzil getagt hat, u. die Weltfriedens-Pagode (Kaba-Aye-P.). (no)

Ratnagotravibhāgaśāstra (Skt), „Abhandlung über die Unterscheidung des kostbaren Stammes", ist der Titel des Skt-Fragments des ansonsten als Mahāyāna-Uttaratantra („Höchste Geheimlehre des ↗Mahāyāna) bekannten Textes. Die schulspezifische Zuordnung dieses relativ alten, kurzen Textes ist umstritten (mehrheitlich jedoch ↗Yogācāra).

A.: Ratnagotravibhāga Mahāyānottaratantraśāstra, ed. E. H. Johnston, Patna 1950. – Ü.: J. Takasaki: A Study on the Ratnagotravibhāga (Uttaratantra), Roma 1966. (sl)

Ratnasambhava (Skt, tib. rin chen `byuṅ ldan), „dessen Ursprung der Juwel ist", unter den ↗Fünf Tathāgatas entspricht der ↗Guhyasamāja-Tantra-Tradition der gelbe, im Süden des ↗Maṇḍala thronende ↗Buddha, der die Weisheit der Unterscheidung verkörpert. Sein Symbol ist der Wunschjuwel, sein Element die Erde, sein ↗bīja „Trām", seine ↗prajñā Māmakī. (ev)

Rede, rechte (Skt samyak vāc, P sammā-vāca), 3. Glied des ↗Achtfachen Pfades in buddh. Ethik, d. h. Abstehen von falscher Rede: Lüge, Ohrenbläserei, grobe Rede, Plappern. Mit r. R. korrespondiert die rechte ↗Einsicht, die die Unterscheidung zwischen r. u. falscher R. ermöglicht. Rechte ↗Achtsamkeit verhilft zur r. R., in der sich rechtes ↗Bemühen verwirklicht in der Abkehr vom 4fach schlechten Wandel. (no)

Reden des Buddha ↗Kanon, ↗Pāli-Kanon, ↗Suttapiṭaka

Reform bedeutet im Theravāda-Buddh. 1. die Wiederherstellung der Ordnung im ↗saṅgha durch Rückbezug auf die Vorschriften des ↗vinaya (z. B. Ordensstruktur, Lebenswandel, Erneuerung der Sukzession durch ausländische Mönche usw.); seit ↗Aśoka häufig von Staats wegen durchgeführt; 2. Reform-Sekten (Nikāyas) z. B. in ↗Sri Lanka umgingen die wiedererstandenen Kastenstrukturen. Seit 1850 gibt es Versuche zur Neufassung buddh. Lehre u. Gemeinschaft unter dem Eindruck der kolonialen Situation. – Der Mahāyāna-Buddh. verstand sich bei seiner Einführung im ganzen als Reform-Bewegung. Spätere groß angelegte Reformen der Lehre, des saṅgha, der Laien-Praxis in allen mahāyāna-buddh. Ländern. (bo)

Reines Land. In der ↗Jōdo-Shinshū die neben ↗„Westliches Paradies“ gebräuchlichere Bezeichnung für ↗Sukhāvatī (Skt), den von ↗Amida geschaffenen transzendenten Bereich. Nach ↗Shinran ist das R. L. ein Symbol für das ↗nirvāṇa u. die Hingeburt ins R.L. die Verwirklichung der transzendenten ↗Weisheit. (sl)

Reinheitspfad ↗Visudhimagga

Reinkarnation ↗saṃsāra, ↗Tulku

Reiyukai (jap.), „Geistige Freundschaftsgesellschaft“; 1919 in ↗Japan als buddh. Gemeinschaft auf der Grundlage des Nichiren-Buddh. (↗Nichiren) u. der Lotus-Tradition gegründet. R. ist sozialbetreuerisch tätig u. predigt Toleranz. (no)

Reliquien (von lat. relinquere, übrigbleiben) sind Reste bedeutender, verehrungswürdiger u./oder heiliger Personen. Dabei kann es sich handeln um den Leichnam, um Teile des Körpers (Knochen, Knochenteile u. -partikel, mumifizierte oder sonstwie konservierte Organe wie z. B. das Herz, um Haare, Zähne u. andere Anteile des Körpers), ferner um Gebrauchsgegenstände dieser Personen (Kleidungsstücke, Gefäße u. ä.) u. sogar um andere Hinterlassenschaften wie Körper- oder Fußabdrücke. Um R. bildet sich unter bestimmten Voraussetzungen ein Kult besonderer Verehrung aus, der R.-Kult. Diesen finden wir im Buddh. um die R. des ↗Buddha u. der Heiligen (↗arhat), im Christentum um die Zeugnisse des Lebens Jesu (Grab u. Kreuz Christi), um die R. der Märtyrer u. dann überhaupt als Teil des christlichen Heiligenkultes. Schließlich gibt es auch im Islam R.-Verehrung im volksislamischen Heiligenkult u. in der Marabutverehrung. Häufig nimmt der R.-Kult seinen Ausgang von einem Gräberkult. Umgekehrt gewinnt der Ort, wo R. niedergelegt sind, eine neue eigene religiöse Bedeutung u. manchmal auch Heilsmächtigkeit. Der R.-Kult gehorcht den Gesetzen der Kontiguität (Berührung): 1. der Teil steht für das Ganze („pars pro toto"), der Knochen also für den Körper, der Körper für die ganze Person; 2. das Ganze ist in allen seinen Teilen enthalten („totum ex parte"); 3. die Wirkmächtigkeit der R. ist durch Berührung übertragbar (sog. „Kontakt-R."). – Im Buddh. entwickelte sich der Tradition nach (MNS, D 16) gleich nach dem Tod des Buddha u. nach seiner Einäscherung ansatzhaft R.-Kult. Es wird berichtet, daß der Leichenbrand des Buddha unter 7 Adressaten verteilt wurde, zwischen dem König von ↗Magadha Ajātaśastru, den Licchavī, den ↗Śākya, Bulī Koliya, den Mallas von Pāvā, den ↗Mallas von Kuśinagara u. schließlich einem Brahmanen von Veṭhadīpa. Der würdigen Aufbewahrung solcher R. diente eine besondere Bauform, der ↗Stūpa, aus dem sich die ↗Pagode, die Dagoba (singhalesisch dāgoba von Skt dhātugarbha bedeutet „Reliquienbehälter"), die Tschörten in ↗Tibet entwickelt haben.– Der R.-Verehrung eignet aus sich ein dingliches Verständnis, das sich in der jeweiligen Volksreligiosität noch verstärkt u. oft zu magischer Verzweckung des R.-Kultes führt.

L.: F. Heiler: R., in: RGG 3. Aufl., Bd. 5, 1044–1047; B. Kötting: R.-Verehrung, ihre Entstehung u. ihre Formen, in: Trierer Theol. Zs. 67 (1958), 321–334. (no)

Rennyo Shōnin (jap.), 1415–1499, 8. Patriarch der „Wahren Schule des Reinen Landes" (↗Jōdo-shinshū), verband konfuzianische Ethik mit dem gläubigen Vertrauen auf die rettende Kraft des ↗Buddha ↗Amitābha (↗Amida, ↗Amidismus). Ein Zweig des Amidismus, die Bekenner des „Geheimen ↗Nembutsu", beriefen sich auf R.: dieser habe die Überlieferung von ↗Shinran einem Laien übertragen. (no)

Rin-chen-bzang-po (chin. Pao-yün, Skt Ratnamegha), tib. Mönch, Übersetzer von Texten aus dem Skt ins Tib. u. Erneuerer des Buddh. in ↗Tibet vor Atiśa; 958–1055. Nach 17jährigem Studienaufenthalt in ↗Indien widmete sich R. nach seiner Rückkehr der Übers. ind. Texte. Er stellte die Observanz des ↗vinaya wieder her. Als seine Gründungen gelten die Klöster Spiti (heute in Indien), Gu-ge u. Nyar-ma in ↗Ladakh. (no)

Rinpoche (tib. rin po che), „Kostbarer", Titel der Ehrerbietung", der im lamaistischen Kulturraum zur Anrede von religiösen Personen hoher Wertschätzung, speziell des ↗Lama u. des Abtes, benutzt wird. (ev)

Rinzai-shū, jap. Schule des ↗Zen-Buddh. in der Tradition des chin. Lin-chi Hauses (↗Fünf Häuser des Zen-Buddh.), die zuerst von den jap. ↗Tendai-Mönchen Myōan ↗Eisai (1141–1215) u. Enni Ben'en (auch: Shōichi Kokushi, 1201–1280) übermittelt wurde. Während Eisai u. Enni Zen in Theorie u. Praxis mit Elementen aus ↗Tendai u. ↗Shingon verbanden, praktizierten 4 chin. Meister des Lin-chi-Hauses, die während der 2. Hälfte des 13. Jh. nach ↗Japan kamen, eine reinere Form des Zen. Unter ihrem Wirken fand die neue Schule, die unter Eisai noch auf erhebliche Widerstände gestoßen war, größere Popularität. Die von ihnen geleiteten Tempel in ↗Kamakura u. ↗Kyōto bildeten den Grundstock für die in der frühen Muromachi-Zeit erfolgende Institutionalisierung der R. in Gestalt des Systems der „5 Berge" (jap. „Gozan"), einer Rangordnung von (schließlich) je 5 Haupttempeln in Kyōto u. Kamakura. Von wenigen Ausnahmen abgesehen blieb der Einfluß der R. begrenzt auf die urbane Gesellschaft, konnte hier jedoch höchste Kreise erreichen u. das kulturelle Leben mit dem Geist des

Zen durchtränken. Ab dem 14. Jh. gewannen allmählich der nicht zu den 5 Haupttempeln Kyōtos gehörende ↗Daitokuji-Tempel u. die hier beheimatete Sukzessionslinie immer mehr an Bedeutung. Nach einem gewissen Erlahmen der spirituellen Dynamik unter dem strengen Reglement der Tokugawa-Ära erhielt die R. neuen Auftrieb durch ↗Hakuin Ekaku (1686–1768), der besonderen Wert auf den meditativen Gebrauch von ↗Kōans legte, einer Praxis, der in der R. schon immer größere Bedeutung zukam als im ↗Sōtō-Zen. In der Linie Hakuins standen ↗Kōsen Sōon (1816–1892) u. – über dessen Schüler Shaku Sōen (1856–1919) – ↗D. T. Suzuki (1870–1966), die die R. auf den Weg in die Moderne u. den Westen öffneten.

L.: H. Dumoulin, Geschichte des Zen-Buddh., Bd. II: Japan, 1986. (sl)

Risshō-kōseikai (jap.), „Gesellschaft zur Errichtung von Recht u. Pflege der Freundschaft", 1938 von dem Milchmann Niwano Shikazō (N. Nikkyō) u. der Bauerntochter Naganuma Masa (N. Myoko) gegründete neobuddh. jap. Laiengemeinschaft. Sie steht in der Lotustradition der Nichiren-Schule (↗Nichiren, ↗Lotus-Sūtra), heute mit geschätzt ca. 7 Mio. Mitgliedern. – Ab 1948 nahm die R.-k., besonders auch unter der jap. Arbeiterschaft, einen gewaltigen Aufstieg. Zentrum der Gemeinschaft ist seit den 50er Jahren Nakano/Tokyo. Organisiert ist die R.-k. in einem Netz von lokalen Zentren (kyōkai), wo täglich „hōza", Versammlungen zur Belehrung, Lebensberatung, psychologischen Führung bis hin zur Therapie u. ↗Meditation stattfindet entsprechend der Zielsetzung der R.-k. der Persönlichkeitsentfaltung. Sozial-karitative Tätigkeit der Gemeinschaft wird sichtbar in Krankenhäusern, Schulen u. breiter Erwachsenenbildung. Die hoch effiziente Öffentlichkeitsarbeit der R.-k. erfolgt über Medien aus einem eigenen Verlag u. aus eigenen Filmstudios. Weitere Tätigkeitsfelder sind gezielte Ausbreitungsbemühungen (↗Mission) u. die engagierte Mitarbeit in der „Weltkonferenz der Religionen für Frieden" (WCRP). Noch zu seinen Lebzeiten gab (1991) der Mitbegründer Niwano Nikkyō sein Präsidentenamt ab an seinen Sohn Niwano Nichikō.

L.: N. Niwano: Shabyōmui (geistl. Erbe), Tokyo 1993; ders.: Der Buddh. für heute. Eine moderne Darstellung des dreifachen Lotus Sutra, Wien 1984;

R. Italiaander: Eine Religion für den Frieden: Die Rissho Kosei-kai. Jap. Buddhisten für die Ökumene der Religionen, 1973; A. Nehring: Rissho Kosei-kai. Eine neubuddh. Religion in Japan, 1992; K. Takada: The spirit of Buddhism today, Tokyo 1973; Y. Tamura: Living Buddhism in Japan, Tokyo 1960; H. Thomsen: The New Religions of Japan, Rutland/Vt. 1963; S. Murakami: Japanese Religion in the Modern Century, Tokyo 1980; J. Kitagawa: On Understanding Japanese Religion, Princeton/N.J. 1987; U. Dehn: Neue rel. Bewegungen in Japan, EZW-Texte Information Nr. 133 IV/1996. (no)

Risshū (jap.; Ritsu), eine der 6 buddh. Schulen der Nara-Zeit (710–784), orientiert am ↗vinaya. R. war im Jahr 754 durch den Mönch Chien-chên (jap. Ganjin) aus ↗China nach ↗Japan übertragen worden. Besonderen Wert legte die Schule auf die Gültigkeit der Mönchsordination. Bedeutende Vertreter der R. sind Eizon (1201–1290) u. dessen Schüler Ninshō (1217–1303). (no)

Ritsu ↗Risshū

Ritual, Ritualismus. Der religiöse Ritus oder das R. ist eine obligatorisch in ihrem/seinem Ablauf festgesetzte Handlung oder Handlungssequenz u. dient unterschiedlichen religiösen Zielsetzungen: Ausdruck der Verehrung, Darstellung eines Zweckes, Verdeutlichung einer Absicht, auch Ausdrucksform eines religiösen Gemeinschaftsgefühls. Häufig begleiten „Deuteworte“ das R., die es in einem gewissen Umfang interpretieren. Die dem R. zugesprochene Wirkweise, die im Glaubenssystem der betreffenden Bekenntnisgruppe verankert ist, ist definiert entweder aus dem unmittelbaren Vollzug der heiligen Handlung selbst („ex opere operato“) oder nur aus der Absicht des Vollziehenden („ex opere operantis“). Die Hypertrophierung des Rituellen – vor allem zum Nachteil der inneren Einstellung zum R. – u. die Erstarrung im Äußerlichen u. Formalen kennzeichnen den Ritualismus. – Der ältere Buddh. war ausgesprochen r.-abweisend wie im wesentlichen heute noch die Hochform (das ist der „Mönchsbuddh.“) des ↗Theravāda. Das Hängen an Regeln u. R. (P sīlabbata-parāmāsa) gilt als eine der 10 Fesseln (saṁyojana) u. gleichfalls als eine der 4 Anhaftungen (upādāna), die die Wesen an das Rad der Wiedergeburt ketten. Damit sind aber Regeln u. R. nicht grundsätzlich verworfen, sondern nur das Vertrauen auf ihre alleinige Heilswirksamkeit. Die antiritualistische Einstellung des ↗Buddha wendet sich vor allem gegen den brahmanischen R. Ausdrücklich hält er rituelle Waschungen u. Bäder in heiligen Flüssen (vgl. M 7, S 7,21, Ud 1,9 u. a.) u. das Feueropfer (S 7,1, vgl. auch Thag 341) für nutzlos; Tieropfer lehnt er strikt ab (S 3,1, D 5,22–27, Snip 295–313) u. vertrat dem brahmanischen R. gegenüber die Verzichtbarkeit jeden Kultes. Der Buddh. erhebt daher selbst keine Forderungen nach verpflichtenden R., da es nach der ↗Lehre des Buddha ursprünglich auch keinen Adressaten für kultische Verehrung gibt. Dies änderte sich im ↗Mahāyāna u. ↗Vajrayāna. (no)

Rollbild, Thangka (tib. thaṅ-ka), einrollbare Malerei auf Stoff (gewöhnlich Seide) mit religiösen u. historischen Motiven des ↗Vajrayāna in ↗Tibet u. in den von Tibet beeinflußten Anrainerstaaten; z. B. Darstellungen des ↗Buddha/der Buddhas, der Bodhisattvas (↗Bodhisattva), von Heiligen u. historisch bedeutsamen Gestalten des tib. Buddh. wie ↗Padmasambhava, ↗Milarepa; aber auch Darstellungen doktrinären Inhalts. Häufiges Motiv ist das „Rad der Wiedergeburten" (bhava-cakra) als Verbildlichung des Lehrsatzes vom ↗pratītyasamutpāda, aber auch historische Themen wie die Gründung bekannter tib. Klöster. Die Ikonographie des R. folgt streng traditionellen Regeln. Die Herstellung eines Thangka gilt als ungemein verdienstvolles Werk und ist selbst religiöser Vollzug. Das R. dient als Meditationshilfe (↗Meditation) zur Visualisierung bzw. Imagination (↗sādhana), findet aber auch Verwendung bei der ↗Initiation.

L.: A. Lavizzari-Raeuber: Thangkas, Rollbilder aus dem Himalaya, Kunst u. mystische Bedeutung, 1984. (no)

Rōshi (jap.), Bezeichnung für den qualifizierten Zen-Meister (↗Zen), der formal durch die „drei Dinge" (Sanmotsu), das ist die Eintragung in die Traditionskette seit dem ↗Buddha bis heute, ausgewiesen ist. Abzeichen seiner Meisterschaft ist der Kotsu, ein ca. 35 cm langer Stab. Aufgabe des R. ist es, die Zen-Erfahrung seiner Schüler anzuleiten.

L.: K. J. Notz: Buddh. „Sokratik". Das Schüler-Meister-Verhältnis im Zen, in: Didaskalos, Studien zum Lehramt in Universität, Schule und Religion, Fs. für Gerhard J. Bellinger zum 65. Geburtstag, hg. v. H. Horn (Schriftenreihe der Universität Dortmund Bd. 37), 1996, 411–428. (no)

Rotmützen, Bezeichnung für 1. die Anhänger der lamaistischen ↗Nyingmapa-Schule, 2. gelegentlich auch für die Anhänger sämtlicher, im Gegensatz zu den „gelbbemützten" ↗Gelugpa, rote Kopfbedeckungen tragenden, lamaistischen Schulrichtungen, d.h. der ↗Sakyapa, ↗Kagyüpa und ↗Nyingmapa. (ev)

rūpa-loka (Skt/P), meint die (fein)stoffliche oder „Körperwelt", die 2. Region der 3gliedrigen buddh. Kosmologie (Skt triloka, P tiloka). Ihr entsprechen die 4 unteren Meditationsstufen (↗Meditation). (no)

Ryōnin Shōnin, jap. buddh. Mönch der ↗Tendai-Schule; 1072–1132; bereitete den ↗Amidismus vor. Er führte die Rezitation des ↗Nembutsu in seiner Schule ein u. predigte unter dem Volk das Vertrauen zu ↗Amida. R. gilt als Gründer der „Schule der Namensanrufung der Durchdringung" (Yūzū-nenbutsu-shū), die seit 1874 unter diesem Namen anerkannt ist. Begriff u. Praxis des Durchdringens (yūzū) entlehnte R. der ↗Kegon-Schule. (no)

S

Sabbatthivāda (P), ↗Sarvāstivāda

saddharma (Skt, P saddhamma; „die gute Lehre"; Begriff für das Gesamt der ↗Lehre des ↗Buddha (gelegentlich auch verstanden in ihrer verschriftlichten u. durch ein Konzil approbierten Gestalt) u. somit die korrekte Selbstbezeichnung der (asiat.) Bekenntnisgruppe der Buddhisten für Buddh. Der Begriff beinhaltet dabei nicht nur die „rechte Lehre" (Orthodoxie, also das, was der Buddha tatsächlich gelehrt hat), sondern vor allem auch den rechten Wandel (Orthopraxie). ↗dharma. (no)

Saddharmapuṇḍarīkasūtra (Skt) ↗Lotus-Sūtra

sādhanā (Skt, tib. sgrub pa), „Vollziehen" oder „Verwirklichen". 1. Bezeichnung von tantrischen Schriften, die der s.-Praxis dienen, 2. Bezeichnung von tantrischer religiöser Praxis, die a) in der rituellen Verehrung von Gottheiten (Skt pūjā, tib. mchod pa) u. b) in ihrer rituellen Verwirklichung (Skt yoga, tib. rnal \`byor) besteht. Im ↗Vajrayāna sollen die s. nach der Durchführung ↗Vorbereitender Übungen durch Visualisierung u. anschließende Verschmelzung mit einer ikonographisch genau beschriebenen ↗Gottheit im Gläubigen bestimmte heilswirksame Kräfte erwecken u. ihn schließlich in der Schau der Wahren Natur der Wirklichkeit, der ↗Leerheit, zur unio mystica führen. Abschluß aller buddh. s. bildet die ↗Widmung der Verdienste. Unabdingbare Voraussetzung der Praktizierung von s. ist die ↗Initiation durch einen in ihrer jeweiligen Überlieferungs-Trad. stehenden Lehrer (Skt Guru, tib. ↗Lama). (ev)

A.: Sādhanamālā, ed. Bhattacharyya, 2 Bde., Baroda 1925–28 (GOS 26, 41); ders.: S. or godrealization, Yoga 1 (1931), 83–86. – L.: F. Lessing: Aufbau u. Sinn lamaist. Kulthandlungen, NGNVO 39 (1935), 22–29. (ec)

Säkularisierung. 1. Wortbedeutung: von lat. saecularis, „andauernd"; in christlicher Tradition seit Augustinus „weltlich" als Gegenbegriff zu „spiritualis", „geistlich". S. bedeutet daher „Verweltlichung", Lösung von Menschen, Dingen u. Gedanken aus ihrer religiösen Einbindung. Nach M. Weber bezeichnet S. den Prozeß der Isolation der Religion aus ihrer mittelalterlichen Zentralstellung zu einem separaten Segment im öffentlichen Leben der Moderne u. die gleichzeitige Verselbständigung von Herrschaft, Kultur, Wirtschaft u. Wissenschaft aus dem vormals religiös geprägten Zusammenhang. – 2. S. ist ein Phänomen aller Religionen zu allen Zeiten. Oft lösen sich Perioden der S. mit solchen einer neuen religiösen Durchdringung ab. In der rationalisierten u. technisierten Gegenwart ist S. als Entfremdung der Menschen von den religiösen Traditionen ein weltweites Problem u. ruft vielerorts fundamentalistische Gegenreaktionen hervor. – 3. Der Gegensatz weltlich – geistlich kann nicht ohne weiteres auf den Buddh. angewendet werden. Dieser zeigt von Anfang an gewisse säkulare, z. B. antirituelle Züge, obwohl er soziologisch im wesentlichen ↗Mönchsreligion ist. Seit dem 19. Jh. hat in den meisten buddh. Ländern, teils durch kolonialen Einfluß, ein S.-Prozeß stattgefunden, wodurch einerseits modernistische Entwicklungen eingeleitet wurden, andererseits fundamentalistische Phänomene auftreten (z. B. in ↗Sri Lanka).

L.: H. H. Schrey (Hg.), Säkularisierung, 1981; P. L. Berger: Der Zwang zur Häresie, 1980; T. Ling: Religious Change and the Secular State, 1978. (bo)

Sahampati Brahmā, ein hochrangiges, göttliches Wesen aus der himmlischen ↗Brahmā-Welt, das an den bedeutenden Abschnitten von Buddhas legendärer Biographie auftritt. Als ↗Buddha nach seiner Erleuchtung zögert, ob er das Heilswissen verkündigen soll, ist es S.B., der ihn mit dem Hinweis auf die leidenden u. verblendeten Menschen darum bittet (M 26). – Die Etymologie von S. ist unsicher. (mü)

Saichō (Dengyō Daishi; „Großmeister der Lehrübertragung"), jap. buddh. Mönch u. Vertreter der Tendai-Schule; 767–822. S. lebte, mit 14 Jahren zum Mönch ordiniert, lange Zeit als Eremit auf dem Berg Hiei. Von einer Reise nach ↗China (804–805) brachte er die Tradition der ↗T'ien-t'ai-Schule nach ↗Japan, die

Tendai-Hokke-Schule (oder kurz: Tendai-Schule), die in der Heian-Zeit zu einer der herrschenden Schulen in Japan wurde. (no)

sakadāgāmin (P, Skt sakridāgāmin), „Einmalwiederkehrender"; 2. Heiligkeitsstufe (↗ārya-pudgala). Die ersten 3 „Fesseln" (Glauben an eine individuelle Person, Zweifelsucht u. Hängen an Regeln u. Riten) sind überwunden, Fesseln 4–5 (Begehren, Übelwollen) abgeschwächt; nach einer weiteren Geburt folgt die ↗Erleuchtung. (sl)

Sakische Literatur. Sakisch, eine iranische Sprache, löste im Königreich Khotan – zwischen der Wüste Gobi im N u. ↗Tibet im S – Gāndhārī u. Skt ab. Geschrieben wurde Sakisch in einem ind. Brāhmī-Alphabet. Zunächst wurden buddh. Texte ins Sakische übersetzt, dann aber entstehen auch Werke in Sakisch wie das „Buch des Zambasta", nach seinem Stifter so benannt, aus dem die Gebräuche der buddh. Mönche in Khotan sichtbar werden. Ein anderer sakischer Text, in einem Fragmentfund aus Tumśuq bei Maralbaśi nur teilweise erhalten, unterrichtet über die Aufnahme von Laien in den Buddh. S. L. ist ein Zeugnis für die Blütezeit des Buddh. in ↗Zentralasien. (no)

śakti (Skt), „Energie" ↗Shaktismus, ↗prajñā

Sakya (tib. sa skya), „fahler Ort", 1073 von Khön Könchog Gyalpo (tib. `khon dkon mchog rgyal po) gegründeter Hauptsitz der ↗Sakyapa-Schule, 143 km südwestlich von ↗Shigatse, an der Grenze zu W-Tibet, gelegen. S. beherbergte bis zu 7000 Mönche, besaß unermeßliche Kunstschätze u. war berühmt wegen einer der wertvollsten Bibliotheken ↗Tibets. (ev)

Sakya Paṇḍita (tib. sa skya paṇ chen), „Paṇḍita von Sakya" ↗Künga Gyaltshen

Śākya (Skt, P Sākiya, Sakka), Adelsgeschlecht oder Sippe u. Adelsrepublik gleichen Namens nordöstl. des Königreichs Kosala, im heutigen Grenzgebiet zwischen NO-Indien u. W-Nepal. Aus dem Geschlecht der S. stammt der ↗Buddha, der daher auch ↗Śākyamuni heißt. Hauptstadt der Adelsrepublik der S. war ↗Kapilavastu (P Kapilavatthu). (no)

Śākyamuni (Skt), P Sākiyamuni oder Sākyamuni) wörtlich: „Weiser aus dem Śākya-Stamm"; Ehrentitel des Gautama-Buddha. ↗Siddharta Gautama, ↗Buddha, ↗Śākya. (no)

Sakyapa (tib. sa skya pa), Schule des ↗Lamaismus, die ihren Namen von ihrem Stammkloster ↗Sakya im westl. Zentraltibet bezieht. Der S.-Mythologie zufolge begaben sich 3 auf ↗Mañjughoṣa zurückgehende „Himmlische Brüder" aus dem Bereich der „Götter Klaren Lichts" nach W-Tibet. Dort ließen sie sich nieder u. gründeten Familien. Als der in ihrer Nachkommenschaft stehende Khön Könchog Gyalpo (tib. `khon dkon mchog rgyal po), ein Schüler des Übersetzers Drog mi (tib. `brog mi), 1073 schließlich das Kloster ↗Sakya gründete, entstand die Schulrichtung der S., deren Vertreter in den folgenden Jh. besonders im W Zentraltibets u. in O-Tibet zahlreiche Klöster errichteten. Zur Blüte gelangten die S. im 13. Jh. zunächst unter dem ↗Sakya Paṇḍita (1182–1251), dem vom mongolischen Prinzen Göden die Repräsentation Tibets übertragen wurde, sodann unter ↗Phagpa Lama (1235–1280), der von 1251 an überwiegend am Hofe Khubilai Khans verweilte u. die weltliche Vormachtstellung der S. innerhalb ↗Tibets zugebilligt bekam. Wenngleich die überregionale Macht der S. bereits zu Anfang des 14. Jh. rasch wieder verfiel, verloren sie de facto nie die Oberhoheit über das in Tsang, W-Tibet, gelegene Sakya-Territorium, das auf 3500 km etwa 16000 Einwohner umfaßte. Im 14. u. 15. Jh. verzweigten sich die S. ihrerseits in die Unterschulen der S., Ngorpa u. Tsharpa (tib. sa ṅor tshar gsum). Die Position des Sakya Tridzin (tib. sa skya khri `dzin), des „Thronhalters von Sakya", vererbt sich traditionell in direkter leiblicher Erbfolge oder in Form der Onkel-Neffe-Sukzession, wobei das Amt des verstorbenen Hierarchen auf den Sohn seines Bruders oder ein anderes nahestehendes Familienmitglied übergeht. Die bedeutendsten Lehren der S. bilden die ↗Lamdre-Lehren.

L.: C. W. Cassinelli, R. B. Ekvall: A Tibetan Principality, New York 1969; S. G. Amipa: A Waterdrop from the Glorious Sea, Rikon 1976; St. Batchelor: The Tibet-Guide, London 1987; K.-H. Everding: Tibet, 1993. Weitere Lit. ↗Lamaismus. (ev)

samādhi (Skt/P), Vereinheitlichung, Versenkung oder Konzentration, 8. Glied des ↗Achtfachen Pfades der buddh. Ethik. s. ist gegenstandsleer. Auf s. als Zielpunkt richten sich meditative Methoden u. Übungswege mit sorgfältiger Unterscheidung der unterschiedlichen Stufen von s. (no)

Samādhirāja-sūtra (Skt), wörtlich: „Lehrrede des Fürsten der Sammlung" oder „Lehrrede über die allerhöchste Sammlung", mahāyānischer Text (↗Mahāyāna) in 40 bzw. 42 Kap., erhalten in chin. u. tib. Übers. In Skt sind nur 16 Kap. erhalten. Die darin vorgetragene Lehre gehört in die Nähe des ↗Prajñāpāramitā-sūtra. Der Text gibt den Dialog zwischen Candragupta u. dem ↗Buddha wieder darüber, wie ein ↗Bodhisattva das höchste Wissen durch verschiedene Meditationsarten erlangen könne, besonders durch die Samādhirāja-Meditation (daher heißt der Text auch Samādhirājacandrapradīpa-sūtra). Die Schrift wurde vor 557 zusammengestellt. Von dem Sūtra gibt es 5 Versionen, 2 nepalesische, 2 chin. u. 1 tib. (no)

Samantabhadra (Skt). 1. der „Ganz Gute", einer der 5 ↗Dhyāni-Bodhisattvas (↗Bodhisattva), der dem ↗Buddha ↗Vairocana zugeordnet ist. 2. Anderer Name für den ↗ādibuddha. 3. Ein buddh. Tantriker (↗Tantra, ↗Tantrismus) gleichen Namens soll im 8. Jh. in ↗Sri Lanka Lehrer des großen Tantrikers Amoghavajra gewesen sein. (sl). – 4. In tib. Tradition besonders der ↗Nyingmapa-Schule u. in der tib. Bön-Religion wird S. (tib. kun tu bzan po) als ādibuddha attributlos in ↗Yab-Yum dargestellt. Gemäß der ↗Karma-Tradition repräsentiert S. den ↗dharmakāya. (ev)

samatha (P, Skt śamatha) Zuruhekommen, Stille (des Geistes) ist in Dhp 6–8 mit ↗samādhi gleichgesetzt u. auch weiterhin mit Begriffen erklärt, die auch samādhi definieren: citt‘ ekaggatā (Einspitzigkeit des Geistes) u. avikkhepa (Nichtzerstreutheit; Sammlung). Eine meditative Übung zur Erlangung u. Vertiefung der Geistesstille ist die s.-vipassanā. (no)

Śambhala (Skt, tib. śam bha la), als nordwestl. von ↗Indien gelegen beschriebenes, mythologisches Königreich ohne gesicherte geographische Lokalisation. Ś. gilt als Ursprungsland der ↗Kālacakra-Lehren (10. Jh.) u. hat in zahlreichen Lobpreisungen paradiesische Züge angenommen.

L.: E. Bernbaum: Der Weg nach Sh., 1980. (ev)

saṃbhogakāya (Skt), „Leib des Genusses"; innerhalb der mahāyānischen ↗trikāya-Lehre Bezeichnung für die in visualisierender ↗Meditation geschaute geistige, aber noch formhafte Wirklichkeit ↗Buddhas. Dem s. werden besonders die ↗Dhyāni-Buddhas zugeordnet, die häufig Gegenstand devotionaler Bildnisse sind. (sl)

Saṃdhinirmocana-Sūtra (Skt), philosophischer Text des indischen ↗Mahāyāna (vermutlich 4. Jh.), der besonders der ↗Yogācāra-Schule als häufig benutzte Quelle diente. Eine Skt-Version ist nicht erhalten, jedoch 2 vollständige chin. Übers. von Bodhiruci u. ↗Hsüan-tsang sowie mehrere Teilübers. u. eine tib. Version. (sl)

saṃgha, saṅgha (Skt/P), wörtlich: „Schar", Bezeichnung für den buddh. Orden der Mönche u. Nonnen, also der Ordinierten, i. w. S. aber auch für die Gemeinschaft aller, die Zuflucht zu den 3 Kostbarkeiten ↗Buddha, ↗dharma u. s. genommen haben. In dieser erweiterten Bedeutung umfaßt der s. die 4 Versammlungen: 1. der Mönche, 2. Nonnen, 3. Laienanhänger u. 4. Laienanhängerinnen. In den theravādischen Ländern (↗Theravāda) bezeichnet s. nur die Mönche u. Novizen (bhikkhu/↗bhiksu, sāmaṇera/↗śrāmaṇera), da der theravādische Nonnenorden ausgestorben ist u. Laien nicht als dem s. zugehörig betrachtet werden. Die Einheit des s. ist bald nach des Buddha Tod zerbrochen, war aber vermutlich immer eher eine ideale als eine historische Größe. Der 1. Fall von s. bheda, von Spaltung des s., ist aus der Zeit des Buddha bekannt u. war von einem Verwandten des Buddha, ↗Devadatta, inszeniert. In lokalen Mönchskapiteln bildeten sich Sondertraditionen aus, Ausgangspunkt für die Entstehung von Schulen. Der s. versteht sich ursprünglich als egalitäre Gemeinschaft von Gleichen, die lediglich einen Vorrang nach dem Ordinationsalter zuließ. Dieses Gleichheitsprinzip wurde indes durchlöchert durch die Einrichtung des Amtes eines Klostervorstehers, der mehr u. mehr die Funktion eines Hausherrn des Klosters übernahm u. schließlich sogar die Bewerber für „sein" Kloster – denn dazu war es geworden – zuließ oder abwies. Über solchen Entwicklungen kam es immer wieder zu Verfallserscheinungen. So verweigerten bald lokale Mönchsgemeinschaften entgegen dem ausdrücklichen Gebot des Buddha fremden Mönchen die gleichen Rechte, wie sie die ortsansässigen Mönche beanspruchten. Zu bestimmten Zeiten drang in manchen Ländern der Kastengeist in die buddh. Klöster ein. Dem Verfall steuerten immer wieder Reformbemühungen, die in manchen Ländern staatlicherseits durchgeführt wurden. Frühestes Beispiel königlicher Intervention um die Reform des s. stellt das Reformbemühen von Kaiser ↗Aśoka im 3. Jh. v. Chr. dar. – Die Ordnung des s. ist im ↗vinaya kodifziert, einer Sammlung von Rechtsvorschriften, die das Leben der Mönche regulieren, u. Anordnungen, wie die Gemeinschaft bestimmte Rituale zu vollziehen hat: ↗pabbajjā (Eintritt in das Kloster), ↗upasampadā (Ordination), ↗prātīmokṣa (Beichtfeier) anläßlich von ↗uposatha (poṣadha; Vollmond- u. Neumondfeier) usw. Der vinaya regelt auch die Zugehörigkeit zum s. u. den Ausschluß aus ihm u. setzt den Wohnbereich für Mönche fest. Staatlicherseits war dem s. fast immer weitgehende Autonomie in Fragen der inneren Ordnung zugestanden, wenngleich der Staat in den meisten buddh. Ländern in den äußeren Angelegenheiten eine gewisse Aufsichtspflicht über den s. wahrnahm.

L.: H. Bechert: Theravāda Buddhist Saṅgha, JAS 29 (Aug. 1970), 761–778; ders.: Buddhismus. Staat und Gesellschaft in den Ländern des Theravāda-Buddhismus, 3 Bde., 1966–1973 (Bd. 1: [2]1988); K.L. Hazra: Constitution of the Buddhist Saṅgha, Delhi 1988; S. Putuwar: The Buddhist Saṅgha, Lanham/Maryland 1991. (no)

saṃghabheda (Skt), P saṅghabheda) meint die Spaltung des buddh. Ordens (↗saṅgha), ein gravierender Verstoß gegen die Ordenszucht. Den Tatbestand des s. erfüllt bereits die Bildung von Parteiung, die einen einstimmigen Beschluß der Versammlung unmöglich macht (vgl. Saṃghabhedavastu oder Samghabhedakkhandaka im 2. Hauptteil des ↗vinaya). Der klassische

Fall von s. ist der im Kanon berichtete Spaltungsversuch des ↗Devadatta (Cv 7,3–4). (no)

Saṃgharakṣita (tib. Dge-`dun-bsruṅ-ba) soll nach einigen Überlieferungen der Lehrer der bedeutenden ↗Mādhyamika-Philosophen ↗Buddhapālita u. ↗Bhāvaviveka gewesen sein. Er selbst gilt als Schüler ↗Āryadevas oder Nāgamitras. Seine Datierung ist unsicher. (sl)

saṃghāti (Skt), Mönchsmantel, Teil des 3teiligen buddh. Mönchsgewandes. (no)

saṃjñā (Skt, P saññā) ↗Wahrnehmung

saṃkalpa (Skt, P saṃkappa oder sankappa; eigentlich sammasankappa), „Gesinnung", „Entstehung"; 2. Glied des ↗Achtfachen Pfades". „Rechte Sicht" ist die Voraussetzung für s., „rechte Gesinnung" ist das Gegenteil von sinnlicher Begierde, Übelwollen u. Gewalt. (no)

Saṃkhya (Skt, Aufzählung), philosophische Schulrichtung des ↗Hinduismus, die ein vom Leiden befreiendes Wissen vermitteln will. Ihre Blütezeit lag zwischen dem 4. Jh. v. Chr. u. dem 8. Jh. n. Chr. Frühe Darlegungen des S., oft verbunden mit ↗Yoga, bieten die mittleren ↗Upanischaden, Bhagavadgītā, Mahābhārata (XII, 168–353) u. Aśvaghoṣas ↗Buddhacarita (XII, 15–44). Der klassische Lehrtext ist die S.-kārikā des Īśvarakr̥ṣṣṇa (4. Jh. n. Chr.). – Grundlage des S. ist ein metaphysischer Dualismus zwischen der Wirklichkeit des Geistes oder des reinen Bewußtseins mit einer Vielzahl von ewigen, freien u. passiven Geistmonaden (puruṣa) u. der Wirklichkeit der Natur oder Materie (prakriti), die als ewig, unbewußt u. produktiv bestimmt wird. Die 3 Konstituenten der Natur: Güte (sattva), Leidenschaft (rajas) u. Dunkelheit (tamas) befinden sich im Zustand der periodischen Weltauflösung in einem harmonischen Gleichgewicht. Dessen Störung bewirkt die Umwandlung der einen Urmaterie in die Vielfalt der Erscheinungswelt. – Das Leiden des unerleuchteten Menschen gründet in der mangelnden Unterscheidung zwischen der Wandelwelt der Natur u. dem wandellosen Sein des Geistes. Obwohl der Geist reines Bewußtseins ist, wird er mit dem Bewußtsein von etwas, mit den sich verändernden Eindrücken u. Vorstellungen verwechselt. Obwohl er in Wahrheit passiver, in sich ruhender Seher ist, erscheint er angesichts dessen, was er an Aktivitäten der Natur beobachtet, als bewegt. Die Überwindung dieses Irrtums gilt als Weg zum Heil. Wer die Prinzipien der kosmischen u. psychomentalen Abläufe durchschaut u. die unterscheidende Erkenntnis erringt, distanziert sich von allem Geschehen, das dem Wandel unterliegt, indem er denkt: „Ich bin dies nicht. Dies ist nicht mein. Dies ist nicht mein Selbst" (S.-kārikā 64). Hierdurch wird die Isolierung des Geistes möglich, der in seiner Freiheit als reines Bewußtsein aufleuchtet.

L.: R. Garbe: S. u. Yoga, Straßburg 1896; ders.: Die S.-Philosophie, ²1917; A.B. Keith: Buddhist Philosophy in India and Ceylon, Oxford 1923, 138–143; ders.: The S. System, London ²1924; Encyclopaedia of Indian Philosophies, General editor K.H. Potter, vol. 4, Sāṃkhya, ed. G.J. Larson, R.S. Bhattacharya, Princeton – Delhi 1987. (mü)

saṃsāra (Skt/P, von der Wurzel sar = wandern; saṃ-sāra = beständiges Wandern, gemeint: durch die Existenzen im Geburtenkreislauf; s. cakra, Skt Rad des beständigen Wanderns). Im Begriff des s. ist die buddh. Version der Auffassung von der Wiedergeburt gemeint, die sich allerdings deutlich von der hinduistischen Auffassung unterscheidet (↗Hinduismus, ↗Upanischaden), wiewohl buddh. Positionen aus den gleichen historischen Hintergründen, der upanischadischen Bewegung, entstanden sind. Ist in hinduistischen Konzepten der s. eine „Seelenwanderung" durch die Geburten, so versteht sich im Buddh. s. vor der anattā-Lehre (↗anātman) dieser als ein unpersönlicher Prozeß. Diese „anfangslose Wanderung" (S 15,1) ist verursacht durch den „Durst" (Skt ↗tṛṣṇā, P tanhā) nach Werden, also nach saṃsārischer Existenz (in den „Gruppen des Ergreifens", Skt upādānaskandha, P upādānakkhandha). ↗Karma als die Qualität des Denkens, Redens u. Handelns bestimmt dabei die Art der Wiedergeburt wie überhaupt den Umstand, daß ein Wesen wiedergeboren wird. Dieser „Durst" erweist sich also als karmisch. Ende des s. bedeutet Aufhebung der tṛṣṇā/tanhā wie auch des karma, das ist ↗Erlösung (↗nirvāṇa). Da ein überdauerndes Selbst (Skt ātman, P attā) in den

Erscheinungen des s. nicht zu entdecken ist u. man im Buddh. von einem „Nicht-Selbst“ (Skt anātman, P anattā) sprechen muß, kann man auch nur bedingt u. in konventioneller Rede s. als Wiedergeburt bezeichnen u. ausdrücklich nicht im Sinne letzter, der Wirklichkeit entsprechender Wahrheit (P paramattha-sacca). Was nämlich im s. durch die 5 Daseinsfährten (pañca gati), das sind die 5 Geburtsbereiche: Götter- u. Menschenwelt, Tierreich, Gespensterreich u. Hölle, wandert, ist eine Aneinanderreihung der 5 unpersönlichen Daseinsgruppen, die die jeweils neue empirische Person ausmachen. Wie es zum s. kommt, erklärt der ↗pratītyasamutpāda, der 12gliederige Satz vom bedingten Entstehen: der s. entsteht aus Verblendung, d.h. aus falschen Anschauungen über die Welt u. das Selbst. – Ist in diesem Konzept des s. Geburt, da leidvoll, negativ qualifiziert, so wertet das ↗Mahāyāna im Bodhisattva-Ideal (↗Bodhisattva) das Heilsziel wie auch die Wiedergeburt um: Aus Barmherzigkeit gegenüber den irrenden Wesen verzichtet der Bodhisattva darauf, ins nirvāṇa einzugehen u. bleibt im s. In der Ablehnung jeder Dualität als unheilvolle saṃsārische Sicht u. gründend in der śūnyatā-Lehre (↗śūnyatā), daß alle Erscheinungen ihrem Wesen nach „leer“, d.h. merkmalslos u. ununterscheidbar seien, fallen nach mahāyānischer Sicht schlußendlich Wiedergeburt u. Erlösung, ↗nirvāṇa, zusammen (vgl. Texte im Anhang, S. 539–540. 546).

L.: H. Günther: Das Seelenproblem im älteren Buddh., 1949; E. Lamotte: Die bedingte Entstehung u. die höchste Erleuchtung, in: Beiträge z. Indienforschung, Fs. f. E. Waldschmidt, 1972, 279–298; L. Schmithausen: Ich u. Erlösung im Buddh., in: ZMR (53) 157–170; D.T. Suzuki: Seelenwanderung, in: ders.: Der westl. u. der östl. Weg, 1980, 109f. (no)

saṃskāra (Skt, P saṃkāra, öfters: sankhāra), „Einprägungen“, Gebilde, Struktur – bezeichnen sowohl den aktiven Vorgang des Gestaltens, als auch passiv das Ergebnis: das Gebildete, das Geprägte. s. ist im ↗pratītyasamutpāda das 2. Glied, nämlich die Prägung als karmisch relevante Willenstätigkeit (↗karma), die als heilsam (kusala) oder unheilsam (akusala) qualifiziert ist. In den 5 Gruppen des Ergreifens (Skt pañca upādānaskandhāh) bezeichnet s. die 4. Gruppe (Skt skandha, P sankhārakkhandha), die Geistes- u. Willensformationen, also Vorstellungen u. Absichten, Sehnsüchte, Intentionen, Willensstrebungen

u. -akte, die dem Denken, Reden u. Handeln vorausgehen. In buddh. Ethik bedingen vor allem diese Tatabsichten die Wiedergeburt (↗saṃsāra), gute in besserer, schlechte in schlechterer Existenz, so daß alle wiedergeburtlichen Daseinsformen durch s. bedingt sind; sie sind „gestaltet" (Skt saṃskṛta, P saṅkhata). Daher heißt der Geburtenkreislauf selber saṃkṛta u. das ↗nirvāṇa asaṃkṛta (ungestaltet). Die erlösende Aufhebung der s. geschieht nach dem ↗Achtfachen Pfad durch rechte Achtsamkeit (Skt smṛti, P ↗sati) u. rechte Vereinheitlichung (↗samādhi), nach dem pratītyasamutpāda durch Aufhebung des Nichtwissens. (no)

Saṃvara (Skt, tib. bde mchog), „Höchste Glückseligkeit", mit ↗Cakras identische ↗Gottheit der höchsten ↗Tantra-Klasse (Skt ↗Anuttarayoga-Tantra), die in ihrer Hauptform als 4gesichtige, 12armige, gemischt friedvoll-zornvoll, männliche Gottheit von tiefblauer Körperfarbe in ↗Yab-Yum mit ihrer ↗prajña ↗Vajravārāhī erscheint. S. residiert auf dem ↗Kailaś. Die Praxis des S.-Kultes wird im ↗Lamaismus besonders von den ↗Kagyüpa ausgeübt. (ev)

saṃvriti satya (Skt), „Relative Wahrheit" (wörtlich: „Verhüllungs-Wahrheit"); innerhalb des Konzepts der doppelten ↗Wahrheit bezeichnet s. jegliche Form von begrifflich gefaßter Wahrheit, besonders aber die buddh. Lehre, die zwar deskriptiv unzutreffend, aber „relativ" wahr ist, weil sie zur Erkenntnis der höchsten Wahrheit führt. (sl)

samyaksambuddha (Skt), P sammāsambuddha; vollständig Erwachter, nach buddh. Auffassung ein Mensch, der aus s. die überzeitliche, heilsgewinnende Lehre (↗dharma) entdeckt u. (damit bereits) verwirklicht hat. Vom ↗pratyekabuddha unterscheidet er sich dadurch, daß er den dharma öffentlich bekannt macht u. so den Menschen den Erlösungsweg eröffnet. ↗Buddha. (no)

Samye (tib. bsam yas), das älteste Kloster ↗Tibets, ca. 60 km von ↗Lhasa am nördl. Ufer des Tsangpo gelegen, wurde ca. 775 als Abbild lamaistischer kosmologischer Vorstellungen von

Śāntirakśita auf Geheiß ↗Tisong Detsens gegründet u. von ↗Padmasambhava eingeweiht.

L.: G. Tucci: The Symbolism of … bSam yas (in: East and West, IV, 1956); G. W. Houston: Sources for a History of the bSam yas Debate, 1980 (Monumenta tib. Hist. I,2); M. Henss: Tibet, 1981. (ev)

saṁyojana (Skt/P), auch saññojana; wörtlich: Verblendung, Fesselung, Fessel. In buddh. Lehre (nach A IX.67, 68; X.13; D 33) unterscheidet man 10 Fesseln, die an Formen irgendeiner Existenz in der Welt anbinden: 1. Ichglaube, 2. Zweifel, 3. Hängen an Regeln u. Riten, 4. sinnliche Begierde, 5. Zorn, 6. Begehren nach feinkörperlicher Existenz, 7. Begehren nach unkörperlicher Existenz, 8. Selbstzufriedenheit, 9. geistige u. seelische Unruhe, 10. Nichtwissen. An anderen Stellen (z. B. Vibh. XVII) sind einzelne Glieder dieser Liste durch andere ausgetauscht. Die stufenweise Befreiung von diesen Fesseln entspricht dem Stufenweg der Erlösung vom ↗sotāpanna bis zum ↗arhat, welcher sich von allen 10 s. befreit hat. (no)

Saṃyutta-Nikāya (P), 3. Sammlung des ↗Sutta-piṭaka des ↗Pāli-Kanons oder „Sammlung der zusammengehörigen (Lehrtexte)“; in ihm sind inhaltlich zusammengehörige Lehrreden – gegen 3000 – in 56 Saṃyuttas zusammengeordnet, die ihrerseits wieder in Abschn. (vagga) unterteilt sind. Dabei gehören die ersten 8 Abschn. des Nidāna-syṃyutta nach Auskunft von ↗Buddhaghosa zu den jüngsten Teilen der 2. chronologischen Schicht u. damit zu den ältesten Teilen des Pāli-Kanons überhaupt (z. B. der Sagātha-vagga des S.). – Von der entsprechenden Skt-Sammlung (Saṃyukta-āgama) haben sich im chin. Kanon 2 Varianten erhalten, ein vollständiger S.-āgama (1362 sūtras), zwischen 435 u. 443 n. Chr. von einem Guṇabhadra übers., u. ein unvollständiger mit 364 sūtras, um 400 n. Chr. übers., vermutlich aus der Schule der Kāśyapīas. Die Skt-Texte selbst sind wohl zwischen 200 u. 400 n. Chr. entstanden. Vor der Kompilation des Saṃyuktāgama waren aber etliche Teile unabhängig voneinander als eigenständige sūtras im Umlauf.

A.: S.-N., ed. L. Feer, 6 Bde., PTS, 1884–1904 (Bd. 6: Indexes by C. A. F. Rhys Davids); repr. 1980–91. – Ü.: The Book of the Kindred Sayings, tr.

C.A.F. Rhys Davids and F.L. Woodward, PTS, 5 Bde., 1917–30 (repr. 1990–94); W. Geiger: S.-N., 2 Bde., 1925–30 (Teilübers.). (no)

Sanchi (Sāñchi, Sāñci) in Zentralindien im heutigen Distrikt Bhopal, zwischen 200 v. Chr. u. 600 n. Chr. eines der Hauptzentren buddh. Kunst u. Kultur mit einem blühenden Klosterwesen; unter den ↗Mauryas bereits Hauptstadt der W-Provinz. In S. finden sich Reste der ältesten Stūpas (↗Stūpa), in den ältesten erhaltenen Teilen aus dem Ende des 1. Jh. v. Chr., mit steinernen Umgrenzungen, die in Reliefs Szenen aus dem Leben des ↗Buddha u. aus den ↗Jātakas zeigen, u. mit Toren aus den 4 Himmelsrichtungen. Bedeutsam sind die Funde einiger 100 kurzer Inschriften, darunter ein Edikt des Kaisers ↗Aśoka. In den Stūpas sind Reliquien zahlreicher Schüler des Buddha u. anderer Heiliger deponiert (↗Maudgalyāyana z. B. u. ↗Śāriputra). (no)

San-chieh-chiao, chin. buddh. „Schule der 3 Abschnitte", im 6. Jh. gegründet durch ↗Hsin-hsing. Die Schule lehrte, daß alle Dinge die ↗Buddhanatur (p'u-fa) verkörpern u. alle Menschen an ihr Anteil besitzen. Sie vertrat die Theorie von den 3 Perioden des Buddh.: die Periode des wahren, des verfälschten u. des verfallenden ↗dharma. Den Beginn der letzten Periode (mo-fa) erwartete S. im Jahr 550. Erlösung ist nur zu erlangen durch die Befolgung der Mönchsregeln u. durch altruistisches Handeln. Daher wirkte die Schule durch Spenden aktiv sozialkaritativ. Die Schule geriet um 600 in Konflikt mit den anderen buddh. Schulen, in dessen Zug sie Ende des 7. Jh. für häretisch erklärt u. 713 ihre Schriften verboten wurden. Bei sinkender Anhängerzahl erlosch S. schließlich in der Buddhistenverfolgung von 845. (so)

saṅgha ↗saṁgha

saṅgharāja (P). Titel des Oberhauptes oder Patriarchen eines autokephalen nationalen ↗saṅgha. Der Titel, in Hinterindien entstanden, wurde ab dem 14. Jh. auch in ↗Ceylon u. in anderen theravādischen Ländern (↗Theravāda) geführt. In Ceylon ist für die 2. Hälfte des 18. Jh. der letzte u. 13. s. belegt. Seither ist die Einsetzung eines s., obwohl immer wieder gefordert, nicht wieder erreicht worden. (no)

saṅgīti (P, Skt saṃgīti), wörtlich: „gemeinsame Rezitation", Bezeichnung für die buddh. Konzile (↗Konzil), um die Authentizität der Lehre u. den Lehrbestand zu sichern. (no)

San-lun, chin. buddh. „Schule der 3 Abhandlungen", benannt nach den Haupttexten der Schule: ↗Madhyamakaśāstra (Chung-lun), Dvādaśanikayāśāstra (Shih-er-men-lun) u. Satakaśāstra (Po-lun). Doktrinäre Grundlage der S. bildete die ind. ↗Mādhyamika-Schule. Sie kam Anfang des 5. Jh. durch ↗Kumārajīva nach ↗China u. wurde von ↗Seng-chao, dem Schüler Kumārajīvas, gegründet, ging indes an der wachsenden Popularität der ↗Ch'eng-shih-Schule bereits in der Mitte des 5. Jh. zum 1. Mal nieder. Fa-lang (507–581) belebte sie wieder, u. sein Schüler ↗Chi-tsang führte sie zu einem Höhepunkt. Nach dessen Tod 623 u. dem Aufkommen der ↗Fa-hsiang-Schule erlosch sie schließlich. In ihrer Lehre vertrat sie eine komplizierte Logik und Dialektik; zentrales Lehrstück war ↗śūnyatā (k'ung). (so)

Sanron-Schule (jap.), wörtlich: „Schule der 3 Abhandlungen", jap. Zweig der von Ekan im 7. Jh. nach ↗Japan eingeführten chin. ↗San-lun-Schule, der von ↗Seng-chao gegründeten Subschule der Mādhyamika-Schule. Die S. stützte sich auf die ↗Mūlamadhyamakakārikā, auf das ↗Nāgārjuna zugeschriebene Dvādaśadvāra u. ↗Āryadevas Catuḥśataka. (sl)

Sanskrit, von saṃskrita, „zurechtgemacht, regelmäßig geformt, kultiviert", abgeleitete Bezeichnung der klassischen, z. T. auch heute noch verwandten Gelehrten-, Kunst- u. Kultsprache Indiens. Gemeinsam mit dem Vedischen repräsentiert das S. die Sprachstufe des Altindoarischen. Es ist nahe verwandt mit dem Altiranischen u. gehört zur indogermanischen Sprachgruppe. Im 5. Jh. v. Chr. erhielt es durch die grammatischen Regeln des Pāṇini seine auch in der Folgezeit als normativ geltende Sprachgestalt, in der wissenschaftliche Abhandlungen, heilige Schriften sowie Werke der Dichtung abgefaßt wurden.

Als Sprache der gebildeten Elite wurde das S. in den Dramen der ind. Klassik vorgestellt, in denen männliche Angehörige des priesterlichen u. weltlichen Adels S. sprechen, andere hingegen verschiedene Volksdialekte. – Der Buddh. bediente sich anfangs in seiner Verkündigung der mittelindoarischen Umgangssprachen (↗Prākrit). In der Zeit des Übergangs von der mündlichen zur schriftlichen Überlieferung – etwa seit dem 1. Jh. v. Chr. – wurden sodann diese Dialekte von verschiedenen Schulen auch in der Orthographie des S. niedergeschrieben, unter teilweiser Bewahrung ihrer Besonderheiten. Diese Sprachform nennt man „buddhist. oder hybrides (gemischtes) S.". Spätere Schriften insbesondere des Mahāyāna folgen den Normen des klassischen S. Die buddhist. S.-Lit. ist z. T. nur in tib. oder chin. Übers. erhalten. (mü)

L.: H. Lüders: Bruchstücke buddh. Dramen, 1911 (Königl. Preuß. Turfan-Expeditionen, 1); E. Windisch: Geschichte der Skt-Philologie u. indischen Altertumskunde, 2 Tle., Straßburg 1917–20 (GindPh I, 1 B); ders.: Philologie u. Altertumskunde in Indien, 1921 (AKM 15,3); A.B. Keith: A History of Skt Literature, Oxford 1928 (Nachdr. London 1966); F. Edgerton: Buddhist Hybrid Skt Grammar and Dictionary, 2 Bde., New Haven 1953 (Nachdr. Delhi 1970); ders.: Buddhist Hybrid Skt Reader, New Haven 1953 (Nachdr. Delhi 1972); R. Yamada: A Bibliography of Studies on Skt Buddhism. Annual Report of the Faculty of Letters, Tohoku University 8 (1957), 1–189; red. Ausg. (jap.) Kyoto 1959; E. Waldschmidt, unter Mitarb. v. W. Clawiter u. L. Sander-Holzmann (Hg.): Skt-Handschriften aus den Turfan-Funden, 1965ff; Akademie der Wissenschaften in Göttingen (Hg.): Skt-Wörterbuch der buddh. Texte aus den Turfan-Funden [ab 8. Lfg.:] und der kanonischen Lit. der Sarvastivada-Schule, begonnen v. E. Waldschmidt, ed. H. Bechert, bearb. G. v. Simson, M. Schmidt, Lfg. 1 ff, 1973 ff (Bd. 1, 1992, abgeschl.); SÜBS , 1978ff; 1. Teil: Vinaya-Texte, hg. v. A. Yuyama, 1979; T. Damsteegt: Epigraphical Hybrid Skt, its Rise, Spread, Characteristics, and Relations to Buddhist Hybrid Skt, Leiden 1978. (ec)

Sanskrit-Kanon. Neben dem ↗Pāli-Kanon, dem einzigen kompletten ↗Kanon einer buddh. Schule in einer ind. Sprache, existierten Kanones anderer buddh. Schulen in anderen ind. Sprachen (↗Prākrit), ab dem 1. Jh. unserer Zeitrechnung vermehrt auch in einem hybridgen Skt, dem sog. „buddh. Skt". Indes setzte bereits kurz nach ↗Aśoka eine Sanskritisierung buddh. Texte ein, vor allem in den Gebieten des Reichs von Kuṣāna (78–250 n. Chr.), d.h. im nordwestl. ↗Indien bis nach Khotan. Berühmtester König dieser Dynastie ist Kaniṣka (? 120–155

n. Chr.). Betroffen von dieser Entwicklung waren in dieser Region in ihrer Schriftlichkeit vor allem die Schulen des ↗Sarvāstivāda u. des Mahāsāṁghika. In den Kanones der Skt schreibenden Schulen setzte sich eine Gruppierung der Texte nach 4 Sammlungen (Skt āgama, wörtlich: „Abkunft") durch gegenüber den 5 Sammlungen (P nikāya) des P-Kanon. Die uns zur Verfügung stehenden Skt-Texte, zumeist sarvāstivādischer Provenienz, stammen vornehmlich aus Funden in O-Turkestan (aus der Oase Turfan) u. aus den Höhlen von Tun-huang in der westchin. Provinz Kansu (6.–11. Jh. n. Chr.). Überdies sind Skt-Kanones u. Einzeltexte im chin. u. tib. ↗Tripiṭaka erhalten. – In Ceylon (↗Sri Lanka) wurden zwischen dem 5. Jh. u. 1160 durchaus auch Skt-Texte verwendet. Selbst in den P-Kanon sind Auszüge aus Skt-Texten, ins P übersetzt, eingegangen (z. B. Teile der Anavatapta-gāthā des Sarvāstivāda in die P-Texte Apadāna u. Nettipakaraṇa). – Dem ↗Dīgha-Nikāya des P-Kanons entspricht in den Skt-Kanones ein Dīrghāgama (Dīrgha-āgama) der ↗Dharmaguptakas, der Anfang des 5. Jh. von Buddhayaśa u. Buddhasmṛti ins Chin. übersetzt wurde; von 30 sūtras stimmen 27 mit D überein. Dem ↗Majjhima-Nikāya entpsricht ein Madhyama-āgama, Ende des 4. Jh. durch Gautama Saṁghadeva u. Saṁgharakṣa ins Chin. übertragen – mit 97 Entsprechungen zu M von 222 sūtras. In chin. Übers. erhalten haben sich 2 vollständige Saṃyukta-āgamas – die Skt-Entsprechung zum ↗Saṃyutta-Nikāya –, ein längerer mit 1362 (436/443 n.Chr. von Guṇabhadra übers.) u. ein kürzerer mit 364 sūtras (der um 400 n. Chr. übers. Saṃyuktāgama der Kāśyapīya-Schule). Dem ↗Aṅguttara-Nikāya entspricht im chin. Kanon die Übers. eines Ekottara-āgama, übers. durch Gautama Saṁghadeva 397/98. Zum ↗Khuddaka-Nikāya findet sich im chin. u. tib. Tripiṭaka keine entsprechende Sammlung. Indes ist in ↗Tibet ein Kṣudrāgama (Skt, P entsprechend Khuddaka-Nikāya, kurze Sammlung) bekannt, die allerdings nicht identisch mit der P-Sammlung ist. Eine Skt-Parallele zum ↗Dhammapda u. ↗Udāna des P-Kanons stellt das Skt-Buch Udānavarga aus dem sarvāstivādischen Kanon dar. Von einem Arthavarga, entsprechend dem Aṭṭhaha-vagga des ↗Suttanipāta, aus 16 sūtras bestehend, wurde ein Skt-Fragment in O-Turkestan gefunden. Das ↗Abhidharmapiṭaka der Sarvāstivādins, ein Gegenstück zum abhidhamma, ist in chin. Übers. bekannt. Das ↗Vinaya-piṭaka ist in mehreren Skt-Versionen erhalten: der Sarvāstivādins, der Dharmaguptakas, der Mahīśāsakas, der ↗Mūlasarvāstivādins, der Mahāsāṅghika-Schule in chin. Übers. jeweils, dazu den ↗vinaya des Mūlasarvāstivāda auch in tib. Übers. Dazu sind beträchtliche Teile des vinaya des Sarvāstivāda, des Mūlasarvāstivāda u. des ↗Lokottoaravāda in Skt erhalten. – Vom 5. Jh. an setzte sich der Gebrauch eines Hoch-Skt auch als Gelehrtensprache für buddh. philosophische Erörterungen durch. (no)

A.: BBu, 1–32, 1897–1962 (Nachdr. Osnabrück 1970; enth. Werke der buddh. Skt-Lit., auch tib. Versionen u. allg. Abhandlungen); Kanonische Skt-Texte aus den Turfanfunden, hg. v. d. Preuß. Akademie der Wiss. bzw. d. Deutschen Akademie d. Wiss. bzw. der Akademie der Wiss. in Göttingen. 1904ff; vgl. E. Waldschmidt et al.: Skt-Handschriften aus den Turfanfunden, in: VOHD 10, Tl. 1ff, 1965ff; Faksimile-Wiedergabe von Skt-Handschriften aus den Berliner Turfanfunden, I: Handschriften zu fünf sūtras des Dīrghāgama. Unter Mitarbeit v. W. Clawitter, D. Schlingloff u. R. L. Waldschmidt, hg. v. E. Waldschmidt, The Hague – Moutons 1969; TSWS, Patna 1953ff, zuletzt 16, 1976; E. Waldschmidt: Bruchstücke buddh. Sūtras aus dem zentralasiat. S 1, 1932 (KST 4); Gilgit Manuscripts, ed. N. Dutt, Srinagar 1939ff; B. Pauly: Fragments sanskrits de Haute Asie (Mission Pelliot), 9 Tle., JA; 1957–1967; Gilgit Buddhist Manuscripts, Facsimile edition, by R. Vira and L. Chandra, 10 Tle., New Delhi 1959–74; Buddhist Skt Texts, Darbhanga 1958ff; H. Bechert: Bruchstücke buddh. Versammlungen aus zentralasiat. Skt-Handschriften, 1, 1961 (STT 6); Skt-Texte aus dem buddh. Kanon, Neuentdeckungen und Neueditionen, 1. Folge, bearb. v. F. Enomoto, J.-U. Hartmann u. H. Matsumura, 1989 (SWTF, Beih. 2), dito, 2. Folge, bearb. v. J.-U. Hartmann, C. Vogel, K. Wille u. G. Grönbold, 1992 (SWTF, Beih. 4). – L.: T. Aufrecht: Catalogus Catalogorum. An Alphabetical Register of Skt Works and Authors, 3 Tle, 1891–1903 (Nachdr., 2 Bde., 1962); G. v. Simson: Zur Diktion einiger Lehrtexte des buddh. Skt-Kanons, 1965 (MSS, Beih. H); Systematische Übersicht über die buddh. Skt-Lit., hg. v. H. Bechert, 1979ff; M. Winternitz: A History of Indian Literature, Bd. II: Buddhist Literature and Jaina Literature, Calcutta 1933; E. Lamotte: Histoire du bouddhisme indien, dès origines à l'ère Śaka, Löwen 1958 (BM, Bd. 43). (ec)

Śāntideva, Vertreter der Schule der ↗Mādhyamika u. Lehrer an der Klosteruniversität ↗Nālandā, ca. 650–750. Seine wichtigsten Werke sind: 1. Bodhicaryāvatāra (Der Eintritt in das Erleuchtungsleben), eine Einführung in die mahāyānische Praxis (↗Mahāyāna), in tib. u. chin. Übers. erhalten; 2. Śikṣāsamuccaya (Sammlung der Regeln), eine Anthologie mahāyānischer

Texte mit Komm. u. 3. Sūtrasamuccaya (Sammlung der Lehrtexte), in tib. u. chin. Version erhalten. (no)

Śāntirakṣita, ind. Philosoph (8. Jh.) der ↗Mādhyamika-Schule, lehrte zeitweise in ↗Nālandā. Er näherte den Standpunkt der Mādhyamika-Schule dem der ↗Yogācāra-Schule an, was zur Gründung der Subschule der ↗Svātantrika-Yogācāra führte. Seine wichtigsten Werke sind der Madhyamakālaṃkāra, der Tattvasaṃgraha, sowie ein Komm. zum Satyadvayavibhaṅga, dem Hauptwerk seines Meisters Jñānagarbha. Gemeinsam mit ↗Padmasambhava soll er das 1. buddh. Kloster in ↗Tibet gegründet haben. Sein bedeutendster Schüler ist ↗Kamalaśīla, der die Werke S. kommentierte u. dem Buddh. in Tibet zum endgültigen Durchbruch verhalf.

A.: Madhyamakālaṃkāra, ed. M. Ichigo, Kyoto 1985. (sl)

San-tsang (Ta-tsang-ching; Skt Tripiṭaka), chin. buddh. ↗Kanon, die wichtigste Quelle zur Erforschung nicht nur des chin. Buddh., sondern des Buddh. überhaupt, da er viele Übers. von Werken enthält, die im Original verloren sind oder nur fragmentarisch erhalten sind. Der S. enthält außer den 3 „Körben" (piṭaka) ↗vinaya, ↗sūtra u. ↗abhidharma einen 4. Korb mit ausschließlich chin. Werken. ↗Tao-an legt 374 einen 1. Katalog buddh. Schriften in ↗China an. Einen weiteren Schritt auf dem Weg zum chin. Kanon stellen die Notizen zur Übers. von ↗Seng-yu („Ch'u san-tsang chi-chi") aus 515 dar. In der T'ang-Zeit versuchte man erstmalig eine staatliche Gesamtausgabe des S. im Jahr 730 (K'ai-yüan). Erste Drucklegung erfolgte in der Sung-Zeit durch Kaiser T'ai-tsu 972–983 (K'ai-pao), die in ganz China u. in den Nachbarländern verbreitet wurde. Bis Anfang des 20. Jh. erlebte diese Ausgabe 14 Auflagen. Die heutige Standardausgabe „Taishō-shinshū daizōkyō" von Takakusu et al. wurde 1924–34 in ↗Japan veröffentlicht. Sie enthält 2500 Werke. In Taiwan erfolgte der Nachdruck unter dem Titel „Hsü tsang-chin". (so)

Sanzo (jap.) ↗Kanon

Śāriputra (Skt/P, Sāriputta) war zusammen mit ↗Maudgalyāyana (P Moggallāna) Hauptschüler des ↗Buddha. Seinen Anschluß an den Buddha u. den ↗saṅgha berichtet Mv (des ↗vinaya 1, 23, 1) u. Mv (1, 24, 5) die Ordination. Die Tradition sieht in Ś. den begabten Analytiker, der die ↗Lehre des Buddha systematisch zusammengefaßt habe. Daher legt sie ihm wichtige Erklärungen, etwa über das ↗nirvāṇa (A 9, 34) in den Mund. Ś. ist der Tradition nach vor dem Buddha gestorben. Das ↗Mahāyāna nimmt Ś. als (fiktiven) Autor des Ś.-abhidharma-śāstra in Anspruch. Dabei handelt es sich um eine Schrift, deren doktrinärer Standpunkt einigermaßen unklar bleibt, die aber auf die Vibhajjavādins verweist. Sie dürfte nach ↗Aśoka in Kreisen der Vātsīputrīyas entstanden sein. Ein weiterer mahāyānischer Text (S.-prakaraṇa) des ↗Aśvaghoṣa beschreibt die Bekehrung des S. u. des Maudgalyāyana.

L.: A. Migot: Un grand disciple du Buddha, S., Son rôle dans l'histoire du bouddhisme et dans le développement de l'Abhidharma, BEFEO 46 (1954), 405–554; A. Bareau: Recherches sur la biographie du B. dans le Sūtrapiṭaka et les Vinayapiṭaka anciens, 2 in 3 Bdn., Paris 1963–71 (PEFEO 53; 77, 1–2). (no)

śarīra (Skt), wörtlich: Leib, Hülle, bezeichnet die ↗Reliquien des ↗Buddha oder eines Heiligen (↗arhat). Die Reliquien werden in bestimmten Baulichkeiten aufbewahrt: in einem ↗Stūpa oder einer ↗Pagode, Dāgoba oder in ↗Tibet in Tschörten. (no)

Sārnāth, Ort des Gazellenhains bei ↗Benares (↗Vārāṇasī), in dem der ↗Buddha seine 1. Predigt gehalten u. damit das ↗Rad der Lehre (↗dharma) in Bewegung gesetzt hat; in der Folge ein bedeutendes Zentrum buddh. Kunst u. Literatur. Von dem überragenden Dāmekh-↗Stūpa (5. Jh. n. Chr.), der an die Predigt des Buddha erinnern sollte, sind nur noch die Fundamente erhalten. S. ist 1194 durch die Truppen von Muhammad Ghorī zerstört worden. In S. gefunden wurde das Löwenkapitell (2,15 m hoch), einst an der Spitze einer 10 m hohen Säule, die Kaiser ↗Aśoka um 250 v. Chr. errichten ließ. Das dargestellte Motiv, brüllende Löwen mit dem Rad (der Lehre), dient heute als ind. Nationalemblem. (no)

Sarvāstivāda, Sarvāstivādins (Skt), Schule des Buddh., die aus der Spaltung des ↗Sthaviravāda, vermutlich um 244 v. Chr. in der Regierungszeit des ↗Aśoka (273–232 v. Chr.), entstanden ist. Der früheste Reflex in der Pāli-Lit. auf diese Schule findet sich im ↗Kathāvatthu, das z. Z. des Aśoka entstanden ist. Der Name S. leitet sich her von Skt „sarvam asti" („alles existiert"), was gewissermaßen das philosophische Grunddogma der S. darstellt, da sie vor dem Hintergrund der Karma-Lehre (↗karma) die gleichzeitige Existenz von Vergangenem, Gegenwärtigem u. Zukünftigem annahmen (nach Kātyāyanīputra, dem diese Lehre zugeschrieben wird). D. h. die Wirksamkeit des Vergangenen auf die Gegenwart u. für die Zukunft war damit ebenso evident, wie dies sich aus der Kenntnis vergangener u. zukünftiger Dinge in der Gegenwart erschloß, ohne daß vor dem geistigen Auge im Akt der Erkenntnis ein reales Erkenntnisobjekt stehen muß. – Der S. wurde zur bedeutendsten Schule im nördl. Zentralindien, in Gandhāra u. Kaschmir, von wo aus sie auch nach ↗Zentralasien ausgriff, aber auch nach ↗Birma, ↗Thailand, ↗Kambodscha. S.ische Einflüsse lassen sich auf Java, in ↗China u. ↗Japan u. bis nach ↗Tibet nachweisen. Ihr Kanon in Skt (↗Kanon) ist in Bruchstücken original, in weiten Teilen in chin. u. tib. Übers. erhalten. Von den S. ist ein ↗vinayapiṭaka in chin. Übers. erhalten. 3 Skt-Fragmente sind durch Louis Finot 1911 publiziert worden. Gleichfalls besitzen wir das ↗prātimokṣa-sūtra des S.-vinaya (ebenfalls durch Finot publiziert), vgl. auch E. Waldschmidt 1929 bezüglich des prātimokṣa der Nonnen verschiedener Schulen, J. Filliozat/H. Kuno 1938, V. Rosen 1959. Bedeutsam ist der Kanon des S. auch seines abhidharmapiṭaka wegen (↗abhidharma), der sich allerdings von der Sammlung des ↗Theravāda (↗abhidhammapiṭaka) unterscheidet. Wie das Pāli-piṭaka umfaßt der abhidharma des S. 7 Schriften, von denen das Jñānaprasthāna den Haupttext darstellt. Die umfänglichste Darstellung der Lehre der S. ist ein Komm. zum Jñānaprasthāna, die Mahāvibhāṣā (um 200 n. Chr.), die der orthodoxesten Fraktion des S. den Namen gibt: Vaibhāṣika. Die wichtigste Schrift der Schule ist die Zusammenfassung ihrer Lehre durch ↗Vasubandhu im 5. Jh. im ↗Abhidharma-kośa („Schatz der vertieften Lehre"). Vor seiner Konversion zum ↗Mahāyāna war Vasubandhu der bedeutendste Vertreter dieser Schule. In der Skt-Schrift Udānavarga (hg. von F. Bernhard 1965) besaßen die S. ein Kompositum aus Dhammapada und Udāna. – Neben ihrer Auffassung von der gleichzeitigen Existenz entwickelten die S. – analog zur theravādischen – eine eigene ↗„dharma"-Lehre, das ist der Versuch der Darstellung des Weltprozesses aus „dharmas", das sind „Gegebenheiten", gewissermaßen dem Atomismus von Leukippos u. Demokritos in der griech. Philosophie vergleichbar. Sie zerlegten die Welt in ihre letzten Elemente u. zeitlich in eine Abfolge von Momenten (Skt kṣaṇa P khaṇa). Das Wesen der dharmas, die nur unter bestimmten Gegebenheiten in Erscheinung treten, liegt außerhalb des erscheinungsbildlich Phänomenalen u. außerhalb des Empirischen. Insgesamt entdecken die S. 75 dharmas oder Grundelemente des Daseins (die Theravādins zählen 174), nämlich 72 bedingt entstandene u. 3 nicht bedingt entstandene (nämlich der leere Raum u. die beiden Formen der Auflösung). Die s.ische Position bestreitet nicht die Realität der Objektwelt, aber sie stellt einen wichtigen Schritt dar zu mahāyānischen Spielarten des erkenntnistheoretischen Idealismus. Vermutlich gegen die mahāyānische Drei-Leiber-Lehre (trikāya) entwickelten die S. eine Zwei-Leiber-Lehre, in der sie vom dharma-kāya des Erlösten (der Buddhas u. arhats) einen rūpa-kāya der Unerlösten (zu denen auch der Bodhisattva gehört) unterschieden. Beides sind menschliche Körper, wobei der dharma-kāya von allen karmischen Einflüssen befreit ist. (no)

A.: Le Prātimokṣa des Sarvāstivādins. Texte Sanscrit par L. Finot, avec la version chinois de Kumārajīva traduite en Français par E. Huber, in: JA 1913, 415–547; Prātimokṣasūtra der S., hg. v. G. v. Simson, Tl. 1, 1986 (Skt-Texte aus den Turfanfunden, 11, AAWG, 155); Fragment du Bhikṣunī-Prātimokṣa. Fragment du commentaire sur la Prātimokṣa. Fragments du Saptadharmaka, publ. par L. Finot, in: JA 1913, 548–556; E. Waldschmidt: Bruchstücke der Überlieferung des Bhikṣunī-prātimokṣa in den verschiedenen Schulen, 1929; Fragments des Sarvāstivādins, par J. Filliozat/H. Kuno, in: JA 1938, 21–64; V. Rosen: Der Vinayavibhaṅga zum Bhikṣuprātimokṣa der Sarvāstivādins, Dt. Akad. d. Wiss. z. Berlin, Inst. f. Orientforschung Nr. 29, 1959. – L.: E. Frauwallner; Die Philosophie des Buddhismus, Berlin 1956; ders.: Abhidharma-Studien V. Der Sarvāstivādaḥ, in: WZKSO u. Archiv f. Ind. Philos. XVII/1973, 97–121; ders.: The Earliest Vinaya and the Beginnings of Buddhist Literature, Rom 1956; A.B. Banerjee: S. Literature, Calcutta 1957; A. Bareau: Les sectes bouddhiques du petit véhicule, Saigon 1955; N. Dutt: Buddhist Sects in India, Calcutta 1970; C. Regamey: Buddhistische Philosophie, Bern 1950. (ec)

sāsana (P, Skt śāsana), wörtlich: Unterweisung, Lehre. – 1. Man unterscheidet 9 Arten der Unterweisung des ↗Buddha: Lehrreden, mit Versen gemischte Prosatexte, Erklärungen, Strophen (gāthā), feierliche Aussprüche (udāna), Wiedergeburtsgeschichten (jātaka), Meisterworte (itivuttaka), Berichte über wundersame Dinge (abhuta-dhamma) u. Analysen (vedalla). – 2. Der Begriff s. steht in Ländern des südl. Buddhismus (↗Theravāda) für die organisatorisch-institutionelle Seite des Buddh. als religiöse Bekenntnisgemeinschaft wie auch für den ↗saṅgha. In der Moderne verbindet sich in Sri Lanka mit s. eine grundlegende Reform des saṅgha, mit der ab 1957 die Buddha S. Commission beauftragt wurde in der Absicht, die Einrichtung eines Buddha S. Council gewissermaßen als Religiosenbehörde vorzubereiten. Diese Pläne sind indes am Widerstand konservativer Mönche, besonders der ↗Mahānāyaka-Theras des ↗Syāma-Nikāya, gescheitert. Zuvor schon wurde 1950 in Birma ein s. als Institution zur Reform des saṅgha u. zur Vorbereitung des 6. Buddh. Konzils (1954–1956) gegründet. (no)

śāstra (Skt), im ind. Kulturraum Bezeichnung für ein Lehr- oder Handbuch, das einen Gegenstand systematisch darstellt. Auch philosophische Werke des ↗Mahāyāna, die z.T. vollständig nur in tib. oder chin. Übers. vorliegen, verstehen sich als ś., so z.B. das Yogācārabhūmiś. des ↗Asaṅga u. das Mahāprajñāpāramitāś. des ↗Nāgārjuna. (mü)

sati (P, Skt smṛti), „Achtsamkeit"; das bewußte u. gelassene Erleben innerer wie äußerer Abläufe. Als „rechte Achtsamkeit" (P sammā-sati) ist s. das 7. Glied des ↗Achtfachen Pfades u. somit eine der grundlegenden, im Leben nach dem buddh. Heilsweg zu entfaltenden Qualitäten (daher auch ihre Zuordnung zu den ↗bala u. bojjhanga). s. gehört zu den meditativen Geisteshaltungen u. ist nach dem alten Schema des Heilsweges (z.B. D 2,65) bei allen Lebensvollzügen zu wahren. Eine besondere Übung zur Entwicklung u. Anwendung von s. stellt neben der ↗Atembetrachtung die ↗satipaṭṭhāna-Übung dar. Im hohen Wert der s. liegt der Grund für das Verbot berauschender Mittel (↗Ethik). (sl)

satipaṭṭhāna (P, Skt smrityupasthāna), „Übung (oder) Grundlagen der Achtsamkeit"; eine der wichtigsten meditativen Praktiken (↗Meditation) des Buddh. Sie ist ausführlich beschrieben im S.-Sutta (M 10; D 22), wo s. als „der einzige Weg zur Läuterung…, zur Verwirklichung des ↗nirvāṇa" bezeichnet wird. In der hier geschilderten Form der s.-Übung dürften sich bereits verschiedene meditative Übungen verbunden haben, wie die allgemeine Entfaltung der ↗Achtsamkeit (↗sati), die Übung der Leichenbetrachtung, die ↗vipassana-Übung u. die vielleicht ursprüngliche s.-Übung i. S. einer achtsamen Wahrnehmung der eigenen Verfassung, die in Form einer regelmäßig zu praktizierenden spirituellen Bestandsaufnahme eine Voraussetzung für die weitere Persönlichkeitsentwicklung bildet. Das s.-Sūtra nennt hierzu folgende 4 Objekte der Introspektion: 1. die körperliche Haltung bzw. Verfassung in allen Lebenslagen (P kāyanupassanā), 2. der Zustand der Empfindungen (P vedanānupassanā, ↗vedanā), 3. die momentane innere, geistige Verfassung (P cittanupassanā), 4. der spirituelle Entwicklungsstand (P dhammanupassanā). In den Schulen des ↗Hīnayāna wurden für die Ausführung der s.-Übung 2 Aspekte besonders betont, die zur Befreiung vom ↗Anhaften führen sollen: a) das reine Registrieren ohne intentionales Eingreifen, b) die Beobachtung der permanenten Vergänglichkeit aller registrierten Erscheinungen. Im ↗Mahāyāna wird die s.-Übung bisweilen in Zusammenhang mit der Erkenntnis von ↗śūnyatā gestellt. Seit Beginn des 20. Jh. setzte ausgehend von ↗Burma im ↗Theravāda eine Wiederbelebung der s.-Übung ein, vor allem durch U Narada Mahāthera (gest. 1957).

L.: Nyānaponika: Der einzige Weg, 1956; ders.: Geistesschulung durch Achtsamkeit, 1979; L. Schmithausen: Die vier Konzentrationen der Aufmerksamkeit (ZMR 60), 1976. (sl)

Satori (jap.), Erleuchtungserlebnis im jap. ↗Zen-Buddh. eigentlich der Moment des Durchstoßens zur nicht-dualistischen Sicht auf die Wirklichkeit. S. gilt als „die Zen-Erfahrung" des Erwachens zur wahren Natur. Sie wird auch als Wiedergeburt des „Wahren Selbst" beschrieben, nachdem das falsche u. uneigentliche Selbst zugrundegegangen ist. S. wird durch meditative Praxis (↗Zazen, aber auch durch andere Formen der

↗Meditation), wenn nicht sogar erzeugt, so doch unabdingbar prädisponiert. Die Zen-Erfahrung wurzelt im Verständnis von ↗śūnyata u. weist Zen oder ↗Ch'an trotz starker Praxisorientierung u. Betonung des eigenen Bemühens als zum ↗Mahāyāna gehörig aus. (no)

Sattapaṇṇi-Höhle ↗Vebhāra-Berg

sattvasamatā (Skt), Auffassung, nach der vor der mahāyānischen ↗śūnyatā-Lehre (↗Mahāyāna) alle Wesen eins u. identisch seien. s. gilt als die Grundlage des Erbarmens (↗karunā) des ↗Bodhisattva. (no)

Satyasiddhi-śāstra (Skt), ein Harivarman (eventuell 3. Jh.) zugeschriebener Text, der eine Mittelposition zwischen ↗Mahāyāna u. nicht-mahāyānischen Schulen einnimmt. Auf eine längere Behandlung der verschiedenen Streitfragen ind. buddh. Schulen folgt eine Auslegung der ↗Vier Edlen Wahrheiten. (sl)

Sautrāntika (Skt von Skt sūtrānta, P suttanta, gleichbedeutend mit ↗sūtra = Lehrrede), buddh. Schule zum ↗Hīnayāna gehörig, gegründet von Kumāralāta im 2. Jh. durch Abspaltung vom ↗Sarvāstivāda. Diesem gegenüber läßt der S. nur die Lehrreden des ↗Buddha (sūtrapiṭaka), ausdrücklich aber nicht den ↗abhidharma gelten. Die Lehren des S. sind vornehmlich aus der Diskussion im ↗Abhidharmakośa des ↗Vasubandhu bekannt. Dabei rücken die S. von der Metaphysik der Sarvāstivādins einerseits ab, entwickeln aber andererseits Teile der sarvāstivādischen ↗dharma-Lehre weiter in Richtung auf den mahāyānischen Idealismus. So sprachen sie den dharmas die Realität ab u. ließen sie nur noch als reine sprachliche Konvention gelten. Gleichfalls bestritten sie, daß dharmas u. damit Erscheinungen Dauer besäßen, u. ließen nur Entstehen u. Vergehen gelten. Erkenntnistheoretisch war nach Auffassung des S. eine Perzeption nur über Bilder von Erscheinungen zu gewinnen, die im Vorgang der Wahrnehmung bereits vergangen waren. Die anattā-Lehre (↗anātman) ist insofern modifiziert, als die Kette der aufeinanderfolgenden Existenzen durch ein Bewußtseinselement verbunden ist, das in der ↗Erlösung erlischt. ↗nirvāṇa ist als rein negativer Ausfallswert verstanden.

L.: E. Frauwallner: Die Philosophie des Buddhismus, 1956; A. Bareau: Les sectes bouddhiques du petit véhicule, Saigon 1955. (no)

Sayadaw (birmanisch), „Lehrer", Ehrentitel für einen älteren u. angesehenen buddh. Mönch, in etwa vergleichbar dem Titel ↗Mahā Thera. (no)

Schauspiel. Das 7. ↗sīla der 10 Sittenregeln (sikkāpada; Schulungsspur) für Mönche u. Novizen u. für Nonnen u. Novizinnen gebietet den Verzicht der Teilnahme an Schauspielen, Tänzen, Gesangs- u. Musikveranstaltungen aller Art. An uposatha-Tagen (↗uposatha) wird diese Regel auch von vielen buddh. Laien eingehalten. (no)

Schloß, Oskar, 1881–1945, 1912 Gründungsmitglied des ↗„Bundes für Buddh. Leben" in Halle. Verleger zunächst in Trier, ab 1919 Neubiberg bei München. Hg. verschiedener buddh. Reihen: der Benares-Bücherei (9 Bde., 1924), der Buddh. Volksbibliothek (23 Bde., 1924–1925), der Buddh. Taschenbibliothek (5 Bde., 1914) u. der Untersuchungen zur Geschichte des Buddh. u. verwandter Gebiete (23 Hefte/Sonderdr. der Zs. für Buddh., 1921–1927), außerdem von Übers. aus dem ↗Pāli-Kanon (↗Aṅguttara-Nikāya, übers. u. hg. von ↗Nyānatiloka; 2. Aufl. von Karl ↗Seidenstücker, Pāli-Buddh. in Übers., 1923), ferner die „Zs. für Buddhismus" (1913/14 u. 1920–28, 1931 noch einmal). Das buddh. Verlagsprogramm von O.S. wurde bis 1931 von Ferdinand Schwab (1882–1976) fortgeführt, nachdem Schloß 1927 in die Schweiz umgesiedelt war. (no)

Scholastik bezeichnet die im engeren Sinn „schulmäßige", an den Universitäten betriebene Theologie des christlichen Mittelalters. Im weiteren, von daher abgeleiteten Sinn wird der Begrif für parallele Erscheinungen, im Bereich der außerchristlichen Hochreligionen angewendet. Als buddh. Sch. gilt insofern einerseits eine Entwicklungsstufe in der Tradition der buddh. Lehre, auf der die religiöse Botschaft des ↗Buddha zum

Gegenstand gelehrter (u. entsprechend gesellschaftlich geachteter wie geförderter) Beschäftigung geworden ist, u. die ihre institutionelle Basis in universitären Einrichtungen wie z. B. der berühmten Klosterschule von ↗Nālandā gefunden hat. Andererseits wird als buddh. Sch. auch ein gewisser Duktus in der schriftlichen Darbietung der Lehre bezeichnet, der durch starke Differenzierungs- u. Kategorisierungstendenzen (die nicht selten einen trockenen Stil bedingen) ebenso charakterisiert ist, wie durch einen unverkennbaren Zug zur ideologischen Polemik u. metaphysisch/kosmologischen Spekulation. Insofern stellt die buddh. Sch. ein Phänomen dar, das durchaus ambivalenten Charakter trägt u. auch in diesem Sinne von der buddh. Tradition gewertet wurde. Denn schon den konstitutiven Elementen des Buddh. wohnt eine fruchtbare Spannung zwischen meditativer, ganz auf kontemplative Kompetenz gerichteter Praxis einerseits u. bewußt rationaler Analyse der für den Erlösungsweg relevanten Aspekte andererseits inne. Hat die im ↗abhidharma-piṭaka einsetzende buddh. Sch. somit die Voraussetzungen für die beachtlichen intellektuellen Leistungen in den großen Lehrsystemen des ↗Hīnayāna u. des ↗Mahāyāna geschaffen, so kennt die Geschichte des Buddh. doch auch mächtige, gegen die der Sch. inhärierende Gefahr reiner Schriftgelehrsamkeit gerichtete Bewegungen, zu deren prominentesten der ↗Zen- u. ↗Amida-Buddh. zu rechnen sind. (sl)

Schuld. Ein dem Begriff der Sch. entsprechendes zentrales Konzept fehlt dem Buddh. (als Sammelbegriff in etwa „vajja“ [P] = das Tadelnswerte), er kennt jedoch klar die konstitutiven Aspekte der Sch.: Er lehrt die Verantwortlichkeit der Wesen, den moralischen Imperativ u. besonders eine Rückwirkung des Fehlverhaltens (wobei unter „Verhalten“ immer das Tun in Gedanken, Worten u. Werken zu verstehen ist) auf den Täter, bei der die Absicht entscheidend ist (↗karma, ↗Ethik). Als solches gilt jedes Verhalten, durch das anderen Wesen u. sich selbst ↗Leiden verursacht wird. Eine Sch. gegenüber ↗Gott (↗Sünde) ist dem Buddh. fremd, die Überwindung von Sch. aber religiös bedeutsam. (sl)

Schultze, Theodor, geb. 22. 6. 1824 in Oldenburg/Holstein, gest. 6. 4. 1898 in Potsdam; Jurist, Oberpräsidialrat, früher Vertreter einer sich bildenden buddh. Bewegung in Deutschland. Aus erklärter buddh. Positionsnahme legte Sch. Übers. buddh. Texte aus dem Engl. u. Vergleiche zwischen ind. Religionstradition (↗Indien) u. dem Christentum vor. Den Buddh. stellte er als die Religion der Zukunft vor.

A.: Vedanta u. Christentum als Fermente für eine künftige Regeneration des rel. Bewußsteins innerh. des europ. Kulturkreises, 1893, ^{2}1898, posthum unter dem Titel: Die Rel. der Zukunft, ^{3}1901; Das Dhammapada. Eine Versammlung, welche zu den kanon. Schriften des Buddh. gehört. Aus der engl. Übers. v. Prof. F. Max Müller in Oxford, 1885; Buddha's Leben u. Wirken nach der chin. Bearbeitung von Açvaghoshas Buddha-Carita u. deren (dessen) Übers. ins Engl. durch S. Beal in dt. Verse übertragen, 1895, ^{2}1922. – L.: A. Pfungst: Ein Dt. Buddhist (Oberpräsidialrat Theodor Schultze. Biograph. Skizze, 1899, ^{2}1901; H. Hecker: Lebensbilder dt. Buddhisten. Ein bio-bibliographisches Hdb., Bd. II: Die Nachfolger, 1992, 216–218. (no)

Schweigen. Im Rahmen des Buddh. lassen sich 3 Dimensionen des Sch. unterscheiden: 1. Sch. als Teil meditativer Praxis (↗Meditation), 2. Sch. als gezieltes Stilmittel der Verkündigung der ↗Lehre des ↗Buddha, 3. Sch. als Ausdruck höchster Erkenntnis (↗Weisheit, ↗prajñā). Im 1. Sinn schafft das Sch. günstige Bedingungen für das Gelingen der Introspektion, für die Schulung der Achtsamkeit (↗satipaṭṭhāna) oder ist Ausdruck u. Begleitumstand der Versenkung. Im 2. Sinne wird das Sch. von Buddha eingesetzt, um zu demonstrieren, daß die Beantwortung bestimmter Fragen den Intentionen seiner Verkündigung entgegenlaufen würde. Dabei handelt es sich um Fragen aus dem Umfeld metaphysischer oder kosmologischer Theorien, wie die nach Anfang u. Ende der Welt, nach der postmortalen Existenz des Erlösten oder dem Wesen des Selbst. Ihre Beantwortung ist nicht nur für das Erreichen des ↗nirvāṇa unerheblich, sondern kontraproduktiv, weil die Entstehung dieser Fragen u. Theorien auf den „Durst" (↗tṛṣṇā) zurückgeführt wird (vgl. z. B. D 1; M 2, 38, 63), also jener unheilsamen Tendenz entspringt, die es zu beseitigen u. nicht durch eine Antwort zu bestätigen gilt. Hinsichtlich des Sch. im 3. Sinne mußte der Buddh. angesichts der alten ind. Auffassung, ein Weiser rede nicht, die Verkündigung Buddhas legitimieren, was den Hintergrund des Konzepts der „doppelten ↗Wahrheit" bildet. Geradezu paradigmatisch erscheint im ↗Vimalakīrti-nideśa das Sch. als Ausdruck höchster Einsicht. Doch wird bereits im ↗Pāli-Kanon betont, daß über das Heilsziel nicht adäquat gesprochen werden kann (vgl. z. B. M 44; Snip 1074ff) u. der Lehre lediglich ein rein funktional auf die Verwirklichung des unsagbaren Heilsziel bezogener Wert beizumessen ist (vgl. das berühmte Floß-Gleichnis in M 22). (sl)

Sechs Lehren des Nāropa (tib. nā ro chos drug), das sind 6 yogische oder meditative, in allen Schulen des ↗Lamaismus praktizierte Techniken des ↗Vajrayāna, deren Ziel die Erfahrung der Natur von ↗saṃsāra u. ↗nirvāna ist: 1. Yoga mystischer Hitze (tib. gtum mo), 2. Yoga des māyā-Körpers (tib. sgyu lus), 3. Traumyoga (tib. rmi lam), 4. Yoga des Klaren Lichtes (tib. `od gsal), 5. Yoga der Bewußtseinsübertragung (tib. `pho ba) und 6. Yoga des ↗Zwischenzustandes (tib. bar do). Als Urheber dieser Yoga-Techniken gilt der ind. Guru ↗Tilopa (988–1069: Er übermittelte sie dem ↗Nāropa (956–1040), der diese Lehren erstmals schriftlich fixierte, und sie dem tib. ↗Marpa übertrug. Für die ↗Kagyüpa sind die S. L. d. N. daher von besonderer Bedeutung.

L.: G. Tucci: Die Rel. Tibets (in: D. Rel. T.s u. d. Mongolei, hg. G. T., W. Heissig), 1970 (RM 20); G.C.C. Chang: Teachings of Tib. Yoga, 1977; C. A. Muses: Esoteric Teachings of Tib. Tantra, York Beach ²1982; W. Y. Evans-Wentz: Geheimlehren aus Tibet, 1987. (ev)

sechs Sinne. Nach buddh. Anschauung stellt die sensorische Ausstattung des Menschen (Sehen, Hören, Riechen, Tasten, Schmecken u. – nach ind. Trad. als 6. Sinn – Denken) eine wichtige Fessel an die Welt der Wiedergeburten u. der Unerlöstheit (↗saṃsāra, ↗Erlösung) dar u. ist damit negativ qualifiziert. In buddh. Kosmologie ist die unterste Weltregion, der kāma-loka, gerade durch diese Sinnenausstattung u. durch die Sinnesobjekte entscheidend bestimmt. In der Bezogenheit von Sinnesorganen u. Sinnesobjekten konstituieren sich die 12 Grundlagen der Geistesprozesse. Aus den Sinnesreizen (āyatana) entsteht Sinneslust, Anhänglichkeit oder Begehren nach Sinnesfreuden (↗kāma, kāma-guṇa) u. so letztlich der unheilsame Daseins- u. Werdedurst (Skt tṛṣṇā, P taṇhā), der Erlösung vereitelt. Das empfohlene heilsame sittliche Verhalten ist daher Sinnenzügelung (siehe Torwächtergleichnis im Textanhang). (no)

Seele. Ein entscheidendes Charakteristikum aller buddh. Schulen ist die Ablehnung der Annahme, irgendeine der erkennbaren Gegebenheiten könne als eine unvergängliche S. angesehen werden (↗anātman, ↗Wiedergeburt). Dies impliziert jedoch weder die Leugnung vitaler u. geistiger Gegebenheiten (↗jīva, ↗nāmarūpa, ↗skandhas), noch personaler Verantwortlichkeit (↗Ethik), sondern will der Befreiung vom in der Vorstellung eines ewigen „Ichs" kulminierenden ↗Anhaften (intellektuell: Skt satkāyadriṣṭi; existentiell: Skt asmimāna) dienen. An die Stelle ontologischer S.-Vorstellungen tritt die existentielle Verwirklichung der ↗Freiheit des ↗nirvāṇa. (sl)

Seelenwanderung ↗saṃsāra

Seidenstraße, Handelsweg zwischen ↗China u. Byzanz: von Mero u. vom Oxus im W über das nördl. Afghanistan u. durch Teile des heutigen Pakistan nach Kaschmir, über den Hindukusch u. die Karakorum-Höhenstraße nach An Hsi in N-China u. dann auf 2 Routen den Oasen folgend durch die Wüste Takla Makan. Auf der S. zogen die meisten chin. ↗Pilger nach ↗Indien, wie zahlreiche Inschriften entlang der S. belegen. Im übrigen säumten Klöster, Höhlenheiligtümer, Stūpas die S. u. belegen in ihren Resten heute noch die einstmalige Blüte des Buddh. in ↗Zentralasien. In umgekehrter Richtung gelangte auf der S. mit Handelskarawanen der Buddh. aus Zentralasien nach China. Auf ihr kamen die Missionare des ↗Manichäismus, der Nestorianer – Vertreter eines orientalischen Christentums – u. schließlich auch katholische Missionare u. Handelsreisende wie Marco ↗Polo in den Fernen Osten. (no)

Seidenstücker, Karl, Indologe, Privatgelehrter, Übersetzer u. früher Vertreter des Buddh. in Deutschland; geb. 23.3.1876, gest. 29.10.1932. S. gründete 1903 in Leipzig die 1. buddh. Gesellschaft in Deutschland, den „Buddh. Missionsverein für Deutschland", 1906 umbenannt in „Buddh. Gesellschaft für

Deutschland“. Ab 1905 gab er unregelmäßig die Zs. „Der Buddhist“ (später umbenannt in „Buddh. Warte“ u. „Mahābodhiblätter“) heraus. 1907 gründete er ein Mahābodhi-Zentrum, aus dem 1911 der „Dt. Zweig der Mahābodhi Gesellschaft“ (↗Mahā Bodhi Society) hervorging. 1909 war S. an der Gründung der „Dt. Pali-Gesellschaft“ beteiligt, die gewissermaßen das dt. Pendant zur brit. Pali Text Society (PTS) darstellen sollte. Sie verschwand bald wieder. Seine endgültige religiöse u. geistige Heimat fand S. schließlich in der „Buddh. Gemeinde für Deutschland“, die er 1921 zusammen mit Georg Grimm begründete (↗Altbuddh. Gemeinde). In diesem Rahmen wirkte S. sehr fruchtbar publizistisch an Grimms „Buddh. Weltspiegel“, der Zs. der Buddh. Gemeinde für Deutschland, mit. S. übersetzte aus dem ↗Khuddaka-Nikāya die drei Bücher Udāna, Itivuttaka u. Khuddakapātha.

W.: Pali-Buddh. in Übers. Texte aus dem buddh. Pali-Kanon u. dem Kammavaca, 1911, ²1923; Buddh. Predigten, 1923. (no)

Selbst ↗anātman

Selbsttötung gilt wie die Tötung aller Wesen als unheilsam (↗akusala); A 7,60 führt S. auf Haß u. Verblendung zurück. Eine Ausnahme ist die S. eines unheilbaren, schmerzhaft kranken ↗arhat (z. B. M 144; S 22,87), doch gab es im frühen Buddh. auch Tendenzen zur S. aus asketischer Begeisterung (M 145, S 54,9). (sl)

Sengai, jap. Zen-Meister; 1750–1873. S. vertrat das Einsamkeitsideal als Leben in der Einöde in Stille u. großer Bedürfnislosigkeit, aber auch als Existential jeglichen Lebensvollzugs – in diesem Fall als geistige Haltung. Dies propagierte er in der Schrift „Gesang des Einsamen Lebens“.

L.: D. T. Suzuki: S., The Zen Master, hg. v. E. van Hoboken, London 1971. (no)

Seng-chao, chin. Vertreter von ↗San-lun; 384–414. S. war einer der wichtigsten Vertreter des Buddh. im ↗China seiner Zeit. Er verband den ↗Taoismus u. ↗Neotaoismus mit dem ↗Mahāyāna u. faßte als 1. die Philosophie des ↗Mādhyamika in chin. Form

(San-lun). Er brachte ↗Kumārajīva nach Ch'ang-an, arbeitete an dessen Übers. mit u. war bereits in jungem Alter schon bei führenden Gelehrten seiner Zeit anerkannt. Von S. stammen der Komm. zu Vimalakīrti „Chu Wei-mo-ching", durch dessen Lektüre S. Buddhist geworden war, u. „Chaolun" (Abhandlungen des Chao, ein Komm. zu den beiden Ch'an-Meistern Huiteng – vor 839 – u. ↗Han-shan). (so)

Seng-ts'an (jap. Sōsan), chin. Vertreter der ↗Ch'an-Schule u. deren 3. ↗Patriarch; gest. 606. Über sein Leben ist wenig u. über seine Lehren fast nichts bekannt. Das ihm zugeschriebene Gedicht „Hsin-shin-ming" („Inschrift des vertrauenden Geistes"), einer der berühmtesten Ch'an-Texte, wurde erst im 8. Jh. verfaßt. (so)

Seng-yu, chin. Vertreter von ↗Lü; 445–518. 1. Historiograph des chin. Buddh. S. studierte den ↗vinaya des ↗Sarvāstivāda. Wie sein Lehrer Fa-ying war er Mönchsbeamter in der Hauptstadt Chien-yeh u. gewann großen politischen Einfluß. Sein Werk „Hung-ming-chi" (515–518) ist eine der wichtigsten Quellen zur Entwicklung des Buddh. in S-China u. der 1. Versuch, die ↗Lehre des ↗Buddha in China zu kanonisieren. S. folgte dem Motto des Konfuzius: „Berichten, nicht selbst schöpfen". In seiner Wirkung hat S. maßgeblich zur Bildung einer eigenständigen buddh. Tradition in China beigetragen. Sein Schüler war Pao-ch'ang, der von 495 bis 516 wirkte u. die Mönchsbiographien „Ming-seng chuan" (519, ↗Hui-chiao) verfaßte. (so)

Sera (tib. Se-ra), tib. Kloster der Tugendschule bei ↗Lhasa, 1419 gegründet durch einen Schüler ↗Tsong-kha-pas, des Gründers der ↗Gelugpa. S. war bis 1959 eines der wichtigsten Ausbildungszentren der Gelugpa. (no)

Sesshin (jap.), wörtlich: „den Geist üben"; 1. Intensivschulung innerhalb der mehrjährigen Zen-Ausbildung in jap. Zen-Klöstern u. Zen-Schulungszentren; auch Angebote intensiver Ausbildung für Laien. In jap. Klöstern findet monatlich 1mal ein Kleines S. u. jährlich in der Regel 2mal ein Großes S. als intensive Übungsperioden statt. – 2. S. heißt auch die in der neobuddh. Gemeinschaft ↗Shinnyoen geübte spiritistische Praxis der Totenbeschwörung. (no)

Shaktismus. Bezeichnung der bedeutendsten Form des hinduistischen ↗Tantrismus. Im Zentrum steht die Vorstellung von einer aktiven, dynamischen, unabhängigen, weiblichen Kraft, der sogenannten ↗śakti, die die „Energie" (Skt śakti) des höchsten Gottes, ihres Gatten Śiva, ausdrückt u. in ihrer Erscheinung als wunderbare, wohlwollende Göttin Śakti die kosmische Urmutter, die schöpferische Kraft, u. als dunkle, häßliche Göttin Kali die unbeherrschbare Kraft der Zerstörung, symbolisiert. Der S. geht von der Wirklichkeit als einer in sich geschlossenen Polarität aus, die im Bewußtsein des Individuums als Dualität erfahren wird, real jedoch das unablässige göttliche Kräftespiel von Śiva u. Śakti darstellt. Sein Ziel ist die Wiederherstellung des Einheitszustandes mittels tantrischer Praktiken wie 1. der Vereinigung der Polaritäten auf körperlicher oder geistiger Ebene oder 2. des Kundalinī-Yoga. Ziel dieser Yoga-Technik ist die Erweckung der am unteren Ende der Wirbelsäule ruhenden Schlangenkraft, die durch feinstoffliche Energiekanäle (Skt nāḍī) u. -zentren (Skt cakra) zum Aufstieg u. zur Kulmination im außerhalb des Körpers, über dem Kopf, liegenden cakra des Tausendblättrigen Lotus (Skt sahasrāracakra) gebracht werden soll. Die Symbolik des S., yoni (Schoß) u. lingam (Phallus), ist sexueller Natur. Die hinduistische śakti darf nicht mit der buddh. ↗prajñā verwechselt werden.
L.: ↗Tantrismus. (ev)

Shan-tao, chin. Vertreter von ↗Chin-t'u; 613–681. 2. ↗Patriarch nach ↗Hui-yüan. Nach dem Tod seines Lehrers ↗Tao-ch'o 645 ging er als 1. der Ching-t'u-Schule in die Hauptstadt Ch'ang-an u. verbreitete diese dort in der Folge in Zentralchina. In ↗Japan wird S. als Inkarnation von ↗Buddha ↗Amithāba angesehen. Von S. stammt ein Komm. zum „Sūtra über die Konzentration" („Kuan-ching-su"). (so)

Shan-wu-wei ↗Subhākarasiṃha, ↗Mi-tsung ↗Chen-yen

She-lun, chin. Schule, benannt nach dem Haupttext Mahāyānasaṃgraha von ↗Asaṅga („She-ta-ch'eng-lun"), 563 von ↗Paramārtha, dem Begründer der Schule, ins Chin. übersetzt. Die S.-Schule war die herrschende Richtung in der Sui- u. frühen T'ang-Zeit. Mitte des 7. Jh. ging sie in der ↗Fa-hsiang-Schule auf. Ihre wichtigsten Vertreter waren Hui-k'ai, Fa-yeh, Ch'ing-sung u. T'ang-ch'eng. (so)

Shen-hsiu (jap. Jinshū), chin. Vertreter der Ch'an-Schule u. deren 6. ↗Patriarch u. wichtigster Exponent der Nord-Schule (↗Fa-ju); 606–706. S. war konfuzianisch u. taoistisch gebildet. Im Alter von 50 Jahren wurde er Schüler von ↗Hung-jen u. I-fu. Um 700 vom Kaiser nach Lo-yang eingeladen, gewann er viele Anhänger. 734 griff ↗Shen-hui S. Lehre von der allmählichen Erleuchtung u. dessen Patriarchat zugunsten von ↗Hui-neng an. Dieser Streit löste die Spaltung der Ch'an-Schule in eine nördl. u. in eine südl. Schule aus. Aber bereits nach dem Tod der Schüler von S. i. d. Mitte des 8. Jh. erlosch diese Richtung wieder. (so)

Shen-hui (Ho-tse Shen-hui, jap. Kataku Jinne), chin. Vertreter der Süd-Schule des ↗Ch'an; 670–762. Nach dem Studium des ↗Konfuzianismus u. ↗Taoismus meditierte er bei ↗Shen-hsiu. Später wird er Schüler u. Nachfolger von ↗Hui-neng. 720 vom Kaiser in die Hauptstadt Lo-yang eingeladen, kommt es zu ersten Konflikten mit den Anhängern von ↗Shen-hsiu. 734 griff S. die Lehre Shen-hsius von der allmählichen Erleuchtung an u. bestritt die Rechtmäßigkeit von dessen Patriarchat. Seine Intervention ist teilweise erhalten (früheste Fassung: MS von Tun-huang). In der Folge kam es zur Spaltung der Ch'an-Schule in eine nördl. (Shen-hsiu) u. in eine südl. Richtung (Hui-neng u. S.). Die Auseinandersetzung spitzte sich noch einmal 745 zu. 753 setzten seine Gegner die Verbannung des S. (bis 756) durch. Nach seiner Rückkehr wirkte er in Lo-yang. 796 wurde er vom Kaiser als 7. Patriarch der Ch'an-Richtung bestätigt. (so)

Shigatse (tib. gźis dkar rtse), ↗Hauptstadt der westtib. Provinz Tsang, ca. 300 km westl. von ↗Lhasa gelegen. Früher etwa 12 000 Einwohner zählend, besaß S. einen der prächtigsten

↗Dzongs ↗Tibets u. ist berühmt durch das Kloster ↗Tashilhünpo, den Sitz des ↗Panchen Lama. (ev)

Shih-shuang Ch'u-yüan (jap. Sekisō Soen), chin. Vertreter der Ch'an-Schule (↗Lin-chi); 986–1039. S. war Schüler der 7. Generation von Lin-chi. Er brachte die Lehre nach S-China. Durch das Werk eines befreundeten Beamten wurde Lin-chi zur wichtigsten Ch'an-Schule der Sung-Zeit. Lehrer von S. war Fenyang, der Mitherausgeber von „Lin-chi-lu". S. publizierte das Werk seines Lehrers. Wichtigste Schüler von S. waren ↗Yang-ch'i u. ↗Huang-lung. (so)

Shih-t'ou Hsi-ch'ien (Shih-t'ou Ho-shang, jap. Sekitō Kisen), chin. Vertreter der Ch'an-Schule (1. T'ang-Hauptlinie); 700–790. Sein Lehrer war Ch'ing-yüan Hsing-ssu (660–740), sein wichtigster Schüler ↗Hui-neng. 742–764 lebte S. sehr zurückgezogen, dann gründete er ein neues Ch'an-Zentrum. Sein wichtigstes Werk ist „Ts'an-t'ung-ch'i" (ein taoistisches Werk aus der Han-Zeit trägt denselben Titel). (so)

Shih-wang (T'ien-wang, Skt lokapala), „Weltenkönig" bzw. „Himmelskönig"; die Wächter der 4 Himmelsrichtungen (↗Wei-t'o). ↗Amoghavajra führte die S. in China ein. Der Legende nach verteidigten sie 742 die Hauptstadt u. wurden durch kaiserlichen Erlaß in jedem Tempel in der Eingangshalle, 2 an jeder Seite, aufgestellt; dieser Brauch besteht bis heute. Die Figuren unterscheiden sich durch Gesichtsfarbe u. Attribute in den Händen: Ch'ih-kuo (O): weiß, Laute; Tseng-chang (S): blau, Schwert; Kuang-mu (W): rot, Schlange oder Ratte u. Wunschjuwel; To-wen (N): gelb, Siegesfahne oder Schirm. Der ↗Taoismus hat eine ähnliche Gruppe von Generälen entwickelt. (so)

Shingon-shū (jap., chin. Chen-yen), „Mantra-Schule (↗mantra), von Kūkai (774–835) im frühen 9. Jh. in ↗Japan eingeführte tantrisch beeinflußte (↗Tantra, ↗Tantrismus) esoterische Form des Buddh. Kukai hatte bei einem Aufenthalt in ↗China die Geheimlehre der Schule des „Wahren Wortes" durch den 7. ↗Patriarchen Hui-kuo (jap, Keika, 746–805) übertragen bekommen, wodurch die Patriarchensukzession von China nach Japan gelangte. Haupttempel der S. ist der Kongōbei-ji auf dem Berg Kōya auf der Halbinsel Kii, 816 von Kūkai gegründet. – Die S. vertritt, daß die konkrete Welt die höchste Wirklichkeit darstelle; von daher ist sie dem Dasein zugewandt. Mahāyānisch (↗Mahāyāna) ist der erkenntnistheoretische Monismus der Schule: erkennendes Subjet u. erkanntes Objekt sind eins. Diese Einheit wird symbolisiert durch den ↗Buddha (↗Tathāgata) Dainichi-nyorai (Skt Mahāvairocana bzw. ↗Vairocana). Ziel der Praxis ist es, sich selbst als Buddha zu erkennen. Dieses „Buddha-Werden" wird durch eine esoterische Ritualistik unterstützt, die der Schweigepflicht unterliegt u. auch nicht schriftlich kodifiziert ist, sondern nur mündlich weitergegeben wird. Diese Ritualistik enthält symbolische Gesten u. mantra-Rezitation. Im Zentrum der besonderen Verehrung steht der Buddha Vairocana, Inbegriff der absoluten Wahrheit. – Neben Japan ist die Schule auch in den USA verbreitet.

L.: R. Tajima: Les deux grands Maṇḍalas et la doctrine de l'ésotérisme S., Tokyo – Paris 1959; Y. S. Hakeda: Kukai, Major works, New York 1972; M. Kiyota: S. Buddhism, Los Angeles 1978; ders.: Tantric concept of bodhicitta, Madison 1983; R. Goepper et al.: S., Die Kunst des Geheimen Buddhismus in Japan, 1988 (Ausstellungskat.); T. Yamasaki: S., Der esoterische Buddhismus in Japan, 1990. (no)

Shinnyoen (jap.), wörtlich: „Garten des wahren Buddha"; neobuddh. Laiengemeinschaft mit mediumistisch-spiritistischen Einschlüssen. S. wurde 1936 von Itō Shinjō (1906–1989) aus der Tradition der ↗Shingon-shū gegründet u. zunächst mit dem Daigō-Zweig dieser Schule verbunden unter dem Namen „Tachikawa Fudōson Kyokai". Nach dem 2. Weltkrieg gründete Itō 1948 seine Gemeinschaft neu unter dem Namen Makoto Kyōdan (WahreVereinigung), trennte sie indes von der Shingon-Gemeinde. Seit 1951 heißt sie S. Die Gemeinschaft ist von religiösen Gruppierungen (suji) aus 100 Familien um einen suji-oya, einen „Gruppenführer", organisiert. Die religiöse Praxis beinhaltet mediumistisch-spiritistische Formen der Kontaktaufnahme mit Verstorbenen. Den Mitgliedern sind dreierlei Arten von Praxis aufgetragen: finanzielle Unterstützung, Mitgliederwerbung u. Dienst an der Gemeinschaft. (no)

Shinran Shōnin (1173–1262/63). Neben ↗Hōnen Shōnin, ↗Dōgen u. ↗Nichiren ist S. einer der großen buddh. Reformatoren ↗Japans. Auf die Lehren S. gründet sich die ↗Amida-buddh. ↗Jōdo-Shinshū. Mit 8 Jahren wurde S. als ↗Tendai-Mönch auf dem Berg Hiei (nahe Kyōto ordiniert. Nach mehr als 20jährigem Studium u. Praxis der Tendai-Lehren verläßt S. 1201 den Berg Hiei u. schließt sich Hōnen an, dessen bedeutendster Schüler er wird. Gemeinsam mit Hōnen wird S. 1207 auf Betreiben der Tendai-Schule exiliert. Während der Verbannung in Echigo lebt S. mit Menschen unterster Volksschichten, was zu einer radikalen Vertiefung seiner Spiritualität führt. S. identifiziert sich mit den wegen ihrer Berufe verachteten Jägern u. Fischern u. verkündet das Vertrauen auf ↗Amida als einen auch ihnen zugänglichen Weg der Befreiung. Vermutlich um 1210 heiratet S. die ehemalige ↗Nonne Echin-ni u. betrachtet sich fortan als „weder Mönch noch Laie". Obwohl 1211 S. Verbannung aufgehoben wird, verbringt er weitere 20 Jahre in entlegenen Gegenden u. verkündet seine Lehren vorwiegend unter einfachen u. ungebildeten Menschen. Vermutlich um 1234 kehrt S. nach Kyōto zurück. Dort schreibt S. die meisten seiner Werke (Hauptwerk: die monumentale Kompilation „Kyōgyōshinshō") u. versucht durch Briefe u. Boten die um ihn entstandene Bewegung zu steuern. 1262/63 stirbt S. In seinen zahlreichen Schriften formt S. eine eng an den Grundprinzipien des ↗Mahāyāna ausgerichtete Lehre, in deren Zentrum „shinjin" steht. Shinjin ist für S. die Gesinnung ↗Amidas, die Verbindung von ↗Weisheit u. ↗Mitleid. Zugleich ist „shinjin" das Vertrauen auf Amida. Durch „shinjin" dringt der Mensch zur non-dualen Heilswirklichkeit vor, deren Ausdruck für S. Amida ist.

L.: J. Matsuno: Shinran, Tokyo 1959; T. Akamatsu: Shinran, Tokyo 1969; N. Kikumura: Shinran: His Life and Thought, Los Angeles 1972; A. Bloom: Shinran's Gospel of Pure Grace, Tucson 1977; V. Zotz: Der Buddha im Reinen Land, 1991. (sl)

Shinsei-shū, Unterschule der jap. ↗Tendai-Schule mit dem Saiko-jī in Kyōto als Haupttempel. Die Schule ist regional stärker am Baiwasee in mehreren Klöstern verbreitet. (no)

Shintoismus und Buddhismus. Shintō, wörtlich: „Weg der Götter“, ist die alte traditionelle Form der jap. Religion. Sie ist aus Ahnen- u. Seelenkult u. aus urtümlich animistischen Wurzeln der Naturvergottung u. Allbeseelung entstanden. Shintō bezeichnet damit zum einen die überkommenen spezifischen religiösen Anschauungen u. Vorstellungen in ↗Japan, zum anderen aber vorzugsweise die kultischen Vollzüge u. die kultische Organisation jap. Religiosität an den Shintō-Schreinen. Neben einem Volks-Shintō, der nach volksreligiösen Kriterien an bestimmten Schreinen – ihrer zugeschriebenen besonderen Wirkmächtigkeit in den verschiedenen Belangen des Lebens wegen – orientiert ist, u. neben dem Sitten- oder Clan-Shintō, in dem Familien, Familienverbände, Sippen eine Ahnengottheit verehren, gibt es den offiziellen Staats-Shintō, bis 1945 die Staatsreligion Japans; nach 1945 fand der Staats-Shintō seine Fortführung im Shintō des jap. Kaiserhauses. Eine relativ junge Erscheinung ist der Sekten-Shintō, der Versuch, die Bindungslosigkeit u. Unabhängigkeit der einzelnen Shintō-Schreine durch eine Organisationsstruktur vor dem Hintergrund einer gemeinsamen doktrinären Leitidee zu überwinden. Im Zentrum der Verehrung des Shintō stehen die „kami“, das sind göttliche Geistwesen, mit übermenschlichen Kräften begabt, die man sich menschen- oder tiergestaltig vorstellt. Die kami können Naturgottheiten sein (Geister/Götter von Bergen, Gewässern, Feldern, Wäldern, Steinen, Felsen, Bäumen usw.), Ahnen- oder Sippengottheiten, Standes- und Zunftpatrone, Kulturheroen u. a.m. An die Stelle einer elaborierten Ethik, die im Shintō fehlt, treten Vorschriften zur Bewahrung bzw. zur Wiederherstellung kultischer Reinheit (Kultfähigkeit): Statt Sittlichkeit ist das Meiden von Befleckungen in kultischer Hinsicht gefordert. Diese Lücke füllten der Buddh. u. der Konfuzianismus mit ihren Ethiken aus. Überhaupt ist die jap. Rel.-Geschichte nachdrücklich durch das Neben- u. Miteinander von Shintō, Buddh. u. Konfuzianismus geprägt. Bereits die Bezeichnung „Shintō“ selbst ist ein Reflex dieser interreligiösen Begegnung; Shintō ist analog zu Butsudō („Weg des ↗Buddha“) gebildet u. daher nicht älter als die Ankunft des Buddh. in Japan. Vom Konfuzianismus übernahm der Shintō im 5./6. Jh. die Ahnenverehrung. Seit der Ankunft des Buddh. in

Japan um 550 n. Chr. kam es, trotz zunächst lebhafter Gegen- u. Abwehr seitens des Shintō, zu einem shintō-buddh. Synkretismus, der in der Folge die spezifische Gestalt des jap. Buddh. prägte (Nipponisierung des Buddh.), wie es andererseits zu einer Buddhisierung des Shintō kam. In einem 1. Schritt werden die kami als der Erlösung im buddh. Sinne bedürftig interpretiert. Um sie der Erlösung teilhaft werden zu lassen, verband man buddh. Tempel mit Shintō-Schreinen, wo man für die kami Sutren rezitierte. In einem 2. Schritt erkannte der Buddh. den kami in einer Rangfolge die Qualitäten von „Beschützern" u. „Wächtern" des ↗dharma zu (wie dies schon in ↗China u. ↗Tibet analog erfolgt war) u. gestattete sogar die Verehrung der kami in buddh. Tempelbezirke. In einem letzten Schritt der Nipponisierung des Buddh. identifizierte man einzelne kami mit den Buddhas u. Bodhisattvas (↗Bodhisattva). So wird die Sonnengöttin Amaterasu, die Ahnherrin des jap. Kaiserhauses, als Erscheinung des Großen Buddha ↗Vairocana angesehen u. verehrt. Eines der frühesten Zeugnisse für den shintō-buddh. Synkretismus stellt der Tempelbezirk von Nikkō im N Tokyos dar. Diese Synthese nennt man ryōbu-Shintō. Besonders auf volksreligiöser Ebene entwickelten sich Beispiele für diese Synthese – etwa in der Bewegung der Ubasoku (von Skt/P ↗upāsaka, Laienanhänger). Dabei handelt es sich um Volkspriester, die ohne Ordination u. ohne förmliche Beauftragung ihr Amt ausüben, d.h. schamanistische Heilungsrituale vollziehen. – 740 hatte der Mönch Gyogi (670– 749) sich im Shintō-Schrein von Ise bestätigen lassen, daß S. u. B. nur 2 Formen derselben Religion darstellen. Im 19. Jh. kommt es zu einer Restauration des Shintō, die schließlich darin gipfelt, daß man 1868 durch staatliche Anordnung die shintō-buddh. Synthese beendete durch die Verordnung der „Trennung von Gottheiten u. Buddha" mit dem erklärten Ziel, den Shintō von fremden Elementen zu reinigen. Buddh. Priester an Shintō-Schreinen wurden säkularisiert, buddh. Statuen durften dort nicht mehr verehrt werden. Diese Restaurationsbewegung artete in eine Form der Unterdrückung des Buddh. aus (haibutsu-kishaku = die Buddhas vernichten u. die Śākyamunis zerstören). Mit 1868 beginnt auch die staatlich verordnete göttliche Verehrung des jap. Kaisers. Seine Vorherrschaft konnte der Shintō nicht behaupten. Den gravierendsten Einflußverlust erlebte der Shintō durch die Kapitulation Japans im 2. Weltkrieg 1945. Inzwischen deuten Anzeichen darauf hin, daß mit einem neuen jap. Nationalismus auch die Bedeutung des Shintō wieder sichtbar erstarkt.

L.: A. Matsunaga: The Buddhist Philosophy of Assimilation. The Historical Development of the Honji-Suijaku-Theory, Tokyo 1969; T. Ishibashi/ H. Dumoulin: Yuiitsu Shintō Myōbōyōshū. Lehrabriß des Yuiitsu Shintō, in: Monumenta Nipponica, Bd. 3, Nr. 1 (1940), 182–239; R. Heinemann: Buddh.-schintoist. Synkretismus, in: Buddhism in Ceylon and Studies on Religious Syncretism in Buddhist Countries, hg. v. H. Bechert, 1978, 199–213. (no)

Shōtoku-Taishi, wörtlich: „Prinz der heiligen Tugenden" (posthumer Titel), kaiserlicher Prinz u. Prinzregent für die Kaiserin Suiko (590–628) von ↗Japan; 574–622. Suiko, bekennende Buddhistin, übertrug ihrem Neffen S.-T. die Regierung u. zog sich in ein Kloster zurück. Unter der Regentschaft des S.-T. fand der Buddh., der erst jüngst ins Land gekommen war, erste Förderung. 607 nahm S.-T. förmlich Kontakte mit dem chin. Kaiserhof auf, was sich in der Folge als nützlich für die Verbreitung der Schulen des chin. Buddh. in Japan erwies. (no)

siddha (Skt, tib. grub thob), „Vollendeter", ein Heiliger, der die vollendete Beherrschung einer magischen Fähigkeit (Skt siddhi, tib. dṅos grub) als Mittel zu seiner Befreiung benutzt. ↗Mahāsiddhas, Vierundachtzig. (ev)

Siddhārtha (Skt, P Siddhatha), wörtlich: „ans Ziel Gelangter", „Erfolgreicher"; Name des ↗Buddha aus der Śākya-Familie ↗Gautama (↗Śākya). Der Name kann, trotz der auffälligen u. scheinbar konstruiert wirkenden Bedeutung, als historisch angenommen werden. Die Positionen von E. Senart u. H. Kern, die die Historizität des Buddha überhaupt bestreiten, sind längst aufgegeben. (no)

Sikkim, ehemaliges autonomes Königreich (1642–1974) im östl. Himalaya, das 1974 als 22. Bundesstaat ↗Indien angegliedert wurde. Nördl. an ↗China (Tibet), östl. an ↗Bhutan, südl. an Indien u. westl. an ↗Nepal grenzend, besitzt S. auf einer Fläche von 7096 km² etwa 410000 Einwohner, zu über 75 % nepalesische Einwanderer hinduistischen Glaubens (Gurkhas). Die aus Leptscha u. Bhutia bestehende Urbevölkerung hängt dem ↗Lamaismus an. Hauptstadt ist Gangtok. Wahrzeichen S. ist der Berg Kangchendzönga (8586 m). – Vom 13. Jh. an siedelten sich neben den einheimischen Leptschas immer wieder Bhutias aus Tibet u. Bhutan in S. an, die bald die Herrschaft an sich zogen u. dem Land 1641 schließlich mit der Gründung eines Königtums seine eigene nationale Identität gaben. Regiert wurde S. fortan von der Chogyal-Dynastie, die den ↗Lamaismus durch die Gründung verschiedener Klöster förderte. Enge Verbindungen mit dem Fünften ↗Dalai Lama u. Eheverbindungen mit dem tib. Adel führten zur engen Anlehnung an ↗Tibet. Im 17. u. 18. Jh. verlor S. Teile seines Territoriums an seine Nachbarstaaten, u.a. 1839 den Bezirk Darjeeling an das unter brit. Vorherrschaft stehende Indien. Nach wiederholten Auseinandersetzungen mit den Briten mußte der sikkimesische Mahārāja 1861 im Vertrag von Tumlong die brit. Autorität in innen- und außenpolitischen Angelegenheiten anerkennen. Große Massen von nepalesischen Gurkhas besiedelten daraufhin S., dessen kulturelle Identität zunehmend ins Wanken geriet. 1890 wurde das brit. Protektorat über S. von China vertraglich bestätigt. 1950 wurde der ind.-sikkimesische Vertrag von Gangtok geschlossen, der die Abhängigkeit S. von Indien besiegelte. 1974 wurde S. nach schweren innenpol. Unruhen als 22. Bundesstaat an Indien angeschlossen. Der letzte sikkimesische König, Palden Thondup, verstarb 1980 in New York. – Bedeutendstes Kloster bildet Pämayagntse, das Hauptkloster der ↗Drugpa-Kagyüpa-Schule. Auch die ↗Gelugpa, u.a. Kloster Ghoom, u. die ↗Nyingmapa, u.a. Kloster Enchey, sind in S. anzutreffen. 1966 errichtete der aus Tibet geflohene ↗Karmapa seinen Hauptsitz Rumtek in der Nähe der Hauptstadt Gangtok.

L.: Gazetter of S., Kalkutta 1894 (Sw, hg. Bengal Gov. Secretariat); J.C. White: S. and Bhutan, London 1909; U.S. Army Area Handbook for Nepal, S. and Bhutan, Washington 1964; B.C. Olschak: S., 1965; H. Hecker: S. and Bhutan, 1970 (Darst. z. Auswärt. Pol. 9); P.N. Chopra: S., New Delhi 1979; R. Sharma: S., Gangtok 1983. (ev)

skandha (Skt, P khandha), wörtlich: „Anhäufung, Gruppe, Aggregat", in buddh. Anthropologie gebraucht für die 5 Konstituenten der empirischen, d. h. saṃsārischen (↗saṃsāra) Persönlichkeit. In einer unheilvollen menschlichen Grundtendenz, die 5 s. absolut zu setzen, scheinen sie ein die jeweilige Existenz überdauernde Persönlichkeit oder ein ewiges Selbst vorzugaukeln (Skt ātman, P attā). Die 5 s. sind: Leiblichkeit (Skt/P rūpa-s.), Gefühl (Skt/P vedanā-s.), Wahrnehmung (Skt saṃjñā-s., P saññā-kkh.), geistige Bildekräfte (Skt saṃskāra-s., P sankhāra-kkh.) u. Bewußtsein (Skt vijñāna-s., P viññāna-s.), auch genannt die 5 Gruppen des Anhaftens Skt pañca upādānaskandhāḥ, P p. u. kkhandha; ↗Anhaften). Da keine der 5 Gruppen unveränderlich u. ewig besteht, kann das Produkt, das aus dem Zusammenwirken dieser s. entsteht, die (empirische) Persönlichkeit, selbst auch nicht unveränderlich u. ewig sein (↗anātman). In mahāyānischen Texten (↗Mahāyāna) werden die s. stärker durch den Aspekt der Merkmalslosigkeit oder Leere (↗śūnyatā) bestimmt. Aufgrund der buddh. anattā-Wahrheit versteht s. alles individuelle Dasein als Prozeß u. als saṃsārisch geprägt, nämlich durch Geburt, Tod u. Wiedergeburt u. daher als leidvoll. (no)

sMon-lam chen-mo (tib.) ↗Mönlam-Fest

smṛti (Skt, P sati), Erinnerung, Besinnung, Achtsamkeit; eine der 5 Fähigkeiten (indriya) u. Kräfte (bala), eines der 7 Erleuchtungsglieder (↗bojjhanga) u. 7. Glied des ↗Achtfachen Pfades (↗satipaṭṭhāna). (no)

smṛtyupasthāna (Skt) ↗satipaṭṭhāna

Sönam Gyatsho (tib. bsod nams rgy mtsho), tib. Name des 3. ↗Dalai Lama von Tibet. 1543 im Tölung-Tal (tib. stod lung) geboren, wird ihm als Abt des Klosters ↗Drepung u. führendem ↗Gelugpa-Lama seiner Zeit 1578 vom mongolischen Großfürsten Altan Khan (1507–82) der Titel „Dalai Lama" verliehen. Da auch 2 seiner vorangegangenen Verkörperungen dieser Titel posthum zugesprochen wurde, gilt er als der 3. Dalai Lama. S. G. verstarb 1588 in der Mongolei. (ev)

„So habe ich gehört“, P evaṃ me sutaṃ; formales Traditionsprinzip im Buddh. zur Auswahl von Predigten, Lehre, Unterweisungen (↗sūtra), Anordnungen u. Rechtssatzungen (↗vinaya) des ↗Buddha als authentisch, die damit als kanonisch gelten (↗Kanon). (no)

Sōka-Gakkai (jap.), wörtlich: „Gesellschaft zur Schaffung von Werten“, neobuddh. Laiengemeinschaft aus der Nichiren-Tradition (↗Nichiren), 1930 durch den Lehrer Makiguchi Tsunesaburō (1871–1944) gegründet; ab 1931 staatlicherseits unterdrückt. Der Gründer wurde inhaftiert u. starb 1944 im Gefängnis. 1946 übernahm Toda Jōsei, ein Weggefährte Makiguchis, die Leitung (gest. 1958). Seit 1960 hat diese Ikeda Daisaku (geb. 1928) inne. Seit 1951 erfolgten in mehreren Massenkampagnen groß angelegte Mitgliederrekrutierungsaktionen. Seither sieht sich die Gemeinschaft dem Vorwurf aggressiver Mitgliederwerbung ausgesetzt. Bis 1991 verstand sich die S.G. als Laienbewegung der Nichiren-Shōshū, der Mikiguchi 1928 beigetreten war. 1964 gründete die S. G. eine eigene politische Partei, „Kōmeitō“, inzwischen die drittstärkste Partei in ↗Japan. Seit 1970 ist diese Partei „offiziell“ von der S. G. getrennt. S. G. ist die größte Religionsgemeinschaft in Japan. Die Mitgliederstärke wird in verschiedenen Quellen unterschiedlich angegeben, zwischen 7,5 u. 17 Mio. Mitglieder. S. G. ist es auch gelungen, sich außerhalb Japans heimisch zu machen, in ↗Indonesien, in den beiden Amerika, besonders in den USA. Sie ist auch in einigen europ. Ländern verbreitet, in Deutschland, Österreich, Frankreich vornehmlich. – In der Lehre stimmt die S. G. weitgehend mit dem Nichiren-Buddh. (Nichiren-Shōshū wie auch mit den anderen „Lotus-Gemeinschaften“) überein, etwa in der Hochschätzung des ↗Lotus-Sūtras, der Rezitation von dessen Titelzeile, ferner in einem deutlich nationalistischen Zug. Charakteristisch für die S. G. ist eine ausgeprägte Diesseitsorientierung auf Glück, Wohlstand, Gesundheit.

A.: Ikeda Daisaku: The Human Revolution, New York – Tokyo 1965. – L.: A. Shupe: S.G. and the Slippery Slope from Militancy to Accomodation, in: M.R. Mullins, Shimazono S., P.L. Swanson (Hg.): Religion and Society in Modern Japan, Berkeley 1993; W. Kohler: Die Lotuslehre u. die modernen Religionen in Japan, Zürich 1962. (no)

Songtsen Gampo (tib. sroṅ btsan sgam po), mächtiger tib. König (reg. 620–49), der als eigentlicher Begründer des tib. Staates gilt. Mit der Aufstellung eines schlagkräftigen Heeres baute er ↗Tibet zu einer achtungsgebietenden Macht aus, er führte vielfältige Reformen durch u. begründete so eine nationale Blütezeit. Den Annalen zufolge führte er durch seine Heirat mit der chin. Prinzessin Wen ch'eng (Wen-cheng) u. der nepalesischen Prinzessin Bhrikuti den Buddh. in Tibet ein. Erstmals im ↗Mani Kabum (12. Jh.) wird er als Emanation ↗Avalokiteśvaras bezeichnet. Seine Gemahlinnen gelten als Emanationen der Grünen u. Weißen ↗Tārā. (ev)

Sōtō-Schule ↗Sōtō-Zen

Sōtō-Zen. Schule des ↗Zen-Buddhismus, die sich besonders auf die Lehren ↗Dōgens (1200–1253) stützt u. durch dessen chin. Meister Ju-ching (1163–1228) in der Traditionslinie des Ts'ao-tung-Hauses (↗Fünf Häuser des Zen-Buddh.) steht. In den Jahrzehnten nach dem Tod Dōgens entwickelten sich unter seinen Anhängern 2 verschiedene Strömungen: die eine, favorisiert von Tettsū Gikai (1219–1309), ↗Keizan Jōkin (1268–1325) u. Gasan Jōseki (1275–1365), verband die Zen-Praxis mit Elementen des ↗Shingon (besonders ritueller Natur) u. befürwortete eine stärkere Volksnähe, die andere, zuerst repräsentiert durch Jakuen (1207–1299) u. Giun (1253–1333), verfolgte einen puristischeren u. zugleich stärker monastisch orientierten Zen-Stil. Zwar konnte ein offener Bruch vermieden werden, doch fand die Spannung auch institutionelle Gestalt, indem sich die 2. Richtung um das von Dōgen gegründete Kloster ↗Eiheiji gruppierte, während die 1. ihre Zentren in den Klöstern Daijōji, Yōkōji u. Sōjiji fand. Letzteres wurde unter Gasan (der die Formel der ↗Fünf-Stufen-Dialektik in das Lehrgut jap. S.-Z. einführte) u. seinen Schülern zum Mittelpunkt der erheblich expandierenden Schule. In kurzer Zeit verbreitete sie sich fast über das ganze Land; zahlreiche kleine Dorftempel entstanden, deren Vorsteher das Volk nicht nur seelsorglich, sondern auch pädagogisch u. in vielen praktischen Belangen bis hin zur konkreten Landarbeit unterstützten, was bis heute eines der besonderen Merkmale des S.-Z. blieb. 1473 wurde das inzwischen abgebrannte Kloster Eiheiji von der Keizan-Gasan-Linie übernommen, restauriert u. zum Hauptkloster des S.-Z. erhoben. Die weiteren Rivalitäten zwischen Eiheiji u. Sōjiji besaßen keinen religiösen Hintergrund mehr; in der Edo-Zeit kam es zur formellen Gleichstellung beider Tempel.

L.: H. Dumoulin: Geschichte des Zen-Buddh., Bd. II: Japan, 1986; T. Cleary (Hg.): Timeless Spring. A Soto Zen Anthology, Tokyo – New York 1980. (sl)

Sozialethik. 1. In allen buddh. Richtungen gehört das Streben nach eigener Erleuchtung u. die uneigennützige Aktivität für andere Wesen eng zusammen. Der Akzent liegt dabei nicht auf materieller Wohltätigkeit, sondern auf der Weitergabe des dhamma (↗dharma), mit dessen Hilfe alle Wesen zu wahrem Wohlergehen gelangen. Der ↗Buddha selbst verkörpert durch seine 40jährige Predigt die auch als soziale Tugenden wirksamen Verweilungszustände der Güte, des Mitleids, der Mitfreude und des Gleichmuts. Im frühen u. ↗Theravāda-Buddh. sind die ethischen Aufgaben verschieden verteilt: Die Laien sollen – neben der Einhaltung der 5 Sittenregeln – für den Unterhalt der Mönche sorgen (↗Almosen). Diese haben vor allem die Pflicht, den dhamma zu studieren, zu bewahren u. zu lehren. Der ↗saṅgha selbst hat seine Bedeutung darin, daß sich die Mönche gegenseitig auf ihrem Weg zur ↗Erlösung helfen. Im ↗Mahāyāna-Buddh. stellt der sein karma verschenkende Bodhisattva das Ideal eines Wesens dar, das bei Erlangen der Vollkommenheiten (↗pāramitā) die individuelle Motivation für den Erleuchtungsprozeß nachträglich zur sozialen transformiert, wodurch er „dem Wohl der ganzen Welt" dienlich wird. – 2. Trotz der letztlich nötigen Überwindung der sozialen Bindungen mahnt der Buddha Eltern u. Kinder, Lehrer u. Schüler, Ehegatten, Freunde, Herren u. Diener, Herrscher u. Untertanen sowie Mönche u. Laien zum sorgsamen Umgang miteinander (vgl. Sigālovādasutta). Auch Dienst am Allgemeinwohl gehört zur Sozialethik (vgl. S I, 33). ↗Toleranz ist ein sozialethisches Grundprinzip. In der Moderne entwickeln sich neuartige soziale Vorstellungen eines aktiven Buddh., der die Gleichheit aller Wesen politisch u. gesellschaftlich umsetzt u. dabei oft die früheren Grenzen zwischen Laien u. saṅgha nivelliert (z. B. ↗Maha-Bodhi-Society).

L.: H. B. Aronson: Love and Sympathy in Theravāda-Buddhism, Delhi u. a. 1980; P. Gerlitz: Die Ethik des Buddha, in: C. H. Ratschow (Hg.): Ethik der Religionen, 1980; (s. a. Lit. bei ↗Gesellschaft). (bo)

Späte Bekehrung Tibets (tib. spyi dar), das ist der Ende des im 10. Jh. einsetzenden Zeitraumes der erneuten Missionierung Tibets zum Buddh., nachdem die Lehre in Tibet unter Langdarma (reg. 836–41) niedergegangen war (↗Tibet). (ev)

Speicherbewußtsein ↗ālayavijñāna

śraddhā (Skt, P saddhā), Vertrauen, Zuversicht, „Glaube". ś. stellt den Erstimpuls im Kontakt mit der Buddha-Lehre dar u. ist daher besser mit Vertrauen (in die Richtigkeit der Lehre) als mit „Glaube" zu übers. Mit sittlich verantwortetem Verhalten, Freigebigkeit, Lernen (oder Hören) u. Einsicht gehört ś. zu den Tugenden der Laien. Im ↗Mahāyāna wird ś. als Vertrauen in die helfende Kraft der Buddhas u. Bodhisattvas (↗Buddha, ↗Bodhisattva) noch höher bewertet u. ersetzt in Formen buddh. Bhakti-Frömmigkeit (↗bhakti) gelegentlich geradezu die eigene Leistung. (no)

śramaṇa (Skt, P samaṇa), „der sich Abmühende", Asket, oft auch mit Religiose oder Mönch übers. Er stellt den Typ des religiösen Experten dar, der sich aus dem profanen Leben aussondert (Hauslosigkeit), ein Leben in selbstgewählter Entsagung (Besitzlosigkeit), meist auch sexueller Enthaltung u. mit asketischen Übungen (Fasten, Einsamkeit, Schweigen) führt mit dem Ziel, Befreiung aus den Fesseln irdischer Existenz u. damit ↗Erlösung zu erlangen. Organisiert in Schulen oder religiösen Verbänden treten ś. in der ind. Rel.-Gesch. seit der Epoche der ↗Upanischaden (ca. 800 v. Chr.) auf, wobei der Kriegeradel die Trägergruppe dieser gegen den Brahmanismus u. dessen ritualistische Erstarrung gewesen zu sein scheint. Dieser Asketenbewegung ordnet sich auch die Entstehung des Buddh. u. des ↗Jainismus ein. (no)

śrāmaṇera (Skt, P sāmaṇera), „Novize". ś. bezeichnet die 1. Stufe der Mönchskarriere nach dem Eintritt in ein buddh.

Kloster. Die Aufnahme (Skt pravrajyā, P pabbajjā) erfolgt durch die Einkleidung in das 3teilige gelbe Mönchsgewand (Skt tricīvara, P ticīvara), durch das Scheren des Haupthaares, in der Niederwerfung vor dem Lehrer (Skt upādhyāya, P upajjhāya), mit 3maliger Rezitation der Zufluchtsformel (Skt trisarana, P tisarana). Ein 2. Lehrer (Skt ācārya, P ācariya) erläutert die 10 Sittenregeln. Diese Probezeit dauert mindestens 4 Monate. (no)

śrāvaka (Skt, P sāvaka), wörtlich: „Hörer"; ursprüngliche Bezeichnung für die Jünger ↗Buddhas, i.e.S. für die 8 Gruppen von „Jüngern" (ārya-śrāvaka), d.h. die nach den 4 Heiligkeitsgraden (↗āryapudgala) unterschiedenen u. die Anwärter auf dieselben. Im ↗Mahāyāna als abwertende Bezeichnung gebräuchlich (↗Śrāvakayāna). (sl)

Śrāvakayāna (Skt, P Sāvakayāna), wörtlich: „Fahrzeug der Hörer (Schüler)", identisch mit dem sog. ↗Hīnayāna. Auch die Bezeichnung Ś. beinhaltet deutlich eine Unterordnung dieser buddh. Tradition gegenüber den anderen (späteren) Traditionen des Buddh. Sie sollte vermieden werden. (no)

Srāvastī (Skt, P Sāvatthī), heute Saheth Maheth im ind. Bundesstaat Uttar Pradesh; ehemalige Hauptstadt des Königreichs Kosala, später religiöses u. kulturelles Zentrum des alten Buddh. u. mit der Lebensgeschichte des ↗Buddha eng verbunden. Nicht weniger als 2 der ehemals dort angesiedelten Klöster sollen in ihrer Gründung in die Lebenszeit des Buddha zurückreichen. (no)

Sri Lanka. Unter den kulturellen Faktoren, die die Gestalt S. L. (vormals: Ceylon) prägten, hat der Buddh. den stärksten u. kontinuierlichsten Einfluß ausgeübt. Erst mit der Ankunft des Buddh. im 3. Jh. v. Chr. (nach der Überlieferung durch ↗Mahinda, einen Sohn des Kaisers ↗Aśoka) begann in S. L. die Ausformung eines nationalen Identitätsbewußtseins, das seinen 1. vollendeten Ausdruck in den großen Inselchroniken, besonders im ↗Mahāvaṃsa, fand. In vorbuddh. Zeit bestand das religiöse Leben S. L. vermutlich in einer Mischung von aus ↗Indien überkommenen vedischen u. autochthonen, animistischen bzw. schamanistischen Elementen, die der Buddh. problemlos zu integrieren vermochte. Dieser gelangte nach S. L. zuerst in Gestalt des ↗Theravāda. Sein Förderer, Devānaṃpiya Tissa, ließ in der damaligen Hauptstadt ↗Anurādhapura das ↗Mahāvihāra-Kloster errichten, das für mehr als ein Jahrtausend die wichtigste Stütze des Theravāda in S. L. blieb. Bis zum Beginn der portugiesischen Herrschaft war die religiöse u. politische Geschichte S. L. vornehmlich von periodisch wiederkehrenden Einfällen südind. tamilischer Herrscher geprägt, die von den einheimischen singhalesischen Königen auch im Namen des Buddh. bekämpft wurden (so bereits im 2. Jh. v. Chr. durch Duṭṭhagāmaṇi), was dem Buddh. S. L. seine starke singhalesisch-nationalistische Prägung gab. Das im 1. Jh. v. Chr. gegründete u. seither in dauernder Fehde mit dem Mahāvihāra liegende Kloster ↗Abhayagiri verschaffte den Lehren anderer Schulen des älteren Buddh. sowie denen des ↗Mahāyāna Eingang nach S. L. Aus einer Abspaltung vom Abhayagiri-Zweig ging im 4. Jh. das Jetavana-Kloster als 3. Zentrum des s. l. Buddh. hervor. Ab dem 8. Jh. etablierten sich auch Formen des buddh. ↗Tantrismus. Trotz der im 2. Jahrtausend eintretenden Alleinherrschaft des Theravāda haben sich bis heute im Buddh. S. L. Einflüsse des Mahāyāna u. des Tantra in Form von ↗Bodhisattva-Verehrung u. magischer Praxis erhalten. 993 wurde Anurādhapura von den südin. Coḷa erobert, die bald darauf ihren Regierungssitz nach ↗Poḷonnaruva verlegten. Ihre Herrschaft führte zum Erliegen des monastischen Lebens. Nach der Rückeroberung der Macht durch den Singhalesen Vijaya-Bāhu I. (1065) gab es nicht mehr genügend Mönche u. Nonnen, um Vollordinationen durchzuführen. Während mit burmesischer Unterstützung der Mönchsorden neu begründet wurde, blieb der Nonnenorden bis heute in S. L. erloschen. Eine politische u. religiöse Blütezeit erlebte S. L. unter Parakkama-Bāhu I. (1153–86). Er ließ ein Konzil zur Beilegung der dogmatischen Streitigkeiten durchführen, die unter seinem Druck zugunsten des rein theravādischen Mahāvihāra entschieden wurden, u. vereinigte 1165 den saṅgha. Unter seinen Nachfolgern zerfiel erneut die politische Einheit – nur Parakkama Bāhu VI. (1412–1467) regierte noch einmal das ganze

Land –, u. es bildeten sich die 3 Königreiche: Jaffna (das tamilisch u. hinduistisch war), ↗Kandy u. Koṭṭē heraus. Mit dem Zerfall der politischen Einheit setzte für den Buddh. ein erneuter Niedergang ein, der sich unter der 1505 mit Landung der Portugiesen beginnenden westl. Kolonialherrschaft noch verstärkte. Auf die Herrschaft der Portugiesen folgte 1658 die der Holländer u. ab 1796 die der Briten, denen es 1815 als 1. Kolonialmacht gelang, auch das Königreich von Kandy zu erobern u. so die Insel politisch wieder zu vereinigen. 1948 wurde S. L. unabhängig, 1952 erhielt es seinen jetzigen Namen. Waren schon lange vor Beginn der Kolonialzeit im N S. L. tamilische Hindus ansässig u. hatten sich im S allmählich auch mehrere kleine Moslem-Gemeinschaften gebildet, so führten die Kolonialherren das Christentum in S. L. ein, begünstigten seine Anhänger u. setzten den Buddh. Repressalien aus. Im unabhängigen Königreich Kandy riß für 3 weitere Male die Ordenssukzession ab u. wurde mit burmesischer (1596 u. 1697) sowie thailändischer Hilfe (1753) erneuert. Auf jene letzte Erneuerung geht die Ordinationstradition des Siyam-Nikāya zurück, dessen Mitgliedschaft jedoch nur Angehörigen der höheren Kaste offensteht. Aus Protest gegen diese Kastenbindung des Ordens entstand 1803 die Kongregation des ↗Amarapura-Nikāya. Beide bilden gemeinsam mit dem 1865 gegründeten ↗Rāmañña-Nikāya die bis heute bestehenden Fraktionen des buddh. Ordens in S. L. Um die Erneuerung des buddh. Schulwesens machte sich besonders der 1880 nach S. L. gekommene H. S. ↗Olcott verdient, dessen Mitarbeiter Anagārika ↗Dharmapāla großen Einfluß auf den sog. buddh. ↗Modernismus S. L. ausübte, der sich im Zuge der antikolonialistischen Bestrebungen dieses Jahrhunderts konsolidierte.

L.: G.P. Malalalsekera: The Pāli Literature of Ceylon, London 1928; H. L. Perera: History of Buddhism in Ceylon, Colombo 1956; A. Bareau: La vie et l'organisation des communautés bouddhiques modernes de Ceylan, Pondichéry 1957 (PIFI, 10); H. Bechert: Buddhismus, Staat und Gesellschaft in den Ländern des Theravāda-Buddhismus, Bd. 1, 1966, ²1988; ders.: Buddha-Feld und Verdienstübertragung. Mahāyāna-Ideen im Theravāda-Buddhismus Ceylons, Bulletin de l'Académie Royale de Belgique (Classe des Lettres), 5³ série, t. LXII, 1976, 1–2, 27–5; ders.: Buddhism in Ceylon and studies on religious syncretism in Buddhist countries, 1978 (AAWG, 108); ders.: Mythologie der singhal. Volksreligion, in: H.W. Haussig (Hg.): Wörterbuch der Mythologie, Bd. 1, 1984, 511–656; ders.: Literatur der Singhalesen, in: H. Bechert, G. v. Simson (Hg.): Einführung in die Indologie, [2]1993, 93–97; W. Rahula: History of Buddhism in Ceylon, Colombo [2]1966; R. Gombrich: Precept and Practice. Traditional Buddhism in the Rural Highlands of Ceylon, London 1971; F. Houtart: Religion and Ideology in S.L., Bangalore 1974; K. Malalgoda: Buddhism in Singhalese Society 1750–1900, Berkeley 1976; L. de Silva: Buddhism. Beliefs and Practice in Sri Lanka, Colombo [2]1980; M. Southwood: Buddhism in Life, Manchester 1983; D.T. Devendra: Le bouddhisme à S.L., in: R. de Berval (éd.): Présence du Bouddhisme, Paris 1987, 453–468; G.D. Bond: The Buddhist Revival in S.L., Columbia 1988; M. Carrithers: „Sie werden die Herren der Insel sein", in: H. Bechert, R. Gombrich (Hg.): Der Buddhismus, [2]1989. (sl)

srotapanna (Skt, P sotāpanna), „der in den Strom Eingetretene"; 1. Heiligkeitsgrad (↗āryapudgala). Der s. ist von den ersten 3 „Fesseln" (Glauben an eine individuelle Person, Zweifelsucht, Hängen an Regeln u. Riten; ↗saṃyojana) frei. Er erreicht die ↗Erleuchtung mit Sicherheit in einer der nächsten (max. 7) Geburten. (sl)

Staat. 1. Der Buddh. hat prinzipiell ein distanziertes, tolerierendes Verhältnis zum St. (↗Gesellschaft, Politik). Der ↗Buddha anerkennt die st. Ordnung, in die sich Laien u. Mönche fügen müssen, ohne sich daran mehr als nötig zu binden. Er nennt als Voraussetzungen eines gedeihlichen St.-Wesens u. a. häufige Ratsversammlungen, Einmütigkeit, Ehrfurcht vor den Alten, Verzicht auf Gewaltakte, Verehrung der traditionellen Heiligtümer, Schutz für Mönche. Mönche sollen keine st. Ämter übernehmen, können aber als Berater tätig sein. – 2. Das St.-Ideal ↗Aśokas, der sich als buddh. ↗Laie verstand, war von buddh. ↗Ethik geprägt, vor allem von der Fürsorge für alle Menschen u. Wesen im Reich, sowie von Friedlichkeit u. Toleranz, auch gegen religiös Andersdenkende. In ↗Sri Lanka u. anderen Theravāda-Ländern (↗Theravāda) wurde der Buddh. zur St.-Religion. Herrscher u. saṅgha waren hier sehr eng verbunden u. historisch aufeinander angewiesen. In ↗Tibet entsteht eine Art „Kirchenst.", in dem der ↗Dalai Lama als religiöses Oberhaupt zugleich politische Macht ausübt. Ähnliche Entwicklungen gibt es in ↗Japan u. in anderen Mahāyāna-Ländern (↗Mahāyāna). In der nachkolonialen Zeit gibt es in einigen Ländern, z. B. Sri Lanka, Tendenzen einer neuen Verbindung von St. und Buddh.

L.: W. Bechert: Buddhismus, Staat und Gesellschaft, 3 Bde., 1966–73; R. Gombrich: Precept and Practice, 1971; S. J. Tambiah: World Conquerer and World Renouncer, 1976. (bo)

Steinke, Martin ↗Tao Chün

sthavira (Skt) ↗thera (P), wörtlich: „Ordensältester“

Sthaviravāda (Skt, von sthavira/P ↗thera, der Ältere; Sthaviravādin, Vertreter des St.), Schule der Älteren, Frühform bzw. Vorläuferschule des ↗Theravāda, aus dem Schisma über die Vollkommenheit des ↗arhat hervorgegangene konservative Richtung des buddh. ↗saṅgha. Kontrahenten waren in dieser Auseinandersetzung die St. u. die ↗Mahāsaṅghikas (die Vertreter der großen Versammlung, d.h. die Mehrheitsfraktion). Von den St. spalteten sich ca. 280 v. Chr. die ↗Vatsīputrīyas u. um 244 v. Chr. die ↗Sarvāstivādins. Denkbar ist auch, daß dem Schisma ein geographisches Muster zugrundelag, nach dem der W sich konservativ, der O dagegen fortschrittlich orientierte. Nach der Spaltung, die zum Entstehen des Sarvāstivāda führte, wurden die St. Vibhajyavādins genannt. (no)

Stifter, historische Person, die wesentlich u. ursächlich mit der Entstehung einer Religion in Zusammenhang gebracht wird. Die dem St. zugemessene Bedeutung variiert z.T. erheblich. Der historische ↗Buddha kann mit Recht als der St. des Buddh. angesehen werden u. bildet eine zentrale Leitfigur für alle buddh. Schulen. (sl)

stotra (Skt), lit. Form in buddh. Lit., Hymnus, meist ein Preislied auf den ↗Buddha.

L.: D. Schlingloff: Buddh. Stotras aus ostturkistanischen Skt-Texten, 1955. (no)

Strafe. Der ↗prātimokṣa ordnet die Schwere der Verstöße gegen die Ordensregel nach der Schwere der zu verhängenden St.: lebenslanger Ausschluß (↗pārājika); zeitweiliger Ausschluß (= Rückversetzung in den Novizenstand plus besondere Bußzeit); gewisse Bußen, deren Charakter nicht mehr klar ist; Selbstbezichtigung. (sl)

Stupa (Skt stūpa, P thupa, tib. mchod-rten, Chörten), ursprünglich Grabhügel für die Bestattung von Königen in ↗Indien, deren Entstehung in prähistorisch-megalithische Zeit zurückverweist. Im Buddh. wird der St. seit der frühen Zeit zum religiösen Monument, in dem ↗Reliquien – zunächst des ↗Buddha, dann auch Leichenbrand von Mönchen, vornehmlich von Heiligen (↗arhat) – aufbewahrt werden. Im MPS (D 16) wird berichtet, wie der Brahmane Droṇa einen Streit schlichtet, der um die Verteilung der Reliquien aus dem Leichenbrand des Buddha entstanden sei. Danach erhielten die Mallas von ↗Kuśinagara, die Mallas von Pāpā, der König von ↗Magadha ↗Ajātaśatru, die Licchavis, die Śākyas u. schließlich Droṇa selber Anteile daran. Nach einer alten Überlieferung sollen nach dieser Schlichtung 10 St. erbaut worden sein. Die Anordnung, für wen u. wie St. errichtet werden sollen, führt die Tradition auf den Buddha selber zurück. Der St. wurde, zunächst außerhalb des ↗saṅgha u. unabhängig von Schulen, zum Ausgangspunkt des Buddha- u. arhat-Kultes. Offenbar wurden früh an den 4 großen Wallfahrtsstätten ↗Lumbinī Uruvelā (↗Bodh-Gayā), ↗Sārnāth u. Kuśinagara St. erbaut. Dabei mußten die dem Buddha geweihten St. keineswegs zwingend körperliche Relikte des Buddha enthalten. Nach dem Grundsatz, daß wer die Lehre sehe, auch den Buddha sehe, galt der ↗dharma selbst als verehrungswürdige Reliquie, die in einen Reliquienbehälter, also einen St., eingeschlossen werden konnte. Diese Art nennt man gewöhnlich caitya. Z. Z. von Kaiser ↗Aśoka im 3. Jh. v. Chr. war der St.-Kult bereits entwickelt. Aśoka schloß sich selbst diesem Frömmigkeitsstil an, indem er einerseits Wallfahrten zu St. unternahm, andererseits selbst St. errichten ließ. Im Mahāvastu (II, 362.16–397.4) wird der St.-Kult ausdrücklich gelobt. Er setzte sich ungebrochen im ↗Mahāyāna fort. Die Form des St. wird variiert, neben der Halbkugel kommt die Glocken- u. Lotusform in Gebrauch. Dabei folgt der St. weitgehend einem strengen Baukanon: in die Halbkugel (Skt aṇḍa) ist massiv, ohne Innenraum, der Reliquienbehälter eingelassen. Auf der Halbkugel befindet sich eine quadratische Einhegung (karmikā), in deren Mitte Mauerringe als „Schirme" (chattra), bis zu 13 Stück, nach oben gebaut sind u. auf die eine Kugel aufgesetzt ist. Der St. wird rituell in Rechtsumwandlung, d. h.

die rechte Schulter dem Heiligtum zugewandt, umkreist. Die ältesten u. schönsten St. finden sich in Sāñci (↗Sanchi) aus dem 1. Jh. v. Chr. u. in Bhārut im ind. Distrikt Baghelkhand mit künstlerischer Bearbeitung in Flachreliefs bereits aus dem 3. Jh. v. Chr. Bedeutend sind auch die St. bei Piprāhwā in der Nähe von ↗Kapilavastu (Specksteinurne mit Reliquien des Buddha, wie inschriftlich in altem Brāhmī ausgewiesen), in Sārnāth (Dhāmek-St. aus dem 5. Jh.), in Sāñci (der „Große St." aus dem 2./1. Jh. v. Chr.), der ↗Svayambhūnath-St. bei Kathmandu. Als größte St.-Anlage gilt der ↗Borobudur auf Java (↗Indonesien) aus der Mitte des 9. Jh. Baulich entwickelte sich der St. weiter zur ↗Pagode.

L.: G. Combaz: L'Evolution du St. en Asie, MCB 2 (1933), 163–305; 3 (1934–35), 93–144; 4 (1935–36), 1–125; P. Mus: Barabudur, BEFEO 32 (1932), 269–439; 33 (1933), 577–980; 34 (1934), 175–400; P.C. Bagchi: The eight great caityas and their cult, IHQ 17 (1941), 223–235; M. Bénisti: Etude sur le st. dans l'Inde ancienne, BEFEO 50 (1960), 37–116; G. Franz: Ein unbekannter St. der Sammlung Gai und die Entwicklung des St. im Gebiet des alten Dandhara, ZDMG 109 (1959), 128–147; H. Dumoulin: Buddha-Symbole u. Buddha-Kult, in: Religion u. Religionen, Fs. f. G. Mensching z. s. 65. Geburtstag, 1962, 50–63. (no)

Subhadra (Skt, P Subbhadda). 1. Letzter Mönch, der – unmittelbar vor dem Tod des ↗Buddha – in ↗Kuśinagara von diesem in den Orden aufgenommen wurde (D 16,5,23–30). – 2. Das MPNS (D 16,6,19–20) berichtet von einem Mönch namens S. aus der Mönchsgruppe des ↗Mahākāśyapa als negatives Beispiel für eine Tendenz zu einer liberalen Regelobservanz nach des Buddha Tod. Dies sei Anstoß für das Zusammentreten des 1. Konzils in ↗Rājagṛha gewesen. (no)

Subhadra Bhikṣu, Pseudonym, unter dem Friedrich Zimmermann (1851–1917) 1888 sein Werk „Buddh. Katechismus zur Einführung in die Lehre des Buddha Gotama" (bis 1921 in 14 Aufl.) veröffentlichte. Diese Schrift ist die 1. Einführungsschrift in den Buddh., die von einem Deutschen verfaßt wurde, u. signalisiert damit den Beginn der buddh. Bewegung in Deutschland. Von 1911–1917 war Zimmermann Vorsitzender des Dt. Zweigs der ↗Mahābodhi Gesellschaft (bis 1911 Buddh. Gesellschaft für Deutschland). (no)

Śubhākarasiṁha (chin. Shan-wu wei), ind. Vertreter der ↗Chen-yen-Schule (auch ↗Mi-tsung); 637–735. S. führte mit ↗Amoghavajra u. ↗Vajrabodhi den ↗Tantrismus in ↗China ein. Ś., ein Schüler Dharmaguptas, brachte bei seiner Ankunft in China 716 tantrische Texte mit. Er unterhielt enge Beziehungen zum Hof u. zu den Mönchen der ↗Lü-Schule u. lebte in den Staatsklöstern von Ch'ang-an u. Lo-yang. Von ihm stammen die Übers. von 21 grundlegenden Texten des Tantismus, darunter des Mahāvairocana-sūtra (Ta-jih-ching). Nach seinem Tod wurde sein Leichnam zum Gegenstand volksreligiöser-magischer Praxis vor allem für Wetterzauber. (so)

Subhūti, 1. buddh. Mönch u. Bruder des ↗Anātapiṇḍika. Die Tradition schreibt ihm Thag 1ff zu. – 2. Ein S. wendet sich in der ↗Prajñāpāramitā gegen die scholastische Gelehrsamkeit des ↗abhidharma, dem er die höhere mahāyānische Wahrheit entgegenstellt (↗Mahāyāna). (no)

Sudatta ↗Anāthapiṇḍika

Śuddhodana Gautama (Skt; P Suddhodana) ist der Vater von ↗Siddhārtha ↗Gautama, des ↗Buddha. Der Tradition nach war er mit den beiden Schwestern ↗Māyā, der Mutter des Buddha, u. Prajāpatī (↗Mahāprajāpatī) vermählt. Mit letzterer hatte er einen Sohn, ↗Nanda, u. eine Tochter namens ↗Nandā. Den Pāli-Quellen zufolge sei Ś. Rāja der Śākya-Adelsrepublik (↗Śākya) gewesen, worunter man zutreffender den Vorsitz in einem Adelsrat versteht als die Regentschaft über das Land i.e.S. Die spätere Tradition macht aus Ś. einen König, um das Motiv der Weltabkehr in der Geschichte des Buddha noch zu unterstreichen. Eben diesem Motiv entspringt auch die legendarische Darstellung des Ś., der seinen Sohn gegen die Welt abgeschirmt habe, um dessen weltflüchtige religiösen Neigungen in keiner Weise zu unterstützen. Als historisch ist indes zu beurteilen, daß Ś. den Wunsch seines Sohnes, ein Asket zu werden, mißbilligt hat (M 26 = M 36). (no)

Südliche Zenschule, auch: Südschule; als s.Z. gilt die sich auf die Lehren ↗Hui-nengs von der „plötzlichen Erleuchtung" stützende u. bald allein dominierende Richtung des chin. ↗Zen-Buddh. (↗Ch'an). Ihren Legitimitäts-Anspruch formulierte ↗Shen-hui gegen die mit ↗Shen-hsiu u. der „allmählichen Erleuchtung" assoziierte Nordschule. (sl)

Sünde. Der christlich geprägte Begriff der S. ist i.S. eines gebrochenen Verhältnisses zu ↗Gott, dessen Anzeichen die einzelnen S. sind, dem Buddh. fremd. Fehlverhalten (und zwar durchaus auch als primär geistige, falsche Grundhaltung) wird als karmisch „unheilsam" (↗akusala) verstanden (↗Schuld; ↗Ethik). (sl)

sūkara-maddava, (P; Skt śūkara-mārdava), wörtlich: „Schweineweich" (aus sūkara, Schwein, und maddava – von der Skt-Wurzel mṛdu -, vermutlich „weich"). s.-m. wird im MPNS (D 16,6) das Gericht genannt, das der ↗Buddha bei dem Schmied ↗Cunda, einem Laienanhänger, in Pāvā (Skt Pāpā) gegessen hat, u. nach dessen Genuß eine gerade überwundene Darmerkrankung wiederkehrte, an der der Buddha starb. Gegen Interpretationsversuche als Pilzgericht aus Gründen der ethischen Höherwertigkeit vegetarischer gegenüber fleischlicher Nahrung sprechen die Überlieferungslage u. alte Komm. dafür, daß es sich um ein Schweinefleischgericht gehandelt hat. (no)

sukha (P, Skt), „angenehm, Freude, Glück"; eine der 3 Empfindungen (↗vedanā), unterschieden von „pīti" (P), dem geistigen ↗Glück der Versenkung. s. kann sowohl für verblendetes, weltliches Glück (in Wahrheit Unbefriedigendes [duhkha] für Glück halten) stehen, als auch für das wirkliche Glück der Erlösung (↗nirvāṇa). (sl)

Sukhāvatī (jap. Jōdo). Die von ↗Amida bzw. ↗Bodhisattva Dharmākara durch die Erfüllung seiner Bodhisattva-Gelübde (↗praṇidhāna) geschaffene Buddha-Welt (↗Reines Land, ↗Westliches Paradies; farbige u. symbolgefüllte Schilderungen von S. vor allem im ↗Sukhāvatīvyūha-Sūtra, im ↗Amida-Sūtra u. im ↗Amitāyur-dhyāna-Sūtra). In seiner mitleidvollen Gesinnung gewährt Amida allen Wesen die Hingeburt in die S.-Welt durch das ↗nembutsu. Dort können sie mühelos das ↗nirvāṇa verwirklichen. Während die Hingeburt in die S.-Welt im ↗Amida-Buddh. meist als ein beim ↗Tod eintretendes Ereignis verstanden wird, ist sie für ↗Shinran als „plötzliche" bereits im Vertrauen gegeben.

L.: V. Zotz: Der Buddha im Reinen Land, 1991. (sl)

Sukhāvatīvyūha-Sūtra (Skt, jap. Dai muryōju kyō), bezeichnet meist das Längere S. (für das Kleine S. ↗Amida-Sūtra). Das S. ist ind. Ursprungs. Es sind 5 chin. Übers. erhalten, die älteste datiert nach der Überlieferung aus dem Jahre 252 n. Chr. Bedeutendste unter den 3 Grundtexten des ↗Amida-Buddh. Im S. schildert ↗Śākyamuni die Erschaffung der Buddha-Welt ↗Sukhāvatī durch den ↗Bodhisattva Dharmākara (jap. Hōzō), deren Vorzüge u. die Möglichkeit durch ↗nembutsu in sie hineingeboren zu werden. Den Kern des S. bilden die 46 Bodhisattva-Gelübde (↗praṇidhāna), nach einigen chin. Fassungen 48, Dharmākaras, durch deren Erfüllung er zum Buddha ↗Amida wurde.

A.: F. M. Müller, B. Nanjio (Hg.): S., Oxford 1883; F. M. Müller (Hg.): On Sanscrit Texts Discovered in Japan, JRAS N.S. 12 (1880), 153–188 (Skt-Text u. engl. Übers.); Sukhāvatīvyūha (Larger and Smaller), ed. F. M. Müller, Oxford 1883 (Anecdota Oxoniensia I,2); S., ed. A. Ashikaga, Tokyo 1965. – Ü.: F. M. Müller: The Larger S., in Buddhist Mahāyāna Texts II, Oxford 1894 (repr. Delhi 1968; SBE 49), 1–76; F. M. Müller: The Smaller S., ebda., 87–104; O. Usami: Buddhas Reden über Amitayus, 1925, 15–26 u. 35–97. (sl)

Sumeru (Skt, tib. ri rab) oder Meru, „der Ausgezeichnete", ist die Bezeichnung des sich aus dem Urozean erhebenden von 7 Ringgebirgen u. 7 Ringozeanen umgebenen, mythischen Weltenberges, der als Mittelpunkt unseres Weltsystems gilt. Um ihn gruppieren sich in den 4 Himmelsrichtungen 4 Kontinente, deren westl., Jambudvīpa (Skt), als unsere Welt angesehen wird. Auf seiner horizontalen Achse erheben sich auf 4 Stufen die Daseinsbereiche von Höllenwesen, Menschen, Göttern usw. (ev)

Sundarīnandā ↗Nandā (↗Mahāprajāpatī, ↗Śuddhodana)

śūnyatā (Skt), „Leere, Leerheit" = die Substanz- u. Merkmallosigkeit aller Dinge. Während im älteren Buddh. nur gelegentlich von ś. die Rede ist (z.B. M 121f, Snip 1119), ist sie das zentrale Thema der ↗Prajñāpāramitā-Sūtren, erfährt durch ↗Nāgārjuna u. die ↗Mādhyamika-Schule eine philosophische Explikation u. wird schließlich zu einem Schlüsselkonzept des gesamten ↗Mahāyāna. Trotz mehrerer Modifikationen, die dieses Konzept durch die verschiedenen philosophischen Richtungen im Detail erfahren hat, lassen sich 3 Grundzüge festhalten: 1. Philosophisch: Das begriffliche Denken ist nicht in der Lage, die Wirklichkeit exakt u. widerspruchsfrei zu erfassen. Der statische Charakter der begrifflichen Einteilungen scheitert zunächst an dem dynamischen Charakter der Wirklichkeit, wie ihn die Lehre von der Allvergänglichkeit (anitya) betont. Weiterhin gelingt es den begrifflichen Zäsuren nicht, zu einem realen, von anderem exakt geschiedenem Gegenstand vorzudringen, vielmehr erhält jeder Begriff seine Bedeutung von einem logischen Gegenbegriff (die Bedeutung von „groß“ ist z.B. abhängig von „klein“ u. umgekehrt). Die logischen Grundkategorien von Identität u. Differenz sind interdependent; um die Gültigkeit einer von beiden zu beweisen, muß auf die andere zurückgegriffen werden, so daß beide unbewiesen sind. Fälschlicherweise suggeriert somit das begriffliche Denken die Existenz von in sich abgegrenzten, selbständigen Wesenheiten (svabhāva). „Sein“ u. „Nicht-Sein“ sind die ontologischen Varianten von „Identität“ u. „Differenz“ u. folglich ebenso wie alle anderen Begriffe letztlich unzutreffende Kategorien. Diese Inadäquatheit aller Begriffe u. damit aller weltanschaulichen Systeme (sofern sie eine begrifflich zutreffende Wirklichkeitsbeschreibung beanspruchen) wird durch ś. ausgesagt. ś. ist daher ein reiner Gegenbegriff, der selbst keine Wirklichkeit beschreibt (etwas anders jedoch in der ↗Yogācāra-Schule). Vielmehr ist die Wirklichkeit im höchsten Sinn (doppelte ↗Wahrheit) begrifflich nicht faßbar. Auch das Heilsziel darf weder als eine vom Unheil abgegrenzte Wirklichkeit, noch monistisch verstanden werden, weshalb ↗nirvāṇa u. ↗saṃsāra paradox als ununterscheidbar behauptet werden müssen. – 2. Existentiell: Die unterscheidende Begriffsbildung gilt als Produkt von Durst (↗triṣṇa) u. ↗Anhaften, denen somit auch die eternalistische u. die nihilistische Interpretation des nirvāṇa entspringen. nirvāṇa ist vielmehr die Erkenntnis (↗prajñā) von ś. als Befreiung von allen Unheilsfaktoren. Positiv realisiert sie sich in der Verwirklichung nicht-differenzierender ↗Güte, wie sie exemplarisch im ↗Bodhisattva-Ideal verkörpert ist. – 3. Hermeneutisch: Da auch die ↗Lehre des Buddha mit Begriffen arbeitet, darf diese nicht für deskriptiv zutreffend gehalten werden, sondern dient allein der Hinführung zur Erkenntnis u. existentiellen Realisation von ś.

L.: J. May: La philosophie bouddhique de la vacuité, Studia Philosophica 18 (1958), 123–137; F.J. Streng: Emptiness, Nashville 1967; J.W. de Jong: Emptiness, JIP 2 (1972); F.R. Hamm: Die Idee des „Leeren" in der buddh. Lehre und Mystik, 1976 (Saeculum 27, H. 3); C. Lindtner: Nāgārjuniana, Copenhagen 1982; A. L. Herman: An Introduction to Buddhist Thought, Lanham – London 1983; E. Conze: Buddh. Denken, 1988; P. Williams: Mahāyāna-Buddhism, London 1989; H.W. Schumann: Mahāyāna-Buddhismus, 1990; E. Frauwallner: Die Philosophie des Buddhismus, [4]1994. (sl)

Śūnyatāvāda (Skt) ↗Madyamaka

sūtra (Skt; P sutta), wörtlich: Faden Richtschnur, Leitfaden, Regel, aber auch für zusammenhängende Abhandlung oder Darlegung gebraucht. In diesem letzten Sinne heißen die Predigten oder Lehrreden des ↗Buddha oder einzelner seiner Schüler s. (no)

Sūtrālaṃkāra (Skt), „Schmuck der Sūtren"; mahāyānisches Erzählwerk im Stil der ↗Avadāna-Literatur, das ↗Aśvaghoṣa zugeschrieben u. mit der ↗Kumāralāta zugeschriebenen Kalpanālaṃkritikā identisch ist. Einzelne Erzählungen aus der S. belegen die der Buddha-Verehrung zugemessene steigende karmische (↗karma) Bedeutung. (↗Mahāyāna). (sl)

sutranta (Skt; P suttanta) ist gleichbedeutend mit ↗sūtra. (no)

Suttanipāta (P), Schrift aus dem ↗Khuddaka-Nikāya im ↗Suttapiṭaka des Pāli-Kanons (↗Pāli-Kanon), die 5. in der traditionellen Reihenfolge. Der Text besitzt in größeren Teilen hohes Alter: pārāyana, aṭṭhaka-vagga, mahā-vagga. Diese Pāli-Schrift besitzt eine Entsprechung im chin. Kanon in einer Sammlung aus 16 Sūtras. Auch Skt-Fragmente eines Arthavarga bzw.

Arthavargiya wurden entdeckt. Der Wert des S. liegt darin, daß dieser Text eine sehr frühe Phase des Buddh. u. vor allem des mönchischen Lebens (↗vinaya, ↗saṅgha) widerspiegelt. Ins Dt. wurde die Schrift übers. von A. Pfungst (1889), K. ↗Seidenstücker (Zs. für Buddh. 1931) u. K. E. Neumann.

A.: S., ed. D. Andersen, H. Smith, PTS, 1913 (repr. 1990); S. Commentary [Paramatthajotikā II von Buddhaghosa], ed. H. Smith, 3 Bde., PTS, 1916–18 (repr. 1977–89). – Ü.: K.E. Neumann: Die Reden Gotamo Buddho's aus d. Sammlg. d. Bruchstücke, S. des P-Kanons, 1905 (Neudr. Zürich 1957); K. Seidenstücker: S., Zs. f. Buddhismus, 1931; Nyanaponika: S., [2]1977; The Group of Discourses, tr. K.R. Norman with alternative translations by I. B. Horner and Ven. W. Rahula, PTS, 1984; vol. II, tr. K. R. Norman (with notes), PTS, 1992. (no)

Suttapiṭaka (P, Skt Sūtrapiṭaka), „Korb der Lehrreden" (oder „Unterweisungen"), aus 5 Sammlungen (↗nikāya) bestehende Abteilung des ↗Pāli-Kanons, des in der Pāli-Sprache abgefaßten ↗Kanons des ↗Theravāda, bestehend aus: ↗Dīgha-, ↗Majjhima-, ↗Saṃyutta-, ↗Aṅguttara- u. Khuddaka-Nikāya. Ihm entspricht in den Skt-Traditionen (↗Sanskrit-Kanon) ein 4teiliges Sūtrapiṭaka (auch Dharmapiṭaka genannt) aus Dīrgha-, Madhyama-, Saṃyukta- u. Ekottara-Āgama (kontrahiert zu Dīrghāgama usw.), das sich fragmentarisch in Skt u. in chin. u. tib. Übers. der Skt schreibenden Schulen erhalten hat. Die Texte des S. stellen Predigten, Lehrvorträge u. Lehrgespräche des ↗Buddha u. einzelner seiner Schüler in unterschiedlichen lit. Genera (wie Erörterung, Gleichnis, Dialog usw.) dar. Die Rahmenerzählung verortet die Lehrdarlegung in der Geschichte, die sich auf den Buddha bezieht (aber nicht unbedingt seine eigene Geschichte ist); sie notiert dabei interessante u. wichtige biographische Einzelheiten aus der Buddha-Vita oder aus dem Leben einzelner Schüler. Das S. wurde vermutlich bereits im 3. Jh. v. Chr. zusammengestellt, zunächst in 4 Sammlungen, wie sie auch in den Skt-Traditionen vorliegen, denen dann die 5. Sammung, der Khuddaka-Nikāya, angefügt wurde. (no)

A. (alle PTS): Dīgha-Nikāya, 3 Bde., Bd. 1, 2 ed. T. W. Rhys Davids, J. E. Carpenter, 1889–1903 (repr. 1982–83); Bd. 3, ed. E. J. Carpenter, 1910 (repr. 1992); Majjhima-Nikāya, 4 Bde., Bd. 1, ed. V. Trenckner, 1888 (repr. 1993); Bd. 2, 3, ed. R. Chalmers, 1896–1902 (repr. 1993–94); Bd. 4, Indexes by C. A. F. Rhys Davids, 1925 (repr. 1991); Saṁyutta-Nikāya, 6 Bde., Bd. 1–5, ed. L. Feer, 1884–98 (repr. 1975–91); Bd. 6, Indexes by C. A. F. Rhys Davids, 1904 (repr. 1980); Aṅguttara-Nikāya, 6 Bde., Bd. 1, 2, ed. R. Morris, 1885–88 (repr. 1961–76); Bd. 3, 4, 5, ed. E. Hardy, 1897–1900 (repr. 1976–79); Bd. 6, Indexes by M. Hunt and C. A. F. Rhys Davids, 1910 (repr. 1981). – Ü. (dt.): Die Reden Gotamo Buddhos, übers. v. K.E. Neumann, 3 Bde., Zürich – Wien 1956–57; Dīghanikāya, das Buch der langen Texte des buddh. Kanons in Auswahl übers. v. R. O. Franke, 1913; Saṁyuttanikāya, ins Dt. übertr. v. W. Geiger, 2 Bde., 1925–30; Die Lehrreden des Buddha aus d. Angereihten Slg. [Aṅguttaranikāya], übers. v. Nyanatiloka, hg. v. Nyanaponika, 5 Bde., [5]1993. – Ü. (engl., alle PTS): [Dīgha-Nikāya] Dialogues of the Buddha, tr. T. W. and C.A.F. Rhys Davids, 3 Bde., 1899–1921 (repr. 1973–91); [Majjhima-Nikāya] Further Dialogues of the Buddha, tr. R. Chalmers, 2 Bde., 1926–27; Middle Length Sayings, tr. I.B. Horner, 3 Bde., 1954–59 (repr. 1989–93); [Saṁyutta-Nikāya] The Book of the Kindred Sayings, 5 Bde., Bd. 1–2, tr. C.A.F. Rhys Davids, 1917–22 (repr. 1990–93); Bd. 3–5, tr. F. L. Woodward, 1924–30 (repr. 1992–94); [Aṅguttara-Nikāya] The Book of the Gradual Sayings, 5 Bde., Bd. 1, 2, 5, tr. F.L. Woodward, 1932–36 (repr. 1992–94); Bd. 3, 4, tr. E. M. Hare, 1934–35 (repr. 1988–89). – L.: D. K. Barua: An Analytical Study of the Four Nikāyas, Calcutta 1971. (ec)

Sutta-Vibhaṅga (P; Skt Sūtra-Vibhaṅga), wörtlich: „Lehrrede-Analyse“, stellt den 1. Hauptteil des ↗vinaya dar u. zwar als Bhikkhu- bzw. Bhikkhunī-V. getrennt für Mönche u. Nonnen. Im eigentlichen handelt es sich um eine Kasuistik zum ↗prāṭimokṣa in 8 Abteilungen. (no)

Suvarṇaprabhāsa-Sūtra (Skt, „Goldglanz-Sūtra“), vor dem 5. Jh. in ↗Indien entstandener Text, der im ↗Mahāyāna höchstes Ansehen genießt. Es entfaltet in philosophischer Hinsicht die Lehre der ↗śūnyatā, bezeugt eine ähnliche ↗Buddhologie wie das ↗Sdps u. rühmt neben magischen vor allem die devotionalen Aspekte mahāyānischer Praxis.

A.: The S., ed. B. Nanjio and H. Idzuni, Kyoto 1931; Suvarṇaprabhāsottamasūtra, 2 Bde., ed. J. Nobel, Leiden 1944–1950. – Ü.: R.E. Emmerick: The Sutra of the Golden Light, London 1970 (SBB 27; Übers. a. d. Skt); J. Nobel: Suvarṇaprabhāsottama-Sūtra. Das Goldglanz-Sutra, I-tsings chin. Version u. ihre tib. Übers., 1. Bd., I-tsings chin. Version, übers. eingel., erl. u. m. einem photomechan. Nachdr. d. chin. Textes versehen, Leiden 1958. (sl)

Suzuki, Daisetsu Teitaro (1870–1966), jap. Zen-Buddhist der ↗Rinzai-Schule, bedeutendster Vermittler des ↗Zen-Buddhismus für den Westen. S. wurde am 18. 10. 1870 in Kanazawa geboren. Ab 1891 regelmäßige Kontakte zum Engakuji-Kloster in Kamakura. 1893 begleitete S. als Übersetzer dessen Abt Shaku Sōyen auf der Reise zum „Weltparlament der Religionen" in Chicago. 1897 Übersiedlung nach La Salle (Illinois, USA), dort gemeinsam mit P. Carus Übers.- u. Publikationstätigkeit. 1908 erste größere Europa-Reise. 1909 Rückkehr nach ↗Japan. Gemeinsame Lehrtätigkeit mit seinem lebenslangen Freund Kitaro ↗Nishida an der Gakushū-in-Schule in Tokyo. 1911 Heirat mit der Amerikanerin B. E. Lane (1878–1939). Ab 1921 Lehrtätigkeit an der buddh. Ōtani-Universität in Kyōto u. Gründung der Zs. „The ↗Eastern Buddhist". Weitere Reisen nach China, Korea, Europa u. USA. 1950 Übersiedlung nach New York; rege Vorlesungstätigkeit an verschiedenen Universitäten der USA u. ausgedehnte Vortragsreisen, die ihn in Kontakt mit zahlreichen bedeutenden Persönlichkeiten des öffentlichen u. religiösen Lebens bringen. Am 12. 7. 1966 stirbt S. in Tokyo. S. zentrale These war, daß sich Zen als Phänomen jeglicher kategorialen Einordnung, sei sie psychologischer, doktrinärer oder rel.-gesch. Natur, sperre. In gewisser Spannung dazu steht jedoch sein eigenes Werk, in dem er beständig die kulturelle Verflechtung des Zen ventiliert u. andere Ausprägungen des Buddh. (besonders auch die älteren mahāyānischen Grundlagen) zur Illustration des Zen heranzieht.

L.: H. Rzepkowski: Das Menschenbild bei Daisetz Teitaro Suzuki. 1971; Y. Susumu (Hg.): Buddhism and Culture (Fs. f. Suzuki; enthält ein fast vollständiges Verzeichnis seiner jap. u. engl. Schriften), Kyoto 1960. (sl)

Svātantrika, Schule, die sich auf ↗Bhavya (oder Bhāvaviveka, ca. 490–570 n. Chr.) zurückführt, der selber zur späten Nāgārjuna-Schule (↗Mādhyamika) zählt. Die S.-Schule beurteilt im Unterschied zur Mādhyamika-Schule die Weltwirklichkeit weniger skeptisch. Sie unterschied darin Stufen der Wirklichkeit u. unterschiedliche Ebenen der Einsicht in sie, abhängig von der spirituellen Reife u. vom erreichten Grad des ↗samādhi. Die Fähigkeit der menschlichen Vernunft schätzte diese Schule gerade dazu tauglich ein, den Wortsinn oder die Begrifflichkeit zu erfassen, keinesfalls aber zu einer tieferen u. wesentlichen Einsicht in die Wirklichkeit, also etwa im Sinne der Bestätigung der Wahrheit von Begriffen zu gelangen. (no)

Swayaṃbhūnāth-stūpa (nepalesisch-Skt, tib. `phags pa shiṅ kun). Der westl. von Kathmandu auf einem Berg gelegene S.-s. ist neben dem ↗Bodhnath-stūpa das bedeutendste buddh. Heiligtum ↗Nepals. Seine Errichtung geht in eine ungewisse Zeit zurück. Tib.-buddh. Renovierungen sind aus dem 13. Jh. belegt, die gegenwärtige Bauform gleicht seinem Erscheinungsbild im 14. Jh. Architektonisch ist er in der Art eines 3dimensionalen, nach kosmologischen Prinzipien angelegten ↗maṇḍala konzipiert. In seiner Bauart dem Bodhnath-stūpa verwandt, wird seine weiße Halbkugel von einem, auf allen 4 Seiten mit den berühmten „Augen ↗Buddhas" bemalten Kubus, sowie einem aus 13 übereinanderliegenden vergoldeten Ringen bestehenden Turmaufsatz gekrönt.

L.: B. Kölver: Re-Building a Stupa, 1992 (Nepalica 5). (ev)

Syāma-Nikāya, auch Siyam-Nikāya oder „Siamesische Schule" (Syāmopālivaṃśika-Mahānikāya). Konservativer theravādischer Ordenszweig (↗Theravāda) des buddh. ↗saṅgha in Sri Lanka, der durch die Reform von Välivitịyē Saraṇankara im 18. Jh. gegründet wurde. Das Zentrum dieses bedeutendsten Nikāya lag im ehemaligen Königreich Kandy (bis 1815). Der S.-N. teilt sich in zwei Untergliederungen, den Malvatta-Zweig (Malvatu-pārśvaya) – nach dem gleichnamigen Kloster in Kandy genannt – u. den Asgiriya-Zweig (Asgiri-pārśvaya). (no)

Symbolik des Buddhismus. Die ↗Lehre des ↗Buddha wird häufig durch das Symbol des Rades dargestellt (dharmacakra), gelegentlich flankiert durch 2 Gazellen als Verweis auf den Gazellenhain bei ↗Benares als dem Ort der 1. Predigt des Buddha. In früh-buddh. Zeit stellt man den Buddha selbst nicht dar, sondern symbolisierte ihn durch ein Paar Fußabdrücke, den Thronsitz – manchmal aus Lotuspflanzen oder Flammenpfeiler. Auch der ↗Stūpa figuriert als Symbol für den Buddha. Eine besondere S. stellen die mudrās dar, die Handgesten des Gautama-Buddha, der anderen Buddhas u. der ↗Bodhisattvas mit fester Bedeutungszuweisung (siehe Schema der mudrās im Anhang). Die wichtigsten sind die Geste der Furchtlosigkeit, die der Zeugnisanrufung der Erde, die Meditationsgeste, der argumentativen Kraft u. der Drehung des Rades der Lehre.

Die Symbolfarbe des Buddh. ist gelb oder orange, bezogen auf die fahlen, farbverblichenen Gewänder der hauslosen Asketen, in die sich die Mehrzahl der buddh. Mönche u. Nonnen kleiden. Als Symbol für das buddh. Heilsziel, ↗nirvāṇa oder die ↗Erlösung, figuriert die erloschene Flamme, aber auch der ↗Bodhi-Baum (oder das Blatt des Bo-Baumes) für die Erleuchtung.

L.: W. Kirfel: Symbolik des Buddhismus, 1959. (no)

Symbolik des Vajrayāna ↗Attribute, ikonographische

T

Tai-hui Tsung-kao (jap. Daie Sōkō), chin. Vertreter der ↗Ch'an-Schule (↗Lin-chi/Ta-hui); 1089–1163. T. war Schüler von ↗Yüan-wu. Nach der Eroberung von N-China 1126 zog er nach S-China, wo er eine einflußreiche Stellung bei Hofe erlangte. Nach Yüan-wus Tod 1135 versuchte er – völlig unerklärlich – die weitere Verbreitung des sehr beliebten Werks seines Lehrers Yüan-wu, des „Pi-yen-lu", zu verhindern. T. war mit ↗Hung-chih, dem 2. wichtigen Vertrter der Ch'an-Schule seiner Zeit, befreundet, bekämpfte indes dessen Praxis. T. vertrat das kung-an von Lin-chi, H. die Sitzmeditation. Der Streit ähnelte dem zwischen N- u. S-Schule (↗Shen-hui). T. Methode des Hervorlockens des Zweifels u. seiner Lösung, besonders durch das „kung-an vom Nicht" (von Yüan-wu u. ↗Wu-tsu), prägte die kung-an-Praxis bis nach der Sung-Zeit. (so)

T'ai-hsü, chin. buddh. Reformer; 1889–1947. T. gründete Lehranstalten für Mönche, u. a. 1922 in Wu-ch'ang, u. 1929 die nationale buddh. Gesellschaft. Auf seine Veranlassung wurden ab 1928 Studenten ins buddh. Ausland geschickt. Er erreichte 1931 die Rückerstattung konfiszierten Besitzes buddh. Tempel u. Klöster durch die Regierung. (so)

Taishō Issaikyō, moderne, 1924–34 in ↗Japan hergestellte Ausgabe des chin. buddh. ↗Kanons (↗San-tsang). (no)

Taiwan (Formosa), der südchin. Küste vorgelagerte Insel, Rückzugsgebiet der Nationalchinesen unter Führung von Tschiang Kai-shek anläßlich des Zusammenbruchs der Kuomintang-Regierung in ↗China im Jahr 1949 u. der Proklamation der VR China durch die Kommunisten unter Mao Tse-tung. – T. wurde um 600 n. Chr. von Altmalaien besiedelt. Chinesen kamen erst ab dem 14. Jh. auf die Insel. Allerdings hatte die mongolische Yüan-Dynastie (Kubilai Khan, ↗Mongolen) ab dem 13. Jh. T. zu ihrem Einflußgebiet gezählt. Chin. wurde die

Insel ab 1683 für 200 Jahre. In der Folge des Korea-Kriegs tritt China T. 1895 an Japan ab. 1945 gab Japan T. an China zurück. Nach dem Sieg der Kommunisten in China lebte der Buddh. unbehindert nur noch in Hongkong u. T. Das religiöse Erscheinungsbild ist durch die chin. Traditionen geprägt, durch das Nebeneinander u. Ineinander von Buddh., ↗Taoismus u. Konfuzianismus. Die altmalaiischen Bevölkerungsreste üben eine schamanistische. Religion aus. (no)

Tanjur (tib. bstan `gyur), „die Übersetzung der Lehr[schriften]", das sind die von ind. Gelehrten verfaßten Werke, die zum Kanon des ↗Lamaismus zählen; ↗Kanjur. (ev)

T'an-luan, chin. Vertreter von ↗Ching-t'u u. Patriarch dieser Schule; 476–542. Er leistete die 1. Systematisierung der Lehre dieser Schule. T. war zunächst Taoist gewesen u. von ↗Bodhiruci bekehrt worden. T. machte sich ab ca. 530 sehr verdient als Apologet von Ching-t'u u. um die Verbreitung dieser Schule in N-China. Vermutlich schuf er die Anrufungsformel der Amitābha-Verehrung (nienfo, jap. ↗nembutsu) u. förderte die ↗Meditation über die Anrufungsformel. Werke von T. sind „Ching-t'u-lun-chu" (Komm. zum Daśabhūmikaśāstra) u. „Wang-sheng-lun-chu" (ein Komm. zum Wu-liang-shou-ching). (so)

Tantra (Skt, tib. rgyud), „Ursprung", „Entstehung von Wissen", 1. Lehrsystem des ↗Tantrismus, 2. Bezeichnung für die Schriften, in denen diese Lehrsysteme aufgezeichnet wurden. Entsprechend dem Grade ihrer Schwierigkeit zumeist in 4 ↗Tantra-Klassen eingeteilt, bilden die T. das esoterische Schrifttum des ↗Tantrismus u. des ↗Vajrayāna, dessen schriftliche Fixierung mit dem ↗Guhyasamāja-Tantra in das 7. Jh. n. Chr. zurückreicht. Die in ↗Guru-Überlieferungsreihen tradierten T. enthalten komplizierte philosophische Lehrsysteme, die in geheimen, d. h. dem Uneingeweihten unverständlichen, Einweihungsritualen dem Gläubigen in Form von ↗sādhanas durch ↗Initiation übertragen werden. Aufgrund ihrer tiefgründigen Lehren u. der in ihnen dargelegten „machtvollen" Meditationsmethode sollen sie eine sehr schnelle Erlangung der höchsten Erkenntnis ermöglichen. – Von ↗Hīnayāna und ↗Mahāyāna nicht als authentisch buddh. Schrifttum angesehen, werden die T. von den Vajrayāna-Anhängern entweder dem ↗Buddha Śākyamuni zugeschrieben oder als Offenbarungen von ↗Buddhas oder ↗Bodhisattvas, vorzugsweise des ↗Ādibuddha, angesehen, die von bedeutenden buddh. Gelehrten quasi in Offenbarung zuteil wurden u. deren spirituelle Überlieferung in ↗Guru-Überlieferungsreihen in ununterbrochener Sukzession weitergegeben wurden. Die ursprünglich in Skt verfaßten buddh. T. sind großenteils nur noch in tib. Übers. im ↗Tanjur erhalten. Der ↗Lamaismus unterscheidet zwischen „Alten" u. „Neuen" T. entsprechend ihrer Übers. z. Z. der ↗Frühen od. ↗Späten Bekehrung Tibets. Erstere wurden entweder übersetzungstechnisch überarbeitet oder werden z. T. aufgrund ihrer dubiosen Authentizität nicht von allen tib. Schulrichtungen anerkannt.

L.: ↗Tantrismus, ↗Vajrayāna. (ev)

Tantra-Klassen (tib. rgyud sde). Die ↗Tantras des ↗Vajrayāna u. ↗Lamaismus werden gewöhnlich in 4 T.-K. unterteilt: ↗Kriyā-T., ↗Caryā-T., ↗Yoga-T. u. ↗Anuttarayoga-T. Die ersten 3 Klassen enthalten die „Äußeren Tantras" (tib. phyi rgyud) u. die letzte umfaßt die einzig spirituellen Zielen dienenden „Inneren Tantras" (tib. naṅ rgyud). (ev)

Tantrayāna (Skt, tib. rgyud kyi theg pa), „Tantra-Fahrzeug", Bezeichnung des ↗Vajrayāna, die sich vom Bezug auf die ↗Tantras ableitet. Diese werden vom ↗Hīnayāna u. Mahāyāna nicht als authentisches buddh. Schrifttum anerkannt. (ev)

Tantrismus. I. Der T., nach seinen als ↗Tantra bezeichneten Lehrsystemen benannt, ist eine esoterische, nur dem Eingeweihten verständliche ganzheitliche Erkenntnislehre, die von der Untrennbarkeit des Relativen u. Absoluten ausgeht. Sein Ziel ist die Transzendierung der realen Welt in die höchste Wirklichkeit u. die mystische Verschmelzung mit dem Absoluten. Auf eine ältere, evtl. gemeinsame, mündlich tradierte Wurzel zurückgehend, erscheint der T. etwa vom 7. Jh. an gleichzeitig in den Schriften buddh., hinduistischer u. jinistischer Strömungen Indiens u. führt zur Entwicklung des buddh. ↗Vajrayāna u. hinduistischen ↗Shaktismus. Er lehrt eine „energetische“ Betrachtungsweise der Welt, die Verwobenheit grob- u. feinstofflicher Ebenen u. geht prinzipiell von einer umfassenden ↗makro-mikrokosmischen Analogie des Universums aus. Tantrische Rituale bedienen sich daher äußerer Handlungen als Spiegel innerpsychischer Prozesse. Wesentliche Elemente des T. sind 1. die Verbildlichung geistiger Prinzipien mittels sexueller Symbolik, 2. auf der Grundlage eines Systems feinstofflicher Energiezentren (Skt cakra) u. -kanäle (Skt nāḍī) im Körper meditative u. yogische Praktiken wie die Visualisation bipolarer ↗Gottheiten bis hin zur sexuellen Vereinigung mit einem gegengeschlechtlichen Partner als spirituell machtvolle Mittel zur Erfahrung höherer Bewußtheit, 3. die Verwendung geometrischer Diagramme wie ↗maṇḍala oder yantra als kosmo-psychische Gebilde, 4. die ↗Initiation als Wegbereitung zur Erfahrung höherer Bewußtseinsstufen, 5. die Benutzung mystischer Silben (↗mantra) u. Handhaltungen (↗mudrā) als Mittel zur Transformation des Praktizierenden in andere Bewußtseinszustände oder in ↗Gottheiten, 6. dic Markicrung von Körperstellen mit ↗mantras u. Symbolen, um sie so in göttliche Orte zu verwandeln u. 7. die Adoption volkstümlicher magischer Vorstellungen. Der tantrische Weg gilt als radikal u. gefährlich; die Führung durch einen ↗Guru wird stets mit Nachdruck als unabdingbar herausgestellt.

L.: A. Avalon: Die Schlangenkraft, [3]1978; ders.: Shakti u. Shakta, 1962; S. Dasgupta: Obscure Religious Cults, Calcutta [2]1962; A. Bharati: The Tantr. Tradition, London 1965; D.-I. Lauf: Das Bild als Symbol im T., 1973; H.V. Guenther: Tantra, 1974; S. Gupta, D.J. Hoens, T. Goudriaan: Hindu Tantrism, 1979 (Hdb. d. Orientalistik, IV, 2); T. Goudriaan, S. Gupta: Hindu Tantr. a. Śakta Literature, 1981 (A Hist. of Ind. Lit., II, 2); weitere Lit. ↗Vajrayāna, ↗Lamaismus. (ev)

II. Seit dem Ende des 6. Jh. wurde der T. auch in ↗China einflußreich (↗Chen-yen, ↗Mi-tsung), vor allem durch den taoistischen T'ang-Kaiser Hsüan-tsung (712–756) gefördert. Vor allem die tantrische ↗Meditation über Keimsilben (chung-tzu, Skt bījā) u. der Gebrauch von Kosmogrammen (man-t'o-lo, ↗maṇḍala) waren in China verbreitet. Analog dem ind. u. tib. T. wurde der 3fache Weg zur ↗Erlösung gelehrt: durch Erleuchtung (bodhi, wu), durch Erbarmen (pei, karuṇā) u. durch den spezifisch tantrischen Weg über das „Mittel" (fang-pien, upāya). Die innerlich realisierte Erlösung zeigt sich äußerlich sichtbar in der Wunderkraft. (so)

T'an-yao, chin. Buddhist des 5. Jh. – T. kam um 439 nach Ta-t'ung, Hauptstadt von N-Wei. Ab 454 ist er für 20 Jahre der anerkannte Vertreter des Buddh. dort. Er verbreitet die Lehre des ↗Buddha durch die Einrichtung sog. Saṅgha- u. Buddha-Haushalte. Gemeint ist damit: buddh. Tempel u. Klöster erhielten die Abgaben aus an Familien verteiltem brachliegendem Land, wodurch die Landwirtschaft gefördert u. vermutlich der Bau von ↗Yün-kang finanziert wurde (Saṅgha-Haushalt). Überdies bearbeiteten Sträflinge u. Sklaven die Klosterländereien, zumal den Mönchen körperliche Arbeit verboten war (Buddha-Haushalt). Diese Einrichtungen, die T. seit 470 propagierte, wurden wegen Mißbräuchen – vor allem wegen der Umgehung von Arbeits- u. Militärdienst durch den Eintritt ins Kloster – schon in der Mitte des 6. Jh. aufgegeben. (so)

Tao-an, chin. Buddhist; 312–385. T., Schüler von ↗Hui-yüan, ist der wichtigste Vertreter des frühen chin. Buddh. Mit 12 Jahren ins Kloster eingetreten, studierte er bei den berühmten Meistern seiner Zeit, u. a. bei ↗Fo-t'u-teng, ↗prajñā u. ↗dhyāna, aber auch profane Lit. u. Wissenschaften. Er verfaßte Komm. zu dhyāna-Texten u. zu prajñā-Sutren u. übersetzte den ↗vinaya der ↗Sarvāstivadins („Pi-nai-yeh-lü"). T. versuchte, die Schaffung spezifischer buddh. Termini im Rückgriff auf taoistische Begriffe zu überwinden. Er war es auch, der ↗Kumārajīva nach China einlud. T. förderte den Kult des ↗Maitreya. Zusammen mit 8 Schülern gelobte er vor einer Maitreya-Statue die Wiedergeburt im ↗Tuṣita-Himmel. (so)

Tao-ch'o, chin. Vertreter der buddh. Schule ↗Ching-t'u; 562–645. Patriarch dieser Schule. Sein Lehrer war ↗T'an-luan, sein wichtigster Schüler ist ↗Shan-tao. Charakteristisch für seine Position ist sein pessimistisches Geschichtsbild und, daraus abgeleitet, seine Klassifizierung der chin. buddh. Schulen. Nur seine eigene Schule Ching-t'u hält er seiner Zeit für angemessen. (so)

Tao Chün (wörtlich: „Steiler Pfad", bürgerlich: Martin Steinke), geb. 23. 1. 1882 in Potsdam, gest. 29. 8. 1966 in Igersheim; dt. buddh. Mönch (Ordination 1. 11. 1933 im Kloster Tsi-hia-shan bei Nanking/China). T.Ch. hatte 1922 in Berlin eine „Gemeinde um Buddha e.V." gegründet, sich dann dem ↗Mahāyāna zugewandt u. sich dem buddh. Mönch u. Abenteurer Chao Kung (Ignaz Trebitsch-Lincoln, 1879–1943) angeschlossen. Nach seiner Rückkehr aus ↗China arbeitete T.Ch. daran, eine einheimische Gestalt des europ. Buddh. zu entwickeln. 1936 Gründung der „Buddh. Gemeinde e.V." in Potsdam. 1941 mehrfach von der Gestapo verhaftet, nahm er ab 1945 aus dem süddt. Raum seine Tätigkeit als buddh. Lehrer u. Autor wieder auf.

W.: Buddha u. China, 1940; Das Lebensgesetz, 1962; Leben – so bunt, so bunt, Wien 1982; Die Lehre von der Befreiung, der Weg des Buddha Gotama (Zs.), 1936–37. – L.: H. Steinke-Boll: Martin Steinke Tao Chün, 1882–1966; H. Hecker: Chonik des Buddh. in Deutschland, [3]1985, 52–55; ders.: Lebensbilder dt. Buddhisten, I, 1990, 144–155. (no)

Tao-hsin, chin. Vertreter des ↗Ch'an u. 4. ↗Patriarch dieser Schule; 580–651. Vermutlich um 592 (?) wurde T. Schüler von ↗Seng-ts'an u. vermutlich 602 (?) dessen Nachfolger. Er studierte das ↗Prajñāpāramitāsūtra u. die Lehren der Schulen ↗San-lun, ↗T'ien-t'ai u. ↗Ching-t'u u. lebte 10 Jahre auf dem Berg Lu-shan, dann auf dem Tung-shan. 624 (?) wurde ↗Hung-jen sein Schüler. Ihre gemeinsame Lehre nannte man Tung-shan-Schule, die 1. Ch'an-Gemeinschaft überhaupt mit an die 500 Mitgliedern. Damit wandelte sich die Ch'an-Schule aus einer Gruppe wandernder Bettelmönche in feste Klostergemeinschaften, die sich selbst durch Handarbeit erhielten. Man praktizierte die Sitzmeditation, lehnte das Sutrenstudium ab und gebrauchte noch nicht die kung-an-Methode. Unter den Werken von T. ist seine Klosterordnung („P'u-sa chieh-fa") verlorengegangen; von T. stammen ↗Pai-chang u. Tao-hsin wu-men; im letzteren Text handelt T. über die plötzliche u. die allmähliche Erleuchtung. Er gilt als der 1. erhaltene Ch'an-Text. (so)

Tao-hsüan, chin. Buddh., Gründer der Lü-Schule; 596–667. Er gilt als der berühmteste Historiker des Buddh. der T'ang-Zeit. In seiner Schrift „Kuang-hung-ming-chi" stellt T. den Buddh. über den ↗Konfuzianismus u. ↗Taoismus. Er argumentiert, Konfuzius u. Lao-tzu seien nur Menschen gewesen u. mit dem ↗Buddha nicht vergleichbar. In „Hsü Kao-seng-chuan" (664; ↗Hui-chao) stellt er die Geschichte des Buddh. bis 645 dar, in „Fo-tao lun-heng" die Kontroverse zwischen Buddh. u. Taoismus. T. setzte sich energisch für die Unabhängigkeit des ↗saṅgha ein. Anlaß bot die harte Sonderrechtsprechung für den buddh. u. taoistischen Klerus. (so)

Taoismus und Buddhismus. Im Verhältnis von T. u. Buddh. gibt es folgende Phasen: Anleihen des Buddh. beim Vokabular u. den Vorstellungen taoistischer Philosophie; Konkurrenz zwischen beiden Systemen; volksreligiöser Synkretismus. Während der gesamten Entwicklung übernimmt der T. inhaltliche u. institutionelle Momente vom Buddh. Der Buddh. wurde anfangs für den im Ausland weiterentwickelten T. gehalten, denn Lao-tzu hatte aus Enttäuschung über den Mißerfolg seiner Lehre China nach W verlassen. Die These von der „Verwandlung in Westbarbarisches" (hua-hu) der Lehre des Lao-tzu ist erstmals im Jahr 166 erwähnt. Das „Hua-hu-ching", ein Werk von Wang Fou um 300, wurde von den Taoisten als buddh. ausgegeben u. heftig angegriffen. Bis zu seinem endgültigen Verbot 1281 durch den buddh. Gründer der Yüan-Dynastie Kublai Khan war es oft Anlaß zum Streit zwischen Taoisten u. Buddhisten. Das Ziel des T., Überwindung des alltäglichen Seins, Langlebigkeit bzw. Unsterblichkeit, u. sein Ideal, der das universelle Leben verkörpernde Unsterbliche (hsien-jen), wurden mit der Wesensgestalt des Buddh. identifiziert. Das Paradies des T. waren seit dem 2. Jh. v. Chr. die K'un-lun-Berge, das ist der Himalaya, wo Hsi-wang-mu, die „königliche Mutter des Westens" herrsche. Seit dem 3. Jh. n.Chr. gewinnt die Legende ausgesprochen buddh. Züge. Die ↗heiligen Berge (wuyüeh) des T. wurden im 5. Jh. vom Buddh. übernommen. Am folgenschwersten war jedoch die Verwendung taoistischer Begriffe in der Übers. der buddh. Sutren (ko-i) bis ans Ende des 4. Jh.: ↗nirvāṇa entsprach wu-wei (Nichthandeln. Handeln ohne ichbezogene Absicht), dem Kernbegriff des „Tao-te-ching". Die Übernahme des Buddh. durch Oberschicht u. Volk löste einen Konkurrenzkampf zwischen T. u. B. aus. Die 1. Buddhistenverfolgung, die die Taoisten anzettelten, geschah 446 unter Kaiser T'ai-wu der N-Wei-Dynastie (424–452). Damals wurde der T. Staatsreligion. Umgekehrt verbot der buddh. Kaiser Wu der Liang-Dynastie 517 den T. Viele Kaiser der T'ang-Zeit, eine Blütezeit des Buddh. in China, förderten den T., da sie Lao-tzu wegen des gemeinsamen Familiennamens Li für ihren Vorfahren hielten. In der von Kaiser Kao-tsu (618–627) festgelegten Hierarchie der Weltanschauungen figurierte der T. als 1. u. der Buddh. als letzte. Unter dem Sung-Kaiser Chen-tsung (998–1022) wurde der T. wiederum Staatsreligion. Kaiser Hui-tsung (1101–1125) machte sich selbst zur höchsten Gottheit im taoistischen Pantheon, ähnlich buddh. Herrschern, die sich als Tathāgata- oder Bodhisattva-Kaiser (↗Huang-ti p'u-sa) verstanden. Taoistische Übernahmen aus dem Buddh. sind zahlreich. Das taoistische Klosterwesen mit Regeln nach dem ↗vinaya entstand im 5. Jh. Ursprünglich lebten die nachmaligen taoistischen Mönche in ihren Familien oder als Einsiedler. Der Eintritt ins Kloster wird wie im Buddh. ch'u-chia („die Familie verlassen") genannt. Der T. übernahm auch die ↗karma-Lehre u. Vorstellungen vom Leben nach dem Tod u. von der ↗Hölle. Der taoistische Kanon („Tao-tsang") ist dem buddh. (↗San-tsang) nachgebildet. Schon Ende des 4. Jh. wurden Sutren im T. nachgeahmt, u. die 1. Sammlung „San-tung" („drei Höhlen") Mitte des 5. Jh. war wie das Tripiṭaka eingeteilt. Die endgültige Version entstand 1111–1118 u. wurde 1923–1926 wie der buddh. ↗Kanon von der Regierung gedruckt. Auch das Pantheon ist buddh. beeinflußt. Seit etwa 200 v. Chr. wurde Lao-tzu als Gottheit verehrt (↗Huang-lao), 350 Jahre später schildert die Legende seine aufeinanderfolgenden Erdenleben (↗jātakas) u. seine Geburt wie die des ↗Buddha. Mitte des 12. Jh. stellt ein Werk Buddha ↗Gautama als Inkarnation von Lao-tzu dar; der Streit darüber zwischen T. u. Buddh. dauerte 30 Jahre u. führte zum Verbot dieser Schrift u. zur Zerstörung des taoistischen Kanons. Die Spitze des taoistischen Pantheons bilden die „Drei Reinen" (san-ch'ing), eine offensichtliche Parallele zu den Buddhas der 3 Zeitalter.

L.: E. Chavannes: Inscription et pièces de chancelleries chinoises de l'époque mongole, TP 5 (1904), 366–404; W. Liebenthal: Chinese Buddhism during the 4th and 5th centuries, Monumenta Nipponica (1955), 44–84; J. Thiel: Der Streit der Buddhisten und Taoisten zur Mongolenzeit, Monumenta Serica 20 (1961), 1–81; P. Demiéville: La pénétration du bouddhisme dans la tradition philosophique chinoise, Cahiers d'histoire mondiale 1 (1956), 19–38; E. Zürcher: Buddhist Influence on Early Taoism, TP 66 (1980), 84–146; D. Chappell (Hg.): Buddhist and Taoist Studies, I. Honolulu 1977; ders.: Buddhist and Taoist Practice in Medieval Chinese Society, Honolulu 1987. (so)

Tao-sheng, chin. Buddhist; um 360–434. T. war zunächst Schüler von Fa-t'ai (gest. 378) u. ab 397 auf dem Lu-shan Schüler von ↗Hui-yüan u. Sanghadeva, bei dem er den ↗Abhidharma des ↗Sarvāstivāda studierte. 405/6–408 wurde er mit ↗Seng-chao u. Hui-kuan Schüler von ↗Kumārajīva. Er war vermutlich an der Übers. der Werke des ↗Vimalakīrti u. des ↗Saddharmapuṇḍarīkasūtra beteiligt. Von 429 lebte er auf dem Lu-shan, nachdem er nach 20jährigem Aufenthalt aus der südl. Hauptstadt Chien-k'ang verbannt worden war. T. vertrat als 1. die Lehre von der plötzlichen Erleuchtung. Er regte die ↗Nieh-p'an-Schule an. (so)

Tao-yüan, chin. Buddhist u. Vertreter des ↗Ch'an (↗Fa-yen) im 10. Jh., ein Schüler von T'ien-t'ai Te-shao. Er verfaßte das wichtigste Geschichtswerk der Ch'an-Schule „Ching-te ch'uan-teng-lu" („Aufzeichnung der Ching-te-Ära u. die Weitergabe der Leuchte", 1011). Seine Position gilt als orthodox im Gegensatz zum Werk seines Mitschülers ↗Yung-ming. (so)

Tārā (Skt, tib. sgrol ma), „Retterin", die Verkörperung der Liebe, die aus einer Träne ↗Avalokiteśvaras entstandene bedeutendste weibliche Gottheit im Buddh. Im Range einem ↗Bodhisattva gleich, wird sie von den Tibetern ↗Dölma genannt. Neben den populären 21 Formen der T. werden im lamaistischen Kulturraum besonders die Grüne u. Weiße T. verehrt, als deren Emanationen die beiden Gemahlinnen des tib. Königs ↗Songtsen Gampo gelten. (ev)

tariki (jap.), „andere Kraft" (Gegenteil zu ↗jiriki). T. bezeichnet in der ↗Jōdo-Shinshū das Hon-gan (Ur-Gelübde ↗Amidas) als Ausdruck der den Wesen vorgegebenen Erlösungsmöglichkeit. Im Vertrauen auf t. ereignet sich Befreiung von Ich-Verhaftung u. der Durchbruch zur nicht-dualistischen ↗Weisheit. (sl)

Tarthang Tulku (tib. dar thaṅ sprul sku), geb. etwa 1946, ist der bedeutendste zeitgenössische tib. ↗Nyingmapa-Lama in Amerika. Schon in jungen Jahren als ↗Tulku seines gleichnamigen Klosters inthronisiert, siedelte er in den 60er Jahren nach Amerika über, wo er den Odiyan Meditation Center u. zahlreiche andere buddh. Zentren gründete. Seine umfangreichen Publikationen, besonders auch die Faksimile-Ausgabe des ↗Kanjur u. Tanjur von Derge, verschafften ihm weltweite Anerkennung.

W. (Hg.): The Nyingma Edition of the sDe dge bKa' `gyur and bsTan `gyur, 120 Bde., Emeryville/Cal. 1981; Der verborgene Geist der Freiheit, 1985; Raum, Zeit u. Erkenntnis, 1986; Die Innere Kunst der Arbeit, 1987; Selbstheilung durch Entspannung, 1988. (ev)

Tashilhünpo (tib. bkra śis lhun po), in der westtib. Stadt ↗Shigatse gelegenes, 1447 von ↗Tsongkhapas Neffen Gendün Drub (1391–1475) gegründetes Kloster. Es bildet den Hauptsitz des ↗Panchen Lama u. ist mit ehemals 3700 Mönchen eine der großen Klosteruniversitäten der ↗Gelugpa. Herausragend sind hier der 48säulige ↗Dukhang, die mit Golddächern versehenen Gebäude, die die Reliquien-Stūpas der ↗Panchen Lamas beherbergen, sowie die 26,20 m hohe Statue des ↗Maitreya. (ev)

Tat ↗karma

tathāgata (Skt/P), der „So-Gegangene" (tathā gata, nach anderer Herleitung der „So-Gekommene" von tathā āgata); Würdetitel des ↗Buddha, der die Beispielhaftigkeit des Lebens des Buddha u. die Übereinstimmung von Lehre u. Praxis aussagt. (Franke: „Pfadvollender"). Die „5 t." ↗Dhyāni-Buddha. (no)

Tathāgataguhyaka (Skt). Der T. („Das Geheimnis der Tathāgatas") gehört zu den bedeutendsten Texten unter den frühen ind. ↗Tantras, der schon im 7. Jh. hohe Autorität genoß. Er ist in Skt sowie in chin. u. tib. Übers. vorhanden. Seine ältesten Teile gehen evtl. bis ins 5. Jh. zurück. (sl)

tathatā (Skt), „Sosein" oder „Soheit"; ein vor allem in der ↗Yogācāra-Schule beliebter Terminus, der ähnlich wie ↗śūnyatā auf den begrifflich nicht faßbaren Charakter der wahren Wirklichkeit, wie sie vom Erleuchteten erkannt wird, verweist, doch als śūnyatā die Positivität dieser Erfahrung anzeigt. (sl)

Taxila, im heutigen Pakistan gelegen, war in alter Zeit ein Zentrum buddh. Kultur, ab 30 n. Chr. unter Gondophyres Hauptstadt des sakisch-parthischen Reiches. Berühmt war T. durch seine Universität wie durch seine Kunstschätze, z. B. die Stuckplastiken. T. wurde im 6. Jh. durch den Hūṇa-König Mihirakula zerstört. (no)

Technik. Die technische Revolution der Gegenwart hat weltweit zu einem Bruch traditioneller religiöser Strukturen geführt, der in einigen buddh. Ländern zeitlich u. wirtschaftlich mit der Kolonialisierung zusammenfällt. Durch die technisierte Umwelt haben sich sowohl rel.-soz. Strukturen wie die individuelle Disposition z. B. bei der Meditation stark verändert. Neben den weltweit spürbaren Wirkungen der ↗Säkularisierung treten einerseits synkretistische, andererseits fundamentalistische Reaktionen auf, welche beide die technischen Möglichkeiten auf ihre Weise für religiöse Zwecke instrumentalisieren. (bo)

Teezeremonie (jap., Chanoyu). Im Rahmen der ↗Zen-Künste nimmt die T., das meditativ ritualisierte gemeinsame Trinken von Tee, einen besonderen Rang ein. Die gezielte Praxis der T. gilt als ↗zen-buddh. Übungsweg (cha-dō), bei dem die Qualitäten: Harmonie (wa), Achtung (kei), Reinheit (sei) u. Stille (jaku) zu entfalten sind.

L.: T. Hayashiya, et al.: Japanese Arts and the Tea Ceremony, New York – Tokyo 1974. (sl)

Tempel (von lat. templum, abgegrenzter heiliger Bezirk), umgrenzter Sakralplatz oder Sakralbau, der kultischen

Zwecken dient: der Verehrung/Anbetung einer oder mehrerer Gottheiten, Opferhandlungen u./oder anderen kultischen Zwecken. Der T. kann als Versammlungsort der Kultgemeinde zugänglich oder als verschlossenes Heiligtum den Laien unzugänglich u. nur für das Kultpersonal betretbar sein. Häufig ist der innerste T.bereich dem allgemeinen Zutritt verschlossen. T., in denen geopfert wird, besitzen Altäre. Das verehrte Numen ist häufig durch Bild oder Symbol repräsentiert. Zahlreiche T. gelten als Zentren der Welt. – Im Buddh. dient der T. (↗vihāra, ↗stūpa, ↗caitya, Dagoba, ↗Pagode) nicht der Anbetung von Göttern u. deren kultischer Pflege, sondern erstlinig dem erinnernden Gedenken an den ↗Buddha u. seiner Verehrung, im Mahāyāna der Verehrung der ↗Buddhas u. ↗Bodhisattvas u. anderer helfender u. rettender Wesenheiten. Der vihāra ist ursprünglich die Versammlungshalle (saṅghārāna) der Mönche, um die herum die Zellen der Mönche gruppiert sind. Dort versammeln sie sich zur Rezitation der Sūtren (↗sūtra), für die ↗prātimokṣa-Feier u. zu anderen gemeinschaftlichen Anlässen. Aus dem vihāra entwickelte sich die Schreinhalle als T. in den Klöstern. Der stūpa dient dem buddh. Reliquienkult u. wird seinerseits Ausgangsort für die Entstehung einer weiteren Form buddh. Heiligtums. Das 1. sakrale Bauwerk des Buddh. ist der stūpa, aus dem heraus sich unter Einbeziehung regionaler Bautraditionen eigene Formen entwickelten: ↗Tschörten in ↗Tibet, birmanisch Tsedi, Prang in Kambodscha, Höhlentempel in W-, NW- u. Zentralindien. Letztere besitzen regelmäßig in der caitya-Halle einen aus dem Stein herausgehauenen stūpa, der keine Reliquien, sondern kanonische Texte (↗Kanon) birgt. Im Zentrum des chin. Tempels liegt die Goldene Halle mit der Buddha-Statue. In ↗Japan gruppiert sich die T.-Anlage aus einzelnen Gebäuden. Wie der stūpa ist der buddh. Tempel von einer Schranke (vedikā) umgeben, durch die 4 Tore (toraṇa) führen. Bedeutende buddh. T. sind der Mahā Bodhi stūpa in ↗Bodh Gayā, ein 55 m hohes Ziegelgebäude aus dem 1.–3. Jh., der Dhamek-stūpa in ↗Sārnāth bei ↗Benares aus dem 6. Jh., die Wildgans-Pagode in X'ian (Shaanxi) in ↗China, der Bayon (Tempelberg) von Angor Thom in ↗Kambodscha aus dem 12./13. Jh. u. besonders der ↗Borobudur auf Java aus dem 9. Jh. (no)

Tendai-shū (jap., auch T.-Hokke-Schule). Um 805 wurde die chin. ↗T'ien-t'ai-Schule durch ↗Saichō (767–822) aus ↗China nach ↗Japan gebracht. Während der Heian-Zeit (794–1190) wird sie zur herrschenden buddh. Schule in Japan. Sie fußt auf dem ↗Lotus-Sūtra. Zentrum der Schule ist der Enayukuji auf dem Berg Hiei. Saichō wandte sich energisch gegen staatliche Einflußnahme auf den ↗saṅgha (z. B. durch seine Polemik von 820 gegen die „Verordnungen für Mönche u. Nonnen" aus der Nara-Zeit). Nach Saichōs Tod drangen stärker tantrische Lehren (↗Tantra, ↗Tantrismus) aus der ↗Shingon-shū in die T. ein. Die Schule zeigt eine ausgeprägte Betonung des Rituellen u. Zeremoniellen. Wie Shingon beinhaltet die T. eine esoterische Praxis (mikkyō) mit magischer Ritualistik neben einem metaphysischen Lehrsystem, der exoterischen T.-Doktrin (kenkyō). Ziel der Praxis ist die Erfahrung der Identität des menschlichen Geistes mit dem Universum. Durch die rigoros asketische Übung, „das Gehen um die Bergspitze" mit Fasten, weitgehendem Schlafentzug u. einem Feuerritual können alle weltlichen Befleckungen vernichtet u. der heilsnotwendige Grad spiritueller u. materieller Reinheit hergestellt werden. In der späten Heian-Zeit nahm die T. gegenüber anderen Schulen u. sogar Unterschulen eine ausgesprochen militant-aggressive Haltung ein. Andererseits ist es auffällig, daß fast alle Reformbestrebungen des jap. Buddh. aus der T. hervorgegangen sind. Die Schule wirkte auch stark auf eine Buddhaisierung des ↗Shintō ein, in der sämtliche kami (Gottheiten oder Geistwesen) als ↗Buddhas, ↗Bodhisattvas, Heilige u. dämonische Schützergestalten im Buddh. Aufnahme fanden. Nach dem 2. Weltkrieg engagiert sich der T. für eine seit längerem immer wieder geforderte organisatorische Vereinheitlichung des jap. Buddh.

L.: M. Kiyota: The Structure and Meaning of Tendai Thought. Transactions of the Intern. Conference of Orientalists in Japan, 5 (1960), 69–83; B. Petzold: Tendai Buddhism, Yokohama 1979; ders.: Die Quintessenz des T., hg. v. H. Hammitzsch, 1982; P. Groner: Saicho and the Establishment of the Japanese Tendai School, Berkeley 1984. (no)

Tendzin Gyatsho (tib. bstan `dzin rgya mtsho), tib. Name des gegenwärtigen 14. ↗Dalai Lama von ↗Tibet. Am 6. Juni 1935 im nordosttib. Tagtsher (tib. stag `tsher) geboren, wurde er nach den üblichen Prüfungen als D. L. erkannt, als 5jähriger inthronisiert u. am 17. November 1950 offiziell als D. L. installiert. 1959 floh er nach dem Einmarsch chin. Truppen nach Indien, wo er z. Z. in Dharamsala, Himachal Pradesh, als Oberhaupt der tib. Exilregierung residiert. Aufgrund seiner Bemühungen um interreligiösen Dialog, seiner Aufrufe zu Frieden, Völkerverständigung u. Toleranz wurden ihm zahlreiche Ehrungen zuteil. 1989 wurde er aufgrund seiner Befürwortung der Prinzipien von Gewaltlosigkeit u. universeller Verantwortlichkeit allen menschlichen Handelns sowie aufgrund seiner weitsichtigen Vorschläge zur Lösung internationaler Konflikte zum Träger des Friedensnobelpreises ernannt. Auch von den Buddhisten anderer Fahrzeuge wird er zunehmend „als eine authentische Stimme des Buddh. in der Welt“ (v. Brück) anerkannt.

W.: Mein Leben u. mein Volk, 1962; Buddhism of Tibet and the Key to the Middle Way, London 1975; Four Essential Buddh. Commentaries, Dharamsala 1982; Kindness, Clarity and Insight, Ithaca 1984; The Kalacakra Tantra, 1985; Essence of Refined Gold, 1985; Logik der Liebe, 1986; The Collected Statements, Dharamsala 1986; Ausgewählte Texte, 1987; Das Auge der neuen Achtsamkeit, 1987; Das Buch der Freiheit. Die Autobiographie des Nobelpreisträgers (1990). – L.: G. Schulemann: Geschichte der Dalai-Lamas, 1958; A. Borromee: Der Dalai Lama, o. J.; R. Hicks and N. Chogyam: Der Dalai Lama, 1985; C.B. Levinson: The Dalai Lama, London 1986; M.H. Goodman: The Last Dalai-Lama, London 1986; M. v. Brück: Denn wir sind Menschen voller Hoffnung, ^{2}1988. (ev)

Terma (tib. gter ma), „Schatzfund“. 1. Bezeichnung für Statuen, für Ritualinstrumente wie ↗vajra u. Ritualdolch oder für andere religiöse Objekte, die von den ↗Tertön, „Schatzfindern“, geborgen werden; 2. tib. Textgattung apokryphen Schrifttums, das von früheren Heiligen, vor allem von Padmasambhava, verborgen worden sein soll, damit die in ihnen enthaltenen Lehren, sobald die Zeit zu ihrem Verständnis herangereift ist, aufgefunden werden können. Die T.-Tradition begann zur Zeit der ↗Späten Bekehrung Tibets; bedeutende Schriften ihrer Gattung bilden das ↗Mani Kabum, die Biographie Padmasambhavas (tib. Pema Kathang) oder das ↗Bardo Thödol. „Gefunden“ werden die T. in Form von a) in Höhlen usw. verborgener Schriften, b) nur schwer lesbaren Keimsilben (↗bīja) auf Baumrindestücken, die im ↗Tertön spontane Eingebungen hervorrufen, c) Visionen am Himmel oder d) Eingebungen während meditativer Versenkung. Die berühmteste u. umfangreichste Sammlung von T.-Texten bildet das Rinchen Terdzö (tib. rin chen gter mdzod). Entsprechend der T.-Tradition gilt als ikonographische Darstellung des ↗dharmakāya der Buddha ↗Amitābha, des ↗sambhogakāya ↗Avalokiteśvara u. des ↗nirmāṇakāya ↗Padmasambhava. Die meisten T.-Schriften werden von den ↗Gelugpa nicht als authentisch buddh. Schrifttum anerkannt.

L.: E. K. Dargyay: Rise of Esoteric Buddh. in Tibet, Delhi 1977; P. Schwieger: Tib. Handschr. u. Blockdrucke 10 (… Rin-chen gter-mdzod …), 1990 VOHD XI, 10). (ev)

Tertön (tib. gter ston), „Schatzfinder", „Entdecker von ↗Terma-Schriften", das Heilige oder gelegentlich auch tiefgläubige, z. T. illiterate Laien, die – zumeist der ↗Nyingmapa- oder ↗Kagyüpa-Schule zugehörig – oft aufgrund von Visionen, Träumen usw. Terma-Objekte geborgen haben oder in spontanen Eingebungen Terma-Lehren artikulieren. (ev)

Te-shan Hsüan-chien (jap. Tokusan Senkan), chin. Buddhist u. Vertreter des ↗Ch'an (1. T'ang-Hauptlinie), 789–865, einer der bedeutendsten Ch'an-Meister überhaupt. Ursprünglich Vertreter der prajñā-Lehre u. Gegner der Ch'an-Schule, soll er nach S-China gereist sein, um dort die Ch'an-Schule zu bekämpfen, sei aber erleuchtet worden. Daraufhin habe er die Komm. zum Diamant-Sūtra verbrannt u. sei Schüler von Lung-t'an Ch'ung-hsin geworden. Sein Schüler war ↗Hsüeh-feng. (so)

Tetsugen, jap. buddh. Mönch der ↗Ōbaku-Zen-Schule; 1630–1682. Hg. des buddh. ↗Kanons in ↗Japan, dessen Ausgabe (ban) nach ihm T.-ban (oder nach seiner Schulzugehörigkeit Ōbaku-ban) heißt. (no)

Teufel, personifizierte Vorstellung des Bösen/Unheils i. S. einer einzigen (Satan, Diabolos) oder mehrerer Figuren (Dämonen). Im Buddh. sind dämonische Wesen (z. B. ↗pretas) als saṃsārische Gestalten bekannt oder als Teil außerbuddh.

Volksreligiosität integriert. Zentrale Personifikation in etwa durch ↗Mara. (sl)

Thailand (Siam), Königreich in Hinterindien, dessen Bevölkerung (ca. 50 Mio.) zu über 92 % buddh. ist. Der Buddh. ist in Th. – wie früher auch in ↗Laos u. ↗Kambodscha – Staatsreligion. Herrschende buddh. Schule ist seit Ende des 13./Anfang 14. Jh. der ↗Theravāda. Die Ureinwohner von Th., die Mon, waren frühzeitig von ↗Indien beeinflußt – sowohl hinduistisch (↗Hinduismus) als auch buddh. Die nachmalig staatstragenden Thai wanderten aus S-China ein. Sie gruppieren sich in Siamesen (Zentral-Thai), Thai Yüan (N-Thai), die Lao u. die Schan-Völker. Durch Fremdeinflüsse aus Sumatra u. Kambodscha gelangte das ↗Mahāyāna nach Th. Um 600 kam Th. unter die Herrschaft der Khmer, deren Herrscher sich ab ca. 700 zum Buddh. bekannten. Ca. 1250 wurde die singhalesische Tradition des Theravāda eingeführt. 1260 befreite sich das Thai-Königreich von der Khmer-Herrschaft. König Lü Thai (er reg. seit 1340, seit 1347 als König) reformierte den ↗saṅgha mit Mönchen aus Ceylon. saṅgha-Reformen erfolgten durch die Könige in der Folge immer wieder, etwa unter König Taksin (1767–1782) u. Rāma I. (1783–1809). Die thailändischen Herrscher unterstützten aktiv den Buddh., förderten den saṅgha u. sorgten für eine gute Observanz in den Klöstern. König Songdharm (1610–1628) gab das Tipiṭaka (↗Tripiṭaka, ↗Pāli-Kanon) heraus. Der bedeutendste König in der jüngeren Geschichte Th. ist Rāma IV. Mongkut (geb. 1803, König 1851–1868). Mongkut war 27 Jahre Mönch, bevor er auf den Thron kam. Er gründete den Dhammayuttika-nikāya, einen Reformzweig des thailändischen saṅgha, der einer strikten Observanz des ↗vinaya folgt. König Rāma V. Chulalongkorn (1868–1910) gab dem thailändischen saṅgha eine einheitliche Gestalt unter der Leitung seines Bruders Wachirayan als Patriarchen. Der saṅgha wird in Th. staatlicherseits beaufsichtigt. Seit 1902 regelt ein staatliches Gesetz seine Verwaltung. Auch die staatlicherseits eingerichtete Hierarchie dient der Vereinheitlichung des saṅgha. Seit König Mongkut bestehen innerhalb des thailändischen Mönchtums 2 Richtungen: der (nicht reformierte) Mahānikāya, die Mehrheitsfraktion, u. der Reformzweig des Dhammayuttikanikāya. Beide unterscheiden sich allerdings nicht im Lehrsystem, sondern nur in der Strenge der Befolgung der vinaya-Regeln. Die Übung, daß jeder Thai eine Zeitlang in einem Kloster als sāmaṇera (↗śrāmaṇera) lebt (wie in ↗Birma), fördert nachhaltig die Verwurzelung des saṅgha im Volk. – Auch in Th. hat sich der Buddh. mit angetroffenen volksreligiösen Anschauungen verbunden. Auffällig ist ein Geisterglaube, der in Gestalt der „Geisterhäuschen" schier allgegenwärtig ist. In diesen, einer Art Tempelchen auf Pfählen, wohnt nach Auffassung des Volkes ein Schutzgeist, dessen schädigende Wirkung durch Opfer von Blumen, Speisen oder Räucherwerk zu besänftigen oder dessen Wohlwollen durch solche Praktiken zu sichern ist. Die Riten dieses Götter-Geistes-Kultes überlassen die buddh. Mönche einer eigenen Priesterschaft, den Paahms (von Skt brahmana). Eine wichtige Rolle spielt im Volksglauben auch die Astrologie zur Bestimmung des günstigsten Zeitpunkts für alle wichtigen Unternehmungen.

L.: L. B. Buribhand: The History of Buddhism in Thailand, Bangkok 1955; L. Sitsayamkam: Some Useful Information on the Buddhist Religion as it is tought and practised in Th., Bangkok 1963; Prinz Dhani Nivat: A History of Buddhism in Siam, Bangkok 1965; Yoneo Ishii: Church and State in Th., in: Arian Survey, vol. 8, 1968; D.K. Swearer: Buddhism in Transition, Philadelphia 1970; K.E. Wells: Thai Buddhism. Its Rites and Activities, Bangkok [3]1975; S. Tambiah: World Conquerer and World Renouncer. A study of Buddhism and polity in Th., Cambridge 1978; H. Bechert: Buddhismus, Staat und Gesellschaft in den Ländern des Theravāda-Buddhismus, 3 Bde., Bd. 1 [2]1988, Bd. 2–3 1967–1973; ders., Religion, in: J. Hohnholz (Hg.): Thailand, 1980, 240–259; J. Bunnag: Der Weg der Mönche und der Weg der Welt. Der Buddhismus in Thailand, Laos und Kambodscha, in: H. Bechert, R. Gombrich (Hg.): Die Welt des Buddhismus, 1984, 159–169; L. Gabaude: Le bouddhisme en Thailande, in: R. de Berval (éd.): Présence du Bouddhisme, Paris 1987, 489–514; P.A. Jackson: Buddhadasa. A Buddhist Thinker for the Modern World, Bangkok 1988; ders.: Buddhism, Legitimation and Conflict, Singapore 1989. (no)

Thangka (tib. thaṅ-ka) ↗Rollbild

Theater. Drama u. Tanz haben ihren Ursprung in religiösen Riten. Bei der Ausbreitung des Buddh. in O-Asien vom 7.–11. Jh. als Volksreligion hat das Maskentheater (Skt nāṭya) eine wichtige Rolle gespielt. Heutige Erben sind giak u. sandrae (Maskentanz- u. Unterhaltungs-Theater) in Korea, verschiedene Theater-Arten (gigaku, shishimai, nō, bugaku, kabuki) in Japan. (bo)

Theosophie (von griech. theosophia, Gottesweisheit). Von einer älteren Form abendländischer christlicher „Gottesweisheit" (vertreten durch Origines im 3. Jh., Hildegard v. Bingen im 12. Jh., Jacob Böhme 1575–1624, F. v. Baader 1765–1841 bis zu W. S. Solowjew 1853–1900 u. N. A. Berdjajew 1874–1949) unterscheidet sich die im 19. Jh. entstandene theosophische Bewegung, die ihren Ausgang nimmt von der 1875 in New York durch Helena P. ↗Blavatsky u. Henry St. ↗Olcott gegründeten Theosophischen Gesellschaft. Beabsichtigt war mit der Gründung die Bildung einer überkonfessionellen Bruderschaft, in der vor allem östl. Weisheit u. Okkultismus studiert u. praktiziert werden sollte. Für den Buddh. in Ceylon (↗Sri Lanka) wichtig wurde der Übertritt von Blavatsky u. Olcott zum Buddh. im Jahr 1880. Im gleichen Jahr gründete Olcott die „Buddhist Theosophical Society" (Paramavijñānārtha samitiya) mit dem Ziel der Erhaltung u. Pflege des Buddh. in Ceylon u. der Gründung u. Förderung buddh. Bildungseinrichtungen. Blavatsky propagierte in der Folge einen „Esoterischen Buddh." Diese gnostisch-okkultistische Interpretation des Buddh. prägte zunächst gelegentlich auch die Buddh.-Rezeption in Europa. Olcott unternahm jedoch auch die ersten energischen Schritte zur Überwindung der Gegensätze zwischen den buddh. Fahrzeugen u. Schulen: 1891 lud er nach Adyar, ins Zentrum der Theosophischen Gesellschaft, wo als Basis eines gemeinsamen buddh. „Bekenntnisses" die „14 grundlegenden Glaubenssätze" formuliert wurden. Über Anagārika ↗Dharmapāla (David Hewavitarne, 1864–1933), der zeitweilig Olcott als Übersetzer u. Sekretär gedient hatte, ist auch die ↗Mahā Bodhi Society (1891 gegründet) in ihren Anfängen mit der T. verbunden. Moderne Bezugnahmen auf theosophisch-buddh. Anschauungen finden sich in der New-Age-Bewegung (etwa bei Ken Wilber, Mary Ferguson, Sir George Trevelyan).

L.: H. P. Blavatsky: Der Schlüssel zur T., 1920; J. Frohnmeyer: Die theosophische Bewegung, 1920; H. Frick: Weltanschauungen des „modernen" Illuminismus, in: A. Peisl, A. Mohler (Hg.): Kursbuch der Weltanschauungen, 1981, 245–300; P. Michel: Die Botschafter des Lichtes, 2 Bde., 1983/84; R. Hummel: Indische Mission und neue Frömmigkeit im Westen, 1980. (no)

thera (P, Skt sthavira): alt, ehrwürdig, der Ältere; Würdetitel eines Mönchs im theravādischen ↗saṅgha aufgrund seiner Ordenszugehörigkeit von mindestens 10 Jahren seit der Ordination (die ältere Nonne heißt therī; ↗Mönch, ↗Theravāda). Von einem ursprünglich umfassenderen Senioritätsrecht ist heute nur noch ein Ehrenvorrecht des älteren Mönchs bei Rechtshandlungen u. Zeremonien übriggeblieben. (no)

Theragāthā, Therīgāthā (P, Skt Sthavira-, Bhikṣuṇī-gāthāh), Lieder der Älteren (Mönche), ... Älteren (Nonnen); Liedersammlung aus dem ↗Khuddakanikāya. Die Thag umfassen 107 u. die Thīg 73 Lieder, z. T. aus früher Zeit. Vom lit. Genus her gehören sie zur Asketenlyrik. ↗Kanon.

A.: Theragāthā, ed. H. Oldenberg, and Therīgāthā, ed. R. Pischel, PTS, 1883, 2nd ed. 1966 with Appendixes by K. R. Norman and L. Alsdorf (repr. 1990); [Dhammapalas Kommentar zu den Therīgāthā] The Commentary, ed. E. Müller, PTS 1893; Theragāthā Commentary, ed. F. L. Woodward, 3 Bde., PTS 1940–59 (repr. 1971–84). – Ü.: Psalms of the Early Buddhists, verse tr. C. A. F. Rhys Davids, pt. I: Psalms of the Sisters (Therīgāthā), PTSTS 1909, pt. II: Psalms of the Brethren (Theragāthā), PTSTS 1913 (repr. 1980); Poems of Early Buddhist Nuns, verse tr. C. A. F. Rhys Davids and prose tr. K. R. Norman, PTS, 1989; Elders' Verses, prose tr. K. R. Norman, 2 Bde., PTS, 1969–71 (repr. 1990–92); K. E. Neumann: Die Lieder der Mönche und Nonnen Gotamo Buddhos, 1899 (Nachdr. Zürich 1957). (no)

Theravāda, Theravādin (P, Skt ↗Sthaviravāda), wörtlich: Schule der Älteren; konservative Schule des südl. Buddh., die der ursprünglichen ↗Lehre des ↗Buddha relativ nahe steht, indes aber eine eigene historische u. doktrinäre Entwicklung genommen hat. Kanonsprache ist das ↗Pāli. Der ↗Pāli-Kanon des T. (↗Kanon) stellt die größte Sammlung erhaltener buddh. Schriften in einer ind. Sprache dar. Aus ehemals über 30 Schulen des sog. ↗„Hīnayāna" ist der T. die einzige noch bestehende. Sie ist in ↗Sri Lanka, ↗Burma, ↗Thailand, ↗Kambodscha, ↗Laos u. z. T. in ↗Vietnam verbreitet. Auch der Buddh. in Europa folgte zunächst fast ausschließlich der theravādischen Form. – Entstanden ist die Schule eigentlich schon anläßlich des 2. ↗Konzils von Vaiśālī, des sog. „Trennungskonzils", ca. 380 oder 340

v. Chr., aus dissenten Auffassungen über einzelne Punkte der Regelobservanz (↗vinaya) der Mönche u. auch einiger Lehrmeinungen (z. B. über die absolute bzw. relative Vollkommenheit des Heiligen, des ↗arhat). In der Folge verteidigten die Sthaviravādins die ungeschmälerte Menschheit u. Historizität des Buddha gegenüber Tendenzen, diesen als den „vollkommenen Mann" transzendent zu interpretieren; gegenüber den Pudgalavādins verteidigte die Schule, die sich an der Tradition der Älteren orientierte, die ↗anātman-Lehre des älteren Buddh. Im eigentlichen sind die T. eine Seitenlinie der sthaviravādischen Hauptschule, die sich seit der Abspaltung des ↗Sarvāstivāda (244 v. Chr.) Vibhajyavāda nennt. Die Lehrstandpunkte des T. bietet das Werk „Kathāvatthu" im ↗Abhidhamma-Piṭaka des Pāli-Kanons. Weitere prominente theravādische Texte sind die nichtkanonischen Werke ↗Milinda-pañha u. ↗Visuddhimagga; ein weiteres bedeutendes Kompendium des T. ist der Abhidhammattha-saṅgaha des Anuruddha aus dem 12. Jh. – Der T. besitzt eine relativ einheitliche Gestalt, die in einheitlichen Traditionen u. Geschichte begründet ist. Kennzeichnend für den T. ist das Ideal des Erlösten, der arhat, der durch eigene Anstrengung u. durch die Einhaltung der vom Buddha festgelegten Regeln die ↗Erlösung oder ↗nirvāṇa erlangt. Leitgedanke des T. ist daher die Ordenszucht bzw. „Reinheit" im Denken, Reden u. Handeln. Dementsprechend höherwertig vor dem Laien rangiert der Mönch u. reflektiert noch die elitäre Mönchsreligion der buddh. Anfänge. Der Nonnenorden jedoch ist im T. seit 456 ausgestorben.

L.: E. W. Adikaram: Early History of Buddhism in Ceylon, Colombo ²1953; H. Bechert: Buddhismus. Staat und Gesellschaft in den Ländern des Theravāda-Buddhismus, 3 Bde., Bd. 1 ²1988, Bd. 2–3 1966–73; ders.: Buddha-Feld und Verdienstübertragung: Mahāyāna-Ideen im T.-Buddhismus Ceylons, Académie Royale de Belgique, Bulletin de la Classe des Lettres et des Sciences Morales et Politiques, Bruxelles, 5ᵉ série, 7. 62 (1976), 27–51; B. L. Smith (Hg.): The two wheels of dhamma. Essays on the T. tradition in India and Ceylon, Chambersburg 1972; R. Gombrich: Precept and Practice. Traditional Buddhism in the Rural Highlands of Ceylon, Exford 1971; B. L. Smith (Hg.): Tradition and Change in T. Buddhism, Leiden 1973. (no)

therī (P); ↗thera. Weibliche Form: Ältere (Nonne). (no)

Thönmi-Sambhota (tib. thon mi saṃbhota; 7. Jh.), Minister des tib. Königs ↗Songtsen Gampo (reg. 620–49), gilt als Verfasser von 8 Werken zur Schrift u. Grammatik des Tibetischen u. Schöpfer des tib. Alphabets auf der Grundlage der nordwestind. Gupta-Schrift. Seine Historizität ist ungesichert. (ev)

Tibet (tib. bod yul). Bezeichnung des sich über mehr als 2 200 000 km² erstreckenden Hochlandes zwischen dem 78. und 102. Längen- sowie 28. u. 39. Breitengrad. Politisch existiert T., nach dem Einmarsch chin. Truppen 1950, heute nur noch in Form der am 09. 09. 1965 gegründeten 1 220 000 km² großen „Autonomen Region Tibet" (Chin. Xizang Zizhiqu) mit 2 070 000 Einwohnern (1991) als zweitgrößte territoriale Einheit der VR China. Die im N u. O gelegenen Regionen des Hochplateaus wurden den chin. Provinzen Qinghai, Gansu, Sichuan u. Yunnan angegliedert. Eingebettet in die höchsten Gebirgsketten der Erde, mit einer durchschnittlichen Höhenlage von mehr als 4000 m in den Siedlungsräumen, war T. wirtschaftlich u. kulturell mit ↗China, ↗Indien, ↗Ladakh, ↗Nepal, ↗Sikkim u. ↗Bhutan verbunden, fristete jedoch aufgrund seiner nur schwer zugänglichen Hochgebirgslage ein weitgehend isoliertes Dasein, das der Ausprägung u. Bewahrung seiner einzigartigen Kultur sehr förderlich war. Das Tibetische, eine monosyllabische, isolierende Sprache der sino-tib. Sprachfamilie bildet die „Kirchensprache" des ↗Lamaismus. – Der tib. Mythologie zufolge fielen bereits z. Z. des tib. Königs Lha tho tho ri (um 500 n. Chr.) in T. buddh. Schriften u. Symbole vom Himmel. Die 1. gesicherte Berührung T. mit dem Buddh., der sich hier in seiner religionstypologisch als Lamaismus bezeichneten Form ausprägte, läßt sich jedoch erst in die Zeit des 33. tib. Königs ↗Songtsen Gampo (reg. 629–50) datieren. Dieser vermählte sich mit der chin. Prinzessin Wen ch'eng (Wencheng; tib. koṅ jo) u. der nepalesischen Prinzessin Bhrikuti (Skt), die u. a. 2 kostbare, später im ↗Jokhang u. ↗Ramoche aufgestellte ↗Jobo-Statuen im Brautschatz mitbrachten. Danach entsandte er seinen Minister ↗Thönmi Saṃbhota nach Indien zur Entwicklung einer tib. Schrift, die fortan zur Aufzeichnung bedeutender nationaler Ereignisse in Annalen (↗Historiographie), später zur Übers. buddh. Schrifttums ins Tib. benutzt wurde. – Aufgrund heftiger Widerstände der heimischen ↗Bön-

Religion, deren Repräsentanten den um seinen Einfluß fürchtenden Adelsstand auf ihre Seite zu ziehen vermochten, gelang es dem Buddh. jedoch erst z. Z. des tib. Königs ↗Tisong Detsen (reg. 755–97), sich nach einem für die Bönpo vernichtenden Disput zwischen den Anhängern beider Religionen auf breiterer Basis zu etablieren. Bedeutende Ereignisse dieser Zeit bildeten die Berufung des ind. Magiers ↗Padmasambhava mit dem Auftrag, die dem Buddh. feindlich gesonnenen Kräfte dienstbar zu machen, die Einladung buddh. Gelehrter wie Śāntirakṣita oder Vimalamitra, die Gründung von ↗Samye (um 775), des 1. tib. Klosters, die „Frühe Übersetzung" (tib. sṅa `gyur) buddh. Schriften ins Tib. u. schließlich das „Konzil von Samye" (792–94), eine innerbuddh. Auseinandersetzung, bei der die chin. Richtung des Buddh. der ind. unterlag. Unter König Rälpacen (tib. ral pa can; reg. 816–36) erreichte der Buddh. der sog. ↗„Frühen Bekehrung T." (tib. sṅa `gyur) (7.–9. Jh.) seinen vorläufigen Höhepunkt. Als nach seiner Ermordung durch antibuddh. Vertreter des Adels seinem älteren Bruder Langdarma (tib. glaṅ dar ma) (reg. 836–41) die Herrschaft übertragen wurde, setzte eine radikale Verfolgung der Buddhisten ein, die auch mit der Ermordung Langdarmas 841 durch den buddh. Mönch Palgi Dorje (tib. dpal gyi rdo rje) noch kein Ende gefunden zu haben scheint. Jahrzehnte lang war der Buddh. in Zentralt. nicht mehr präsent, nur in Randgebieten T. vermochte er in kleinen eingeschworenen Gruppen zu überdauern, bis sich im 10. Jh. von ↗Indien aus eine Neubekehrung anbahnte, die sog. ↗„Späte Bekehrung". Gefördert vom westtib. Königshaus sowie einflußreichen tib. Adelsfamilien wurde diese Neumissionierung von verschiedenen ind. Lehrern vorangetrieben. Neben den unmittelbar an die Tradition der ↗„Frühen Bekehrungsperiode" anknüpfenden ↗Nyingmapa entstanden weitere Schulrichtungen, die eine neu redigierte Übers. der ind. buddh. Schriften zur Grundlage ihrer Lehrauslegung machten: die ↗Kadampa, ↗Kagyüpa, ↗Sakyapa, ↗Zhijepa und Zhalupa, die ihre Lehren in eigenen Überlieferungslinien tradierten u. – vom Charisma ihrer Lehrer oder dem Wechselspiel politischer Geschehnisse begünstigt – schnell eine weite Verbreitung fanden. Erstmals lag die Verbindung politischer und religiöser Macht in den Händen von

↗Lamas. Die ↗Sakyapa ergriffen 1253, die Phamo Drupa (tib. phag mo gru pa), ein Zweig der ↗Kagyüpa, 1349 die Macht. Das Wirken ↗Tsongkhapas (1357–1419) führte schließlich zur Gründung der ↗Gelugpa-Schule, der „Gelbmützen-Schule", die schnell zur bestimmenden Größe unter den tib. Schulrichtungen wurde – nicht zuletzt aufgrund ihres politischen Geschicks im Umgang mit den Kaisern der Ming- (1368–1644) u. Qing-Dynastie (1644–1911). Der sich in ihren Reihen in einer ↗Existenzenlinie verkörpernde ↗Dalai Lama wurde vom 5. ↗Dalai Lama an zum unumstrittenen politischen u. religiösen Oberhaupt T. – Mit dem Einmarsch chin. Truppen 1949/50 wurde dem Traum von einem autonomen T. de facto ein jähes Ende gesetzt u. T. der VR China als Autonome Region angeschlossen. Als Reaktion auf den verstärkten innenpolitischen Einfluß der Chinesen in T. flohen 1959 der Dalai Lama, die Oberhäupter der 4 religiösen Schulen sowie mehr als 100 000 Tibeter in die Länder südlich der ↗Himalayakette.

A.: des tibet. Kanons (Kanjur) sowie des Tanjur: Detaill. Nachweise bei G. Grönbold: Der buddh. Kanon. Eine Bibliographie, 1984, 27–29; mehrere A. auch auf Microfiches verfügbar. – Ü.: Auszüge aus dem Kanjur: L. Feer: Fragments extraits du Kanjour, Paris 1883. – L.: G. Tucci: Indo-Tibetica, 4 Bde. in 6 Tln., Rom 1932–41; ders.: Tibetan Painted Scrolls, 3 Bde., Rom 1949; ders., Letteratura Tibetana, Rom 1957; ders.: T., Land of Snows, London 1967; ders.: Die Religionen Tibets, in: Die Religionen Tibets u. d. Mongolei, hg. v. G. Tucci u. W. Heissig, 1970; M. Lalou: Les religions du T., Paris 1957; C. Akanuma: The Comparative Catalogue of Chinese Āgamas and Pāli Nikāyas, Tokyo [2]1958; H. Hoffmann: Die Religionen Tibets, 1956; ders.: T. A Handbook, Bloomington o. J. (Oriental Series 5); L. Chandra (Hg.): Materials for a History of Tibetan Literature, 3 Bde., 1963; H. Nakamura: A Critical Survey of Tibetology and Esoteric Buddhism Chiefly Based on Japanese Studies, Tokyo 1965; T.W.D. Shakabpa: T., New Haven – London 1967; E. Haarh: The Yar-Lun Dynastiy, Kopenhagen 1969; H. Ui et al.: A Complete Catalogue of the Tibetan Buddhist Canons, Tokyo [2]1970; L. Petech: China and T. in the 18th Century, Leiden [2]1972; G. Grönbold: Die Schrift- und Buchkultur Tibets, in: C. C. Müller, W. Raunig (Hg.): Der Weg zum Dach der Welt, 1982, 363–368, 377–380; E. Steinkellner, H. Tauscher (Hg.): Contributions on Tib. Language, History, and Culture, 2 Bde., 1983 (WSTB 10–11); M. Henss: T., 1981; H.-P. Lehmann, J. Ullal: T., 1981; K. J. Notz: Der Tibet. Buddhismus in Deutschland, in: EZW-Texte, Inf. 91, VII/1984; D. Snellgrove: Indo-Tibetan Buddhism, London 1987; C. C. Müller, W. Raunig (Hg.): Der Weg zum Dach der Welt, 1982; D. Schuh: Das Archiv des Klosters bKra-sis-bskam-gtan-glin von sKyid-gron, Tl. 1, 1988 (Monumenta Tib. Hist. III, 6), K. H. Everding: T., 1993. (ev)

Tibetisches Totenbuch ↗Bardo Thödol

T'ien-t'ai (Fa-hua, jap. Tendai), chin. buddh. Schule, eine der 4 wichtigsten Schulen des chin. Buddh., benannt nach dem Berg (↗Heilige Berge), wo ↗Chih-i sie in der 2. Hälfte des 6. Jh. gründete. Vorläufer sind Hui-wen (um 550) u. Hui-ssu. Chih-i ordnete die chin. buddh. Schriften u. Schulen verschiedenen Phasen im Leben des ↗Buddha zu (p'an-chiao) u. versuchte sie zu harmonisieren. Das Fa-hua-ching (Avataṃsakasūtra), Haupttext der T.-Schule, stufte er am höchsten ein. In ihrer Lehre vertritt die Schule die 3fache Wahrheit (Leere, Sein u. Mitte), Erkenntnis durch Meditation (chih-kuan, śamantha-vipaśyanā). Vertreter der T.-Schule sind u. a. Kuan-ting (561–632; Schüler von Chih-i) u. Shen-jan (711–782). Nach 755 kam es zum Niedergang der Schule durch den Verlust der wichtigsten Lehrtexte u. Komm. Ende des 10. Jh. wurde die Schule durch Texte aus Japan u. Korea in China wiederbelebt.

L.: D. Chappell (Hg.): T. Buddhism. An Outline of the Fourfold Teachings, Tokyo 1983. (so)

Tilopa (Skt, tib. te lo pa), ind. Siddha (988–1069), dessen von ↗Vajradhana direkt empfangene Lehren über seinen Schüler ↗Nāropa in die tib. ↗Kagyüpa-Schule münden. Seine Biographie berichtet davon, wie er, ein Mönch, in einer abenteuerlichen Reise von einer ↗ḍākiṇī mittels ↗mantras in das Reich der Königin der ḍākiṇīs geführt wird. (ev)

Ti-lun, chin. buddh. Schule, Anfang des 6. Jh. von ↗Bodhiruci gegründet. Sie gilt als Vorläuferin der ↗Hua-yen-Schule. Ihr Name stammt von einem der Haupttexte, „Shih-ti ching-lun" (Daśabhūmikaśāstra von ↗Vasubandhu), übersetzt um 508 von Bodhiruci u. Ratnamati. Der Komm. dazu, „Shi-chu-ching", wurde von ↗Kumārajīva übers. Der andere Text, das Avataṃsakasūtra (Hua-yen-ching), 418–420 von ↗Buddhabhadra übers., wurde erst 1 Jh. später durch die T. in China bekannt. Der nördl. Zweig, vertreten durch Bodhiruci, lehrt, daß der ↗ālayavijnāna nicht mit der reinen Soheit (↗tathatā) u. der ↗Buddhanatur identisch sei. Der südl. Zweig von Ratnamati lehrt dagegen ihre Identität. Im Konflikt mit der ↗Fa-hsiang- u.

↗She-lun-Schule über die Reinheit des ālayavijnāna siegt T. (so)

Ti-tsang (Skr Kśitigarbha, jap. Jizō), ↗Bodhisattva, der in Indien bedeutungslos, aber in SO-Asien u. China nach ↗Kuan-yin der wichtigste ist; vermutlich seit um 400 bekannt, doch erst ab 650 verbreitet (↗Lung-men). T. ist der Herrscher über das Jenseits u. Erlöser aus der Hölle u. entspricht dem letzten Zeitalter des ↗San-chieh-chiao. (so)

Tisong Detsen (tib. khri srong lde b[r]tsan), tib. König (reg. 755–97), der 763 die damalige chin. Hauptstadt Chang'an (Chang-an) kurzzeitig einnahm. Durch die Einladung des ind. Magiers ↗Padmasambhava nach Tibet u. die Errichtung des Klosters ↗Samye förderte er die Ausbreitung des Buddh., den er 779 zur Staatsreligion proklamierte. Er wird als einer der 25 Schüler des Padmasambhava angesehen. (ev)

Tod. Für das buddh. Verständnis des T. ist die unentflechtbare Verbindung existentiell-soteriologischer u. ontologischer Aspekte charakteristisch. Der T. ist von zentraler Bedeutung für die Analyse der Unheilssituation (duḥkha) u. daher auch für das Verständnis der als das „Todlose" (P amata, ↗nirvāṇa) bezeichneten ↗Erlösung. Der T. gilt als signifikantes Zeichen der Allvergänglichkeit (↗anitya); in allen Existenzformen des ↗saṃsāra gibt es den T. Die Einbettung des T. in die Auffassung einer Allvergänglichkeit ist in der ↗Dharma-Theorie radikalisiert, wonach das permanent stattfindende Vergehen aller Dinge als ihr beständiger T. angesehen wird. Nach der Lehre von den 3 Daseinsmerkmalen (trilakṣana) ist das Vergängliche unbefriedigend bis leidvoll. Das Streben des unerlösten Menschen ist auf das Vergängliche gerichtet (vgl. M 26), obwohl es eigentlich dem Todlosen gilt, bei dessen Realisation es allein zur Ruhe kommt. Die Verdrängung des T. ist der ↗Unwissenheit wesentlich, weshalb die intensive Betrachtung des T. fester Bestandteil mehrerer meditativer Übungen ist. Die Befreiung vom T. geschieht durch Überwindung des ↗Anhaftens u. des „Ich"-Gedankens, durch den der Mensch in die Allvergänglichkeit eingebunden ist. Ihnen entspringt die Furcht vor dem

T., von der der Erleuchtete frei ist. Der Befreiung von den subjektiv leidhaften Dimensionen der Sterblichkeit korreliert zugleich die Befreiung von ihrer ontologischen Dimension, da der Erlöste auch vom saṃsāra als der Welt des T. befreit ist. Hinsichtlich der buddh. Reinkarnationsvorstellung gilt es daher zu beachten, daß die ↗Wiedergeburt keine Befreiung vom T. u. seiner Problematik darstellt.

L.: P. Schmidt-Leukel: Die Bedeutung des Todes für das menschliche Selbstverständnis im Pali-Buddhismus, 1984; ders.: „Den Löwen brüllen hören", 1992; Sogyal Rinpoche: Das tibetische Buch vom Leben und Sterben, 71994. (sl)

Tōdaiji (jap.), „Großer Tempel des Ostens" der ↗Kegon-Schule in Nara, der Hauptstadt der Nara-Periode. Kaiser Shōmu (724–749) ließ den T. erbauen. In ihm befindet sich die 14,3 m hohe vergoldete Bronzestatue des ↗Buddha ↗Vairocana. (no)

Todlosigkeit ↗nirvāṇa

Toleranz. Religiöse T. ist ein Problem der Universalreligionen, weil die Überzeugung von der Allgemeingültigkeit der eigenen Lehre ausschließt, daß davon verschiedene andere Lehren gleich wahr sein können. Im Christentum u. Islam hat sich daraus ein exklusivistischer Absolutheitsanspruch entwickelt, während die ind. Philosophie dazu neigt, alle denkbaren Lehren der eigenen „inklusivistisch" unterzuordnen. Der ↗Buddha bezeichnet Streitlust u. Besserwisserei als Merkmale des Ich-Wahns u. predigt daher T. gegenüber den Anhängern anderer Lehren, nicht aber gegen diese selbst. In Ud VI, 4 vergleicht er jene Anhänger Blindgeborenen, die zwar den einen Elefanten (dhamma) betasten, ihn aber falsch beschreiben, während er selbst ihn in seiner Ganzheit richtig erkennt (vgl. ↗Propaganda). (bo)

Tōzan Ryōkai ↗Tung-shan Liang-chieh

Tradition (lat. traditio) bedeutet „Übergabe": T. bezeichnet den kollektiven Schatz der autoritativen, schriftlichen oder mündlichen, von Generation zu Generation weitergegebenen

u. in ihrer Ursprungstreue bewahrten Quellen des Wissens u. Brauchs in einer Kultur oder Religion. T. gilt als verläßlich u. setzt voraus, daß ein Individuum oder eine Generation allein sich dieses Wissen nicht erwerben könnte. Charismatische ↗Führung zeichnet sich andererseits häufig durch vollmächtiges Ignorieren oder Neudeuten der T. aus. Im Buddh. spielt T. u. spontanes Erkennen eine gleichermaßen wichtige Rolle. Quelle der T. ist der Schriften-Kanon (tipiṭaka im Theravāda-Buddh., der insgesamt traditionsgebundener erscheint als die Mahāyāna-Schulen). (bo)

tricīvara (Skt, P ticīvara), das 3fache Mönchs- u. Nonnengewand aus Untergewand (antaravāsaka), Obergewand (utarāsaṅga) u. Mantel (saṃghāti). (no)

trikāya (Skt). I. Die T.-Lehre (Lehre vom „dreifachen Leib" ↗Buddhas) ist eine der meist verbreiteten Ausprägungen der ↗Buddhologie des ↗Mahāyāna. Nach ihr sind 3 Wirklichkeiten bzw. Wirkungsweisen (= „Leiber") Buddhas zu unterscheiden: der ↗dharmakāya („dharma-Leib"), der ↗saṃbhogakāya („Genuß-Leib") u. der ↗nirmāṇakāya („Leib der [magischen?] Manifestation", auch „Verwandlungsleib"). Die T.-Lehre, die schließlich nahezu zum Allgemeingut des Mahāyāna wird, gelangt zu ihrer systematisch ausgebildeten Gestalt erst im Werk ↗Asaṅgas, greift jedoch wesentliche Tendenzen im Verständnis des Buddha aus dem frühen Mahāyāna u. den älteren nicht-mahāyānischen Schulen auf (besondere Bedeutung für die Entwicklung der T.-Lehre haben die ↗Sarvāstivāda- u. die ↗Mahāsāṃghika-Schule). Schon im ↗Pāli-Kanon wird der historische Buddha ebenso wie alle anderen Buddhas mit dem ↗dharma identifiziert (z.B. S 22,87), wobei der dharma nicht nur als die verkündete Lehre, sondern auch als die in dieser zum Ausdruck gebrachte Heilswirklichkeit zu verstehen ist. Im Mahāyāna ist der dharmakāya eine Bezeichnung für die absolute u. begrifflich nicht faßbare Wirklichkeit (das ↗Absolute), die in der höchsten ↗Erleuchtung erkannt wird u. selbst das Agens des Heilsprozesses ist. Die irdischen Buddhas (nirmāṇakāya) sind Manifestationen des dharmakāya, in denen die Wirklichkeit des formlosen dharmakāya durch formhafte

Gestalt heilswirkend erkennbar ist. Der saṃbhogakāya bezeichnet schließlich jene Wirklichkeit Buddhas, wie sie in den visualisierenden Meditationsformen geschaut werden kann. Sie stellt die höchste Vollendung dessen dar, was auf formhafter Ebene von der Wirklichkeit Buddhas erkennbar ist, wird aber überboten vom formlosen dharmakāya, an dem letztlich alle Wesen i.S. der ↗Buddhanatur partizipieren. (sl) – II. Im ↗Vajrayāna, bes. im ↗Lamaismus kann der t. (tib. sku gsum) den verschiedenen Traditionen entsprechend durch unterschiedliche ↗Gottheiten vertreten werden. Zugleich kommt in der ikonographischen Darstellungsweise der Gottheiten der durch sie repräsentierte „Körper" zum Ausdruck. Als Verkörperung des dharmakāya erscheinen gewöhnlich schmucklos, ohne weitere Attribute u. U. in ↗Yab-Yum dargestellte Buddhas. Als Verkörperung des sambhogakāya erscheinen Gottheiten in fried- u. zornvoller Erscheinungsform: die friedvollen mit dem die ↗Fünf Tathāgatas symbolisierenden Diadem samt kunstvollem Bodhisattva-Schmuck in himmlischer Gewandung; die zornvollen Gottheiten mit der Totenschädelkrone samt aus Knochenstücken, Gedärmen u. Totenschädeln bestehendem Totenschmuck, in den oft zahlreichen Händen Ritualinstrumente ihrer jeweiligen Ausdrucksform haltend. Verkörperungen des nirmāṇakāya sind gewöhnlich historische oder mythologische Heilige, Lamas, Yogis, Siddhas usw. – Als 4., die 3 Daseinsebenen des t. umfassender „Körper" wird im Lamaismus der svabhāvikakāya (tib. ṅo bo ñid kyi sku) oder mahāsukhakāya (tib. bde chen gyi sku) genannt, der die Erfahrung der untrennbaren Einheit der 3 Körper beinhaltet. (ev)

L.: P. Masson-Oursel: Les trois corps du Bouddha, JA 2, 1 (1913), 581–618; A. Chizen: The Triple Body of the Buddha, EB 2 (1922), 1–29; N. Dutt: The Doctrine of Kaya in Hīnayāna and Mahāyāna, IHQ 5 (1929), 518–546; L. de La Vallée Poussin: Notes sur les corps du Bouddha, Muséon, N.S., 14 (1913), 257–290; ders.: La Siddhi de Hiuan-tsang, Paris 1929, 2, 762–813; K. Quecke: Die Lehre von den drei Körpern Buddhas, T. (Diss.), 1948; G. Nagao: On the Theory of the Buddha Body, EB 6, 1 (Mai 1973), 25–53; Lama Anagarika Govinda: Grundlagen tibetischer Mystik, 1957; D. I. Lauf: Das Erbe Tibets, 1972; ders.: Geheimlehren tibet. Totenbücher, 1975. (sl/ev)

trilakṣana (Skt, P tilakkhaṇa) ↗Drei Merkmale

triloka (Skt, P tiloka), „Drei-Welt“, kosmologische Vorstellung des Buddh., wonach sich jede Welt in 3 Bereiche teilt: 1. ↗kāma-loka, der Bereich, in dem die sinnlicher Begier unterworfenen Wesen leben, 2. ↗rūpa-loka, der Bereich feinstofflicher ↗devas, 3. ↗arūpa-loka, formloser in der höheren Versenkung erfahrener Bereich. (sl)

Triṃśikā (Skt,), mahāyānische Schrift (↗Mahāyāna), dem älteren ↗Vasubandhu zugeschrieben. Die T. erläutert systematisch die Theorie der ↗Vijñaptimātratā. Vor allem für die chin. u. jap. Yogācāra-Schule wurde dieser Text grundlegend. (no)

tripiṭaka (Skt, P tipiṭaka), „Drei-Korb“ für die 3 kanonischen Sammlungen ↗vinaya (Ordenszucht), ↗sūtra (Lehrreden) u. ↗abhidharma (vertiefte Lehre). ↗Kanon. (no)

triratna (Skt, P tiratana), wörtlich: die „drei Kostbarkeiten“, ↗Buddha, ↗dharma, ↗saṅgha, zu denen Buddhisten ihre Zuflucht nehmen (P tisaraṇa, Skt triśaraṇa). t. versinnbildlicht die Sinnmitte des Buddh. u. besitzt vergleichbar bekenntnishaften Charakter. (no)

triśaraṇa (Skt, tisaraṇa) ↗Zuflucht, dreifache

triśikṣa (Skt, P tisso-sikkhā), „dreifache Schulung“, Begriff aus der buddh. Ethik; Schulung nämlich der ↗Sittlichkeit (śīla-śikṣa/sīla-sikkhā), des Geistes (citta-ś./citta-s.) u. des Wissens (prajñā-ś./pañña-s.). (no)

trisvabhāva (Skt), Theorie der ↗Yogācāra-Schule von den 3 Selbst-Naturen. Die Auffassung wurde Teil der mahāyānischen Psychologie (↗Mahāyāna) in der Fragestellung nach der wahren Identität u. nach der Wirklichkeit des Selbstbewußtseins. (no)

Trisvabhāvanirdeśa (Skt), mahāyānische Schrift (↗Mahāyāna), dem älteren ↗Vasubandhu zugeschrieben. Der Text beschreibt die Wende von der saṃsārischen Existenz (↗saṃsāra) zur Erleuchtung u. Buddhaschaft vor der Theorie der Drei-Selbst-

Naturen (↗trisvabhāva). Die Autorschaft des Vasubandhu gilt indes als nicht endgültig gesichert. (no)

triyāna (Skt), „Drei-Fahrzeug", meint die 3 Ausformungen des buddh. Heilsweges: śrāvaka-yāna (Fahrzeug des Schülers), pratyeka-y. (Fahrzeug der Einzelerlösten) u. bodhisattva-y. (Fahrzeug der Bodhisattva). ↗Bodhisattva, ↗pratyekabuddha. (no)

tṛṣṇā (Skt, P taṇhā), Begehren oder Durst; gilt als die eigentliche Ursache für das Wandern durch die Existenzen (↗saṃsāra) u. damit auch für das ↗Leiden. t. stellt sich her im Kontakt mit den Objekten u. über die Sinnentätigkeit. (no)

Trungpa, [Ts]chögyam (tib. chos rgyam druṅ pa), hochrangiger tib. ↗Tulku der Karma-Kagyüpa-Schule (1939–4. 4. 1987), der traditionell im osttib. Kloster Zurmang (tib. zur maṅ) residierte. Nach seiner traditionellen lamaistischen Ausbildung studierte er in den 60er Jahren in Oxford, siedelte in die USA über, gründete mehr als 100 buddh. Meditationszentren in den USA, Kanada u. Europa u. errichtete seinen Hauptsitz im Naropa-Institut, Boulder, Colorado. Seine z. T. unorthodoxe, psychologisierende Interpretation des ↗Vajrayāna sowie seine zahlreichen Vorträge u. Publikationen ließen ihn zu einem der herausragendsten, zugleich umstrittenen Vertreter des zeitgenössischen Vajrayāna werden.

W.: Ich komme aus Tibet, 1970; Aktive Meditation, 1972; Spiritueller Materialismus, 1975; Das Märchen von der Freiheit, 1978; Mudra III, 1980; Feuer trinken, Erde atmen, 1982; Shambala, 1987. (ev)

Ts'ao-shan Pen-chi (jap. Sōzan Honyaku), chin. Buddhist u. Vertreter der ↗Ch'an-Schule, 840–901. Mit seinem Lehrer ↗Tung-shan ist er einer der Begründer eines der 5 Häuser der T'ang-Zeit. Konfuzianisch gebildet u. an den Wissenschaften seiner Zeit interessiert, trat er im Alter von 18 Jahren in den buddh. Orden ein. Tung-shan übergab ihm die ↗wu-wei-Formel, die er als Geheimlehre von ↗Yün-yen erhalten hatte; T. veröffentlichte sie. (so)

Ts'ao-tung (jap. Sōtō), chin. buddh. Schule, Zweig der ↗Ch'an-Schule, gegründet von ↗Tung-shan u. ↗Ts'ao-shan in der 2. Hälfte des 9. Jh., so benannt nach den Bergen, in denen sie entstand. Sie ist neben der ↗Lin-chi-Schule der wichtigste Ch'an-Zweig. Als ihr wesentlichster Beitrag gilt die ↗wu-wei-Formel. Man übt in der T. die Sitzmeditation u. unterweist durch Rede (also nicht nur durch Zuschauen). Betont sind logische Argumentation u. Rationalität; darin ist sie der Lin-chi-Schule in ihrer Rätselhaftigkeit u. Rationalitätsabweisung entgegengesetzt. Sie hielt der Lin-chi stand, auch als diese in der Sung-Zeit alle anderen Ch'an-Schulen aufgesogen hatte. ↗Dogen brachte die Lehre u. Praxis der T. nach ↗Japan. In China verschmolz sie in der Ming-Zeit mit der ↗Yang-ch'i-Linie der Lin-chi-Schule. (so)

Tscham-Tänze ↗Cham-Tänze

Tschenresi(g) ↗Chenresi

Tschörten oder Tschorten ↗Chörten

Tshecu (tib. tshe bcu), „[Fest des] 10. Tages"; ↗Cham-Tänze

Tsongkhapa (tib. btsoṅ kha pa), „der in Tsongkha Geborene"; ↗Losang Dragpa. (ev)

Tsung-mi (Kuei-feng Tsung-mi; jap. Shumitsu), chin. Buddhist, zu ↗Hua-yen gehörig u. deren 5. Patriarch; 780–841. T. gilt als eine der wichtigsten Persönlichkeiten des chin. Buddh. Er stellt den Höhepunkt der Verbindung zwischen Huan-yen u. ↗Ch'an dar u. wird daher auch dem Ch'an zugerechnet. T. war konfuzianisch gebildet u. sollte 807 die Beamtenprüfung ablegen; er wurde aber statt dessen durch einen Ch'an-Meister Mönch. 808 wird er Schüler von ↗Ch'eng-kuan u. später dessen Nachfolger. In seiner Schrift „Yüan-jen-lun" wendet er sich gegen die Buddh.-Kritik des Neokonfuzianers Han Yü, mit „Ch'an-yüan chu-ch'üan-chi tu-hsü" legte T. eine Geschichte des Ch'an in der T'ang-Zeit vor. Als 1. Ch'an-Denker verwendet T. Diagramme, er regte ↗Ts'ao-shan zu seiner Kreisfolge (↗wu-wei) an. Das bekannte Yin-Yang-Symbol war ursprünglich Teil von T. Erklärung des ↗ālayavijñāna. (so)

Tugenden ↗Ethik

Tulku (tib. sprul sku), „Erscheinungs-Körper“ (Skt ↗nirmāṇakāya), im ↗Lamaismus Bezeichnung für als „Lebende Buddhas“ bekannt gewordene Heilige u. ↗Lamas, die als Emanation eines ↗Buddha oder einer ↗Gottheit gelten u. sich im ↗saṃsāra in langen ↗Existenzenlinien verkörpern, um so dem Wohle aller Lebewesen zu dienen (↗bodhicitta). Aufgrund ihrer hohen spirituellen Realisation wird ihre Wiederverkörperung ihrer eigenen freien Entscheidung zugesprochen, wobei das Ausmaß ihrer Heilswirksamkeit den Maßstab für die Wahl ihrer jeweiligen Existenz bildet. Von ihnen zu unterscheiden sind die landläufig vereinfachend ebenfalls als T. bezeichneten „Wiederverkörperungen“, Yangsi (tib. yaṅ srid). Diese gelten als Wiederverkörperungen von früheren verstorbenen hochrealisierten Mönchen, die bereits höhere Stufen des ↗Bodhisattva-Weges erreicht haben u. zur Erfüllung ihres ↗bodhicitta-Gelübdes weitere Wiedergeburten annehmen. – Die lamaistische T.-Lehre ist als die konkretisierte, pragmatische Anwendung der mahāyānischen ↗trikāya-Lehre zu verstehen. Sie entstand mit der Identifizierung des 3. ↗Karmapa (1284–1339) als Wiederverkörperung seines Vorgängers. Die Identifizierung von T., die gewöhnlich schon im frühen Kindesalter vorgenommen wird, stützt sich auf Prophezeiungen des Verstorbenen, autoritative Erklärungen hochrangiger lamaistischer Würdenträger, verschiedener Arten von Divination oder die Aussagen in Trance gefallener ↗Orakelpriester. Durch die stetige Wiederauffindung eines Heiligen in seinen aufeinanderfolgenden Existenzen kam es zu langen ↗Existenzenlinien, denen bisweilen bis in die Zeit des ↗Buddha Śākyamuni zurückgeführte Präexistenzenlinien vorangestellt wurden, so daß einige T. wie der ↗Dalai Lama, ↗Panchen Lama oder ↗Karmapa, als Wiederverkörperung direkter Schüler des ↗Buddha Śākyamuni gelten. Die mit der Entwicklung des T.-Systems praktizierte Übertragung des Charismas herausragender Heiliger auf die religiöse Institution ihrer Existenzenlinie führte im lamaistischen Kulturraum auch zu weitreichenden politischen, gesellschaftlichen u. wirtschaftlichen Auswirkungen.

L.: D. Bärlocher: Testimonies of Tib. T., 2 Bde., 1982 (Opuscula Tibetana 15a, 15b); K.-H. Everding: Die Präexistenzen der lCaṅ skya Qutuqtus, 1988 (AsF 104). (ev)

Tun-Huan-Dokumente, die ältesten erhaltenen schriftlichen Überreste zur Geschichte ↗Tibets, Schriftrollen, die von Sir Aurel Stein, Paul Pelliot u. der dt. Turfanexpedition Anfang dieses Jh. in Tun-Huang (Dunhuang), Khotan u. anderen Siedlungen der Seidenstraße gefunden wurden. Unter Anführung der jeweiligen Jahresbezeichnungen werden hier die bedeutenden Ereignisse aus der Regierungszeit des tib. Königtums, angefangen vom Jahre 640, festgehalten.

L.: P. Pelliot: Les grottes de Touen-houang, 6 Bde., Paris 1920–24; A. Wailey: A Catalogue of Paintings recovered from Tun-Huang by Sir Aurel Stein, London 1931; J. Bacot, F. W. Thomas, C. Toussaint: Documents de Touen-houang relatifs à l'Histoire du Tibet, Paris 1940–46; B. Gray: Buddhist Cave Paintings at Tun-Huang, London 1959; M. Paul-David: La peinture murale de Touen-houang, Paris 1962; P. Demiéville: Récents travaux sur Touen-houang, Leiden 1970; N. Vandier-Nicolas: Bannières et peintures de Touen-houang conservées au musée Guimet, Paris 1974–76; Y. Imaeda: Documents tibétains de Touen-houang concernant le concile du Tibet, JA 1975, 125–146. (ev)

Tung-shan Liang-chieh (jap. Tozun Ryōkai), chin. Vertreter der ↗Ch'an-Schule (↗Ts'ao-tung); 807–869. T. studierte bei ↗Matsu u. nach seiner Mönchsordination 827 bei ↗Nan-ch'üan, ↗Kuei-shan u. Yün-yen T'an-sheng (780–840), von dem er die Geheimlehre des ↗wu-wei erhielt. Seine Schüler sind ↗Ts'aoshan u. Yün-chu Tao-ying (gest. 920), letzterer einer der berühmtesten Meister seiner Zeit. (so)

Tuṣita-Himmel, „Himmel der Seligen oder Befriedigten"; Existenzbereich der T.-Götter (↗Götter). Der T.-H. ist besonders populär, da in ihm der ↗Buddha Śākyamuni seine vorletzte Existenz verbrachte u. nun ↗Maitreya, der Buddha der Zukunft, dort weilt, was häufig den Wunsch nach Wiedergeburt im T. nährte. (sl)

Tz'u-min (Hui-jih Tz'u-min), chin. Vertreter der ↗Ching-t'u-Schule u. deren Patriarch; 680–?. 702–716 reiste T. nach ↗Indien u. verbreitete nach seiner Rückkehr die Ching-t'u-Lehre. Obwohl er die Ch'an-Schule heftig angriff, galt er bei ↗Yung-ming als der 1., der versuchte, beide Lehren in Einklang zu bringen. (so)

U

ucchedavāda (P), „einer, der die Vernichtung behauptet; Vernichtungslehre“. Nach D 1,3,9–17; 2,23 gab es unter den Asketen u. Brahmanen Annihilisten, die die Theorie vertraten, daß die Lebewesen beim Tode vollständig vernichtet würden. Die Eternalisten (sassatavāda) hingegen lehrten ein den Tod überdauerndes, ewiges u. unwandelbares Selbst (D 1,1,30–35). Beide extremen Positionen vermeidend, verkündigte der ↗Buddha die Lehre vom „Entstehen-in-Abhängigkeit“ (S 44,10; ↗pratītyasamutpāda). Gegen das Mißverständnis, den Buddha als u. anzusehen, wendet sich A 8,11f: Ein Annihilist sei er nur insofern, als er die Vernichtung von Gier, Haß u. Verblendung empfehle. (mü)

Udāna (P, wörtlich: „feierlicher Ausspruch“), Schrift aus dem Khuddaka-Nikāya des Pāli-Kanons (↗Pāli-Kanon) u. zwar zur mittleren Entstehungsschicht der älteren Texte des Pāli-Schrifttums gehörig, jünger als die ersten 4 vaggas des Snip, älter als S II u. Vedalla. Dem ältesten Textbestand des U. gehören freilich nur die „feierlichen Aussprüche“ (udāna) selbst zu, die beigegebenen Geschichten sind später.

A.: U., ed. P. Steinthal, PTS; 1885 (repr. 1982). – Ü.: K. Seidenstücker: U., Das Buch der feierlichen Worte des Erhabenen, 1920; Minor Anthologies, II, U. and Itivuttaka, tr. F.L. Woodward, PTS, 1935 (repr. 1985); The U. Commentary by Dhammapala, tr. from the P by P. Masefield, 2 Bde., PTS, 1994–95. (no)

Udāyibhadra, König aus der Śātavāhana-Dynastie aus dem Gebiet der Āndhra. ↗Nāgārjuna soll mit ihm befreundet gewesen sein u. ihm seine vorwiegend ethisch orientierten Schriften Suhrillekha („Brief an einen Freund“) u. Rājaparikathā-ratnamālā („Juwelenkette von Ratschlägen für einen König“, auch: Ratnāvali) gewidmet haben. (sl)

Uḍḍiyāna (Skt, tib. u rgyan), mythisch-historisches Königreich, zumeist im Swat-Tal, südl. des Hindukusch, Pakistan, lokalisiert, gilt als Geburtsland des Magiers ↗Padmasambhava u. als das Land, in dem das irdische u. jenseitige Land der ↗ḍākinīs ineinander übergehen. (ev)

Udraka Rāmaputra (Skt, P Uddaka Rāmaputta), Schuloberhaupt einer vermutlich vor-yogischen Schule. U.R. ist mit der Asketengeschichte des ↗Buddha aus der Zeit vor seinem Erwachen (↗bodhi) verbunden. Er ist ebenso wie ↗Āḷāra Kālāma, der andere Lehrer des nachmaligen Buddha, historisch nicht faßbar. (no)

Überlieferung, Überlieferungsgeschichte ↗Kanon

Unwissenheit oder Nichtwissen (Skt avidyā, P avijjā) gilt in buddh. Ethik als eine der zentralen Unheilsgrößen, die den Gewinn u. die Sicherung des Heils (↗Erlösung, ↗nirvāṇa) behindert. Der Mensch steht in der saṃsārischen Welt (↗saṃsāra) in einem Gier-Haß-Verblendungszusammenhang, wobei „Verblendung" (Skt/P moha) synonym mit avidyā zu verstehen ist. Der Wert, den der Buddh. der richtigen Erkenntnis, d.h. der Auflösung der Verblendung, zumißt, rückt diesen geradezu phänomenologisch in die Nähe zur Gnosis der griech.-abendländischen Geistesgeschichte (E. Conze: Thirty years of Buddhist studies, 1967). Den Schleier der U. zu zerreißen oder aus dem Traum der Illusion zu erwachen, ist eine feste Formel zur Beschreibung der Erlösung, wie in Vin III, 3 f dreimal wiederholt wird: „Die U. ist vernichtet, Wissen ist entstanden" (siehe Text: Die Erleuchtung, S. 543–545), u. mit dem Sprachbild der Erleuchtung parallelisiert wird: „Finsternis ist vernichtet, Helligkeit entstanden …" Mit Begriff u. Lit.-Gattung der ↗prajñāpāramitā (Einsichtsvollkommenheit) kommt im ↗Mahāyāna eine neue Zielrichtung als von analytischem Wissen verschiedene Weseneinsicht auch im Verständnis von U. u. ihrer Auflösung ins Spiel. (no)

upādāna (Skt/P) ↗Anhaften

upādhyāya (Skt, P upajjhāya), Titel des Lehrer-Mönchs, der den Novizen (śrāmaṇera/sāmaṇera) u. den Jungmönch in allen

Fragen der Ordenszucht anleitet. Vor ihm wird die Zufluchtsformel (triśaraṇa/tisaraṇa) beim Eintritt in den ↗saṅgha (pravrajyā/pabbajjā) rezitiert. (no)

Upāli, buddh. Mönch des Ursaṅgha (↗saṅgha). Sein Name ist von der Tradition mit dem 1. ↗Konzil von ↗Rājagṛha u. besonders mit Traditionssicherung der Ordensregel (↗vinaya) verbunden. ↗Kanon. (no)

Upanischaden, von „sich nahe bei (upa) [einem Lehrer] nieder-(ni) setzen (ṣad)" abgeleitete Bezeichnung für Textsammlungen am „Ende des ↗Veda" (vedānta). Die „älteren U." – Brihadāraṇyaka-, Chāndogya-, Taittirīya-, Aitareya-, Kauṣītakī- u. Teile der Kena-U. – sind in Prosa verfaßt u. etwa 800–500 v. Chr. vermutlich im Zweistromland zwischen Ganges u. Yamunā entstanden. Sie enthalten symbolische Deutungen der Riten u. heilige Silben, naturphilosophische Betrachtungen über die Entsprechungen zwischen den Konstituenten des Menschen u. des Kosmos, Spekulationen über das letzte Prinzip alles Seienden, Gedanken über das Geschick der Verstorbenen u. Bezeugungen einer Heilserkenntnis, die die Gewißheit ewigen Friedens u. der Unsterblichkeit vermittelte. Als wirkungsgeschichtlich bedeutende Ideen erwiesen sich: die Theorie vom Geburtenkreislauf (↗saṃsāra), verbunden mit der Lehre von den die jeweilige Geburt – vom Dasein als Pflanze bis zur Götterwelt – bestimmenden Tatenfolgen (↗karma); das Geheimnis der ↗brahman gen. einen Wirklichkeit u. Wahrheit; die Identifizierung des brahman mit dem wahren Selbst (ātman) des Menschen; schließlich die Begierdelosigkeit, Entsagung u. meditative Selbst-Erkenntnis als wesentliche Hilfsmittel zur Emanzipation vom Geburtenkreislauf. – Die metrisch verfaßten „mittleren U." – Mahānārāyaṇa-, Kaṭha-, Iśa-, Śvetāśvatara-, Muṇḍaka-U. – sowie die „jüngeren U." – u. a. Praśna-, Maitri-, Jābāla-, Māṇḍukya-U. verknüpfen z. T. die Erlösung mit Yoga-Praktiken, Konzeptionen des ↗Sāṃkhya (Unterscheidung Geist-Materie), einer personalen Auffassung des Absoluten als allwissenden u. allmächtigen „Herrn" (īśvara) des Universums sowie der Gottesliebe (↗bhakti). Von den über 200 „späten U." sind einige erst im MA entstanden. –

Die Lehren der U. führten in den Schulen des ↗Vedānta zu unterschiedlichen, z. T. gegensätzlichen Systematisierungen.
L.: E: Frauwallner, Gesch. der ind. Philosophie, Bd. 1, 1953. (mü)

upāsaka (Skt/P), Laienanhänger der ↗Lehre des ↗Buddha (upāsikā, die Laienanhängerin). Der upāsakā nimmt Zuflucht zum „Dreijuwel" (↗triratna), unterstützt den ↗saṅgha u. ermöglicht materiell den Mönchen u. Nonnen das monastische Leben. (no)

Upāsakajanālaṅkāra, theravādische Schrift (↗Theravāda), die die Laienethik des ↗Buddha darstellt. Zugeschrieben ist sie einem Ānanda des 12. Jh. Thematisiert sind ↗Verdienstübertragung u. die 3 Wege der Erlösung (↗triyāna, wobei als 3. Weg der des samyak-saṃbuddha anstelle des mahāyānischen Bodhisattvawegs abgehandelt wird.
A.: U., hg. v. H. Saddhatissa, PTS, London 1965. (no)

upasampadā (Ordination), wörtlich „Hinzutreten" des Novizen (sāmaṇera) zum Mönchsorden, durch das er zum voll ordinierten Mitglied wird. Voraussetzung ist das „Heraustreten" aus der Familie (pabbajjā) u. eine gewisse Vorbereitungszeit. Der Novize wird von einem persönlichen Betreuer der Mönchsversammlung (mind. 10 bzw. 5 Thera-Mönche) vorgeschlagen, bittet dreimalig um Aufnahme u. wird nach Eignung, Gesundheit u. Unabhängigkeit befragt. (bo)

upāya (Skt/P, tib. thabs), Methode, Mittel, Plan, List bzw. u.-kauśalya (Skt), das ist die Fähigkeit der Anwendung des rechten Mittels; Begriff für die Ausbreitung des Buddh. Diese Methode berücksichtigt weitgehend die angetroffenen religiösen Vorstellungen u. Anschauungen, soweit diese mit den Grundlehren des Buddh. vereinbar sind. Die Methode des u. begründet damit die nationalen Ausprägungen des Buddh. beispielsweise in ↗China, ↗Japan u. ↗Tibet. Grundgelegt findet sie sich im Lotus-Sūtra. In der 10stufigen Bodhisattva-Karriere (↗Bodhisattva), die das ↗Mahāyāna analog der Mönchskarriere im ↗Hīnayāna konstruiert, ist an 7. Stelle u.kauśalya genannt als die Fähigkeit oder Vollkommenheit, durch den Einsatz des rechten Mittels anderen Wesen zum Heil zu verhelfen. ↗prajñā. (no)

upekṣā (Skt, P upekkhā) ↗Gleichmut

uposatha (P, Skt poṣadha, vermutlich richtiger upavasatha), wörtlich: „Fasten"; Feiertage nach dem buddh. Festkalender an Vollmond- u. Neumondtagen u. an den dazwischenliegenden Tagen des 1. u. 4. Mondviertels. An Voll- u. Neumondtagen findet die Beichtfeier mit der Rezitation des ↗prātimokṣa (P pātimokkha) statt. An u.-Tagen übernehmen Laien häufig die Beobachtung der 6.–9. (mönchischen) Sittenregel (sīla), d. h., sie verzichten auf Mahlzeiten nach Mittag, auf den Besuch von Tanz-, Gesang-, Musik- u. Schauspieldarstellungen, auf den Gebrauch von Kosmetika u. auf die Benützung eines bequemen Bettes. (no)

Urkanon ↗Kanon

Uruvelā (P, Skr Urubilvā, Uruvilvā) ↗Bodh Gayā

Uṣṇīṣavijayā (Skt, tib. gtsug gtor rnam rgyal ma), 3gesichtige, 8armige, weibliche ↗Gottheit, die im lamaistischen Kulturraum unter den ↗Drei Gottheiten Langen Lebens erscheint u. speziell wegen der mit ihr assoziierten Gabe der Langlebigkeit verehrt wird. Im gesamten lamaistischen Asien finden sich „Namgyal-stūpas (tib. rnam rgyal mchod rten), die stets ihre ikonographische Darstellung in der Kuppel (tib. bum pa) des ↗stūpa aufweisen u. die an U. geknüpften Hoffnungen im Falle oft schwerer Krankheiten bezeugen. Ihr Haupterkennungsmerkmal ist eine kleine ↗Amitābha-Statue in ihrer rechten oberen Hand. (ev)

uttarāsaṅga (Skt/P), Teil des 3teiligen buddh. Mönchsgewandes (Skt tricīvara, P ticīvara), eine Art Tunika oder Rock. (no)

V

Vacchagotta (P, Skt Vatsagotra). Ein Wanderasket (↗paribbājaka) dieses Namens tritt in den Sūtren des ↗Pāli-Kanons häufig als prominenter Fragesteller auf (z. B. M 71–73; S 33,1–5 u. 44,10; A 3,58). M 72 berichtet davon, daß er zum ↗Laienanhänger, M 73 daß er zum ↗Mönch u. schließlich zum ↗arhat wurde. (sl)

Vaibhāra-Berg ↗Vebhāra-Berg

Vaibhāṣika (Skt). Anderer Name für die Sarvāstivāda-Schule (↗Sarvāstivāda). Man unterscheidet 2 Zweige: Kāśmīra-V. u. den westl. Zweig (Pāścātya) der V.-Schule. (no)

Vaipulya-Sūtren (die „umfangreichen Sūtren") ist eine Bezeichnung für äußerst umfangreiche Sūtren-Sammlungen des ↗Mahāyāna. Traditionell gelten als V. die ↗Prajñāpāramitā-Sūtren, die ↗Avataṃsaka-Sūtren u. das Ratnakūṭa-Sūtra. In der kanonischen Tradition ↗Chinas werden dem noch weitere Texte hinzugefügt. (sl)

Vairocana (Skt, tib. rnam par snaṅ mdzad), „Sonnensproß" oder „der alles zu völligem Leuchten bringt", im ↗Vajrayāna unter den ↗Fünf Tathāgatas entsprechend der ↗Guhyasamāja-Tantra-Tradition der im Osten des ↗maṇḍala thronende, das Rad haltende ↗Buddha von weißer Körperfarbe, der als Verkörperung der spiegelgleichen Weisheit gilt. Sein Element ist das Wasser, seine ↗prajñā Vajradhātvīśvarī, seine Keimsilbe ↗„oṃ". (ev)

Vaiśālī (Skt, P Vesālī, heute Basarh), Stadt im heutigen ind. Bundesstaat Bihar, vielfach mit der Biographie des ↗Buddha verbunden: Hier soll ↗Ārāḍa Kālāma, einer der beiden Lehrer des ↗Siddhārtha ↗Gautama nach dessen Aufbruch in die Heimatlosigkeit (Beginn des Asketenlebens), unterrichtet haben; in V. besaß der ↗saṅgha einen Hain, den die Kurtisane Ambapāli gestiftet hatte; hier soll der buddh. Nonnenorden entstanden sein. Vor allem ist V. mit der letzten Wanderung des Buddha (im MNS) verbunden. 386 v. Chr. fand in V. das 2. buddh. ↗Konzil statt. (no)

Vajirā, Tochter von König ↗Pasenadi (Skt Prasenajit) von ↗Kosala u. Gattin von König ↗Ajāsattu (Skt Ajātaśatru) von ↗Magadha. Sie wird in buddh. Quellen genannt. (no)

Vajra (Skt, tib. rdo rje), ursprünglich im ↗Hinduismus eine Bezeichnung des „Donnerkeils" Indras, im Buddh. jedoch als Bezeichnung für den „Diamanten" zu verstehen (↗Vajrayāna). V. ist ein Begriff, der die allem innewohnende ↗Buddhanatur, die ↗Leerheit, kennzeichnet u. als „fest, essentiell, unteilbar, unspaltbar, unbrennbar, unvergänglich" (Advayavajra) umrissen wird. V. findet andererseits als Bezeichnung für das „Diamantzepter" (Skt vajra, tib. rdo rje) Verwendung, das bedeutendste Ritualinstrument im ↗„Vajra"yāna u. ↗Lamaismus. Es versinnbildlicht die „Methode" (Skt ↗upāya), d.h. das selbstlose Wirken zum Wohle der buddh. Lehre u. aller Lebewesen. Gemeinsam mit der Glocke (Skt ghaṇṭā), dem Symbol intuitiver Weisheit (Skt ↗prajñā), symbolisieren v. u. ↗ghaṇṭā die beiden geistigen Polaritäten, die von lamaistischen Gläubigen während ritueller Handlungen mittels symbolische Handhaltungen u. -bewegungen (↗mudrā) wieder in den Zustand der Einheit versetzt werden. (ev)

Vajrabhairava (Skt, tib. rdo rje `jigs byed), „Vajra-Furchterregender", eine stets an ihrem stiergesichtigen Hauptkopf erkennbare, zornvolle, 9gesichtige, 34armige ↗Gottheit von schwarzblauer Körperfarbe, die im ↗Vajrayāna als die schrekkenerregende Form des ↗Mañjuśrī oder ↗Mañjughoṣa gilt. V., mit ↗Yamāntaka identisch, ist eine Gottheit der ↗Anuttarayoga-Tantra-Klasse u. wird im ↗Lamaismus vor allem von den ↗Gelugpa geistig evoziert. Das V.-Tantra gilt als Summe aller Vater- u. Mutter-Tantras (↗Tantra-Klassen). (ev)

Vajrabodhi (chin. Chin-kang-chih), 671–741. Nach ↗Subhākarasiṁha der 2. Meister des ↗Tantrismus (↗Chen-yen, ↗Mi-tsung) in ↗China. Er kam 720 nach Kanton, wurde vom Kaiser nach Ch'ang-an eingeladen u. zum „kuo-shih" (Reichspräzeptor) ernannt. Er verbreitete den Tantrismus in den beiden Hauptstädten Ch'ang-an u. Lo-yang. 723 übers. er die Schrift „Lüeh-ch'u nien-sung-ching" (Sarvatathāgatatattvasaṃgraha), neben dem „Ta-jih-ching" (↗Subhākarasiṁha) die wichtigste Schrift des chin. Tantrismus, u. weitere Schriften („Yü-chia nien-sung fa", die Kurzfassung von „Chin-kang-ting-ching"). (so)

vajrācārya (Skt, wörtlich: „Diamant-Lehrer"), höheres der beiden geistlichen Ämter bei den Newars in ↗Nepal. Dieses Amt ist aus dem inzwischen verschwundenen buddh. Mönchtum hervorgegangen. Es wird innerhalb bestimmter Familien weitergegeben, Nachkommen ehemaliger verheirateter buddh. Mönche. Der Skt-Kundige v. ist Lehrer (der buddh.-tantrischen Tradition, ↗Tantrismus, vajra, ↗ācārya) u. nimmt im Opferkult priesterliche Funktionen wahr. (no)

Vajracchedikā-prajñāpāramitā-sūtra (Skt) ↗Diamant-Sūtra

Vajradhara (Skt, tib. rdo rje `dzin pa), „Vajra-Träger", „Vajra-Halter", 1. in ind. Texten Titel eines vollendeten yogin, 2. Bezeichnung des ↗Ādibuddha bei den lamaistischen Schulrichtungen ↗Gelugpa, ↗Kagyüpa u. ↗Sakyapa. Von tiefblauer Körperfarbe hält er ↗vajra u. ↗ghaṇṭā als Zeichen der Vereinigung der prinzipiellen Gegensätze gekreuzt vor der Brust. (ev)

Vajrapāṇi (Skt, tib. phyag na rdo rje), „der den ↗vajra in der Hand [hält]", in verschiedenen Erscheinungsformen auftretender ↗Bodhisattva. Im ↗Lamaismus zählt er zu den ↗Beschützern der 3 Familien u. fungiert teils als ↗Yidam teils als ↗dharmapāla. Er ist von tiefblauer Körperfarbe, schreckenerregendem Aussehen, umgehen von einer lodernden Flammenaureole u. hält mit der Rechten den ↗vajra bannend erhoben. V. gilt als eine Emanation des ↗Buddha ↗Akṣobhya. (ev)

Vajrasattva (Skt, tib. rdo rje sems pa), „der das Wesen des ↗vajra [besitzt]", eng mit dem Buddha ↗Akṣobhya verwandt, der im ↗maṇḍala der ↗Fünf Tathāgatas gelegentlich auch Akṣobhya vertritt. V. symbolisiert ganz so wie Akśobhya das allen Erscheinungsformen zugrundeliegende, unzerstörbare, unvergängliche Wesen des Vajra; im ↗Bardo Thödol tritt er als V.-Akṣobhya auf. V. ist zumeist von weißer Körperfarbe, hält den Vajra in der Rechten vor der Brust, die ↗ghaṇṭā in der Linken seitlich an der Hüfte. Nach der ↗Guhyasamāja-Tantra-Tradition repräsentiert V. auch den im Zenit des ↗maṇḍala thronenden ↗Ādibuddha im Nadir. (ev)

Vajravārāhī (Skt, tib. rdo rje phag mo), „Vajra-Bache", als „ḍākinī aller Buddhas" (Skt sarvabuddhaḍākinī) verehrte, bedeutende transzendente ↗ḍākinī des ↗Vajrayāna, die ihren Namen von ihrem Schweinskopf ableitet. Von roter Körperfarbe, splitternackt, mit der Rechten den ↗Vajra, mit derLinken den khatvāṅga-Stab haltend u. aus einer Schädelschale fließendes Blut trinkend, gilt sie als Verkörperung der 5 Arten des Wissens. Ihr Wesen ist die „Gleichzeitig entstandene Freude" (Skt sahajānanda), die der Erkenntnis der Natur der Leerheit (Skt śūnyatā) entstammt. Die Äbtissin des tib. Klosters Samding (tib. bsam ldiṅ) – die ranghöchste, sich in einer ↗Existenzenlinie verkörpernde Frau Tibets – galt als ihre Emanation.

L.: R.O. Meisezahl: Die Göttin V. (in: Oriens, 18–19), 1967. (ev)

Vajrayāna (Skt, tib. rdo rje'i theg pa), „Diamantfahrzeug", die 3. große Schulrichtung des Buddh. in Indien, die ihren Namen von der dem unveränderlichen Wesen eines Diamanten (↗vajra) gleichenden Buddha-Natur ableitet, gelegentlich auch als ↗Mantrayāna, ↗Tantrayāna oder ↗Phalayāna bezeichnet. Seine frühesten schriftlichen Zeugnisse, die ↗Tantras, lassen sich mit dem ↗Guhyasamāja-Tantra etwa in das 7. Jh. n. Chr. (Tucci) datieren. Nach der Ausbildung des ↗Kālacakrayāna (10. Jh.) geht das V. mit dem Niedergang des Buddh. in Indien unter. Zu überdauern vermag es in Tibet, wo es die Form des ↗Lamaismus annimmt, peripher auch in China und Japan. – Auf der Grundlage der ↗Mahāyāna-Philosophie, liebender Hinwendung zu allen Lebewesen (↗bodhicitta), der Erkenntnis aller Phänomene, Gedanken, Worte u. Handlungen als Leerheit (↗śūnyatā) u. auf den ↗Sechs pāramitās fußender ethischer Vervollkommnung sucht das V. mit Hilfe der Adoption ausgewählter Praktiken des ↗Tantrismus den Weg zur Erleuchtung zu beschleunigen u. den Gläubigen möglichst schon in seinem gegenwärtigen Leben zur höchsten Erleuchtung zu führen. Dazu benutzt es 1. die ↗Meditation über ↗Gottheiten anhand von ↗maṇḍalas, 2. ↗mantra u. ↗mudrā als Mittel zum Erlebnis höherer Bewußtseinszustände, 3. ein ↗Pantheon zahlloser Gottheiten als Mittler der Erkenntnis, 4. auf feinstofflichen Energiezentren (Skt cakra) u. -kanälen (Skt nāḍī) basierende yogische Methoden, die den Praktizierenden zum bewußten Erleben der höchsten Natur der Wirklichkeit führen sollen, 5. ↗Initiation in geheim gehaltene Lehren, 6. neben ihrer schriftlichen Tradierung die Überlieferung des geistigen Gehalts der Lehren in ↗Guru-Überlieferungsreihen, 7. die Position des Guru oder ↗Lama als unentbehrlichem Führer u. 8. ein ausgeprägtes Ritualwesen. – Anhängern des V. wird tiefer Glaube u. ein eiserner Wille abverlangt; die Unterordnung unter einen, vom Schüler als ↗Ādibuddha zu betrachtenden Guru oder ↗Lama, langwierige Meditationen u. Rituale, oft jahrelanges Zurückziehen, die Aufgabe althergebrachter Vorstellungen u. Lebenswerte sind Voraussetzungen seiner Praxis. Es versteht sich als eine rein psychologische Methode, die im Kern eine Transformation der realen Welt in eine höhere Wirklichkeit anstrebt, zugleich jedem seinen kognitiven Fähigkeiten entsprechende Methoden anbietet. Im Mittelpunkt der Praxis steht die Erzeugung seiner selbst als ↗Gottheit u. der realen Welt als ein transzendentes ↗maṇḍala, in dem die eigenen Mittel u. Taten als Mittel u. Taten der Gottheit erfahren werden. Der entscheidende Schritt ist nun die Erfahrung seiner selbst, der Gottheit u. ihrer Mittel und Taten als ↗Leerheit. Persönliche Anhaftungen sind damit beseitigt, der Geist frei zur uneingeschränkten Praxis von ↗bodhicitta. – Das V. lehnt einen strengen moralistischen Standpunkt ab u. sieht im Geist die entscheidende Instanz zur Bestimmung der ethischen Qualität einer Handlung. Nicht die prinzipielle Vermeidung von Gefühlen, sondern deren bewußtes Zulassen auf einem kontrollierbaren Grade, also z. B. die Überwindung der Leidenschaft durch Leidenschaft, ist Ziel des V.

Aus der Sicht der V.-Anhänger bildet das V. einen integralen

Bestandteil des Mahāyāna, das sie in Pāramitāyāna, den herkömmlich als Mahāyāna bezeichneten Weg stetiger langwieriger ethischer Vervollkommnung u. V., den radikalen, schnellen Weg zur Erleuchtung, unterteilen. Die Schriften des V., die ↗Tantras, bedienen sich einer symbolhaften, vielschichtigen, „intentionalen Sprache" (Skt sandhyābhāṣā), die verschiedene Verständnisebenen besitzt, so daß die Tiefe ihres Verständnisses vom individuellen Verständnisvermögen des Rezipienten abhängig gemacht wird.

L.: H. v. Glasenapp: Buddh. Mysterien, 1940; S. Dasgupta: Obscure Religious Cults, Calcutta ²1962; ders.: An Introduction to Tantric Buddhism, Calcutta ²1958; B. Bhattacharyya: An Introduction to Buddhist Esoterism, Varanasi ²1964; A. Wayman: The Buddhist Tantras, London 1973; H. V. Guenther: Tantra als Lebensanschauung, 1974; ders.: Matrix of Mystery, Boulder – London 1984; D.L. Snellgrove: The Hevajaratantra, London 1976; P. Gäng: Das Tantra der Verborgenen Vereinigung, 1988; weitere Lit. ↗Tantrismus, ↗Lamaismus. (ev)

Vajrayoginī (Skt, tib. rdo rje rnal `byor ma), bedeutende ↗ḍākinī des ↗Vajrayāna, auch ↗prajñā des Heruka. Sie erscheint in unterschiedlichen Körperfarben, gewöhnlich im Umfeld eines Leichenackers, u. hält in der Rechten ein Messer, mit dem sie ihren eigenen, in der Linken gehaltenen Kopf vom Rumpf getrennt hat. Aus dem bloß daliegenden Hals nährt ein Blutschwall ihren eigenen u. den Mund ihrer beiden Begleiterinnen. Sie ist eng verwandt mit ↗Vajravārāhī. (ev)

Vaṃsā-Reich oder Vaccha, Königreich zwischen Ganges u. Yamunā, südwestl. von ↗Kosala, mit der Hauptstadt Kosambī. Buddh. Quellen zufolge hat der ↗Buddha Kosambī mehrfach besucht. (no)

Vappa gehörte zu den 5 Asketen-Gefährten des ↗Buddha während der Zeit seiner Schmerzensaskese u. war Adressat der 1. Predigt des Buddha im Wildpark ↗Isipatana bei ↗Benares u. einer der ersten 5 Mönche des buddh. Ordens. V. gilt als ↗arhat. (no)

Vārāṇasī ↗Benares

vassa (P, Skt varṣa, Regenzeit). Zeitweilige Seßhaftigkeit der ansonsten wandernden Mönche in der Regenzeit (ca. Juli – September); nach Mv 3,1 sind die Mönche verpflichtet, entweder als Einsiedler eine Hütte zu bauen oder einen Kloster-Hain (vihāra) aufzusuchen. vassa ist die Zeit der Gemeinschaftsbildung im ↗saṅgha, der Lehre u. Disziplin. (bo)

Vasubandhu, der Tradition nach zunächst ↗Sarvāstivādin, dann Vertreter des ↗Yogācāra, ca. 320–400 n. Chr. Zur Schule des Yogācāra u. damit zum ↗Mahāyāna soll er durch seinen Bruder ↗Asaṅga überzeugt worden sein. Mit einiger Wahrscheinlichkeit handelt es sich jedoch um 2 verschiedene Persönlichkeiten: einen älteren V., den Yogācārin, 320–380 n. Chr., u. einen jüngeren V., den Sarvāstivādin, 400–480 n. Chr. (E. Frauwallner). V. werden eine ganze Reihe wichtiger Texte zugeschrieben. Dabei ordnet man dem jüngeren V. die Autorschaft des ↗Abhidharmakośa u. der Paramārthasaptatikā zu, dem älteren V. die Schriften Viṃśatikā, Triṃśikā u. Trisvabhāvanirdeśa neben anderen.

A.: Madhyāntavibhāga-bhāṣya. A Buddhist Philosophical Treatise, ed. G. Nagao, Tokyo 1964. – L.: J. Takakusu: The Life of V. by Paramārtha, TP 5 (1904), 269–296; ders.: A Study of Paramārtha's Life of V. and the Date of V., JRAS 1905, 33–53; Indian Studies in honour of C. R. Lanman, Cambridge 1929 (Aufs. zur Lebenszeit V.); J. Kitayama: Metaphyisk des Buddhismus, 1934; E. Frauwallner: On the Date of the Buddhist Master of the Law V., Roma 1951 (SOR, 3); T.A. Kochumuttom: A Buddhist Doctrine of Experience – A New Translation and Interpretation of V. the Yogācārin, Delhi 1982; S. Anacker: Seven Works of V., Delhi 1984. (no)

Vatsīputrīya (Skt), buddh. Schule des ↗Hīnayāna. Der V. entstand als Abspaltung vom ↗Sthaviravāda beim 3. ↗Konzil von Pāṭaliputra. Die Schule nahm einen unerkennbaren pudgala (Skt, P puggalo; „Persönlichkeit") an, der mit den 5 Gruppen des Ergreifens (skandha), den Konstituenten des empirischen u. vergänglichen Selbst, nicht identisch, aber von diesen auch nicht verschieden sei. Dieser pudgala wandere als Eigner der Taten (d. h. als Träger des ↗karma) durch die Existenzen (↗saṃsāra). Daher nannte man diese Schule auch Pudgalavādins. Man kritisierte die V., daß sie mit diesem „Persönlichkeitsglauben" den upanischadischen ātman (das ewige, unzerstörbare u. letztlich göttliche Selbst) in den Buddh. eingeführt hätten. (no)

Vebhāra-Berg. Heute Vaibhāra-B., im NW von ↗Rājagṛha gelegene Bergkette, wo nach buddh. Tradition in der dort gelegenen Sattapaṇṇi-Höhle das 1. Konzil stattgefunden haben soll. ↗Konzil. (no)

Veda (Wissen), Bezeichnung der ältesten Schriften der ind. Lit., die im ↗Hinduismus als Offenbarung (śruti) verehrt werden. Die ursprünglich nur mündlich tradierten Texte sind z. T. gemäß ihrer Funktion beim Opferritual gegliedert. Die Saṃhitās (etwa 1500–1000 v. Chr.) bestehen aus: Rig-V., 1028 Hymnen in Versen (ric), mit denen der Hotar-Priester die Götter zum Opfermahl einlädt; Sāma-V., zum größten Teil Verse aus dem Rig-V., die dem Utgātar-Priester die Melodien (sāman) anzeigen; Yajur-V., Formeln, mit denen der Adhvaryu-Priester seine Opfer-(yajus-)Handlungen begleitet; Atharva-V. mit zahlreichen Zaubersprüchen, der dem die Oberaufsicht führenden Brahmanen zugeordnet ist. Den jeweiligen Saṃhitās folgen: Brāhmaṇas (etwa 1000–800 v. Chr.), Handbücher zur Erklärung u. mythologischen Legitimierung des Rituals; teilweise Āraṇyakas, mystische Opferspekulationen; am Ende die ↗Upanischaden. Im Range heiliger Tradition (smriti, „Erinnerung") stehen die Vedāṅgas („Glieder des V."), Hilfswissenschaften wie Phonetik, Metrik, Grammatik, Etymologie, Astronomie, Geometrie sowie Ritual- u. Soziallehre. – Der Rig-V., z. T. der Atharva-V. sind die wichtigsten Zeugnisse der frühvedischen Religion, als die aus Zentralasien eingewanderten Arier sich im NW Indiens aufhielten. In ihr treten als Ehrfurcht gebietende Mächte hervor: der Götterkönig Indra, der durch die Überwindung des Drachen Vritra Kühe u. Wasser als Lebensgrundlage befreite u. im Kampf gegen die einheimische Bevölkerung den Sieg schenkt; Naturgottheiten wie Dyaus (Himmel), Prithivi (Erde), Agni (Feuer, zugleich Mittler zwischen Göttern u. Menschen), Vāyu (Wind), Parjanya (Regen), Sūrya (Sonne), Uṣas (Morgenröte); Gottheiten als Schützer sittlicher Werte wie Aryaman (Gastfreundschaft), Mitra (Vertrag), Varuṇa (Eid); unpersönliche Mächte wie rita (Wahrheit, kosmische Ordnung) oder ↗brahman. – Das Verhältnis zu den Göttern ist das der gegenseitigen Teilgabe: Sie werden im bild- u. tempellosen Kult als Gäste bewirtet u. durch den Lobpreis ihrer mythologischen Taten u. kosmischen Erscheinungen um heilsames Wirken gebeten. Die Hoffnung auf das nachtodliche Leben erstreckt sich auf die Gemeinschaft mit den „Vätern" im Himmel. – Zur spätvedischen Religion ↗Brahmanismus.

L.: H. Oldenberg: Die Religion des Veda, [2]1917, [5]1970. (mü)

vedanā (Skt/P), Gefühl (unspezif.) Empfindung, 2. der 5 Daseinsgruppen (pañca upādānaskandhāḥ, skandha/khandha) u. konstituierender Bestandteil des empirischen Ich des Menschen (↗anātman) u. zugleich 7. Glied des 12gliedrigen Satzes vom bedingten Entstehen (↗pratītyasamutpāda). v. ist Ergebnis der 6 Sinne; sie kann leidvoll (duḥkha/dukkha), freudvoll (sukha) oder indifferent (adukkhamasukha) sein. Grundsätzlich ist sie negativ als Fessel an die Welt der Erscheinungen qualifiziert. (no)

Vedānta (Skt, Ende oder Vollendung des ↗Veda). 1. Synonym für die ↗Upanischaden. 2. Weitverzweigte philosophische Schulrichtung des ↗Hinduismus, die sich besonders auf die Upanischaden, die Bhagavadgītā (2. Jh. v. Chr.) u. die 555 Sūtras des Bādarāyaṇa (2./3. Jh. n. Chr.) als autoritative Lehrtexte beruft. Gegenstand des V. ist die Erforschung des ↗brahman, des Absoluten. Das Erkenntnisinteresse ist die Emanzipation i. S. der Loslösung von den egoistischen Begierden u. der Befreiung vom Geburtenkreislauf. Nach dem Advaita-V. ist das brahman „ohne ein Zweites" (advaita). Es ist ewig, unveränderlich u. allein wahrhaft seiend. Das geistige Selbst (ātman) des Menschen ist mit ihm identisch. Der vielheitlichen Erscheinungswelt, die vom unerleuchteten Menschen praktisch für real gehalten wird, kommt kein wahres Sein zu. Sie ist ein Trugbild (↗māyā), das in der Alleinheitserfahrung der Selbst-Erkenntnis schwindet. Der einflußreichste Denker des Advaita war der südind. Brahmane Śaṅkara (788–820 n. Chr.?, wahrscheinlich um 700). – Gegen die illusionistische Kosmologie u. Erkenntnistheorie des Advaita wandten sich verschiedene Denker der Viṣṇu-Frömmigkeit, die eigene Schulen u. religiöse Gemeinschaften begründete. Sie deuteten das Absolute zugleich personal als „Herrn des Alls", der periodisch das Universum erschafft, erhält u. wieder auflöst sowie denen, die Zuflucht bei ihm suchen, voll Gnade begegnet. Nach dem Viśīṣṭādvaita („Zweitlosigkeit eines [in sich] Unterschiedenen") V. des Rāmānuja (1017–1137?) lenkt, durchdringt u. umgreift das Absolute die von ihm unterscheidbare materielle Welt u. die Seelen. Madhva (1199–1278) lehrte in seinem Dvaita-V. die uneingeschränkte Verschiedenheit (dvaita, „Zweiheit"). Dabei gilt allein Gott oder das brahman als autonom. Alles übrige Seiende befindet sich ihm gegenüber im Zustand der Abhängigkeit. In Nimbārkas (14. Jh.?) Dvaitādvaita wird die Differenz zwischen Gott sowie den aus ihm entfalteten Seelen u. der Welt ebenso betont wie ihre Einheit. Nach dem Śuddhādvaita („reine Zweitlosigkeit") des Vallabha (1479–1531) sind die Seelen u. das Universum eine reale Manifestation der Eigenschaften der höchsten Gottheit. – Vertreter des aus der Begegnung mit westl. Ideen hervorgegangenen Neo-V. (Vivekānanda, 1863–1902; Radhakrishnan, 1888–1975), die eine die Einheit aller Religionen begründende Philosophie postulieren, berufen sich vornehmlich auf den Advaita-V. des Śaṅkara u. in ihrer neuen weltzugewandten Ethik z. T. auf das ↗Bodhisattva-Ideal.

L.: K. H. Potter (Hg.): Advaita V., Princeton 1981; J.B. Carman: The Theology of Rāmānuja, New Haven 1974; B. N. K. Sharma: A History of the Dvaita School of V., 2 Bde., Bombay ²1971. (mü)

vedikā. Die v. ist ein Zaun, der einen ↗Stupa einfriedet. Meist weist er Zugänge aus allen 4 Himmelsrichtungen auf. (no)

Vegetarismus. Ernährungsgewohnheit, in der auf den Genuß von Fleisch, Fisch u. Eiern verzichtet wird, im Buddh. aus ethisch-religiösen Gründen. Der ↗Buddha schrieb indes seinen Mönchen (u. Nonnen) nicht die vegetarische Lebensweise zwingend vor. Den Mönchen war unter 3 Bedingungen verboten, Fleisch zu essen: 1. wenn das Tier ihretwegen geschlachtet wurde, 2. wenn sie dieses mit einigem Recht vermuten mußten, 3. wenn sie die Tötung des Tieres mitangesehen hatten. (no)
In ↗China war es in der klassischen Religion Brauch, vor

Opferfesten zu fasten, wobei der ↗Taoismus größeren Wert auf das geistige als auf das körperliche Fasten legte. Der Buddh. übernahm den Begriff chai. Die Fastenzeiten gewannen in der Sui- u. T'ang-Dynastie auch größere politische Bedeutung: Tierschlachtungen u. Exekutionen an Verurteilten wurden unterlassen. Kulturell bedeutsam wurde, daß man in Küchen chin. Klöster Fleisch durch Soja ersetzte, durchaus auch bei den Banketten, die die Kaiser häufig in Klöstern gaben. (so)

Verdienst (Skt puṅya, P puñña) ist das positiv zuschreibbare Ergebnis heilsamen sittlichen Denkens, Redens u. Handelns u. so mit dem Begriff u. der Lehre des ↗karma verbunden. Im gradualistischen Verständnis buddh. Sittlichkeit führt V. zu den aufwärts führenden Fährten, d. h. zur Wiedergeburt in der Menschen- oder in der Himmelswelt. Wiewohl im älteren Buddh. fremderlösende Momente wie z. B. ↗V.-Übertragung von der Doktrin her ausgeschlossen sind, hat sich auch in den Ländern des theravādischen Buddh. (↗Theravāda) solche Praxis eingestellt (P pattidāna = Geschenk des Erlangten), daß die heilsame Qualität der eigenen guten Tat, das V., an andere (Verstorbene) hergeschenkt werden kann. Vor dem Hintergrund der V.-Übertragung erklärt sich auch die rettende Funktion der ↗Bodhisattvas u. der ↗Buddhas im ↗Mahāyāna. Im ↗Lamaismus siehe auch ↗Widmung der Verdienste. (no)

Verdienstübertragung (P patti-dāna) begegnet in der südl. Komm.-Lit.: die Vorstellung selber scheint älter zu sein. Sie beinhaltet die Annahme, daß die Früchte des eigenen heilsamen Wirkens (oder dessen karmische Konsequenz; ↗karma) an andere Wesen – insbesondere an verstorbene Menschen – hergeschenkt werden können, um deren Heilschancen zu verbessern. Die Idee selber erscheint dem mahāyānischen Bodhisattva-Ideal verwandt (↗Mahāyāna, ↗Bodhisattva). Im ↗Lamaismus siehe ↗Widmung der Verdienste. (no)

Verhalten, rechtes, rechte Tat (Skt samyak-karmanta, P sammā-kammanta), 4. Glied des Hohen ↗Achtfachen Pfades; umfaßt das Vermeiden der Tötung lebender Wesen, des Stehlens u. der geschlechtlichen Ausschweifung. (no)

Verlöschen ↗nirvāṇa

Versenkung ↗Meditation

Verunreinigung. Reinheit u. Unreinheit (Tabu) sind ein Grundthema religiöser Theorie u. Praxis. Im Buddh. meint V. die Erzeugung schlechten ↗karmas u. insbesondere das Abirren der Mönche vom ↗Achtfachen Pfad, das durch die Vorschriften des ↗vinaya (vor allem Enthaltsamkeit von begehrlichen Objekten) verhindert werden soll. (bo)

Vesakh (singhalesisch, Skt Vaiṣaka, P Vesakha). Buddh. Fest am 1. Vollmondtag des Monats Vesākha (April/Mai), an welchem Tag der Tradition nach der ↗Buddha erleuchtet wurde (↗bodhi). Der ↗Theravāda feiert an V. die Geburt des Buddha, seinen Auszug in die Hauslosigkeit (↗pabbajjā), sein vollkommenes Erwachen u. seinen Tod (mahāparinirvāṇa bzw. mahāparinibbāṇa). (no)

Vesālī (P) ↗Vaiśālī

vibhajja-vāda (P, Skt vibhajya-vāda), die „unterscheidende Lehre"; Selbstbezeichnung der ↗Sthavira-Schule etwa seit der Abspaltung der Sarvāstivādins (↗Sarvāstivāda), nach den Pāli-Quellen (Dpv VII u. Mhv V) im Zusammenhang mit dem Konzil von ↗Pāṭaliputra ca. 250 v. Chr., an dessen Geschichtlichkeit die theravādische Tradition festhält. (no)

Vibhaṅga, Schrift aus dem abhidharma-piṭaka (↗abhidharma). Kap. 18 ist offensichtlich später beigefügt. Aus dem Sarvāstivāda-Kanon (↗Sarvāstivāda) weist das Abhidharma-Parāyapāda-śastra eine große Nähe zu V. auf. – Übers. ins Engl.: P. Thittila: The Book of Analysis, PTS/Transl. Bd. 39, London 1969. – V. heißt auch der 1. Hauptteil des vinaya-piṭaka, nämlich sūtra-v. (P sutta-v.), in dem getrennt nach Mönchen u. Nonnen die im ↗prāṭimokṣa genannten Vergehen behandelt werden. (no)

Viḍūḍabha, Sohn u. Nachfolger von ↗Pasenadi als König von

↗Kosala nach buddh. Quellen. Da seine Mutter – aus dem Śākya-Stamm (↗Śākya) – nicht ebenbürtig gewesen sein soll u. die Śākyas ihn daher herablassend behandelt haben sollen, erobert V. 485/4 v. Chr. ↗Kapilavastu u. zerstört es. Die Zerstörung ist archäologisch nachgewiesen. Die Nachfolge seines Vaters erlangte V. ca. 487 v. Chr. durch einen Militärputsch. (no)

Vier edle Wahrheiten (Skt catvāri āryasatyāni, P cattāri aryasaccāṇi, in der Pāli-Tradition auch kurz sacca, Wahrheit genannt), ältestes u. zentralstes Lehrstück des Buddh. u. zugleich vermutlich authentischste Lehraussage des historischen ↗Buddha. Im Dharmacakrapravartana-Sūtra (P Dhammacakkappavattana-Sutta), einem sehr alten Text, stehen die v. e.W. im Mittelpunkt der 1. Predigt (von ↗Benares) des Vollkommen-Erwachten; sie sind überhaupt mit anderen zentralen Lehrstücken der buddh. Doktrin innig verschränkt: mit dem ↗Achtfachen Pfad, mit den ↗Fünf Gruppen des Ergreifens (Skt upādānaskhandhāḥ, P upādānakkhandhā), mit dem Satz vom konditionalen Entstehen (Skt ↗pratītyasamutpāda, P paticcasamuppāda), mit der Wirklichkeitsanalyse nach den ↗Drei Merkmalen (Skt trilakṣāṇa, P tilakkhaṇa) u. dem ↗nirvāṇa. Die Erkenntnis der v.e.W. u. ihre Durchdringung stellen einen wesentlichen Aspekt des Erwachens (↗bodhi) dar, durch die der ↗Bodhisattva ↗Siddhārtha ↗Gautama erst zum Buddha wurde. Die v. e.W. besagen: 1. Wahrheit vom Leiden (Skt duḥkha, P dukkha): Was geboren ist, ist dem Leiden unterworfen. Leiden ist nicht nur, aber vornehmlich Leiden an der Unbeständigkeit u. Vergänglichkeit (Skt anityatā, P aniccatā), die sich in allen Formen der Zustandsveränderung u. des Wechsels äußert, in Alter, Krankheit, Tod, in der Unbeständigkeit glückhafter Gefühle, Erfahrungen, Seinsmodalitäten. Die Bedingtheit qualifiziert Existenz als leidhaft. Die Bedingtheit geburtlicher Existenz ist im pratītyasamutpāda ausgeführt; dieser ergibt sich aus den v. e.W. u. verweist auf diese zurück. Der Ort, wo Leiden erfahren u. (als bedingende Ermöglichung) erfahrbar wird, sind die 5 Gruppen des Ergreifens (Skt pañca upādānaskandhāḥ): „... kurz gesagt, die 5 mit Anhaften verbundenen Gruppen des Daseins sind Leiden“, lautet eine in den Lehrreden ständig wiederkehrende Formel. 2. Wahrheit von der Leidensentstehung (Skt duḥkha-samudaya, P dukkhasamudaya): ergötzendes Begehren oder „Durst“ (Skt tṛṣṇā, P taṇhā) erzeugt Leiden. Dieses Begehren ist 3fach qualifiziert als kāmatṛṣṇā (P kāma-taṇhā), das ist sinnliches Begehren; als bhavatṛṣṇā (P bhava-taṇhā), das ist Werde-Lust; als vibhavat-t., das ist Begehren nach (Selbst-)Vernichtung. Als Grundsatz gilt: Ergreifen (Skt/P upādāna) – u. damit saṃsārische (↗saṃsāra) Existenz – findet statt, solange Begehren (tṛṣṇā/taṇhā) vorhanden ist. 3. Wahrheit von der Aufhebung der Ursache des Leidens (Skt duḥkhanirodha, P dukkhanirodha): Ausmerzen des Begehrens beendet das Leiden. Des Leidens Ende ist aber das ↗nirvāṇa, die Beendigung des saṃsāra u. die Nichtung des ↗karma. 4. Wahrheit des Pfades, der zur Aufhebung der Leidensursache führt: Das ist der Hohe Achtfache Pfad. – In der logischen Argumentationsfigur folgen die v.e.W. einem ärztlichen Verfahrensschema aus dem alten ↗Indien: „Wie eine Krankheit hat man die Leidenswahrheit zu betrachten, wie eine Krankheitsursache die Wahrheit von der Leidensentstehung, wie die Heilung ... die vom Leidenserlöschen, wie die Arznei die Wahrheit vom Pfad“ (Vis. XVI). Die v.e.W. sind tatsächlich der kürzeste Ausdruck der gesamten buddh. Doktrin (Nyānatiloka). (no)

Vier göttliche (oder himmlische) Verweilzustände ↗brahmavihāra

Vietnam (Viet Nam), Staat im östl. u. südl. Hinterindien, kulturell u. religiös durch seine Geschichte sehr stark von ↗China geprägt mit einer buddh. Mehrheit (über 55 %) in seiner Bevölkerung. – Auf dem Staatsgebiet des heutigen V. war um 220 v. Chr. ein Reich der Viet entstanden, das sich nach S hin ausdehnte. Das nördl. V. gelangte unter dem chin. Han-Kaiser Wuti (141–81 v. Chr.) ab 111 v. Chr. unter chin. Herrschaft u. wurde für ein Jt. (bis 939) chin. Provinz. Mit der nun einsetzenden Sinisierung der Region wurde die konfuzianische Ahnenverehrung ein Grundpfeiler der religiösen Kultur in V. Unter chin. Einfluß kommt auch der Buddh. in das nördl. V., bleibt hier aber zunächst ausschließlich Religion der Oberschicht. Im

Volk wird die neue Religion mit den chin. Herren identifiziert u. ist verhaßt. Überdies bleibt bis ins 16. Jh. das ↗Mahāyāna beherrschend. 939 befreit sich Annam aus der chin. Herrschaft, u. um Hanoi entsteht ein eigenes, chin.-konfuzianisch geprägtes Reich, das sich allmählich nach S ausbreitet. Die Blütezeit des Buddh. in V. beginnt ab der Mitte des 10. Jh. unter der kurzlebigen Dinh-Dynastie (968–80) u. setzt sich unter der Ly-Dynastie (1009–1224) fort. Der ↗saṅgha u. der Bau von Klöstern u. Tempeln genießen außerordentliche staatliche Förderung, so daß man den Buddh. in dieser Zeit als Staatsreligion ansprechen kann. Jetzt verbindet sich der Buddh. auch mit volksreligiösen Glaubensvorstellungen u. -praktiken u. verankert sich so im Volk. Die vorherrschenden Schulrichtungen sind ↗Ch'an u. der Buddh. des „Reinen Landes" (↗Ching-t'u). Mit Le Than-tou, dem mächtigsten Herrscher der Le-Dynastie, setzte durch die erklärte Bevorzugung des Konfuzianismus im 15. Jh. ein Niedergang des Buddh. ein. Erst im 18. Jh. begann sich der Buddh. wieder zu beleben. Das südl. V. blieb bis 1673 unter kambodschanischer Herrschaft (↗Kambodscha). Hier ist eine Khmer-Minderheit theravādisch (↗Theravāda) orientiert, wie übrigens auch einige Thai-Völker im nördl. V. Gezielt wurde der Theravāda allerdings erst im 20. Jh. von Ceylon aus (↗Sri Lanka) versucht in V. einzuführen, allerdings ohne durchschlagenden Erfolg. Ab dem 16. Jh. beginnen kulturelle Kontakte V. mit dem Westen – vor allem durch christliche Mission. Seit dem 18. Jh. war Frankreich politisch u. wirtschaftlich in V. repräsentiert. Die franz. Präsenz provozierte eine Christenverfolgung, auf die Frankreich 1857 militärisch reagierte; Saigon wird von den Franzosen eingenommen. 1884–1887 werden Kotschinchina mit Saigon, Tonking u. Annam franz. Schutzgebiete u. schließlich franz. Kolonie. In 2 Indochina-Kriegen – 1945–54 u. 1957–75 – wurde Indochina zunächst 1949/50 in 3 unabhängige Gebiete, V., ↗Laos u. Kambodscha, u. schließlich 1954 V. selbst in 2 Staaten, N- u. S-V., geteilt. Im 2. Indochinakrieg waren seit 1962 die USA wachsend engagiert (sog. „V.-Krieg"). In der Auseinandersetzung mit dem diktatorisch regierenden katholischen Ministerpräsidenten Ngo Dinh Diem (1901–1963), den die USA gegen N.-V. u. den dort regierenden Ho Chi Minh (1894–1969) unterstützten, u. in Reaktion auf buddh.-feindliche Maßnahmen Diems gewannen die vietnamesischen Buddhisten ein bemerkenswert eigenständiges u. durchsetzungsfähiges politisches Profil. Vor allem agierten Teile des saṅgha politisiert. Demonstrationen von Buddhisten u. spektakuläre Selbstverbrennungen von Mönchen in der Öffentlichkeit führten 1963 zum erfolgreichen Putsch gegen Diem, der in den bürgerkriegsähnlichen Unruhen getötet wurde. 1966 erzwingen vietnamesische Buddhisten von der Militärregierung Ky die Ausschreibung von Wahlen. Bereits 1963 war in S-V. eine „Unierte Buddh. Kirche" gegründet worden. Im kommunistisch regierten N.-V. hatten sich die Buddhisten nach chin. Vorbild zu einer nationalen „Buddh. Assoziation" zusammengeschlossen und waren damit dem kommunistischen System weitgehend gleichgeschaltet. Das Ende des 2. Indochinakrieges (u. des Vietnamkrieges) durch die bedingungslose Kapitulation S-V. am 30.4.1975 führte 1976 zur Wiedervereinigung der beiden Länder S- u. N-V. unter kommunistischer Herrschaft (Proklamation der Sozialistischen Republik Vietnam am 2.7.1976). Diese politische Entwicklung hatte für den Buddh. in V. einschneidende Einschränkungen seiner politischen u. kulturellen Gestaltungskraft u. Eingriffe in die Freiheit der Religionsausübung zur Folge. Gravierend ist davon besonders der saṅgha betroffen.

L.: T. Giap: Les deux sources du bouddhisme annamite, ses rapports avec l'Inde et la Chine, Hanoi 1942 (Cahiers EFEO, 33); L. Bezacier: L'Art vietnamien, 2 Bde., Paris 1955; E. Seidenfaden: The Thai Peoples, Bangkok 1958; L. Cadière: Croyances et pratiques religieuses des Vietnamiens, 3 Bde., Saigon 1958; H. Bechert: Buddhismus, Staat und Gesellschaft in den Ländern des Theravāda-Buddhismus, Bd. 2, 1967, 305–372; H. Bechert, Vu Duy-Tu: Buddhismus in V., in: H. Dumoulin (Hg.), Buddhismus der Gegenwart, 1970, 107–112; J.K. Fairbank et al.: East Asia, Tradition and Transformation, Boston 1973; Thich Thien-An: Buddhism and Zen in V. in relation to the development of Buddhism in Asia, Rutland/Vt. 1975; J. Nguyen Huy Lai: La tradition religieuse spirituelle et sociale au V. Sa confrontation avec le christianisme, Paris 1981; Mai-Tho-Truyên: Le bouddhisme au Viet-Nam, in: R. de Berval (éd.), Présence du Bouddhisme, Paris 1987, 689–702. (no)

vihāra (Skt/P), Aufenthaltsort, Wohnsitz, Haus; Begriff für das buddh. Kloster. Im frühen Buddh. war der v. der feste Aufenthaltsort von Mönchen für die Regenzeit, während der das

Wandern verboten war, u. weiterhin jeder Ort, wohin sich Mönche zur ↗Meditation zurückzogen. Durch die Übereignung von Grundstücken an den ↗Buddha u. den ↗saṅgha entstanden feste Wohnplätze für Mönche (u. Nonnen), so daß v. das buddh. Kloster bezeichnet, in der Regel neben Gemeinschaftsräumen eine Reihe von Mönchswohnungen um einen Hof angelegt, im engeren Sinn die Versammlungshalle der Mönche für rituelle Zusammenkünfte (↗pratimokṣa, Sūtrenrezitation u. a.). (no)

vijñāna (Skt, P viññāna), Bewußtsein, Erkennen, wichtiger Begriff der Skandha-Theorie (↗Fünf Gruppen des Anhaftens) des alten Buddh. als deren 5. Gruppe. Durch v. wird die Außenwelt bewußt u. damit die empirische Persönlichkeit (↗anātman) sich ihrer selbst. Von daher ausgehend wird im ↗Mahāyāna im ↗Yogācāra v. zum Produzenten der Wirklichkeit, weswegen die Schule auch V. vāda heißt. Nach buddh. Vorstellung ist v. an die Sinnestätigkeit u. an das Denken gebunden. Von daher unterscheidet der ↗Theravāda 6 Bewußtseinsarten nach den 5 Sinnen (Seh-, Hörbewußtsein usw.). u. das Denkbewußtsein als 6. Art. Im ↗pratītyasamutpāda begegnet v. als 3. Glied. – Im Mahāyāna wird v. neben prajñā als heilsgewinnende Erkenntnis zum Ziel der Erlösung, mit welcher die illusionäre dualistische Sicht auf die Wirklichkeit aufgelöst u. Wirklichkeit als leer (↗śūnyatā) erkannt wird. (no)

Vijñānavāda ↗Yogācāra

Vijñaptimātratāsiddhi (Skt), „Beweis des Nichts-als-Erkenntnis-Seins". 1. Kurzbezeichnung von 2 philosophischen Werken (Viṃśatikā V. u. ↗Triṃśika V.) des ↗Yogācāra-Lehrers ↗Vasubandhu. 2. Sammelwerk des ↗Hsüan-tsang; eine systematische Darstellung der Yogācāra-Lehre, die Fragmente des Yogacarin ↗Dharmapala enthält. (sl)

Vikramaśīla, Name des ca. 800 n. Chr. von König Dharmapala in der Nähe von ↗Nālandā gegründeten Klosters, das bald zu einem Hauptsitz tantrisch-buddh. Studien (↗Tantrismus) wurde. V. war ein Zentrum für die Ausbildung u. Aussendung der

↗Tibet-Missionare, wo zahlreiche Schriften ins Tib. übersetzt wurden. (sl)

Vimalakīrtinirdeśa-sūtra (Skt „Lehrrede des Vimalakīrti"). Das V. ist das herausragende Beispiel des mahāyānischen Laienbuddhismus (↗Mahāyāna). In ihm gibt ein Laie Mönchen eine Belehrung. Entstanden ist die Schrift nicht lange vor 200/150 v. Chr. Einzelne Textpassagen aus dem V. finden sich in späteren Abhandlungen (z. B. im ↗Śikṣāsamuccaya u. im Mahāyānauttaratantraśāstra). Zentrale Themen des V. sind das Konzept der Nicht-Zweiheit (advaita) u. der ↗Buddha-Natur. Heilsziel ist acintya-mokṣa (die „wundervolle Erlösung"), die Ethik wird in der ↗Leerheit begründet. ↗Kumārajīva übers. das V. – keineswegs sehr getreu dem Skt-Original folgend – ins Chin. Daneben existierten noch andere Übers., wie die von ↗Hsüan-tsang, die sich wörtlich am Original orientierte.

A.: Bhiksu Pasadika and L. M. Joshi: V., Tibetan Version, Skt Restoration, and Hindi Translation, Sarnath 1981. – Ü.: H. Reichelt: Die soghdischen Handschriftenreste des Brit. Museums in Umschrift u. m. Übers. hg., 1928; J. Fischer, T. Yokota: V., Tokyo 1944 (dt. Übers.); E. Lamotte: L'Enseignement de Vimalakirti, Louvain 1962 (BM 51); engl. Ausg. London 1976; R. A. F. Thurman: The Holy Teaching of Vimalakirti, Philadelphia 1976. (no)

Vimānavatthu (P), Schrift aus dem ↗Khuddaka-Nikāya im ↗Suttapiṭaka des ↗Pāli-Kanon, eine Legendensammlung, die Beispiele sittlichen Strebens vorstellen will. Der Pāli-Text scheint, wenigstens in Passagen, im nur fragmentarisch erhaltenen Vimānavadāna eine Skt-Entsprechung zu besitzen.

A.: E. A. Gooneratne: V., London 1886. – Ü. Engl.: J. Kennedy: The Minor Anthologies of Pali Canon Part IV – Stories of the Mansions, London 1942. (no)

vimokkha (P, Skt vimokṣa), wörtlich: „Erlösung"; (aszetische) Wege zur Erlösung, d. h. Befreiung aus Bedingungen, die zur Wiedergeburt führen. In der scholastischen Pāli-Tradition unterscheidet man: 1. die 3 Erlösungen (↗vimutti): Leerheits-Erlösung, Erlösung aus den Daseinsbedingungen u. wunschlose Erlösung; 2. die 8 Erlösungen als ein asketisch-meditativer Weg zur Befreiung. (no)

vimutti (P, Skt vimukti), „Befreiung, Erlösung" u. zwar in doppelter Hinsicht: 1. als „Gemütserlösung" (ceto-v.) u. 2. „Wissenserlösung" (paññā-v.). „Gemütserlösung" meint die ethisch-praktische Seite, „Wissenserlösung" aber als deren Frucht die mit der Heiligkeit (↗arhat) verbundene Erkenntnis des Erlösten. (no)

vinaya (Skt/P), „Disziplin, Ordenszucht", wörtlich: Wegführung, bezeichnet sowohl schriftlich kodifizierte, als auch mündlich tradierte Verhaltensregeln, die für das Zusammenleben u. die Lebensführung buddh. Mönche u. Nonnen gelten. – Im Kanonbildungsprozeß (↗Kanon) wird der v. nach seiner schriftl. Fixierung im ↗v.piṭaka zu einem der 3 Teile des Kanons (↗Pāli-Kanon). In seinen Grundbeständen ist der v. zweifelsfrei sehr früh u. dürfte bald neben den ↗dharma (↗sūtrapiṭaka) getreten sein. – Grundlage des v. sind die 10 śīla (P sīla, bzw. Skt śikṣāpada, P sikkhāpada). Diese 10 Regeln sind gewissermaßen in 250 Ausführungsbestimmungen ausdifferenziert, die das ↗prāṭimokṣa (P pāṭimokkha), das Beichtformular u. zugleich die rechtlichen Regelungen der Ordenszucht bilden. Die notwendige Aktualisierung des v. geschieht durch größere Mönchsversammlungen (↗Konzil), wo einerseits Tradition als authentisch gesichert wird, andererseits auf neue Problemlagen mit neuen Verhaltensnormen geantwortet wird. Tatsächlich unterscheiden sich die v. der einzelnen Schulen voneinander, u. gelegentlich waren unterschiedliche Interpretationen von Bestimmungen des v. Anlaß zu Spaltungen des ↗saṅgha u. für Bildungen neuer Schulen.

L.: L. Finot: Fragments du V. Sanskrit, JA 1911, 619–625; J. Filliozat, H. Kuno: Fragments du V. des Sarvastivadin, JA 1938, 21–64; E. Frauwallner: The Earliest V. and the Beginnings of Buddhist Literature, Roma 1956 (SOR III); H. Hecker: Allg. Rechtsgrundsätze in d. buddh. Ordensverfassung (V.), in: Verfassung u. Recht in Übersee, 10. Jg., H.1, Hamburg 1977; A. Yuyama: Vinaya-Texte, V.-Texte, 1979 (SÜBS, ed. H. Bechert, 1). (no)

Vinayapiṭaka (Skt/P), wörtlich: „Behältnis" oder „Korb der Zucht", bildet den 1. Teil des buddh. Kanons (↗Kanon, ↗Pāli-Kanon), der die Ordensregeln (↗vinaya) für Mönche u. Nonnen umfaßt. Die v. verschiedener Schulen sind erhalten, im Pāli-Kanon das der Theravādins (↗Theravāda), ferner das der

Mūlasarvāstivādins (↗Mūlasarvāstivāda) aus dem 4./5. Jh. n. Chr., der Dharmaguptas, der Mahīśāsakas. Im Pāli-Kanon ist das v. formal in 2 Hauptteile gegliedert. Der 1. Teil (Skt Sūtra-Vibhaṅga, P Sutta-Vibhaṅga) wird gesondert für Mönche u. Nonnen gegeben. In ihm werden die im prāṭimokṣa genannten Vergehen kasuistisch kommentiert. Der 2. Hauptteil (Skt skandhaka, P khandhaka oder vastu) behandelt in 20 Abschnitten Zeremonien, erlaubte Gebrauchsgegenstände, Disziplinäres u. Disziplinarstrafen, die Versammlung der Mönche, Beschlußfähigkeit u. einzelne besondere Bestimmungen. Das Pāli-V. dürfte gegen 100 n. Chr. fertiggestellt worden sein.

A.: V., ed. H. Oldenberg, 5 Bde., London 1879–83 (repr. 1969–93). – Ü.: Vinaya Texts, tr. T. W. Rhys Davids and H. Oldenberg, 3 Bde., Oxford 1881–85 (repr. Delhi 1968–69) [Teilübers.]; The Book of the Discipline, tr. I.B. Horner, 6 Bde., PTS, 1938–66 (repr. 1992–93) [vollständ. Übers.]. – L.: E. Frauwallner: The Earliest V. and the Beginnings of Buddhist Literature, Roma 1956 (SOR, 8); A. Hirakawa: A Study of the V., Tokyo 1960; J. Holt: The Canonical Buddhism of the V., Delhi 1981. (no)

Vinaya-Schule (jap. ↗Risshū), eine der 6 jap. buddh. Schulen der Nara-Zeit, die sich vornehmlich um mönchische Observanz bemühte. (no)

vipaśyanā (Skt, P vipassanā), „klare Einsicht", „Hellblick". Als v. gilt die unverrückbare Erkenntnis der 3 Daseinsmerkmale (↗trilakṣana): Vergänglichkeit (↗anitya), ↗Leiden (duḥkha) u. Nicht-Ich (↗anātman). Die Entfaltung des „Hellblicks" (vipaśyanā-bhāvanā) stellt eines der Ziele buddh. ↗Meditation (vgl. auch ↗bhāvanā) dar. (sl)

virya (Skt, P viriya), eigentlich Männlichkeit, Tapferkeit (wie lat. vir-tus), dann: Tatkraft, Willenskraft, Eifer, eine der 5 geistigen Fähigkeiten (↗bala), gleichgesetzt mit dem 6. Glied des ↗Achtfachen Pfades, rechte Anstrengung oder rechter Kampf (sammā-vāyāma). v. richtet sich darauf, Unheilsames zurückzudrängen, ins Gegenteil zu wenden oder zu vernichten u. schlußendlich durch Erlösung zu überwinden. Als v. ↗sambojjhaṇga („Erleuchtungsglied der Willenskraft") gehört v. zu den 7 Erleuchtungsgliedern (↗bojjhaṇga). (no)

Visuddhimagga (P). Der V. („Weg zur Reinheit") ist das bedeutendste, in Pāli geschriebene Werk des ↗Buddhaghosa (5. Jh. n.Chr.), in dem dieser in Form eines Handbuches eine systematische Darstellung der Lehren des ↗Theravāda gibt, die deren rationale Stringenz u. Traditionstreue belegen soll. Der Aufbau orientiert sich an den 3 klassischen Prinzipien des ↗Achtfachen Pfades (sīla, samādhi, paññā). Im V. verarbeitet Buddhaghosa die schriftliche u. mündliche Tradition des Theravāda zu einer lebendigen u. kunstvollen Einheit. Als Vorläufer u. Vorlage des V. gilt der Vimuttimagga des Upatissa.

A.: V., ed. C. A. F. Rhys Davids, 2 Bde., PTS, 1920–21 (repr. in 1 Bd. 1975); V., ed. H. C. Warren, rev. by D. Kosambi, Cambridge/Mass. 1950 (HOS 41). – Ü.: The Path of Purity, tr. Pe Maung Tin, 3 Bde., PTS 1923–31 (repr. in 1 Bd. 1975); The Path of Purification, tr. Bhikkhu Ñāṇamoḷi, Colombo ²1964; Nyanatiloka: Der Weg zur Reinheit, hg. v. Nyanaponika, ³1975. – L.: P. V. Bapat: Vimuttimagga and V., A Comparative Study, Poona 1937; Vimuttimagga, The Path of Freedom, a. d. Chin. v. N. R. M. Ehara u. a., Colombo 1961. (sl)

Visvapani (Skt, tib. Phyag na tshog rdo je), ↗Bodhisattva der Dhyāni-Sphäre, dem ↗Dhyānibuddha ↗Amoghasiddhi zugeordnet. (no)

Volksreligiosität ist im Bereich von Universalreligionen eine nicht- oder halboffizielle religiöse Praxis, die den Interessen und Bedürfnissen der Volksmasse entgegenkommt u. neben den „offiziellen" religiösen Ausdrucksformen ihren eigenen Ort hat. Oft werden dabei frühere religiöse Traditionen mit neuem Namen weitergeführt. Da der Buddh. als Mönchsreligion ursprünglich den Laien eine stark untergeordnete Rolle zuwies, haben sich, besonders bei der Entstehung des ↗Mahāyāna-Buddh., aber auch in den heutigen Theravāda-Ländern, zahlreiche volksreligiöse Gebräuche entwickelt, die für Laien praktizierbar sind u. ihren weltlichen Anliegen entsprechen (z. B. magische Praktiken, Ahnen-Verehrung). (bo)

Vorbereitende Übungen (tib. sṅon`gro) bilden den Anfang der täglichen Rezitationen u. ↗sādhanas jedes praktizierenden lamaistischen Buddhisten. Sie bestehen aus der ↗Zufluchtnahme u. der Erzeugung von ↗bodhicitta. (ev)

W

Wahrheit, doppelte. Das Konzept der d. W. wird von ↗Nāgārjuna im 24. Kap. der ↗Mūlamadhyamakakārikā eingeführt, um den kognitiven Stellenwert der ↗Lehre ↗Buddhas angesichts der von Nāgārjuna betriebenen Destruktion aller Ansichten zu klären. Da Nāgārjuna wegen der logischen Aporien des begrifflichen Denkens jedem Begriff eine deskriptive Gültigkeit abspricht, entsteht das Problem, ob die Lehre Buddhas wahr ist. Für Nāgārjuna ist sie – verstanden als zutreffende Wirklichkeitsbeschreibung – ebenso falsch wie alle anderen Systeme. Was im höchsten Sinne wahr (↗paramārtha-satya) ist, läßt sich begrifflich nicht fassen. Doch ist die Lehre Buddhas relativ wahr (↗saṃvriti satya), da sie zur überbegrifflichen Erkenntnis der höchsten Wahrheit hinführt, wobei sie sich selbst aufhebt. Die Auffassung einer zutreffenden Beschreibbarkeit der Wirklichkeit wird als Form des zu überwindenden ↗Anhaftens verstanden. Die buddh. Lehre, die sich zunächst des anhaftenden (= die Begriffe für wahr haltenden) Denkens bedient, ist das geeignete Mittel für diese Überwindung. Mit dem Konzept der d.W. holt Nāgārjuna den Heilspragmatismus des älteren Buddh. ein (das Verständnis der Lehre als „Floß" u. „Medizin") u. verleiht diesem eine philosophische Basis. Zugleich entspricht er mit dieser non-kognitiven Interpretation der mahāyānischen śūnyatā-Lehre. Das heilspragmatische Verständnis der Lehre findet im ↗Mahāyāna allgemeine Anerkennung in der Lehre vom „Geschickten Mittel" (↗upāya), wonach alle Verkündigung keinen (deskriptiv zutreffenden) Wert in sich hat, sondern „Mittel" ist, um den Adepten zur ↗Erleuchtung als der Erkenntnis der „höchsten Wahrheit" hinzuführen.

L.: M. Sprung (Hg.): The Problem of Two Truths in Buddhism and Vedanta, Dordrecht 1973; M. Pye: Skilful Means, London 1978. (sl)

Wahrnehmung (Skt saṃjñā), P saññā), eine der ↗Fünf Gruppen des Anhaftens (oder Ergreifens), aus denen sich die empirische Persönlichkeit konstituiert. Aus ihrer Vergänglichkeit u.

Veränderlichkeit folgert der ↗Buddha die Nichtexistenz eines ewigen, unzerstörbaren Selbst (ātman, ↗anātman), der nach upanischadischer Auffassung (↗Upanischaden) als Eigner der Taten (↗karma) durch die Existenzen wandert (↗saṃsāra). – W. bezieht sich auf die Qualität des sinnlich Erfahrenen: Farbe, Ton, Geruch usw. (no)

Wanderasket (Skt śramaṇa, P samaṇa) gleichbedeutend wie „Hausloser" (Skt parivrājaka, P paribbājaka). Dabei handelt es sich um eine aus upanischadischer Tradition (↗Upanischaden) kommende Asketengruppierung, die ihr Heil in der Abwendung von Besitz u. festem Wohnsitz u. damit weitgehend abseits der Sozialität suchte. Weltanschaulich-religiös sind die W. keine geschlossene Gruppe. W. brahmanischer Herkunft heißen parivrājakas, śramaṇas sind die W. nicht-brahmanischer Herkunft. Im buddh. Kanon ist die Tendenz wahrnehmbar, den Begriff śramaṇa für buddh. Asketen zu reservieren (vgl. D 16, 5). Zu Lebensweise der W. gehörte in aller Regel Ehelosigkeit u. sexuelle Abstinenz, Besitzlosigkeit u. Erwerb des Lebensunterhaltes durch Almosen. Der ↗Buddha selbst wurde noch vor seiner Erleuchtung ein W. u. verordnete nach seiner Erleuchtung seinen Schülern die Lebensweise der W. Häufig nannte er sich selbst einen śramaṇa. (no)

wat, siamesische Bezeichnung für ein buddh. Kloster oder einen ↗vihāra. (no)

Weisheit. Kann W. innerhalb des Religiösen grundsätzlich als eine Kategorie gelten, die eng mit dem jeweiligen Ideal verbunden ist, so ist sie für das Verständnis des Buddh. ein Schlüsselbegriff (↗prajñā), in dem sich die intellektuelle u. die existentielle Seite erlösender Heilswirklichkeit vereinen. (sl)

Wei-shih-Schule (chin.) ↗Fa-hsiang

Wei-t'o (chin., Skt Veda) findet sich in chin. Tempeln zusammen mit dem ↗Buddha ↗Maitreya (Mi-le-fo) in der Halle der Himmelskönige (↗Shih-wang) am Eingang der Anlage dargestellt. In Rüstung u. mit ↗vajra zur Verteidigung der Lehre steht

W. dem Buddhabild der Haupthalle zugewandt. Sein Ursprung ist unbekannt. (so)

Wei Yüan-sung, chin. Buddhist in der 2. Hälfte des 6. Jh.; kaiserlicher Berater in N-Chou. Er griff 567, obwohl selbst buddh. Mönch, zusammen mit dem taoistischen Priester Chang Pin den Buddh. an. In der Folge führte dies 573 zu einem kaiserlichen Entscheid die Hierarchie der Religionen betreffend, nämlich Konfuzianismus, Taoismus, Buddh. 574 wurde der Buddh. schließlich gänzlich verboten; es kam zu großen Zerstörungen buddh. Klöster u. Tempel u. zu einer staatlich verordneten Säkularisierung der buddh. Mönche. (so)

Welt (Skt/P loka) besteht nach buddh. Auffassung aus 3 Regionen: der sinnlich erfahrbaren W. (kāma-loka), der feinkörperlichen W. (rūpa-loka), die allerdings noch Gestalthaftes aufweist, u. die „gestalt"- oder körperlose W. (arūpa-loka). Zu ersterer gehören die Menschen-, Tier-, Gespenster-/Dämonen-W. u. die Hölle wie auch noch die unterste Region der Himmels-W. Entsprechend ihrem zutiefst saṃsārischen Charakter (↗saṃsāra) ist die W. wandelbar u. vergänglich, so daß der W.-Prozeß eine zyklische Bewegung aus W.-Entstehungen u. W.-Untergängen darstellt. Buddh. Kosmologie rechnet mit einer Mehrzahl von W. Im älteren Buddh. ist ↗Erlösung (↗nirvāṇa) nur jenseits oder außerhalb dieser saṃsārischen W. zu finden. Das ↗Mahāyāna bildete monistisch-idealistische kosmologische Konzepte aus, nach denen die W. in ihren vielgestaltigen Erscheinungsformen als Illusion (↗māyā) interpretiert u. damit in ihrem Wirklichkeitsgehalt geleugnet wird. Damit fallen saṃsāra u. nirvāṇa zusammen. (no)

Weltflucht (Akosmismus), Begriff aus der Religionstypologie, der eine weltanschaulich-religiöse Position bezeichnet, die den Heilsgewinn in der Abwendung von der (realen, sichtbaren) Welt versteht oder in der Überwindung der Welt durch ↗Askese sucht. Ausdruck der W. kann die Trennung von der Gesellschaft sein. Akosmistisch orientiert sind beispielsweise die meisten gnostischen Systeme, auch spirituelle Bewegungen in der Christentumsgeschichte wie z. B. das Mönchtum, deutlich früher in der ind. Rel.-Gesch. neben dem ↗Jainismus auch der alte Buddh. Hauslosigkeit, Besitzlosigkeit u. soziale Marginalität sind spezifische Ausdrucksformen dieser buddh. W., deren letztes Ziel das ↗nirvāṇa darstellt, im alten Buddh. die Trennung von der saṃsārischen Welt (↗saṃsāra). (no)

Weltzeitalter (Skt kalpa, P kappa), Begriff aus der ind. Kosmologie u. von da in den Buddh. gelangt. Nach der W.-Lehre besteht ein Weltzyklus aus 4 Teilen: Untergang, Chaos oder Vernichtungszustand, Weltentstehung u. Fortdauer der entstandenen Welt. Die Periodizität dieses kosmologischen Konzepts entspricht dem Zyklus der Wesen in der Welt (↗saṃsāra). Nach buddh. Auffassung tritt in jeder Weltperiode ein ↗Buddha auf, entdeckt für sich die Lehre (↗dharma) u. belehrt die Menschen. Die Phasen des Zyklus, in denen die Welt besteht, beeinflussen die moralische u. physische Qualität der Lebewesen (besonders der Menschen): In den aufsteigenden Phasen leben die Menschen lange, relativ unbeschwert von physiologischen Defekten u. besitzen hohe Moralität. In den absteigenden Phasen ändert sich dies ins Negative. (no)

Wen-shu (Skt Mañjuśrī, jap. Monju), einer der 4 wichtigsten Bodhisattvas (↗Bodhisattva) im Buddh. u. besonders auch in China. Er verkörpert die Weisheit. Seit dem 5. Jh. ist er der Schutzpatron des Wu-t'ai-shan (↗Heilige Berge). Er wurde durch den ↗Tantrismus (↗Chen-yen), dann auch durch ↗Ch'an in China populär. 766 wird durch ↗Amoghavajra auf dem Wu-t'ai-shan ein Tempel erbaut, der bis mindestens 840 das blühende Zentrum des W.-Kultes bleibt. ↗Mañjuśrī. (so)

Werden (Skt/P bhava) oder (daraus resultierend) Dasein, verstanden als Prozeß, vollzieht sich nach buddh. Lehre auf 3 Existenzstufen: 1. sinnliches Dasein oder Existenz in der „Fünfsinnenwelt“, 2. „feinkörperliches Dasein“ u. 3. „unkörperliches Dasein“. Diese Konzeption entspricht den buddh. kosmologischen Vorstellungen vom Aufbau der Welt. – W. beinhaltet ferner den karmisch bedingten Werdeprozeß (karma-, bzw. kamma-bhava), der im Gesamt des Handelns u. Sich-Verhaltens (Denken, Reden, Tun) besteht, nämlich hinsichtlich der heilsamen oder unheilsamen karmischen Auswirkungen (↗karma). Ferner gehört als karmisches Ergebnis das Wandern durch die Existenzen (↗saṃsāra) zum W., wie im 12gliedrigen Satz vom bedingten Entstehen (↗pratītyasamutpāda) expliziert. – Das ↗Mahāyāna stellt dem W. als Gegensatz die „Leere“ (↗śūnyatā) gegenüber. Grundsätzlich gilt für den Buddh. aller Richtungen: 1. Alles, was entsteht, ist verursacht. 2. Alles, was entsteht, muß zugrundegehen, um dann erneut zu entstehen. Oder: Wo W. ist, gibt es Wiedergeburt (vgl. 10. Glied des pratītya-samutpāda). Unheilsam u. eine Wurzel des Wiedergeburtsprozesses ist der W.-Durst (Skt bhava-tṛṣṇā, P bhava-tanhā). (no)

Wesensschonung bezeichnet in buddh. ↗Ethik die grundsätzliche Einstellung zu den Mitwesen (also nicht allein zu den Menschen), aus der heraus Wesen nicht geschädigt oder getötet werden dürfen. Die Beachtung dieser Sittenregel (↗śīla) ergibt sich aus der ↗karma-Lehre. Die W. ist Gegenstand des 1. śīla der buddh. Mönchs- u. Laienethik. Im übrigen teilt der Buddh. dieses ethische Prinzip der W. (Skt ahiṃsā) mit dem ↗Hinduismus. Kaiser ↗Aśoka macht die W. im 3. Jh. v. Chr. gewissermaßen zum Staatsgesetz; dabei wandte er sich allerdings weniger gegen das Schlachten von Tieren zur Herstellung fleischlicher Nahrung, als vielmehr gegen die blutigen Opferpraktiken. (no)

Westliches Paradies ist neben ↗„Reines Land“ eine andere Bezeichnung für die von ↗Amida durch seine Verdienste geschaffene Buddha-Welt. Nach dem ↗Sukhāvatīvyūha-Sūtra wird man durch vertrauensvolle Anrufung des Namens Amidas in das W. P. geboren, wo ↗nirvāṇa realisiert wird. (sl)

Widmung der Verdienste (tib. bsṅo ba), die im ↗Lamaismus am Ende jeder verdienstvollen, rituellen Handlung oder eines jeden ↗sādhanas vollzogene Übertragung der erworbenen Verdienste auf alle Lebewesen. (ev)

Wiedergeburt ↗saṃsāra

Willensfreiheit als ethischer Begriff bezeichnet eine angenommene menschliche Fähigkeit, aus gegebenen Möglichkeiten des Handelns oder Sich-Verhaltens eine nicht durch Randbedingungen (Situation, Erbanlage, Sozialität usw.) präformierte u. daher „freie“ Wahl zu treffen. Die W. erlaubt erst, menschliches Handeln als gut oder böse, heilsam oder unheilsam, auf die Erreichung eines religiösen Zieles hin als nützlich oder schädlich zu qualifizieren. Wie weit u. in welchen Grenzen W. gegeben ist, welche Faktoren sie begrenzen, beeinträchtigen oder gar nicht zulassen, ist in unterschiedlichen Moralsystemen, die von einer W. ausgehen, verschieden u. uneinheitlich diskutiert. Dem Buddh. wurde aus einem Mißverständnis der Lehre vom ↗karma gegenüber abgesprochen, daß er eine W. vertrete, da karmisch geprägte Voraussetzungen die W. beeinträchtigten bzw. der Wille selbst karmisch bedingt sei. Texte im ↗Pāli-Kanon hingegen zeigen das differenzierende Bemühen, die ↗Lehre des ↗Buddha von fatalistisch-deterministischen u. materialistisch-libertinistischen zeitgenössischen Positionen deutlich zu unterscheiden. W. gilt im Buddh. geradezu als Voraussetzung, heilsam handeln zu können. (no)

Windpferd (tib. rluṅ rta), lamaistisches Symbol, das den Wunsch für die Verbreitung der buddh. Lehre als einzigen Garanten für dauerhaftes Glück in alle „Winde“, d. h. Himmelsrichtungen, ausdrückt. Es besteht aus einem Pferd, das ein flammendes Wunschjuwel (tib. nor bu me `bar) in Form des ↗triratna im Sattel trägt, u. häufig das zentrale Symbol von ↗Gebetsfahnen darstellt. (ev)

Wissen (Skt vidyā, P vijjā), gemeint: das „rechte“ W. um die Welt u. das Selbst, stellt in buddh. Ethik eine grundlegende Voraussetzung für den Heilsgewinn dar (↗Erlösung, ↗nirvāṇa). Daher gilt der Erlöste „in W. u. Wandel vollkommen“, wie eine häufig gebrauchte Formel in kanonischen Texten lautet. Umgekehrt ist ↗Nichtwissen (Skt avidyā, P avijjā) die Täuschung, die die Wesen an das kreisende Rad saṃsārischer Existenzen (↗saṃsāra) – die ständige Abfolge von Geburt u. Tod – kettet. Das vollendet wirklichkeitsgerechte W. geht dem Erlösten in der ↗bodhi, im Vorgang des Erwachens bzw. der Erleuchtung, auf. (no)

Won-Buddhismus, südkoreanische reformbuddh. Laienbewegung (↗Korea), die am 26.3.1914 von dem buddh. Laien Soe-Tae-San (Sotesan, 1891–1943) gegründet worden ist. Im Zentrum der bild- u. kultlosen Vereinigung steht das Bemühen um die Verwirklichung der ↗Buddhanatur, an der alles in der Welt Anteil hat, durch die meditative Praxis des „Zeitlos-Ortlos" (↗Meditation), eine Praxis, die sich selbst dem jap. ↗Zen als nahestehend betrachtet. Als Meditationshilfe dient die Darstellung eines schwarzen Kreises (won, koreanisch „Kreis") auf weißem Feld als Symbol für die Leerheit (↗śūnyatā) bzw. des dharmakāya (↗trikāya) für die Buddhanatur. Die Bewegung des W.-B. entfaltet in eigenen Kranken- u. Waisenhäusern u. in Altenheimen eine beeindruckende sozial-karitative Tätigkeit. (no)

World Fellowship of Buddhists (WFB), 1950 in Colombo/Sri Lanka gegründete internationale u. fahrzeugsübergreifende Dachorganisation des Weltbuddh. zur Artikulation, Koordination u. Vertretung buddh. Interessen in aller Welt u. vor der Weltöffentlichkeit. 1. Präsident wurde der buddh. Gelehrte Dr. G. P. Malalasekera (1899–1973). (no)

wu (chin., jap. satori), Bezeichnung für Erleuchtung (↗bodhi) als in der Praxis der ↗Ch'an-Schule bzw. des ↗Zen meditative Erfahrung (↗Meditation) der ↗Erlösung. (no)

Wu-men Hui-k'ai (jap. Mumon Ekai), chin. Buddhist, 1183–1260; Vertreter der ↗Ch'an-Schule u. Gründer eines nach ihm benannten Zweiges neben dem von ↗Yüan-wu. Er ist der Verfasser der 1229 veröffentlichten kung-an-Sammlung (↗Kōan) „Wu-men-kuan" (jap. Mumonkan, „Paß ohne Tor"), die neben dem „Pi-yen-lu" von Yüan-wu am bekanntesten ist. Es gilt als sprachliches Meisterwerk. (so)

Wunder. Das W. ist in religiösen (mythischen) Berichten ein staunenerregendes Geschehen, das dadurch charakterisiert ist, daß es das natürliche Ursache-Wirkung-Verhältnis außer Kraft setzt u. dessen Ergebnisse unerwartete Wirkungen ohne erkennbare natürliche Ursachen darstellen. In religiösen Traditionen sind W. häufig Ausweise übermenschlicher u. übermächtiger Kraft. Der W.-Bericht stellt inhaltlich wie stilistisch eine eigene lit. Gattung dar; in der historisch-kritischen Analyse muß er sorgfältig auf die dahinterstehenden Aussageabsichten befragt werden. Selbstverständlich bedient sich auch die buddh. Überlieferung vielfach dieses lit. Genus, sowohl in der Buddha-Vita (↗Buddha), als auch in der Darstellung von Lebensgeschichten der Heiligen (↗arhat). W. gelten als Zeichen des „großen Menschen" (Skt mahāpuruṣa, P mahāpurisa). Besonders die markanten (Wende-)Punkte im Leben des Buddha sind wundersam dargestellt (Zeugung u. Geburt, Auszug in die Hauslosigkeit, Erleuchtung u. Tod). Daß der Buddha selbst mit der Möglichkeit des W. rechnete, erscheint – trotz ihm in den kanonischen Texten (↗Kanon) zugeschriebener Äußerungen – nicht zweifelsfrei nachweisbar. Dem „Demonstrations-W." als Dar- oder Zurschaustellung übernatürlicher oder zauberischer Macht (Skt ṛddhi/siddhi, P iddhi) steht der Buddha augenscheinlich skeptisch u. ablehnend gegenüber. Gleichwohl sind ihm solche Zeichen zugeschrieben worden. Mönchen ist das Demonstrieren wunderbarer Kräfte strikt untersagt. (no)

Wu-tai-shan, heiliger Berg, berühmtes Wallfahrtsziel u. Heiligtum des ↗Bodhisattva ↗Mañjuśrī (chin. Wen-shu) in China/ Provinz Shansi. Der W.-t.-s. gehört zu den 4 berühmten heiligen Bergen Chinas. Neben den Chinesen ist der Berg vor allem auch den ↗Mongolen heilig. (no)

Wu-tsu Fa-yen (jap. Goso Hoēn), chin. Buddhist, 1024?–1104; Vertreter der ↗Ch'an-Schule (↗Lin-chi/↗Yang-ch'i), Schüler von ↗Yüan-wu. Er gilt als Pionier der harten kung-an-Methode (↗Kōan). Sein „kung-an vom Nicht" verwendete Yüans Schüler ↗Tahui als Kern seiner Ch'an-Übungen; es ist als der „Hund von Chao-chou" zu Beginn des „Wu-men-kuan" berühmt. ↗Wu-men. (so)

wu-wei (jap. go-ī), im chin. Buddh. die Lehre von den „Fünf Positionen". wei bedeutet „Ort" in Korrelation zu „Zeit" im sozio-kosmischen Sinne; es besitzt die Eigenschaften „recht" (richtig, cheng) u. „schief" (falsch, p'ien). Die Theorie des w.-w.

stammt vermutlich von Yüeh-shan Wei-yen, einem Schüler von ↗Ma-tsu. Sie wurde an ↗Tung-shan überliefert. Von ↗Ts'ao-shan (↗I-shing, ↗Tsung-mi) stammt ein Komm. in Diagrammform: die Kreisfiguren mit verschiedener Teilung (schwarz-weiß) entsprechen Trigrammen (Yang-Yin) des ↗Buches der Wandlungen" u. dem Verhältnis „Herrscher" (chün) – „Untertan" (ch'en); ihre Harmonie ist die Vereinigung von ↗saṃsāra u. ↗nirvāṇa, von ↗rūpra u. ↗śūnyatā, von ↗prajñā u. ↗karuṇā. So versteht sich w.-w. im chin. Buddh. als die Synthese von ↗Mādhyamika-Philosophie u. chin. Kosmologie. (so)

Y

Yab-Yum (tib. yab-yum), „Vater-Mutter“, ikonographische Darstellungsform tantrischer ↗Gottheiten im Aspekt „sexueller Vereinigung“ als Ausdruck der Vereinigung der Gegensätze von ↗upāya u. ↗prajñā. Symbolisiert wird durch diese Darstellung das Endziel des ↗Vajrayāna-Heilsweges: die Wiederherstellung des Einheitszustandes u. die Erfahrung des „Großen Glücks“ (Skt mahāsukha). Im tantrischen Buddh. wird jeder männlichen ↗Gottheit ihre weibliche Entsprechung (Skt ↗prajñā) zugeordnet, die den jeweiligen Weisheits-Aspekt der Gottheit verkörpert, wobei die männliche Gottheit den Aspekt der Methode (Skt upāya) darstellt. Y.-Y.-Darstellungen sind daher als der symbolische Ausdruck der mystischen Vereinigung der aus der Wahren Natur der Wirklichkeit geborenen prinzipiellen Gegensätze (↗prajñā) zu verstehen. (ev)

yakṣa (Skt, P yakkha), mythisches Wesen mit dämonischen Zügen in buddh. Anschauungen. Der y. spielt vor allem im Volksbuddh. eine größere Rolle. (no)

Yama ursprünglich Totengott des ↗Hinduismus, der im Buddh. Herrscher der ↗Höllen u. Richter der Toten ist. Umgeben von Schergen, die seine grausamen Urteilssprüche ausführen, u. Boten, die als Krankheit, Alter, Tod, Geburt u. Bestrafung die Lebewesen an ihr Ende gemahnen, erscheint er zumeist als stierköpfiger, auf einem Büffel reitender, schwarzer Gott, der mehr ein Amt als eine bestimmte Wesenheit verkörpert. Im ↗Lamaismus wurde er zu einem ↗dharmapāla. Besondere Bedeutung kommt Y. im ↗Bardo Thödol zu. (ev)

Yamaka (P), wörtlich: „das Buch der Gegensatzpaare“ (oder: Doppelfragen, die immer positiv u. negativ beantwortet werden); 6. der 7 Werke im ↗Abhidhamma-piṭaka des ↗Pāli-Kanon. (no)

Yamāntaka (Skt, tib. gśin rje gśed), „Hinrichter des ↗Yama“, eine schreckenerregende ↗Gottheit des ↗Vajrayāna, die in ihrer ikonographischen Erscheinung u. Bedeutung mit ↗Vajrabhairava identisch ist. (ev)

yāna (Skt/P) ↗Fahrzeug

Yang-ch'i Fang-hui (jap. Yōgi Hoe), chin. Buddhist u. Vertreter der ↗Ch'an-Schule (↗Lin-chi/Yang-ch'i), 992–1049. Er gründete einen der beiden Zweige der Lin-chi-Schule. Durch ihn erfuhr die chin. Ch'an-Schule ihre höchste Entfaltung. Sein Lehrer war Shih-shuang Ch'u-yüan; er selbst war ein Enkelschüler von ↗Wu-tsu. (so)

Yaśodharā (Skt, P Yasodharā), Gattin des ↗Siddhārtha ↗Gautama, des nachmaligen ↗Buddha (im Mv so benannt, in LalVist heißt sie Gopa). Der Tradition nach entstammt sie den Śākyas. Sie gebar den Buddha-Sohn ↗Rāhula. (no)

Yeshe Tshogyel (tib. ye śes mtsho rgyal), ihrem Wesen nach als eine tantrische ↗ḍākiṇī der Klasse transzendenter, körperloser ḍākiṇīs angesehen, die z. Z. der ↗Frühen Bekehrung Tibets eine körperliche Existenz annahm, war sie zunächst eine Nebengemahlin des tib. Königs ↗Tisong Detsen (reg. 755–797), danach die bedeutendste Begleiterin des Magiers ↗Padmasambhava. Ihr wird die Niederschrift zahlreicher seiner Lehren zugeschrieben, die dann als ↗Terma-Schriften versteckt wurden. Sie reiste in ganz ↗Tibet u. ↗Nepal umher u. soll 200 Jahre gelebt haben. An ihrem Lebensende soll sie sich in einen Regenbogen transformiert haben u. in das Paradies des Padmasambhava eingegangen sein.

L. Biogr.: K. Dowman: Sky Dancer, London ... 1984; J. Wilhelms (Hg.): Mother of Knowledge, Berkeley 1983. (ev)

Yidam (Skt iṣṭadevatā, tib. yi dam), „im Herzen gebundene Gottheit“, Schutzgottheiten des ↗Vajrayāna, die im ↗Lamaismus als geheim gehaltene, persönliche Schutzgottheiten des tantrischen Adepten fungieren u. ihm bei der Beseitigung seiner persönlichen Hindernisse behilflich sind. Aufgabe eines

Praktizierenden des Vajrayāna ist die Identifizierung mit seinem Y. u. die Transformation seines Wesens in das Wesen des Y. Während Meditationen werden Y. in ↗maṇḍalas visualisiert, umgeben von zahlreichen, ihnen wesensmäßig gleichen Nebengottheiten, die als Ausdruck des unbegrenzten Variationenreichtums der ihnen eigenen Qualität betrachtet werden. Y. erscheinen als friedvolle, zornvolle oder gemischt friedvoll-zornvolle ↗Gottheiten, häufig in ↗Yab-Yum mit ihrer weiblichen Entsprechung, der ↗prajñā. Auch ↗ḍākinīs u. ↗dharmapālas können als Y. fungieren. (ev)

Yoga (Skt, Anspannung), in der ind. Religion allgemein Bezeichnung für Meditations- u. Askesetechniken. Hinweise auf Y. finden sich bereits in der Industal-Kultur, sodann im Veda, besonders in den mittleren ↗Upanischaden. Die Y.-Sūtras des Patañjali (2. Jh. v. Chr. oder 5. Jh. n. Chr.), der Grundtext eines der 6 ↗darśanas im ↗Hinduismus, fassen auf der philosophischen Basis des ↗Sāṃkhya ältere Y.-Praktiken zu einem systematischen Heilspfad mit 8 Gliedern zusammen: sittliches Verhalten, Observanzen, Sitzpositionen, Atemkontrolle, Zurückziehen der Sinne, Festhalten der Gedanken, Betrachtung u. Versenkung. Das Ziel ist die Überwindung leidvoller Existenz. Dem fortgeschrittenen Yogi werden paranormale Erkenntnisse u. Fähigkeiten zugesprochen. – Im älteren Buddh. wird der Y.-Begriff im profanen Sinne als Anstrengung, Arbeit verwandt, später dient er auch zur Bezeichnung verschiedener Meditationsmethoden wie Visualisierungen, ↗mantra-Rezitationen, Kontemplation der ↗maṇḍalas. Die Frage nach der Beziehung des Buddh. zum klass. Y. ist noch nicht endgültig beantwortet.

L.: S. Dasgupta: Y. Philosophy in Relation to Other Systems of Indian Thought, Calcutta 1930; D. Schlingloff: Ein buddh. Y.-Lehrbuch, 1964 (STT, VII), M. Eliade: Y., 1985. (mü)

Yogācāra (Skt), „Yoga-Praktikanten"; neben der ↗Mādhyamika-Schule stellt die Y.-Schule (wegen ihrer Lehre auch „Vijñānavādin" = „die das Erkennen lehren" genannt) die 2. bedeutende philosophische Richtung des ↗Mahāyāna dar. Als ihre Begründer gelten ↗Maitreyanātha, ↗Asaṅga (beide sind evtl.

identisch) u. ↗Vasubandhu (alle vermutlich ca. 4. Jh.). Im 5.–6. Jh. entstehen 2 Subschulen: Nirākāra-Vijñāavāda u. Sākāra-Vijñānavāda. Der ersteren werden ↗Paramārtha (Schüler des ↗Guṇamati), ↗Sthiramati (alle vermutlich 6. Jh.) u. Candragomin (7. Jh.), der letzteren ↗Dignāga (5. oder 6. Jh.) u. sein Schüler ↗Dharmapāla (6. Jh.), dessen Schüler Śīlabhādra (7. Jh.), ↗Hsüan-tsang (7. Jh.), der unter Śīlabhādra in ↗Nālandā studierte, u. Śubhagupta (7. Jh.) zugerechnet. Unklar ist die Zuordnung ↗Dharmakīrtis (7. Jh.). ↗K'uei-chi, ein Schüler Hsüan-tsangs, gründete im 7. Jh. in ↗China die Y.-Schule ↗Fa-hsiang, die die früheren chin. Zweige des Y. (↗Ti-lun u. ↗She-lun) absorbierte u. als ↗Hossō-shū im 7.–8. Jh. in ↗Japan eingeführt wurde. Die Lehrer der Y.-Schule versuchten die einseitig begriffskritische Konzentration der Mādhyamika-Philosophie zu vermeiden u. beschäftigten sich neben der Logik vor allem mit erkenntnistheoretischen Problemen. Gerade die hohe Bedeutung von ↗Meditation u. Erfahrung im buddh. Heilsweg machte in ihren Augen auch eine positive Demonstration der Erkenntnisabläufe erforderlich. Dabei gerieten sie jedoch in die Nähe eines erkenntnistheoretischen Idealismus, worin die Mādhyamikas einen Rückfall in die brahman-ātman-Lehre sahen. Wichtige Dokumente des Y. sind das Yogācārabhūmiśāstra, von dem nur ein Teil, die Bodhisattvabhūmi, in Skt erhalten ist, das Saṃdhinirmocanasūtra u. der Ratnagotravibhaga.

A.: Ratnagotravibhāga, ed. E.H. Johnston, Patna 1950: Yogācārabhūmiśāstra, ed. V. Bhattacharya, Calcutta 1957. – Ü.: C. Bendall, L. de La Vallée Poussin: Bodhisattvabhūmi. A Text Book of the Y. School, An English Summary, Muséon 6 (1905), 7 (1906); E. Lamotte: Samdhinirmocana Sutra. L'Explication des Mystères, texte tibétain, éd. et tr., Louvain 1935; J. Takasaki: A Study on the Ratnagotravibhāga (Uttaratantra), Roma 1966. – L.: U. Wogihara, Straßburg 1908; J. Masuda: Der individualistische Idealismus der Y.-Schule, 1926; P. Demiéville: Yogācārabhūmi, BEFEO 45 (1954), 339–436; A.K. Chatterjee: The Yogācāra Idealism, Varanasi 1962; A. Bareau: Der ind. Buddhismus, 1964; T. Vetter: Erkenntnisprobleme bei Dharmakīrti, 1964; J. May: La philosophie bouddhique idéaliste, Etudes asiatiques 25 (1971), 265–323; J.D. Willis: On Knowing Reality, New York 1979; T.A. Kochumutton: A Buddhist Doctrine of Experience, Delhi 1982; A.L. Herman: An Introduction to Buddhist Thought, New York 1983; L. Schmithausen: Der Nirvāṇa-Abschnitt in der Viniścayasaṃgrahanī der Yogācārabhūmiḥ, Wien 1969 (VKSKSO, 8); ders.: Ālayavijñāna, 2 Bde., Tokyo 1987; G.M. Nagao: Madhyanika and Y., Albany 1991; F.G. Sutton: Existence and Enlightenment in the Laṅkāvatārasūtra. A Study in the Ontology and Epistemology of the Y. School of Mahayana Buddhism, New York 1991; E. Frauwallner: Die Philosophie des Buddhismus, ⁴1994. (sl)

Yoga-Tantra (Skt, tib. rnal `byor rgyud), die höchste der 3 Äußeren ↗Tantra-Klassen, die den innerlich vollzogenen Yoga-Prozeß u. die ↗Meditation über die Nicht-Dualität betont u. eine Verschmelzung von Subjektivität (Individuum) u. Objektivität (Gottheit) vollzieht. (ev)

Yüang-ying, chin. buddh. Abt, 1878–1953, einer der Führer der buddh. Erneuerungsbewegung in ↗China u. in dieser Vertreter des konservativen Flügels. Y. stieß die Wiederbelebung der buddh. Studien nach den alten chin. Schulen (↗T'ien-T'ai, ↗Hua-yen u. nach dem ↗Yogācāra) an. Der Erneuerungsbewegung blieb allerdings durchgreifender Erfolg versagt. (no)

Yüan-wu K'o-ch'in (jap. Engo Kokugon), chin. Buddhist u. Vertreter des ↗Ch'an (↗Lin-chi/Yang-ch'i), 1063–1135. Sein Lehrer war ↗Wu-tsu, sein Schüler ↗Ta-hui. Y. kompilierte die neben der von ↗Wu-men wichtigste kung-an-Sammlung „Pi-yen-lu", 1128 veröffentlicht u. weit verbreitet; doch erst 1317 wiederveröffentlicht. (so)

Yün-kang, Höhlentempelanlage in China. Der Baubeginn liegt zu Beginn der Nord-Wei-Dynastie (386–535), 15 km westl. der damaligen Hauptstadt Ta-t'ung (Provinz Shansi). Die während der Buddhistenverfolgung unterbrochenen Bauarbeiten wurden erst ab 446 fortgesetzt. Vorbild für die Y.-Anlage ist die Anlage von Tun-huang. Stilistisch zeigt der Höhlentempel ind. u. zentralasiat. Einflüsse. Begonnen wurde die Anlage von ↗T'an-yao; die frühesten Höhlen sind von ihm angelegt. Sie enthalten 5 monumentale Buddha-Figuren, welche die vorangegangenen Kaiser der Dynastie darstellen (↗Huang-ti p'u-sa). Insgesamt gibt es 53 Höhlen auf ca. 1000 m Länge. Von ursprünglich ca. 100 000 Figuren sind heute noch etwa 50 000 erhalten. (so)

Yün-men Wen-yen (jap. Ummon Bun'en), chin. Buddhist u.

Vertreter des ↗Ch'an (Yünmen), 864–949. Er gilt als Gründer eines Zweigs eines der 5 Häuser. Seine Erleuchtung soll er bei ↗Mu-chou erfahren haben. Er war Schüler von ↗Hsüeh-feng, studierte aber bei verschiedenen Ch'an-Meistern in ganz China. Nach dem Untergang der T'ang-Dynastie blieb er ab 906 bis zu seinem Tode im Reich Nan-Han (Provinz Kuang-tung), dessen Herrscher ihn förderte. Dort entstanden einige wichtige Werke der Ch'an-Kunst. Y. entwickelte einen besonderen Ch'an-Stil: das Antworten aus einem einzigen Wort, bekannt als „Paß des einen Wortes" (i-tzu-kuan). In seinem Unterrichtsstil zeigte er Brüll- u. Prügelattacken. Jedoch gilt er als der wortgewandteste aller chin. Ch'an-Meister. Sein Schüler ist Tung-shan Shou-ch'u u. in seiner Nachfolge steht auch ↗Hsüeh-tou.

W.: Spruchsammlung „Yün-men-lu". (so)

Yung-ming Yen-shou (jap. Yōmyō Enju), chin. Buddhist u. Vertreter der ↗Ch'an-Schule (↗Fa-yen), 904–975. Er war Schüler von T'ien-t'ai Te-shan. Y. beabsichtigte eine Synthese der buddh. Lehre, besonders zwischen ↗Ching-t'u u. Ch'an. Er gilt als 1. Patriarch der Ching-t'u-Schule der Sung-Zeit. Er verfaßte die sehr einflußreiche Ch'an-Chronik „Tsung-ching-lu", die dem Standpunkt seines Mitschülers ↗Tao-yüan entgegengesetzt ist. (so)

Yūzū-nenbutsu-shū (jap.), buddh. „Schule der Namensanrufung des Durchdringens" in ↗Japan, gegründet von dem ↗Tendai-Mönch ↗Ryōnin (1072–1132). R. führte die Praxis des ↗nembutsu in die Tendai-Schule ein. Dabei verband er die Lehre des „Durchdringens" aus der ↗Kegon-Schule mit der Namensanrufung u. lehrte, daß dadurch alle Wesen im ↗Reinen Land wiedergeboren würden. (no)

Z

Zanskar (tib. zaṅs dkar), „Weißes Kupfer“, unwegsames Gelände im SW ↗Ladakhs, etwa 7800 km^2, 3200 bis 7800 m. ü.d.M., etwa 10 000 Einwohner lamaistischer Glaubenszugehörigkeit. Verkehrsmäßig ist Z. noch weitgehend unerschlossen, politisch bildet es einen Verwaltungsbezirk Ladhaks. Den Hauptort bildet das etwa 100 Häuser zählende Phadum. Während der ↗Kushan-Periode, etwa im 2. Jh., sollen hier in Sani ein kleines Kloster u. ein ↗stūpa errichtet worden sein, im 8. Jh. soll der ind. Magier ↗Padmasambhava in Z. gewirkt haben. Um 1000 fällt es unter westtib. Herrschaft, vom 14.–17. Jh. wird es von einem aus der benachbarten Region Spiti eingewanderten Königshaus regiert, das seinen Sitz in Phadum wählt u. sich später in die dem ladakhischen Königshaus unterstehenden Fürstentümer von Phadum u. Z. spaltet. Im 15. Jh. kam es im Zuge der Verbreitung der ↗Gelugpa-Doktrin durch ↗Tsongkhapas Schüler Sherab Zangpo zur Gründung der Klöster Karsha, Phugtal, Rangdum, Tongde, Phadum, Phe, Lingshed u. Mone. Unter dem späteren König Bogosoto wurde die der Drugpa-Kagyüpa-Schule zuzurechnenden Klöster Sani, Phadum, Bardan, Dzongkhul, Stakrimo u. Mone errichtet. Als 1. Europäer besuchte der berühmte ungarische Tibetologe Csoma de Körös Z. 1825/6.

L.: M. Peissel: Z., Paris 1981; O. Föllmi: Deux Hivers au Z., Genf 1983; W. Friedl: Gesellschaft, Wirtschaft u. materielle Kultur in Z., 1983; J. Crook u. H. Osmaston: Himalayan Buddhist Villages, Delhi 1994; D. Schuh: Historiogr. Dokumente aus Zaṅs-dkar, in: Archiv f. zentralasiat. Geschichtsforschung, Heft 6, 1986. Weitere Lit. ↗Ladakh. (ev)

Zazen (jap., chin. Tso-ch'an), wörtlich: „in Meditation sitzen“. Im weiteren Sinn bedeutet Z. im ↗Zen-Buddh. allgemein die Praxis sitzender ↗Meditation. Im engeren Sinn kann Z. auch jene, besonders im ↗Sōtō-Zen beliebte Form der Sitz-Meditation bezeichnen, bei der nicht die (besonders in der ↗Rinzai-shū verbreitete) ↗Kōan-Übung, sondern objektlose Meditation praktiziert wird. (sl)

Zen-Buddhismus. Neben dem ↗Amida-Buddh. stellt der dem ↗Mahāyā-Buddh. zuzurechnende Z.-B. die bedeutendste u. einflußreichste Ausprägung des ostasiat. Buddh. dar. Entstanden in ↗China (↗Ch'an-Buddh.) hat er sich bereits früh nach ↗Vietnam u. ↗Korea, später nach ↗Japan (↗Rinzai-shū, ↗Sōtō-Zen, ↗Ōbaku-Zen) u. Taiwan u. gegenwärtig – besonders in seiner jap. Gestalt – in die gesamte westl. Welt verbreitet. Bei aller Vielgestaltigkeit des Z.-B. wirken vor allem die beiden chin. ↗Patriarchen ↗Bodhidharma u. ↗Hui-neng als gemeinsame Bezugsgrößen, insofern sich einerseits die meisten Schulen des Z.-B. durch lückenlose Traditionsreihen mit ihnen verbinden, u. sie sich andererseits dem in jenen beiden Figuren idealtypisch verkörperten Anliegen verpflichtet wissen. Dieses läßt sich generell als der Versuch einer Beschränkung des Buddh. auf sein Wesentliches charakterisieren, der so z.B. deutlich in dem Hui-neng zugeschriebenen u. innerhalb des Z.-B. höchste Achtung genießenden Hochsitz-Sūtra zutage tritt. Speziell lassen sich in diesem Anliegen 3 inhaltliche Grundzüge ausmachen: 1. Eine Konzentration auf die meditative Praxis, welcher der Z.-B. seinen Namen verdankt (jap. „zen" = Chin „ch'an" = Skt „dhyana" = „Versenkung"). Allerdings hat der Z.-B. die Vielfalt yogischer Versenkungstechniken weitgehend auf die Sitzmeditation reduziert u. nicht selten sogar die meditative Praxis nur mehr mit der Ausübung alltäglicher Verrichtungen in einer bestimmten „meditativen" Grundhaltung identifiziert. 2. Eine gewisse, gelegentlich bis zum Ikonoklasmus reichende, Distanz gegenüber Schriftgelehrsamkeit u. kultischer Praxis, die jedoch eher selten die Form völliger Abstinenz von beidem angenommen hat. Die monastische Praxis des Z.-B. kennt Rituale u. Sūtren-Rezitationen ebenso, wie unter den Zen-Meistern solche von großer Kenntnis der buddh. Schriften zu finden sind, ja der Z.-B. selbst sich als lit. durchaus produktiv erwiesen hat. 3. Die Betonung einer prononciert weltimmanenten, dem Sakralen ab- u. dem Profanen zugewandten Spiritualität, auf deren Konto schließlich auch der starke Einfluß des Z.-B. im Bereich kultureller Kunstfertigkeiten bis hin zu den Kampfkünsten (↗Zen-Kunst) gehen dürfte. Während Bodhidharma primär als der Repräsentant der rechten ↗Meditation gilt, verkörpert Hui-neng als Analphabet u. Küchengehilfe besonders den 2. u. 3. Grundzug des Z.-B. Durch den Topos einer unmittelbaren Sukzession von Patriarchen, die Hui-neng mit Bodhidharma u. diesen mit dem historischen ↗Buddha verbindet, wird der vom Z.-B. erhobene Anspruch auf Repräsentation des „wahren Geistes" des Buddh. verdeutlicht. Daher muß der Z.-B. historisch als Erscheinungsform eines traditionsimmanenten hermeneutischen Reflexionsprozesses gewertet werden. Strittig ist freilich, inwieweit der Z.-B. mit dem, was er konkret als das Wesentliche des Buddh. ansieht, die Intentionen des ursprünglichen bzw. ind. Buddh. gewahrt oder verlassen hat, oder sogar (wie D.T. ↗Suzuki meinte) von der Erfahrung einer transhistorischen Realität handelt, die ohne Identitätsverlust ihrer buddh. Gestalt entkleidet werden kann. Es gilt jedoch zu beachten, daß es sich besonders bei der Diskussion der letzten Alternative um eine Fragestellung handelt, die erst auftrat (u. ermöglicht wurde) als der Z.-B. mit der modernen westl. Kultur in Berührung kam, u. sich missionarische Absichten von Zen-Buddhisten mit einem aufbrechenden westlichen Interesse (z.B. seitens einiger kontemplativer Christen wie H. Enomiya-Lassalle u. T. Merton oder Psychologen wie E. Fromm) an der Zen-Meditation trafen. Denn in dem Versuch, Zen zu anderen Traditionen als der des Buddh. in Bezug zu setzen, steht zur Debatte, inwieweit die Identität des Zen als ursprünglicher traditionsimmanent-hermeneutischer Bewegung bleibend an den Buddh. gebunden ist, u. der universalistische Anspruch des Zen letztlich vielleicht nichts anderes ist, als der des Buddh. selbst. Dafür aber dürfte der in jüngster Zeit wiederentdeckte Umstand sprechen, daß der Lehre u. Praxis des Z.-B. maßgeblich die Auffassungen der philosophischen Richtungen des ind. Mahāyāna (↗Mādhyamika, ↗Yogācāra) zugrunde liegen.

L.: D.T. Suzuki: Z. u. die Kultur Japans, übertr. u. eingel. v. O. Fischer, 1941 (Neudr. 1996); ders.: Manual of Z. Buddhism, New York 1960; ders.: Essays in Z. Buddhism, 3 Bde., Neudr. London 1974–80; ders., E. Fromm, R. de Martino: Z.-Buddhismus u. Psychoanalyse, 1963, u.ö.; ders.: Die große Befreiung, 1980; R.H. Blyth: Z. and Z. classics, 5 Bde., Tokyo 1960–70; P. Yampolski: The Platform Sūtra of the Sixth Patriarch, New York 1966; P. Beautrix: Bibliographie du Bouddhisme Z., Bruxelles 1969; S. Suzuki: Zen Mind, Beginners, Mind, New York 1970; T. Merton: Weisheit der Stille, 1975; T.S. Nagashima: Truths and Fabrications in Religion. An Investigation from the Documents of Z. (Ch'an) Sect, London 1978; A. Bancroft: Zen, 1979, H.-L. Cheng: Zen and San-lun Mādhyamika Thought (Relig. Studies 15), 1979; T. Izutsu: Philosophie des Z.-Buddhismus, 1979; E. Herrigel: Z. in der Kunst des Bogenschießens, 1980; P. Kapleau: Die drei Pfeiler des Z., [4]1980; R. Ganslandt: Der Augenblick der Erkenntnis in Z.-Buddhismus u. Z.-Kunst, in: C. W. Thomsen, H. Holländer (Hg.): Augenblick und Zeitpunkt, 1984, 121–142; E. Wood: Zen Dictionary, Harmondsworth 1984; H. Brinker (Hg.): Zen in China, Japan and East Asian Art, Bern 1985; Y. Oshima: Z. – anders denken? Zugleich ein Versuch über Z. u. Heidegger, 1985; H.M. Enomiya-Lassalle: Z. u. christl. Mystik, 1986; M. Abe: Z. and Western Thought, Honolulu 1989; H. Dumoulin: Geschichte des Z.-Buddhismus, 2 Bde., Bern 1985–86; ders.: Z. im 20. Jh., 1990; M. S. Diener: Das Lexikon des Z., 1996. (sl)

Zentralasien als kulturell-geographischer Ordnungsbegriff umschreibt eine Region in Innerasien zwischen An Hsi u. Tunhuang in NW-China im O, Taschkent u. Samarkand im W, mit Khotan u. Dandān-ōilik im südl. Chin. Turkestan, Qizil, Kučā (Kucha) u. Bäzäklik im N u. südl. des Karakorum gegen W das heutige nördl. Pakistan u. das nordöstl. Afghanistan. In dieser Region Asiens blühte vom 1. Jh. v. Chr. bis ca. 1000 n. Chr. der Buddh. Er war über das nordwestl. ↗Indien u. der ↗Seidenstraße entlang bis ins östl. Z., nach Chin. Turkestan u. nach N-China, gelangt. In der Abfolge der Völkerschaften u. Reiche blieb der Buddh. über ein Jt. die kulturelle u. geistesgeschichtliche Konstante. In ↗Gandhāra ist der Buddh. zwischen 310 u. 150 v. Chr. archäologisch nachgewiesen. Kaiser ↗Aśoka im 3. Jh. v. Chr., zu dessen Reich Gandhāra gehörte, scheint die 1. ↗Stūpas errichtet zu haben; der Dharmarājika-Stūpa in ↗Taxila im heutigen Pakistan zumindest stammt aus der Zeit der ↗Mauryas. Aśoka-Inschriften sind auf den Felsen von Shāhbāzgaṛhī u. Mānsehrā erhalten. Die Nachfolge der zusammengebrochenen Maurya-Herrschaft traten hier indo-griech. Herrscher an: u.a. Demetrios von Baktrien (200–185 v. Chr.), Menander (150–130 v. Chr.). Um 130 v. Chr. fallen die skythischen Saker ein, 50 v. Chr.–78 n. Chr. besteht ein indo-parthisches, ab 30 n. Chr. ein sakisch-parthisches Reich. Aus dem Einfall der Tocharen 78 n. Chr. entsteht das Reich von Kuṣāṇa, ein Großreich, dessen Zentrum mit Baktrien im heutigen nordöstl. Afghanistan u. in N-Pakistan lag, das aber weit nach N-Indien, nach Chin. Turkestan, Usbekistan u. Tadschikistan ausgriff. Für

Kara Tape bei Termez (im S der ehemaligen UdSSR) ist die Anwesenheit des Buddh. in der Regierungszeit von König ↗Kaniṣka (vermutlich 78–ca. 100 n. Chr.), des bedeutendsten Kuṣāṇa-Herrschers, archäologisch durch Ruinenfunde von buddh. Klöstern gesichert. Im 2. Jh. n. Chr. war der Buddh. in Z. fest verankert. Kaniṣka bekannte sich, anders als einige Überlieferungen behaupten, zwar selbst nicht zum Buddh., förderte diesen jedoch so nachhaltig, daß ihn die Tradition geradezu einen 2. Aśoka nennt. Die Nachfolge-Reiche nach dem Zerfall der Kuṣāṇa-Herrschaft (ca. 250 n. Chr.) im 3. bis 5. Jh. blieben buddh. beeinflußt, wie aus einer großen Zahl von Klöstern, Stūpas u. Tempeln (in Taxila, Haḍḍa, die Höhlenklöster von Bāmiyān u.a.) ersichtlich wird. Dieser Höhepunkt der Blüte buddh. Kultur im westl. Z. unterbrach der Einfall der Weißen Hunnen (Hephthaliten), eines Nomadenvolks aus der ↗Mongolei, 430–560 n. Chr., die ihren Namen von ihrer auffallend hellen Hautfarbe erhielten (wie Prokop im 6. Jh. berichtet). 484 unterwerfen sie die sassanidischen Herrscher Persiens u. zwingen sie in tributpflichtiges Vasallentum (bis 560). In W-Z. zerstören sie das Nachfolge-Reich der Kuṣāṇa-Herrschaft, das Gupta-Reich. Dabei werden in Gandhāra u. Taxila alle buddh. Klöster u. Heiligtümer zerstört, Mönche getötet oder vertrieben u. in der Konsequenz die in ihren Einflüssen weit nach Indien hineinstrahlende buddh. Kultur dieser Region vernichtet. Immerhin hatte die bildliche Darstellung des ↗Buddha als Mensch u. a. von Gandhāra ihren Augang genommen. Im 7./8. Jh. erlebte der Buddh. in Gilgit (N-Pakistan) unter der Paṭola-Shāhi-Dynastie eine 2. Blüte, wie die Handschriftenfunde von Naupur bei Gilgit belegen. In den zentralasiat. Königreichen Kashgar, Khotan u. Lou-lan (Shan-shan; im späten 4. Jh. untergegangen) ist der Buddh. seit dem 3. Jh. bekannt. Ind. Schrift u. Sprache bleiben hier noch lange nach dem Untergang des Kuṣāṇa-Reichs in Gebrauch. In Kučā ist der Buddh. bereits seit dem 1. Jh. n. Chr. heimisch, u. stellt eine wichtige kulturelle Brücke nach Indien dar. Die Sprache, das indogermanische Tocharische, wurde ebenso wie das Sakische in Khotan in der ind. Brāhmanī-Schrift geschrieben. Inzwischen kamen auch Mönche aus Z. nach China. Ein Teil der Übersetzer buddh. Texte ins Chin. waren Sogdier u. Parther, wie etwa An Hsi-kao, der 148 n. Chr. nach Lo-yang gekommen war. Kurz zuvor war der Buddh. in Kashgar offizielle Religion geworden u. etwa gleichzeitig wurde er in Khotan eingeführt. Quellenmäßige Kunde vom Buddh. in dieser Region besitzen wir allerdings erst ab dem 3. Jh. Vor allem waren es zunächst Mönche der ↗Dharmagupta-Schule – sie sprachen u. schrieben Gandhārī –, die die Träger der Ausbreitung des Buddh. im östl. Z. wurden, bis der ↗Sarvāstivāda in diese Position drängte, u. das Gandhārī durch Skt unter sarvāstivādischen Einfluß abgelöst wurde. Späte Texte der Dharmaguptakas in Skt, die in Qizil gefunden wurden, belegen diesen Prozß der Sanskritisierung der buddh. Literatur in Z. In Khotan entstanden nicht nur Übers. buddh. Texte aus dem Skt ins Sakische, sondern die Anfänge einer eigenständigen sakischen Lit., wie das „Buch des Zambasta“ – nach seinem im Kolophon genannten Stifter so benannt – zeigt. Aus Kučā u. Karashar stammen Funde tocharischer Texte, Übers. buddh. Schriften aus dem Skt, wogegen sogdische u. sogdisch-uigurische Schriften regelmäßig aus dem Chin. übersetzt sind. Im 7. Jh. existierten im Königreich Khotan ca. 100 Klöster mit an die 5000 Mönchen. Der Buddh. war mahāyānisch orientiert (↗Māhāyana). – Seit dem 7. Jh., seit der Niederlage des letzten persischen Sassanidenherrschers 642 gegen die muslimischen Araber, dringt der Islam kontinuierlich nach Z. ein. Im 8. Jh. treten die Herrscher von Bāmiyān zum Islam über. Während der folgenden 100 Jahre koexistieren Buddh. u. Islam, bis schließlich die buddh. Klöster verschwinden. Nach Khotan kommt der Islam über Kashgar, als um 950 die Herrscher von Kashgar Muslime wurden. Um 1000 n. Chr. verschwindet der Buddh. aus Z. Lediglich am nördl. Zweig der Seidenstraße erhielt er sich, hatte indes dort seine Blütezeit gleichfalls bereits überschritten. In Qočo fand der Buddh. erst in der 2. Hälfte des 15. Jh. sein Ende, als die lokalen Herrscher sich Sultane nannten. – Ins Interesse der Forschung gelangte Z. durch eine Reihe aufsehenerregender Handschriftenfunde seit Ende des 19. Jh., darunter zahlreiche buddh. Texte, so z. B. das ↗Dhammapada in Gandhārī (1893). 1907 entdeckte man gar eine ganze buddh. Bibliothek. Von 1902 bis 1914 sicherten 4 dt. Expeditionen in das Gebiet der Oase von Turfan von A. Le Coq u. A. Grünwedel geleitet, eine größere Anzahl von Handschriften (die sog. Turfan-Texte). Diese vervollständigten die Kenntnis von Skt-Texten, die z. T. nur fragmentarisch in Skt, zum größeren Teil nur in chin. u. tib. Übers. erhalten waren. Bedeutsam wurde auch der Handschriftenfund von Naupur bei Gilgit. Dieser wurde in den Resten zweier stūpa-ähnlicher Bauwerke geborgen u. umfaßte 60 Handschriften, meistens auf Birkenrinde geschrieben, mit ca. 50 verschiedenen Texten, darunter den ↗vinaya des ↗Mūlasarvāstivāda in Skt u. etliche mahāyānische Texte. Diese Schriftenfunde verbreiteten die Kenntnis der zentralasiat. buddh. Kultur u. ergänzten die archäologischen Zeugnisse, der Stūpas, Klöster, Höhlenheiligtümer, Wandgemälde usw. Zusammen mit den Berichten chin. buddh. Mönche auf Pilgerschaft nach Indien wie z. B. ↗Hsüan-tsang (629–645) entsteht das Bild einer reichen buddh. Kultur im Innern Asiens an der Schnittstelle von Einflüssen aus Indien, ↗Tibet u. China, einer Kultur, die über 1000 Jahre das Gesicht dieser Region maßgeblich geprägt hat.

L.: M. A. Stein: Serindia, 5 Bde., Oxford 1921; ders.: Innermost Asia, 4 Bde., Oxford 1926; A. v. Le Coq, E. Waldschmidt: Die buddh. Spätantike in Mittelasien, 7 Bde., 1922–33 (Nachdr. Graz 1973–75); E. Waldschmidt: Gandhāra, Kutscha, Turfan. Eine Einführung in die frühmittelalt. Kunst Z., 1925; ders.: Skt-Handschriften aus den Turfan-Funden, 1965 ff; ders. (Hg.): Faksimile-Wiedergaben von Skt-Handschriften aus den Berliner Turfan-Funden I, The Hague 1963 (Indo-Iranian Facsimilie Series, 1); ders. unter Mitarbeit v. W. Clawiter u. L. Sander-Holzmann (Hg.): Skt-Handschriften aus den Turfan-Funden, 1965 ff; Sanskrit-Wörterbuch der buddh. Texte aus den Turfan-Funden, begonnen von E. Waldschmidt, hg. v. H. Bechert, Redaktor G. v. Simson, 1973 ff; L. Sander: Paläographisches zu den Skt-Handschriften der Berliner Turfan-Sammlung, 1968 VOHD, Suppl.-Bd. 8); P. C. Bagchi: India and Central Asia, Calcutta 1955; Monumenta Serindica, Bd. 1, Kyoto 1958, 53–87 (Bibl.); B. Pauly: Fragments sanscrits de Haute Asie (Mission Pelliot), JA 1965, 83–121; B. A. Litvinsky: Outline history of Buddhism in Central Asia, 1968; K. Saha: Buddhism and Buddhist Literature in Central Asia, Calcutta 1970; S. Gaulier, R. Jera-Bezard, M. Maillard: Buddhism in Afghanistan and Central Asia, 2 Bde., Leiden 1976; „Central Asia", in: Encyclopaedia of Buddhism, ed. J. Dhirasekera, Bd. 4, Fasz. 1, Government of Sri Lanka, 1979, 21–85; A. v. Gabain: Einführung in die Z.-Kunde, 1979; K. Röhrborn, W. Veenker: Sprachen des Buddhismus in Z., 1983 (Veröff. d. Societas Uralo-Altaica, 16); R. Whitfield: The Art of Central Asia, 3 Bde., Tokyo 1984; K. Jettmar, V. Thewalt: Zwischen Gandhara und den Seidenstraßen, 1985; D. Kuhn (Hg.): Chinas Goldenes Zeitalter. Die Tang-Dynastie (618–907) u. d. kult. Erbe d. Seidenstraße, 1993. (no)

Zhijepa (tib. źi byed pa), „die [alle Verdunkelungen u. alles Leiden] in Frieden auflösen“, auf den ind., mehrfach nach ↗Tibet gereisten Heiligen ↗Phadampa Sanggye zurückgehende Schulrichtung des ↗Lamaismus, die – basierend auf ↗Prajñāpāramitā u. der Philosophie ↗Nāgārjunas – vor allem die Praxis der ↗Cö-Lehren propagierte.

L.: K. Kollmar-Paulenz: Der Schmuck der Befreiung. Die Geschichte der Zi byed und gCod-Schule ..., 1993 (AsF 125). (ev)

Zölibat, von lat. coelibatus, Ehelosigkeit, Begriff aus dem katholischen Kirchenrecht, der die Verpflichtung zur geschlechtlichen Enthaltsamkeit von Klerikern ab dem Diakonat (bis zum II. Vatikanischen Konzil, 1962–65, ab dem Subdiakonat) u. der männlichen u. weiblichen Angehörigen von religiösen Orden u. Kongregationen aufgrund des abgelegten Keuschheitsgelübdes meint. Analog dem christlichen Mönchs- u. Nonnen-Z. wird der Begriff als rel.-wiss. Kategorie auf die entsprechenden außerchristlichen Lebensordnungen, auch auf buddh. Mönche u. Nonnen, übertragen. Als Forderung der sexuellen Abstinenz, im buddh. ↗saṅgha übrigens älter als im Christentum, entspricht Z. dem Begriff ↗„brahmacariya“ (göttergleicher Wandel). Die Form eines besonderen Gelöbnisses des Z. kennt das buddh. Mönchtum nicht. Die Forderung verpflichtet gleichwohl strikt, u. das Vergehen dagegen zieht den Ausschluß aus dem saṅgha nach sich (↗pārājika). (no)

Zuflucht, dreifache (Skt triśaraṇa, P tisaraṇa), ist der förmliche Akt der Zuwendung zum Buddh. Dreifach ist diese Z.-Nahme, nämlich zu den 3 „Kostbarkeiten“ oder „Juwelen“ (Skt triratna, P tiratana): ↗Buddha, ↗dharma (↗Lehre des Buddha) u. ↗saṅgha (Gemeinde der Anhänger des Buddha.). Als solche besitzt die Z. den Charakter einer Konversions-, in der täglichen Praxis aber den einer Bekenntnisformel. (no)

Zufluchtnahme (tib. skyabs `gro), lamaistisches Ritual, das stets zu Beginn der täglichen Rezitationen u. der ↗sādhanas ausgeführt wird u. in der Stützung auf die Objekte der Zuflucht besteht. Neben den aus ↗Hīnayāna u. ↗Mahāyāna bereits bekannten ↗triratna (tib. dkon mchog gsum), das sind ↗Buddha, ↗dharma und ↗saṃgha, nimmt der lamaistische Gläubige zusätzlich die Zuflucht zu seinem Lehrer, dem ↗Lama, sowie unter Umständen auch zu ↗Yidam u. ↗ḏākinī. (ev)

Zwischenzustand ↗Bardo

Grundtexte des Pāli-Buddhismus

Haß und seine Überwindung

„Denn niemals hört im Weltenlauf
Die Feindschaft je durch Feindschaft auf.
Durch Liebe nur erlischt der Haß,
Ein ewiges Gesetz ist das.“

Dhp 5 (vgl. H. von Glasenapp, Hg.: Der Pfad zur Erleuchtung, Buddh. Texte, 1956, 95)

Die Lehrrede von der Güte

„Glück soll die ganze Welt umfassen.
Ich grüße alles, was da lebt,
Ich möchte Segen regnen lassen
Und Heil, wie jedes es erstrebt.
Ob groß ein Wesen oder klein,
Ob zart, ob machtbegabt, ob schwach,
Es mag ein jedes glücklich sein:
In Luft und Land und tief im Bach.
Ob wir es seh'n, ob's uns entgeht,
In fernem Land, vor unsrem Fuß,
Ob's lebt, ob's an der Pforte steht,
Heil sendet ihm der Heiligen Gruß.
Die Mutter schützt das zarte Kind
Mit Leib und Leben opferstill,
So will ich schützen liebgesinnt,
Was immer lebt und leben will.
Es soll der Liebe goldner Strahl
Durchleuchten grenzenlos das All,
und niemals bring des Hasses Stahl
Was lebt und bebt und strebt zu Fall.
Ob wir uns legen, steh'n, ob ruhn,

Am Herde, auf der Wanderschaft –
Wir wollen unsre Arbeit tun
Mit gütigem Herzen, voller Kraft,
und unabhängig strebend nahn
Wir endlich noch Nirvans Tür
Und frei von Leid und Sonderwahn
Verlöschen und verwehen wir."

Das Metta-Sutta des Khuddakapāṭha
(Übers. von Dr. Wolfgang Bohn, in:
Buddhistische Monatshefte 1. Jg./1949, 25)

Metta-Meditation: die Erweckung der Güte
(gehört zu den vier Erhabenen Verweilungen / brahmavihāra)

„Also von Bürde und Übelwollen frei, vollbewußt und besonnen, durchdringt ein edler Jünger mit gütiger Gesinnung nach einer Himmelsrichtung, dann nach der zweiten, der dritten und der vierten, dann nach oben und unten und ringsum die ganze Welt nach allen Seiten vollständig, mit gütiger, umfassender, großer, unermeßlicher, friedfertiger, freundlicher Gesinnung. Ebenso durchdringt er mit Mitleid, Mitfreude und mit Gleichmut die ganze Welt."

Anguttara-Nikāya III, 65
(vgl. G. Mensching: Buddhistische Geisteswelt, o. J., 33)

Die „Drei Merkmale"

„... es ... bleibt Tatsache und die feste und notwendige
Bedingung des Daseins, daß alle Gebilde vergänglich sind ...
... daß alle Gebilde leidvoll sind.
... daß alle Realitäten nicht das Ich sind."
(Solches erkennt ein Vollendeter selber und lehrt es
die anderen.)

Anguttara-Nikāya III, 134 (Übersetzung: K. Seidenstücker,
zit. nach G. Mensching: Buddh. Geisteswelt, 59)

Bedingungszusammenhang

„Vor meiner Erleuchtung, als ich noch ein Bodhisattva war, kam mir der Gedanke: ‚Dem Elend ist die Welt preisgegeben. Man wird geboren, altert, stirbt, scheidet aus dem Dasein und wird wiedergeboren. Und ein Entrinnen aus diesem Leid ist nicht abzusehen. Sicherlich wird sich ein Ausweg aus diesem Leid, aus Altern und Sterben finden lassen.'
Da kam mir der Gedanke: ‚Was muß vorhanden sein, damit Altern und Sterben eintreten, was bedingt Altern und Sterben?'
Da gewann ich durch gründliches Nachdenken die Einsicht: ‚Wenn Geburt vorhanden ist, kommt es zu Altern und Sterben, durch Geburt bedingt sind Altern und Sterben.'
Da kam mir der Gedanke: ‚Was muß vorhanden sein, damit eine Geburt eintritt, was bedingt eine Geburt?' …" usw.

Saṃyutta-Nikāya 12, 10 (zit. nach H. von Glasenapp, Hg.: Der Pfad zur Erleuchtung. Buddh. Texte, 1956, 80–81)

Die Wanderung durch die Existenzen – der samsara

„Nicht zu erkennen, o Mönch, ist der Samsara, nicht zu erkennen ist der Ausgangspunkt der durch Nichtwissen gehemmten, durch den Durst gefesselten Wesen, die den Lauf der Geburten eilend durchwandern.
Und während so langer Zeit, o Mönch, hat das Leiden bestanden, hat das Weh bestanden, hat das Elend bestanden, haben die Leichenstätten sich angefüllt.
Dies also, o Mönch, genügt vollauf, um aller Gebilde satt zu werden, es genügt, um die Lust daran zu verlieren, es genügt, um sich davon zu erlösen."

Dīgha-Nikāya 33, 1.10
(G. Mensching: Buddh. Geisteswelt, 55)

„Dort war ich mit dem und dem Namen, von dem und dem Geschlecht, von der und der Erscheinung, von der und der Nahrung lebend, das und das Glück und Leid erfahrend, von so und so langer Lebensdauer.
Von da schied ich und wurde dort wiedergeboren: und auch dort war ich von dem und dem Namen ...;
von da schied ich und bin hier wiedergeboren: so erinnerte ich mich an mannigfaltiges früheres Dasein mit seiner Besonderheit und mit der Bestimmtheit seines Wesens."

Vinaya-piṭaka III, 3f
(G. Mensching, a.a.O., 25)

Nirvāṇa (Skt)/Nibbāna (P)

Zentral ist die Aussage des Buddha zum nirvāṇa im Itivuttaka 43, die empathisch mit den feierlichen Worten „Atthi bhikkhave ajātaṃ" – „Es gibt, ihr Mönche, ein Ungeborenes" – eingeleitet werden:

„Es gibt, ihr Mönche, ein Ungeborenes, Ungewordenes, Nichtgemachtes, ein nicht durch schaffende Tätigkeit Hervorgebrachtes (daher Unverursachtes [no]). Wenn es dieses nicht gäbe, so wäre hier ein Entrinnen aus dem Geborenen, Gewordenen, Gemachten, durch schaffende Tätigkeit Hervorgebrachten nicht zu erkennen. Weil es nun aber ein Ungeborenes, Ungewordenes, Nichtgemachtes, ein nicht durch schaffende Tätigkeit Hervorgebrachtes gibt, deshalb ist ein Entrinnen aus dem Geborenen, Gewordenen, Gemachten, durch schaffende Tätigkeit Hervorgebrachten zu erkennen."

Ähnlich in Udāna 8, 1:

„Es gibt, Mönche, jenes Gebiet, in dem es weder Erde noch Wasser noch Feuer noch Luft gibt, noch das Gebiet des grenzenlosen Raumes, noch das Gebiet des grenzenlosen Bewußtseins, noch das Gebiet der Nirgendetwasheit, noch das Gebiet der Weder-Wahrnehmung-noch-Nichtwahrnehmung, nicht diese Welt noch eine andere Welt (das nirvāṇa ist nicht das Jenseits!!! [no]), nicht beides, Mond und Sonne. Dieses nenne ich weder Kommen noch Gehen noch Bestehen noch Verschwinden noch Entstehen, was nicht selber wieder auf einer Grundlage ruht (also verursacht ist [no]), nicht im Flusse ist, keinen Untergrund hat: eben das, eben dieses ist das Ende des Leidens."

Zwei Nirvāṇa-Bereiche

„Diese zwei Nibbana-Bereiche gibt es, ihr Jünger. Welche zwei? Den mit dem Rest von Beilegungen behafteten Nibbana-Bereich und den vom Rest Beilegungen freien Nibbana-Bereich…"

Itivuttaka 44
(Übers. K. Seidenstücker, zit. nach G. Mensching: Buddh. Geisteswelt, 208)

Der Weg zum Nirvāṇa

„Nur Ausrottung aller Arten von Drang führt zur restlosen Leidenschaftslosigkeit, zum Ende, zum Nibbāna.
Für den Bhikkhu, der so erloschen ist, der an nichts mehr haftet, gibt es keine Wiedergeburt mehr."

Udāna III, 10
(G. Mensching: Buddh. Geisteswelt, 60)

Das „Torwächter-Gleichnis"

„Die Stadt, ihr Mönche, ist eine Bezeichnung für diesen aus den vier Elementen bestehenden Körper, den von Vater und Mutter gezeugten, aufgebaut durch Reis und Milch, der Vergänglichkeit unterworfen, dem Verfall, der Abnutzung und Vernichtung ausgesetzt.
Die sechs Pforten (gemeint der Stadt bzw. des Körpers [no]) sind eine Bezeichnung für die sechs inneren Sinnengrundlagen. Der Torwächter ist eine Bezeichnung für die Achtsamkeit. Der Stadtherr ist eine Bezeichnung für das Bewußtsein. Der

Kreuzungspunkt in der Mitte (der Stadt [no]) ist eine Bezeichnung für die vier Elemente: das Erd-Element, das Wasser-Element, das Feuer-Element und das Wind-Element.
Die wahrheitsmäßige Botschaft ist eine Bezeichnung für Nibbāna.
Der begangene Weg ist eine Bezeichnung für den heiligen achtfachen Pfad."

Saṃyutta-Nikāya 35, 204
(Nyānaponika: Der einzige Weg, Buddhistische Texte zur Geistesschulung in rechter Achtsamkeit, 1956, 84)

Die Wurzeln des Unheilsamen

„Diese drei Wurzeln des Unheilsamen gibt es,
ihr Jünger. Welche drei?
Die Gier, die Wurzel des Unheilsamen …,
der Haß …, die Verblendung …"

„Gier, Haß und Verblendung, die im Ich entstanden sind, vernichten einen Menschen mit schlechtem Gemüt wie einen Bambusstamm mitsamt seiner Frucht."

Itivuttaka 50
(Übers. K. Seidenstücker, 1922, 22)

„Diese drei, ihr Jünger, sind Schmutzlachen …, Feinde …, Gegner …, Mörder …, Widersacher auf dem Wege … Die Gier …, der Haß …, die Verblendung."

Nr. 88 (a.a.O., 35)

Lehrrede an die Kalama

So habe ich berichten hören:
Einst kam der Erhabene auf seiner Wanderung im Lande der Kosala mit einer großen Bhikkhuschar nach Kesaputta, einem Marktflecken der Kālāma. Es hörten nun die Kālāma von Kesaputta, daß der Samana Gotama, der Sakya, nach Kesaputta

gekommen sei, und daß er im Rufe stehe, der Erhabene, der Heilige, der vollkommen Erleuchtete zu sein; es sei gut, solche Heilige zu sehen. So begaben sie sich zu ihm, begrüßten ihn ehrerbietig, setzten sich zu ihm und sprachen: „Herr, da kommen einige Samanen und Brahmanen nach Kesaputta, die nur ihre eigene Lehre glänzen und leuchten lassen, aber die Lehren anderer bekämpfen, verspotten und verachten. Dann kommen wieder andere, die es ebenso machen. Deshalb sind wir im Unklaren und im Zweifel, welcher von diesen verehrlichen Samanen eigentlich Wahres und welcher Falsches lehrt."
„Ganz recht, Kālāma, daß ihr zweifelt; in einem solchen Falle muß man zweifeln. Richtet euch nicht nach Hörensagen, nicht nach einer Überlieferung, nicht nach einer bloßen Behauptung, nicht nach der Mitteilung heiliger Schriften, nicht nach bloßen Vernunftgründen und logischen Deduktionen, nicht nach äußeren Erwägungen, nicht nach der Übereinstimmung mit euren Ansichten und Grübeleien, nicht nach dem Scheine der Wirklichkeit, denket nicht: „Der Samana ist unser Lehrer (darum wollen wir ihm glauben)"; sondern wenn ihr, Kālāma, selbst erkennt, daß diese oder jene Dinge schlecht und verwerflich sind, von Verständigen getadelt und, ausgeführt oder begonnen, zum Unheil und Leiden führen, so sollt ihr sie verwerfen."

Aṅguttara-Nikāya III (übers. v. K. Schmidt: Buddha, die Erlösung vom Leiden, 1921, in: G. Mensching, Hg.: Buddh. Geisteswelt, S. 36

Die Erleuchtung

Mit also gesammeltem Geist, mit geläutertem, reinheitsreichem, der von Flecken frei war, aller Schäden entledigt, geschmeidig, der Arbeit sich fügend, feststehend und unentwegt, wandte ich meinen Geist hin auf die Erinnerung und Erkenntnis meines früheren Daseins. So erinnerte ich mich an mannigfaltiges früheres Dasein: an eine Existenz, an zwei Existenzen, an drei ... vier ... fünf ... zehn ... zwanzig ... dreißig ... vierzig ... fünfzig ... hundert ... tausend ... hunderttausend Existenzen, an viele Weltalter der Zerstörung und Erneuerung: dort war ich mit dem und dem Namen, von dem und dem

Geschlecht, von der und der Erscheinung, von der und der Nahrung lebend, das und das Glück und Leid erfahrend, von so und so langer Lebensdauer. Von da schied ich und wurde dort wiedergeboren: und auch dort war ich mit dem und dem Namen ...; von da schied ich und bin hier wiedergeboren: so erinnerte ich mich an mannigfaltiges früheres Dasein mit seiner Besonderheit und mit der Bestimmtheit seines Wesens.
Dies, o Brahmane, ist die erste Wissenschaft, die ich in der ersten Nachtwache erlangt habe. Das Nichtwissen ist vernichtet, Wissen entstanden. Die Finsternis ist vernichtet, Helligkeit entstanden, wie es sich gebührt für den, der unentwegt, in heißem Eifer, sein Selbst dem Streben weihend, verharrt. Dies, o Brahmane, war mein erstes Anslichtkommen, wie eines Küchleins aus der Eierschale.
Mit also gesammeltem Geist, mit geläutertem, reinheitsreichem, der von Flecken frei war, aller Schäden entledigt, geschmeidig, der Arbeit sich fügend, feststehend und unentwegt, wandte ich meinen Geist hin auf die Kenntnis vom Abscheiden und Wiederkommen der Wesen. Da sah ich mit meinem göttlichen Auge, dem reinen, über Menschliches erhabenen, die Wesen, wie sie abschieden und wiederkamen, niedere und hohe, von schöner Erscheinung und von schlechter Erscheinung, wohlwandelnde und übelwandelnde; die Wesen, wie sie nach ihren Taten ihre Stätte fanden, erkannte ich: da sind diese Wesen, behaftet mit üblen Gedanken, Worten und Werken, die die Heiligen geschmäht haben, falschem Glauben anhängend und falschen Glaubens Werke auf sich nehmend – die gehen, wenn ihr Leib zerbricht, jenseits des Todes den Unglücksweg, den bösen Gang, zur Verdammnis, zur Hölle. Jene andern Wesen aber, begabt mit guten Gedanken, Worten und Werken, die die Heiligen nicht geschmäht haben, rechtem Glauben anhängend und rechtem Glaubens Werke auf sich nehmend – die gehen, wenn ihr Leib zerbricht, jenseits des Todes den Heilsweg und kommen in den Himmel. So sah ich mit meinem göttlichen Auge, dem reinen, über Menschliches erhabenen, die Wesen, wie sie abschieden und wiederkamen, niedere und hohe, von schöner Erscheinung und von schlechter Erscheinung, wohlwandelnde und übelwandelnde; die Wesen, wie sie nach ihren Taten ihre Stätte fanden, erkannte ich.

Dies, o Brahmane, ist die zweite Wissenschaft, die ich in der mittleren Nachtwache erlangt habe. Das Nichtwissen ist vernichtet, Wissen entstanden. Die Finsternis ist vernichtet, Helligkeit entstanden, wie es sich gebührt für den, der unentwegt, in heißem Eifer, sein Selbst dem Streben weihend verharrt. Dies, o Brahmane, war mein zweites Anslichtkommen, wie eines Küchleins aus der Eierschale.

Mit also gesammeltem Geist, mit geläutertem, reinheitsreichem, der von Flecken frei war, aller Schäden entledigt, geschmeidig, der Arbeit sich fügend, feststehend und unentwegt, wandte ich meinen Geist hin auf die Kenntnis des Untergangs der Verderbnisse. „Dies ist das Leiden“: also erkannte ich in Wahrheit. „Dies ist die Entstehung des Leidens“: also erkannte ich in Wahrheit. „Dies ist die Aufhebung des Leidens“: also erkannte ich in Wahrheit. „Dies ist der Weg zur Aufhebung des Leidens“: also erkannte ich in Wahrheit. „Dies sind die Verderbnisse“ ... „Dies ist die Entstehung der Verderbnisse“ ..., „Dies ist die Aufhebung der Verderbnisse“ ... „Dies ist der Weg zur Aufhebung der Verderbnisse“: also erkannte ich in Wahrheit. Indem ich also erkannte und also schaute, wurde meine Seele erlöst vom Verderbnis des Werdens, und meine Seele wurde erlöst vom Verderbnis des Irrglaubens, und meine Seele wurde erlöst vom Verderbnis des Nichtwissens. Im Erlösten entstand die Erkenntnis: Ich bin erlöst. Vernichtet ist die Geburt, vollendet der heilige Wandel, erfüllt die Pflicht; keine Rückkehr gibt es mehr zu dieser Welt: also erkannte ich.“

Dies, o Brahmane, ist die dritte Wissenschaft, die ich in der letzten Nachtwache erlangt habe. Das Nichtwissen ist vernichtet, Wissen entstanden. Die Finsternis ist vernichtet, Helligkeit entstanden, wie es sich gebührt für den, der unentwegt in heißem Eifer, sein Selbst dem Streben weihend verharrt. Dies, o Brahmane, war mein drittes Anslichtkommen, wie eines Küchleins aus der Eierschale.

Vinayapitaka III, 3f (Oldenberg: Reden des Buddha, 1911, zit. nach G. Mensching: Buddh. Geisteswelt, 25–27)

Das Ende des Samsāra ist das Ende der Welt

…, „Herr, ist es möglich, durch Wandern das Ende der Welt zu erkennen, zu schauen, zu erreichen, wo keine Geburt, kein Altern, kein Sterben, kein Vergehen und kein Entstehen ist?"
„Freud, ich lehre nicht, daß dieses Ende der Welt, wo keine Geburt, kein Altern, kein Sterben, kein Vergehen und kein Entstehen ist, durch Wandern zu erkennen, zu schauen und zu erreichen sei, … und doch, Freund, lehre ich nicht, daß man ohne das Ende der Welt erreicht zu haben, dem Leiden ein Ende machen kann. Und so verkünde ich, Freund, daß in eben diesem klaftergroßen, bresthaften Leibe mit seinem Wahrnehmen und Denken die Welt liegt und die Entstehung der Welt und die Aufhebung der Welt und der Pfad, der zur Aufhebung der Welt führt.
Durch Wandern ist das Ende der Welt niemals zu erreichen. Und doch gibt es, wenn man das Ende der Welt nicht erreicht hat, keine Befreiung vom Leiden.
Deshalb, wahrlich, ersehnt der Weise, der die Welt kennt, der zum Ende der Welt geht und ein heiliges Leben führt – nachdem er das Ende der Welt, welches er erkennt, verwirklicht hat – für sich weder diese, noch eine andere Welt."

Aṅguttara-Nikāya IV, 45
(übers. von K. Seidenstücker: Pāli-Buddhismus in Übersetzungen, 1923, in: G. Mensching: Buddh. Geisteswelt, 55)

Existenz ist Leiden

So habe ich berichten hören:
Als der Erhabene die Erleuchtung erlangt hatte, saß er unter dem Bodhibaume bei Uruvelā am Ufer des Flusses Nerañjarā und genoß sieben Tage lang die Seligkeit der Erlösung. Nach Ablauf dieser sieben Tage erhob er sich aus seiner Meditation und betrachtete mit der Einsicht eines Erleuchteten die Welt. Da sah er die Wesen in mancherlei Gluten brennen und in mancherlei Qualen schmachten, die aus Begierde, Haß und Verblendung entstanden sind. Und er sprach feierlich diesen Spruch:

„Diese qualerfüllte, ganz in Berührungen aufgehende Welt nennt das, was der Krankheit ausgesetzt ist, das Ich.
Wo immer sie meint, es gebe etwas Bleibendes, da gibt es nur Veränderung.
…
Die Welt, die sich stets verändern muß, die am Dasein hängt, im Dasein ganz aufgeht, findet sogar noch Gefallen am Dasein.
Woran man aber Gefallen findet, das bringt Furcht, und wovor man sich fürchtet, das ist Leiden.
Um aber das Dasein gänzlich zu überwinden, führt man den Wandel der Heiligkeit.
Alle Samanen und Brahmanen, welche lehren, daß es eine Erlösung vom Dasein durch Lebensbejahung gebe, sind unerlöst vom Dasein, sage ich. Aber auch alle Samanen und Brahmanen, welche lehren, daß es ein Entrinnen aus dem Dasein durch Selbstabtötung gebe, sind dem Dasein nicht entronnen, sage ich.
Durch alles irdische Trachten bedingt, entsteht ja dieses Leiden; wenn aber alles Haften überwunden ist, kann kein Leiden mehr entstehen.
Betrachte nur diese Welt weit und breit und die Wesen, die im Nichtwissen ganz aufgehen und sich der (anderen) Wesen freuen: Sie sind unerlöst.
Alles, was es an Dasein irgendwo und irgendwie gibt, ist vergänglich, leidvoll, muß sich verändern.
Wer dies, wie es wirklich ist, mit vollkommener Weisheit betrachtet, der überwindet den Drang nach Lebensbejahung und findet auch kein Gefallen an dem Drange nach Selbstabtötung.
Nur Ausrottung aller Arten von Drang führt zu restloser Leidenschaftslosigkeit, zum Ende, zum Nibbāna.
Für den Bhikkhu, der so erloschen ist, der an nichts mehr haftet, gibt es keine Wiedergeburt mehr.
Überwunden ist für ihn Māra, gewonnen die Schlacht, entronnen ist ein solcher allen Daseinsformen.

Udāna III; 10 (K. Schmidt: Buddha, die Erlösung vom Leiden, 1921, in: G. Mensching: Buddh. Geisteswelt, 59–60)

Das Werden in Abhängigkeit

So hab' ich es gehört: Einst weilte der Erhabene bei Uruvelā am Ufer des Flusses Nerañjarā am Fuße des Bodhi-Baumes, unmittelbar nachdem er ein Erwachter geworden war. Damals aber saß der Erhabene sieben Tage lang mit gekreuzten Beinen, die Seligkeit der Erlösung genießend. Und nachdem der Erhabene sich nach Ablauf der sieben Tage aus dieser Konzentration erhoben hatte, betrachtete er während der letzten Wache der Nacht im Geiste aufmerksam das bedingte Entstehen in fortlaufender und rücklaufender Richtung in dieser Weise:

„Wenn dieses ist, ist jenes, infolge dieses (Prozesses) entsteht jener (Prozeß); wenn dieses nicht ist, ist jenes nicht, infolge der Aufhebung dieses (Prozesses) wird jener (Prozeß) aufgehoben: das will sagen: Wenn Nichtwissen da ist, sind – (organische) – Prozesse; wenn – (organische) – Prozesse da sind, ist Bewußtsein; wenn Bewußtsein da ist, ist der körperliche Organismus; wenn der körperliche Organismus da ist, sind die sechs Gebiete; wenn die sechs Gebiete da sind, ist Berührung; wenn Berührung da ist, ist Empfindung; wenn Empfindung da ist, ist ‚Durst'; wenn ‚Durst' da ist, ist Ergreifen; wenn Ergreifen da ist, ist Werden; wenn Werden da ist, ist Geburt; wenn Geburt da ist, stellen sich Alter und Tod, Kummer, Wehklagen, Schmerz, Gram und Verzweiflung ein. Solcherart ist die Entstehung dieser gesamten Leidensmasse.

Aber auf der restlosen, spurlosen Aufhebung des Nichtwissens beruht die Aufhebung der – (organischen) – Prozesse, auf der Aufhebung der – (organischen) – Prozesse die Aufhebung des Bewußtseins, auf der Aufhebung des Bewußtseins die Aufhebung des körperlichen Organismus, auf der Aufhebung des körperlichen Organismus die Aufhebung der sechs Gebiete, auf der Aufhebung der sechs Gebiete die Aufhebung der Berührung, auf der Aufhebung der Berührung die Aufhebung der Empfindung, auf der Aufhebung der Empfindung die Aufhebung des ‚Durstes', auf der Aufhebung des ‚Durstes' die Aufhebung des Ergreifens, auf der Aufhebung des Ergreifens die Aufhebung des Werdens, auf der Aufhebung des Werdens die Aufhebung der Geburt, infolge der Aufhebung der Geburt

werden Alter und Tod, Kummer, Wehklagen, Schmerz, Gram und Verzweiflung aufgehoben. Solcherart ist die Aufhebung dieser gesamten Leidensmasse."
Da tat der Erhabene, nachdem er erkannt, was dies zu bedeuten hatte, bei jener Gelegenheit folgenden feierlichen Ausspruch: „Wahrlich, wenn die Dinge dem eifrigen, vertieften Brahmana sich entschleiern, dann steht er da, Māras Heer verscheuchend, wie die Sonne, die den Himmelsraum durchstrahlt."

Udāna I, 3 (K. Seidenstücker: Pāli-Buddhismus in Übersetzungen, 1923, in: G. Mensching: Buddh. Geisteswelt, 69–70)

Buddhas letzte Worte

Dann richtete der Erhabene an den ehrwürdigen ānanda die Worte: „ānanda, es könnte euch vielleicht der Gedanke kommen: ‚Der Lehrer, (der uns) das Wort (verkündete) ist dahingegangen, wir (können uns nun auf) keinen Lehrer mehr (berufen). Aber so dürft ihr die Sache nicht ansehen, ānanda. Die Lehre und die Regel, die ich euch gepredigt und vorgezeichnet habe, die sind euer Lehrer nach meinem Ende."
Dann sprach der Erhabene noch zu den Bhikkhus: „Wohlan, Bhikkhus, (höret) jetzt, (was) ich euch (noch) zu sagen habe: Die Seinserscheinungen sind ihrem Wesen nach vergänglich. Rüstet euch aus mit Wachsamkeit!"
Das war des Tathāgata letztes Wort.

Dīgha-Nikāya XVI, 6, 1; 6, 7 (Franke: Dīghanikāya in Auswahl, 1913, in: G. Mensching: Buddh. Geisteswelt, 45–46)

Die Diskussion der Lehre vom Nichtselbst (anatman) in dem (außerkanonischen) Buch „Fragen des Königs Milinda"

Nun begab sich Milinda, der König, dahin, wo der ehrwürdige Nāgasena (weilte), (und) als er sich hinbegeben hatte, wechselte er mit dem ehrwürdigen Nāgasena freundlichen, höflichen Gruß und ließ sich an einer Seite nieder. Auch der ehrwürdige Nāgasena grüßte (freundlich) zurück, woran sich des Königs

Milinda Gemüt erfreute. Und nun sprach Milinda, der König, zu dem ehrwürdigen Nāgasena dies: „Wie ist der Herr bekannt, welchen Namen hast du, o Herr?"

„Als Nāgasena bin, o Großkönig, ich bekannt. Mit Nāgasena reden mich, o Großkönig, die mit (mir zusammen) den frommen Wandel führen, an. Doch wenn auch die Eltern einen Namen geben wie Nāgasena oder Sūrasena oder Vīrasena oder Sīhasena, so ist, o Großkönig, das, was dieser Nāgasena ist, (nur) eine Benennung, eine Bezeichnung, eine Kennzeichnung, nur ein Name für den Allgemeingebrauch; eine Person wird hier nicht vorgefunden."

Da sprach Milinda, der König, so: „Hören mögen mich die fünfhundert Ionier und die achtzigtausend Mönche! Dieser Nāgasena hat solches gesprochen: ‚Eine Person wird hier nicht vorgefunden.' Ist es wohl recht, dem beizupflichten?" Und König Milinda sprach zu dem ehrwürdigen Nāgasena dies: „Wenn, Herr Nāgasena, eine Person nicht vorgefunden wird (= *nicht existiert*), wer gewährt euch denn die Versorgung mit Gewändern, Almosenspeise, Unterkunft und Arznei im Krankheitsfalle? Wer macht davon Gebrauch? Wer hütet die Tugend? Wer widmet sich geistlicher Übung? Wer verwirklicht den (heiligen) Weg, (dessen) Lohn und das Nirvāna? Wer (aber) tötet ein Lebewesen? Wer nimmt Nichtgegebenes? Wer handelt in Liebesdingen übel? Wer spricht Lügen? Wer trinkt Berauschendes? Wer begeht (also diese) fünf Handlungen, (die) unverzüglich (böse Folgen haben)? Somit gibt es nichts Heilsames, (und) es gibt nichts Unheilvolles; es gibt keinen Betätiger von heilsamen und unheilvollen Taten sowie auch keinen Veranlasser (solcher Taten); es gibt keine Frucht und kein Ergebnis guter und böser Taten. Wenn, Herr Nāgasena, derjenige, der Euch tötet, keinen Mord begeht, dann habt Ihr, Herr Nāgasena, keinen Lehrer, habt keinen Unterweiser, habt keine höhere Mönchsweihe. ‚Mit Nāgasena reden mich, o Großkönig, die mit (mir zusammen) den frommen Wandel führen, an!' hast du gesagt. Wer ist (denn) hier Nāgasena? Ist wohl, o Herr, das Kopfhaar Nāgasena?"

„Gewiß nicht, o Großkönig!"

„Ist das Körperhaar Nāgasena?"

„Gewiß nicht, o Großkönig!"

„Sind die Nägel … *(weiter wie eben)* … die Zähne, die Haut, das Fleisch, die Sehnen, die Knochen, das Knochenmark, die Nieren, das Herz, die Leber, das Brustfell, die Milz, die Lungen, die Eingeweide, die Därme, der Magen, der Kot, die Galle, der Schleim, der Eiter, das Blut, der Schweiß, das Fett, die Tränen, der Talg, das Serum, der Nasenschleim, das Gelenkfett, der Urin, der Kopf, das Gehirn Nāgasena?"
„Gewiß nicht, o Großkönig!"
„Ist dann wohl, o Herr, der Körper Nāgasena?"
„Gewiß nicht, o Großkönig!"
„Sind die Empfindungen Nāgasena?"
„Gewiß nicht, o Großkönig!"
„Sind die Wahrnehmungen Nāgasena?"
„Gewiß nicht, o Großkönig!"
„Sind die (charakterlichen) Gegebenheiten Nāgasena?"
„Gewiß nicht, o Großkönig!"
„Ist das Bewußtsein Nāgasena?"
„Gewiß nicht, o Großkönig!"
„Sind dann, o Herr, vielleicht Körper, Empfindungen, Wahrnehmungen, (charakterliche) Gegebenheiten und Bewußtsein (zusammen) Nāgasena?
„Gewiß nicht, o Großkönig!"
„Ist dann, o Herr, etwas anderes als Körper, Empfindungen, Wahrnehmungen, (charakterliche) Gegebenheiten und Bewußtsein Nāgasena?"
„Gewiß nicht, o Großkönig!"
„Dann, o Herr, (obwohl) ich frage und frage, sehe ich keinen Nāgasena. Nur ein Wort, o Herr, ist Nāgasena. Wer ist dann hier Nāgasena? Unwahres, o Herr, sprichst du, Lüge! Es gibt keinen Nāgasena!"
Daraufhin sprach der ehrwürdige Nāgasena zu Milinda, dem König, dies: „Du bist, o Großkönig, als Fürst gut erzogen, fein gebildet. Wenn du, o Großkönig, zur Mittagszeit auf heißer Erde, auf erhitztem Sand, auf harten Schottern, Kieseln, Sandkörnern, nachdem du sie betreten hast, zu Fuß gehen würdest, (dann) schmerzen die Füße, der Körper leidet, der Geist wird beeinträchtigt. Ein mit Schmerz einhergehendes Körpergefühl tritt ein. Bist du nun zu Fuß hergekommen oder mit einem Fahrzeug?"

„Nicht bin ich, o Herr, zu Fuß hergekommen; mit einem Wagen bin ich gekommen."
„Wenn du, o Großkönig, mit einem Wagen hergekommen bist, erkläre mir den Wagen! Ist vielleicht, o Großkönig, die Deichsel der Wagen?"
„Gewiß nicht, o Herr!"
„Ist die Achse der Wagen?"
„Gewiß nicht, o Herr!"
„Sind die Räder der Wagen?"
„Gewiß nicht, o Herr!"
„Ist der Wagenkasten der Wagen?"
„Gewiß nicht, o Herr!"
„Ist der Flaggenstock der Wagen?"
„Gewiß nicht, o Herr!"
„Ist das Joch der Wagen?"
„Gewiß nicht, o Herr!"
„Sind die Zügel der Wagen?"
„Gewiß nicht, o Herr!"
„Ist der Treibstock der Wagen?"
„Gewiß nicht, o Herr!"
„Sind vielleicht, o Großkönig, Deichsel, Achse, Rad, Wagenkasten, Flaggenstock, Joch, Zügel und Treibstock (zusammen) der Wagen?"
„Gewiß nicht, o Herr!"
„Ist dann, o Großkönig, etwas anderes als Deichsel, Achse, Rad, Wagenkasten, Flaggenstock, Joch, Zügel und Treibstock der Wagen?"
„Gewiß nicht, o Herr!"
„Dann, o Großkönig, (obwohl) ich frage und frage, sehe ich keinen Wagen. Nur ein Wort, o Großkönig, ist der Wagen. Was ist dann hier der Wagen? Unwahres, o Großkönig, sprichst du, Lüge! Es gibt keinen Wagen. Du, o Großkönig, bist in ganz Indien der Hauptkönig. Wen fürchtest du, daß du Lügen sprichst? Hören mögen mich die fünfhundert Ionier und die achtzigtausend Mönche! Dieser König Milinda hat so gesprochen: ‚Mit einem Wagen bin ich gekommen!' (Als ihm von mir) ‚Wenn du, o Großkönig, mit einem Wagen hergekommen bist, erkläre mir den Wagen!' gesagt wurde, ist er die (behauptete)

Existenz des Wagens (zu beweisen) nicht imstande. Ist es wohl recht, dem beizupflichten?"
Nachdem er so gesprochen hatte, spendeten die fünfhundert Ionier dem ehrwürdigen Nāgasena Beifall und sprachen zu Milinda, dem König, dies: „Jetzt, o Großkönig, sprich, wenn du kannst!" Daraufhin sprach der König Milinda zu dem ehrwürdigen Nāgasena dies: „Nicht spreche ich, Herr Nāgasena, Lügen. In bezug auf die Deichsel und in bezug auf die Achse und in bezug auf die Räder und in bezug auf den Wagenkasten und in bezug auf den Flaggenstock und in bezug auf das Joch und in bezug auf die Zügel und in bezug auf den Treibstock gilt ‚Wagen' als eine Benennung, eine Bezeichnung, eine Kennzeichnung, als Name für den Allgemeingebrauch."
„Gut, o Großkönig, begreifst du den Wagen. Und genauso, o Großkönig, ist auch bei mir in bezug auf das Kopfhaar und in bezug auf das Körperhaar … *(weiter wie oben)* … und in bezug auf das Gehirn und in bezug auf den Körper und in bezug auf die Empfindung und in bezug auf die Wahrnehmung und in bezug auf die (charakterlichen) Gegebenheiten und in bezug auf das Bewußtsein gilt ‚Nāgasena' als eine (bloße) Benennung, eine Bezeichnung, eine Kennzeichnung, als Name für den Allgemeingebrauch. Über diesen Sinn hinaus wird eine Person hier nicht vorgefunden. Gesagt wurde ja dies, o Großkönig, von der Nonne Vajirā in Gegenwart des Erhabenen:

‚Wie ja bei Verbindung der (betreffenden) Teile
das Wort „Wagen" (gebraucht wird),
so ist bei Vorhandensein der (obigen fünf) Bestandteile
(auch das Vorhandensein) eines Wesens
(bloße) konventionelle Ausnahme."

„Wundervoll, Herr Nāgasena; wunderbar, Herr Nāgasena! Glänzend sind die Antworten auf die Fragen vorgetragen worden. Wenn Buddha (hier) stehen würde, dann würde er (dir) Beifall spenden. Gut, gut, o Nāgasena! Glänzend sind die Antworten auf die Fragen vorgetragen worden."

Milindapañhā II, 1,1 (in: Gautama Buddha. Die vier edlen Wahrheiten. Texte des ursprünglichen Buddhismus, hg. u. übertr. v. K. Mylius, 1985, 373–376)

Mudrās: Handgesten des historischen Buddha auf Bildnissen

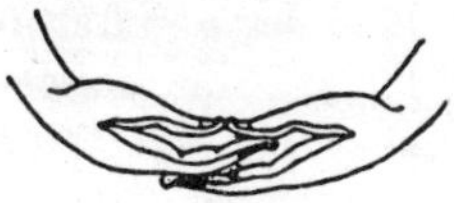

Meditationsgestus (dhyāna oder samādhi). Gebräuchlichster Handgestus bei Buddhadarstellungen. Die Handflächen beider Hände zeigen nach oben, die Hände ruhen im Schoß.

Gestus der Zeugnisanrufung der Erde gegen Māra in der „Versuchungsgeschichte“ in der Nacht der Erleuchtung. Die Hand weist abwärts zur Erde, die Handflächen sind nach innen gekehrt.

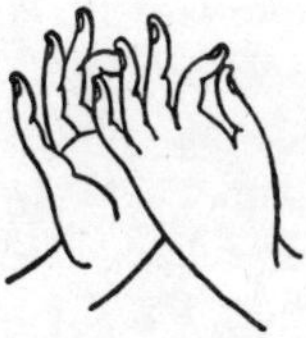

Gestus der „In-Bewegung-Setzung des Rades der Lehre“ (dharmacakra). Die Finger symbolisieren die Bewegung.

Gestus der Furchtabwehr oder der Furchtlosigkeit. Die rechte Hand ist in Schulterhöhe erhoben, die Handfläche zeigt nach außen, alle Finger sind ausgestreckt.

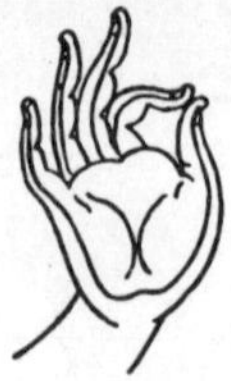

Gestus der argumentativen Kraft. Zeigefinger und Daumen berühren sich, die anderen Finger sind ausgestreckt, der Arm gebeugt.

Gestus des Mitleids oder der Barmherzigkeit. Die Finger sind ausgestreckt und weisen nach unten, die Handflächen nach außen gekehrt.

Gestus der Begrüßung. Beide Arme sind über dem Haupt erhoben, Handflächen nach oben, Finger ausgestreckt. Mudrā für die tantrische Form des Bodhisattva Avalokitesvara, der eine kleine Amitabha-Figur hält.

Ehrfurchteinflößender Gestus: Hände sind vor der Brust gefaltet. Mudrā des Buddha einer Form des Vajrapāni Bhutadamaravajrapāṇi. Dieses Mudrā wird auch „Trailokyavijaya Mudrā" genannt, Beherrscher der drei Welten aus der Achtergruppe der Bodhisattvas.

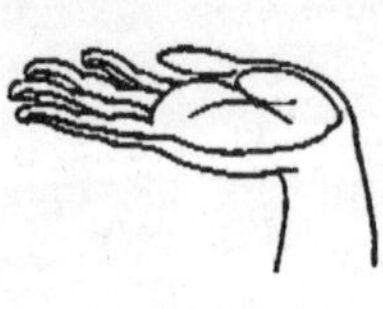

Gestus der Begrüßung: Rechte Hand in Kopfhöhe, Finger nach außen, Handfläche nach oben.
Mudrā der Vasudhara, zweier weiblicher Bodhisattvas.

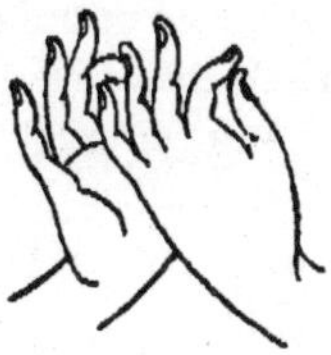

Gestus der Predigt, das Rad der Lehre drehend. Die rechte Hand auf der Brust, die linke bedeckt sie, es wird mit den Fingern gezählt.
Mudrā der Buddhas Vajrocana, Gautama und Maitreya.

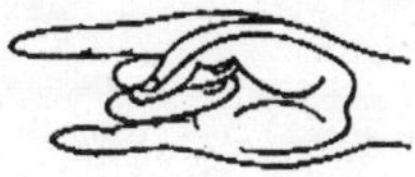

Gestus (des Erbarmens) der Karana: Die Hand ist ausgestreckt. Zeigefinger und kleiner Finger sind ausgestreckt.
Mudrā von Yama, dem Höllenfürsten, und Ekajata, der blauen Tara, auch Ugratara oder Lhamo genannt.

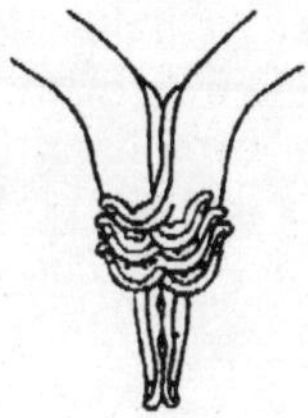

Die Geste der Ambrosia-Verteilung: Hände zusammengefaltet, Zeigefinger nach unten.
Mudrā von Namasangiti, einer Form von Avalokitesvara.

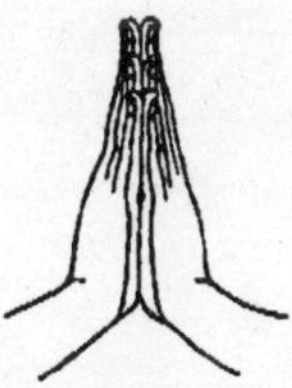

Gebet-Gestus: Gefaltete Hände.
Mudrā von Avalokiteśvara und Yama, dem Höllenfürsten.

Gestus der Drohung: Zeigefinger ist ausgestreckt in drohender Form.
Mudrā von Maricī, einem weiblichen Bodhisattva.

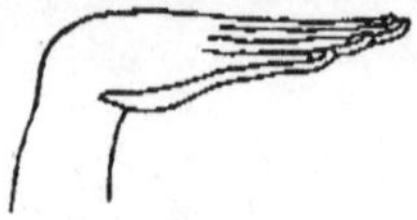

Verehrungsgestus: Arm in Schulterhöhe, Handfläche nach unten, Finger ausgestreckt, aber leicht gebeugt zur Schulter gedreht.
Mudrā von Namasangiti, einer Form von Avalokiteśvara.

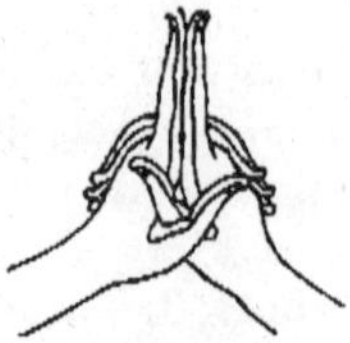

Gestus der Vollendung: Finger gefaltet, Zeigefinger ausgestreckt nach oben.
Mudrā von Gautama Buddha und Namasangiti, einer Form von Avalokiteśvara.

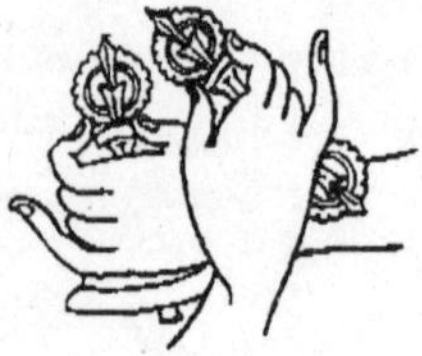

Gestus des obersten Buddha: Hände vor der Brust gekreuzt halten vajra und ghaṇṭā (Donnerkeil und Glocke).
Mudrā von Buddha Vajradhara, Samvara, Trailokyavijaya und die Yi-dam-Formen der Dhyāni-Buddhas mit Śaktis.

Zeichnungen aus: Buddhistische Kunst. Katalog zur Ausstellung des Staatl. Museums für Völkerkunde in München, hg. v. Dr. A. Lommel, München [2]1974.

Literaturhinweise

A. Bibliographien

Bando, S. et al.: A Bibliography on Japanese Buddhism, Tokyo 1958

Beautrix, P.: Bibliographie du Bouddhisme, 4 Tle., Bruxelles 1969–75 (Publications de l'Institut Belge des Hautes Etudes Bouddhiques, Série „Bibliographies“)

Bechert, H. (Hg.): Systematische Übersicht über die buddhistische Sanskrit-Literatur/A Systematic Survey of Buddhist Sanskrit Literature, Wiesbaden 1979ff

Bibliographie bouddhique, sous la direction de J. Przyluski, puis de M. Lalou, Paris 1930–67

Bibliography of Tibetan Studies, compiled by H.K. Kuløy and Y. Imaeda, Narita 1986

Conze, E.: The Prajñāpāramitā Literature, Tokyo ²1978 (Bibliographia Philologica Buddhica, Series Maior, 1)

ders.: Buddhist scriptures, A bibliography, ed. and rev. by L. Lancaster, New York 1982 (Garland reference library of the humanities, 113)

Cordier, H.: Bibliotheca Indosinica, Dictionnaire bibliographique des ouvrages relatifs à la Péninsule indochinoise, 4 Bde., Paris 1912–15 (mit Index, Paris 1933)

ders.: Bibliotheca Japonica, Paris 1912

ders.: Bibliotheca Sinica, 4 Bde., Paris ²1904–08

Courant, M.: Bibliographie coréenne, 3 Bde., Paris 1894–1901

Edmunds, A. J.: A Buddhist Bibliography based upon the Libraries of Philadelphia, JPTS 1902–03, 1–60

Gard, R. A.: Buddhist Political Thought. A Bibliography, Washington 1952

ders.: Bibliography for the Study of Buddhism in Burma in Western Languages, Tokyo 1957

ders.: Buddhism, in: C. J. Adams (ed.): A Reader's Guide to the Great Religions, New York – London 1965, 83–160 u. Suppl. 1974

ders. (ed.): Buddhist Text Information, New York 1974ff

Gaspardone, E.: Bibliographie annamite, Hanoi 1934 (BEFEO XXXIV, fasc. 1)

Grönbold, G.: Der buddhistische Kanon. Eine Bibliographie, Wiesbaden 1984

Hanayama, S.: Bibliography on Buddhism, ed. by the Commemoration Committee for Prof. Shinsho Hanayama's Sixty-first Birthday, Tokyo 1961

Hecker, H.: Der Pāli-Kanon, Hamburg 1965 (Bibliogr. deutscher Übersetzungen)

Held, H. L.: Deutsche Bibliographie des Buddhismus, München – Leipzig 1916 (Nachdr. Hildesheim – New York 1973)

Inada, K. K.: Guide to Buddhist Philosophy, Boston/Mass. 1985

International Bibliography of the history of religions, under the supervision of C. J. Bleeker, comp. by H. Boas, Leiden 1952 ff

de Jong, J. W.: A Brief History of Buddhist Studies in Europe and America, Delhi [2]1987

Lafont, P. B.: Bibliographie du Laos, Paris 1964, 1978 (EFEO, t. I, t. II)

March, A. C.: A Buddhist Bibliography, London 1935

Nakamura, H.: Indian Buddhism, A Survey with Bibliographical Notes, Hirakata 1980 (Intercultural Research Institute Monograph, 9; Neudr. Delhi 1987)

Pfandt, P.: Mahāyāna Texts Translated into Western Languages. A Bibliographical Guide, Köln 1983

Potter, K.H. (ed.): Bibliography of Indian philosophies, 2nd rev. ed., Delhi 1983 (Supplemente in JIP 2 [1972–74], 4 [1976–77], 6 [1978])

Regamey, C.: Buddhistische Philosophie, Bern 1950 (Bibliograph. Einführungen in das Studium der Philosophie, hg. v. I.M. Bochenski, 20/21)

F. Reynolds (Hg.): Guide to Buddhist Religion, 1981

Satyaprakash: Buddhism. A select bibliography, 2nd enl. and rev. ed., Gurgaon 1986 (Subject Bibliography series, 1)

Shirieda, G.M.: Bibliografia delle fonti buddhiste, Buddhismo indiano, Istituto Giapponese di Cultura in Roma, Annuario 4 (1966–67), 137–195

Thompson, L. G. (ed.): Chinese Religion in Western Languages, Tucson 1985

Trager, F. N.: Burma. A Selected and Annotated Bibliography, New Haven 1973

Wayman, A.: Buddhism, in: Historia Religionum. Handbook for the History of Religions, II, Leiden 1971

Yamada, R.: A Bibliography of Studies on Sanskrit Buddhism, Annual Report of the Faculty of Letters, Tohoku University 8 (1957), 1–189

Yoo, Y.: Buddhism. A Subject Index to Periodical Articles in English 1728–1971, Metuchen/N.J. 1973

ders.: Books on Buddhism. An Annotated Subject Guide, Metuchen/N.J. 1976

Yuyama, A.: A Bibliography of the Sanskrit Texts of the Saddharmapuṇḍarīkasūtra, Canberra 1970 (Oriental Monograph Series, 5)

ders.: Vinaya-Texte, Wiesbaden 1979 (Systematische Übersicht über die buddhistische Sanskrit-Literatur/A Systematical Survey of Buddhist Sanskrit Literature, hg. v. H. Bechert, 1)

B. Texte des Buddhismus (Anthologien) in westlichen Sprachen

(Nachweise von Originalausgaben, vollständigen Übersetzungen usw. sind unter den jeweiligen Schlagworten im Text zu finden.)

Bareau, A. (Hg.): En suivant Bouddha, Paris 1985

Śiksha-Sammuccaya, A Compendium of Buddhist Doctrine. Compiled by Śāntideva chiefly from earlier Mahāyāna Sūtras, tr. from the Sanskrit by C. Bendall and W.H.D. Rouse, London 1922 (Nachdr. Delhi 1971)

Brück, M.v.: Weisheit der Leere. Sutra-Texte des indischen Mahāyāna-Buddhismus, 1989

Buddhist-Mahāyāna Texts, Oxford 1894 (SBE 49; Nachdr. Delhi 1965)

Buddhist Texts through the Ages, ed. E. Conze in collaboration with I. B. Horner, D.L. Snellgrove, A. Waley, Oxford 1954, New York 1964; dt. u. d. T.: Im Zeichen Buddhas. Buddhistische Texte, hg. u. eingel. v. E. Conze, Frankfurt/M. 1957 (Fischer Bücherei, 144)

ders.: Selected Sayings from the Perfection of Wisdom, London ²1968 (repr. 1975; with new Preface, Boulder 1978)

ders.: Buddhist Wisdom Books, London ²1975

Chavannes, E.: Cinq cent contes et apologues, 4 Bde., Paris 1910–34 (Auszüge aus dem chin. Kanon)

Dutoit, J.: Das Leben des Buddha, Eine Zusammenstellung alter Berichte aus den kanon. Schriften der südl. Buddhisten, aus dem Pāli übers. u. erläutert, Leipzig 1906 (Nachdr. Capelle a. d. Yssel/Niederlande 1995)

ders. (Übers.): Jātakam, Das Buch der Erzählungen aus den früheren Existenzen Buddhas, 7 Bde., Leipzig 1908–1921 (Bd. 7: Nidānakathā)

Excell, R., et al.: The Wisdom Gone Beyond. An Anthology of Buddhist Texts, tr. from Tibetan, Sanskrit, and Pāli by various hands, Bangkok 1966

Faust, O. (Hg.): Zen – Der lebendige Buddhismus in Japan, Gotha – Stuttgart 1925

Feer, L.: Fragments extraits du Kandjour, tr. du tibétain, Paris 1883 (Annales du Musée Guimet, 5)

Franke, R. O.: Dīghanikāya, Göttingen 1913

Frauwallner, E.: Die Philosophie des Buddhismus, Berlin ^{4}1994

Geiger, W.: Saṃyutta-Nikāya, 2 Bde., München 1925–30

Glasenapp, H. v.: Der Pfad zur Erleuchtung. Grundtexte der buddhistischen Heilslehre, Düsseldorf – Köln 1956 u. ö.

Goddard, D. (ed.): A Buddhist Bible. Introduction by H. Smith, Boston 1938, 1970 u. ö.

Reden des Buddha, a. d. Pāli-Kanon übers. v. I.-K. Gunsser, mit einer Einleitung v. H. v. Glasenapp, Stuttgart 1979 (RUB 6245)

Lehmann, E., Haas, H. (Hg.): Textbuch zur Religionsgeschichte, Leipzig ^{2}1922

Lu K'uan (Hg.): Ch'an and Zen Teaching, 3 Bde., London 1960–62

Mehlig, J. (Hg.): Weisheit des alten Indien, Bd. 2, Buddhistische Texte, a. d. Pāli übertr. u. komm., München 1987

Mensching, G.: Buddhistische Geisteswelt, Baden-Baden 1955

Muralt, R. v. (Hg.): Meditations-Sūtras des Mahāyāna-Buddhismus, 2 Bde., Bern ^{3}1988 (Sekundärübers. a. d. Engl.)

Mylius, K.: Gautama Buddha, Die vier edlen Wahrheiten. Texte des ursprünglichen Buddhismus, Leipzig 1983 und München ^{2}1991 (dtv 2166)

Neumann, K. E.: Die Reden Gotamo Buddhos, a. d. Pāli-Kanon übertr., 3 Bde., Zürich – Wien 1956–57 (Neuausg.)

Nyānaponika: Der einzige Weg. Buddh. Texte zur Geistesschulung in rechter Achtsamkeit, a. d. P. u. Skt übers. u. erl., Konstanz ^{2}1980

ders.: Die Wurzeln von Gut und Böse. Buddh. Texte, aus dem P übers., komm. u. eingel., Konstanz 1981

Nyānatiloka: Das Wort des Buddha. Eine systematische Übersicht der Lehre des Buddha in seinen eigenen Worten, ausgew., übers. u. erl., Konstanz ^{4}1978

ders.: Der Weg zur Erlösung in den Worten der buddhistischen Urschriften, ausgew., übers. u. erl., Konstanz ^{2}1981

ders.: Die Lehrreden des Buddha a. d. Angereihten Sammlung [Aṅguttaranikāya], hg. v. Nyānaponika, 5 Bde., Braunschweig ^{5}1993

Die Reden des Buddha, übers. u. eingel. v. H. Oldenberg, m. einer Einf. hg. v. H. Bechert, Freiburg – Basel – Wien 1993

Radhakrishnan, S. (ed.): A Source Book in Indian Philosophy, Princeton 1957

Reps, P. (Hg.): Ohne Worte – ohne Schweigen, München 1976 (Zen-Anthologie)

Seidenstücker, K.: Pāli-Buddhismus in Übersetzungen. Texte a. d. buddh. Pāli-Kanon u. d. Kammavācā, a. d. Pāli übers. nebst Erl. u. einer Tab., München – Neubiberg ²1923

Thomas, E.J.: The Quest of Enlightenment. A Selection of The Buddhist Scriptures, tr. from the Sanskrit, London 1950

ders.: The Perfection of Wisdom, The Career of the Predestined Buddhas. A Selection of Mahāyāna Scriptures, tr. from the Sanskrit, London 1952

Tucci, G.: Minor Buddhist Texts, 3 Tle., Rom 1956–1971 (repr. 1986; SOR IX; IX,2; XLIII)

Waldschmidt, E.: Die Legende vom Leben des Buddha, Graz ²1982

Warren, H.C.: Buddhism in translations, Passages selected from the Buddhist sacred books and translated from the original Pāli into English, 11th printing, New York 1982 (HOS, 3)

Wieger, L.: Bouddhisme chinois, 2 Bde., Paris 1910–13 (Nachdr. Paris – Leiden 1951; Auszüge aus dem chin. Kanon)

Wijayaratna, W.: Sermons du Bouddha, Traduction intégrale de 25 sermons du Canon bouddhique, Préface de M. Hulin, Paris 1988

Der Ältere Buddhismus nach Texten des Tipiṭaka, übers. v. M. Winternitz, Tübingen ²1929 (RL, hg. v. A. Bertholet, 11)

Der Mahāyāna-Buddhismus nach Sanskrit- und Prakrittexten, übers. v. M. Winternitz, Tübingen ²1930 (RL, hg. v. A. Bertholet, 15)

C. Lexika, Nachschlagewerke, Einführungen

Bechert, H., von Simson, G. (Hg.): Einführung in die Indologie, Darmstadt ²1993

Berval, R. de (éd.): Présence du Bouddhisme, Paris 1987

Bhattacharyya, N.N.: A Glossary of Indian Religious Terms and Concepts, New Delhi 1990

Chizen, A. (ed.): A Comparative Catalogue of Chinese Āgamas and Pāli Nikāyas, Nagoya 1929

Diener, M.S.: Das Lexikon des Zen, München 1996

Ehrhard, F.-K., Fischer-Schreiber, I.: Das Lexikon des Buddhismus, München – Wien 1992

Encyclopaedia of Buddhism, ed. G.P. Malalasekera, Colombo 1961 ff

The Encyclopaedia of Religion, ed. M. Eliade, 16 Bde., New York – London 1987

Encyclopaedia of Religion and Ethics, ed. J. Hastings, 12 Bde. u. Index-Bd., 1909–26 (Nachdr. Edinburgh 1961–1966)

Encyclopédie de la Pléiade. Histoire des Religions, sous la direction d'H.-C. Puech, 3 Bde., Paris 1976–83

Encyclopédie des mystiques. Conception et réalisation M. Berlewi, 4 Bde., Paris 1977–1978

Getty, A.: The gods of Northern Buddhism, Tokyo [3]1962

Grönbold, G.: Die Mythologie des indischen Buddhismus, in: Haussig, H.W. (Hg.), Wörterbuch der Mythologie, Bd. 5, Götter und Mythen des indischen Subkontinents, Stuttgart 1984, 285–508 (m. 15 Taf.)

Hôbôgirin. Dictionnaire encyclopédique du Bouddhisme d'après les sources chinoises et japonaises, ed. S. Lévi, J. Takakusu, P. Demiéville, Tokyo – Paris 1929ff; Répertoire du canon bouddhique sino-japonais, Edition de Taishō (Taishō Shinshū Daizōkyō), comp. par P. Demiéville, H. Durt, A. Seidel, Tokyo – Paris 1978 (Fasc. annexe du Hôbôgirin)

Humphreys, C.: A Popular Dictionary of Buddhism, London 1962 u. ö.

Inagaki, H.: Dictionary of Japanese Buddhism, Kyoto 1984

International Encyclopaedia of Buddhism, ed. N.K. Singh, 18 Bde., New Delhi 1996

Japanese-English Buddhist Dictionary, Tokyo 1965

de Jong, J.W.: A Brief History of Buddhist Studies in Europe and America, Delhi [2]1987

Krishna Murty, K.: A Dictionary of Buddhist Terms and Terminologies, Delhi 1991

Lexikon der östlichen Weisheitslehren, Redaktion S. Schuhmacher, G. Woerner, o. O. 1986

Ling, T.: A Dictionary of Buddhism, in: Brandanon, S.G.F. (ed.), A Dictionary of Comparative Religion, New York 1972

Malalasekera, G.: A Dictionary of Pāli Proper Names, 2 Bde., London [2]1960

Mylius, K.: Geschichte der altindischen Literatur, Bern – München – Wien 1988

Nichiren Soshū International (ed.): A Dictionary of Buddhist Terms and Concepts, Tokyo 1983

Norman, K. R.: Pāli Literature Including the Canonical Literature in Prakrit and Sanskrit of all the Hīnayāna Schools of Buddhism, Wiesbaden 1983 (HIL, ed. J. Gonda, vol. VII, fasc. 2)

Nyānatiloka: Buddhistisches Wörterbuch. Kurzgefaßtes Handbuch der buddhistischen Begriffe, hg. v. Nyānaponika, Konstanz ²1976

Prebish, Charles S.: Historical Dictionary of Buddhism, Metuchen/N. J. – London 1993

Reese, W. L.: Dictionary of philosophy and religion. Eastern and Western thought, 1980

Renou, L., Filliozat, J. (Hg.): L'Inde classique. Manuel des Etudes indiennes, Bd. 2, Paris – Hanoi 1953 (Nachdr. Paris 1985; Buddhismus: §§ 1929–2386)

Ruegg, D. Seyfort: The Literature of the Madhyamaka School of Philosophy in India, Wiesbaden 1981 (HIL, ed. J. Gonda, vol. VII, fasc. 1)

Schmidt, K.: Buddhistisches Wörterbuch, Konstanz 1949 (von neubuddh. Warte)

Schumann, H.W.: Buddhismus. Ein Leitfaden durch seine Lehren und Schulen, Darmstadt 1973

ders.: Buddhismus und Buddhismusforschung in Deutschland, Wien 1974

Snelling, J.: Buddhismus. Ein Handbuch für den westlichen Leser, a.d. Engl. übers. m. einer Einl. u. zusätzl. Anm. v. K.-H. Golzio, München 1991 (von neubuddh. Warte)

Soothill, W. E., Hodous, L.: A Dictionary of Chinese Buddhist terms with Sanskrit and English equievalents and a Sanskrit-Pāli index, London 1937 (repr. Delhi 1977)

Waldschmidt, E., Bechert, H., et al.: Sanskrit-Wörterbuch der buddhistischen Texte aus den Turfan-Funden (SWTF), Göttingen 1973ff

Winternitz, M.: Die buddhistische Litteratur, Leipzig 1913 (= Geschichte der indischen Literatur, Bd. II/1); engl. Übers.: A History of Indian Literature, tr. V.S. Sarma, vol. II, Delhi 1983

Wood, E.: Zen Dictionary, New York 1984

D. Gesamtdarstellungen

Bapat, P. V. (Hg.): 2500 Years of Buddhism, Foreword by S. Radhakrishnan, New Delhi 51987

Bareau, A.: Der indische Buddhismus, in: ders., Schubring, W., Fürer-Haimendorf, C. v. (Hg.): Die Religionen Indiens, III, Stuttgart 1964

Basham, A. L.: The wonder that was India. A survey of the history and culture of the Indian sub-continent before the coming of the Muslims, 3rd rev. ed., London 1985

Baumann, M.: Deutsche Buddhisten, Marburg 1993

ders.: Der Buddhismus im Abendland, in: Religio Revue pro religionistiku, III, Brno 1995, 17–41

Bechert, H.: Buddhismus, Staat und Gesellschaft in den Ländern des Theravāda-Buddhismus, 3 Bde., Bd. 1: Frankfurt/M. 1966, Göttingen 21988; Bd. 2–3: Wiesbaden 1967–1973 (Schriften des Instituts für Asienkunde in Hamburg, XVII/1–3)

ders.: Weltflucht oder Weltveränderung. Antworten des buddhistischen Modernismus auf Fragen unserer Zeit, Göttingen 1976

ders.: Die Ethik der Buddhisten, in: P. Antes et al. (Hg.): Ethik in nichtchristlichen Kulturen, Stuttgart 1984, 114–135

Bechert, H., Gombrich, R. (Hg.): Die Welt des Buddhismus, München 1984 (Taschenbuchausgabe u. d. T. „Der Buddhismus, Geschichte und Gegenwart", München 1989)

Beckh, H.: Buddha und seine Lehre, Vorw. v. H. Rau, Stuttgart 51980

Berval, R. de (éd.): Présence du Bouddhisme, Paris 1987

Bharati, A.: Die Tantra-Tradition, Freiburg/Br. 1977

Bhattacharyya, B.: Indian Buddhist Iconography, Calcutta 31968

Brück, M. v.: Die Welt des tibetischen Buddhismus, 1966

Burnouf, E.: Introduction à l'histoire du bouddhisme indien, Paris 1844, 21876

Chang, G. C.: Die buddhistische Lehre von der Ganzheit des Seins. Das holistische Weltbild der buddh. Philosophie, Bern 1989

Ch'en, K. K. S.: Buddhism. The Light of Asia, Woodbury 1968

Conze, E.: Buddhist Thought in India, London 1962 (repr. with corr. 1983; dt. Ausg.: Buddhistisches Denken, Frankfurt/M. 1988)

ders.: Der Buddhismus, Wesen und Entwicklung, Stuttgart 61977

ders.: Eine kurze Geschichte des Buddhismus, Frankfurt/M. 1984

Dumoulin, H. (Hg.): Buddhismus der Gegenwart, Freiburg/Br. 1970

ders.: Geschichte des Zen-Buddhismus, 2 Bde., Bern 1985–86

ders.: Zen im 20. Jahrhundert, München 1990

ders.: Begegnung mit dem Buddhismus, Freiburg/Br. 1991

Dutt, N.: Early history of the spread of Buddhism and the Buddhist schools, New Delhi 1980

Dutt, R.C.: Civilization in the Buddhist Age, B.C. 320 to A.D. 500, o. O. 1908 (repr. 1981)

ders.: Buddhism and Buddhist civilization in India, Delhi 1983

Eliade, M.: Yoga, Unsterblichkeit und Freiheit, Frankfurt/M. 1981

Fontein, J., Hempel, R.: China – Korea – Japan, Berlin 1985 (Propyläen Kunstgeschichte, 20)

Foucher, A.: La vie du Bouddha d'après les textes et les monuments de l'Inde, Paris 1949

Franz, H.G.: Buddhistische Kunst Indiens, Leipzig 1965

Frauwallner, E.: Geschichte der indischen Philosophie, 2 Bde., Salzburg 1953–56

ders.: Die Philosophie des Buddhismus, Berlin [4]1994

Gard, R.: Der Buddhismus, Genf 1972 (Neudr. Stuttgart 1985)

Gerlitz, P.: Die Ethik des Buddha, in: C.H. Gratschow (Hg.): Ethik der Religionen. Ein Handbuch, Stuttgart 1980, 227–348

Glasenapp, H. v.: Der Buddhismus in Indien und im Fernen Osten, Berlin – Zürich 1936

ders.: Buddhismus und Gottesidee (AAWL, Jg. 1954, Nr. 8)

ders.: Die Religionen Indiens, Stuttgart [2]1955

ders.: Der Buddhismus, eine atheistische Religion. Mit einer Auswahl buddh. Texte, zsgest. v. H. Bechert, München 1966

Gombrich, R.: Theravāda Buddhism, A Social History from Ancient Benares to Modern Colombo, London – New York 1988

Gordon, A.K.: Iconography of Tibetan Lamaism, Tokyo [2]1959

Gour, Hari Singh: The Spirit of Buddhism, 2 Bde., Calcutta 1929 (Nachdr. 1986)

Greschat, H.J.: Die Religion der Buddhisten, München 1980

Guenther, H.: Das Seelenproblem im älteren Buddhismus, Konstanz 1949

ders.: Tantra als Lebensanschauung, Bern – München 1974

Gupte, R.S.: Iconography of the Hindus, Buddhists, and Jains, Bombay 1972

Härtel, H., Auboyer, J.: Indien und Südostasien, Berlin 1985 (Propyläen Kunstgeschichte, 21)

Halbfass, W.: Indien und Europa. Perspektiven ihrer geistigen Begegnung, Basel 1988 (erw. am. Ausgabe: India and Europe. An Essay in Understanding, Albany 1988)

Herman, A. L.: An Introduction to Buddhist Thought, Lanham – New York – London 1983

Höfer, A., et al.: Die Religionen Südostasiens, Stuttgart 1975

Hoffmann, H.: Die Religionen Tibets, Freiburg/Br. – München 1956

Joshi, L.M.: Studies in Buddhistic culture of India during the 7th and 8th centuries A.D., Delhi ²1977

Kalupahana, D.J.: Causality. The Central Philosophy of Buddhism, Honolulu 1975

ders.: The Principles of Buddhist psychology, Albany 1987

ders.: A History of Buddhist Philosophy, Honolulu 1992

Katz, N. (Hg.): Buddhist and Western Philosophy, New Delhi 1981

ders. (Hg.): Buddhist and Western Psychology, Boulder 1983

Keith, A.B.: Buddhist Philosophy in India and Ceylon, Varanasi ⁴1963

Kern, H.: Der Buddhismus und seine Geschichte in Indien, 2 Bde., übers. v. H. Jacobi, Leipzig 1882–84

ders.: Manual of Indian Buddhism, Strassburg 1896 (GindPh III, 8)

Kirfel, W.: Symbolik des Buddhismus, Stuttgart 1959

Klimkeit, H.-J.: Der Buddha. Leben und Lehre, Stuttgart 1990

Koeppen, K.F.: Die Religion des Buddha und ihre Entstehung, 2 Bde., Berlin 1857–1859 (Nachdr. Osnabrück 1975 in 1 Bd.)

Küng, H., van Ess, J., von Stietencron, H., Bechert, H.: Christentum und Weltreligionen, München 1984

Lamotte, E.: Histoire du bouddhisme indien, des origines à l'ère Śaka, Louvain 1958 (Nachdr. 1976; BM, 43; PJOL, 14)

La Vallée Poussin, L. de: Bouddhisme. Opinions sur l'histoire de la dogmatique, Paris 1909

ders.: Le dogme et la philosophie du bouddhisme, Paris 1930

Leider, K.: Buddha, Leben, Lehre, Jüngerschar, Hamburg 1968 (von neubuddh. Warte)

Ling, T.: The Buddha, London 1973

Mallmann, M.-Th. de: Introduction à l'iconographie du tantrisme bouddhique, Paris 1975

Migot, A.: Le Bouddha, Paris 1960

Mizuno, K.: Buddhist Sūtras, Origin, Development, Transmission, Tokyo 1982

Nakamura, H.: Ways of Thinkig of Eastern Peoples, Honolulu ²1985

ders.: Indian Buddhism. A survey with bibliographical notes, Hirakata 1980 (Intercultural Research Institute Monograph, 9; Neudr. Delhi 1987)

ders.: Buddhism in comparative light, 2nd rev. ed., Delhi 1986

Nishitani, K.: Was ist Religion?, Frankfurt/M. 1982

Notz, K. J.: Der Buddhismus in Deutschland in seinen Selbstdarstellungen, Frankfurt/M. – Bern – New York 1984

Ohashi, R.: Die Philosophie der Kyōto-Schule, München 1990

Oldenberg, H.: Buddha, sein Leben, seine Lehre, seine Gemeinde, hg. m. Nachw. v. H. v. Glasenapp, Stuttgart ¹³1959

Piatigorsky, A.: The Buddhist Philosophy of Thought, London 1984

Pischel, R.: Leben und Lehre des Buddha, durchges. v. H. Lüders, Leipzig – Bern ³1917 (Neudr. Wiesbaden 1982)

Plaeschke, H.: Buddhistische Kunst, Leipzig 1970

Pratt, J. B.: Pilgrimage of Buddhism and a Buddhist pilgrimage, New York 1928 (repr. 1980)

Prebish, C. S. (ed.): Buddhism. A Modern Perspective, 1975

Rau, H.: Stilgeschichte der indischen Kunst, 2 Bde., Graz 1986

Reynolds, F. E., with J. Holt and J. Strong: Guide to Buddhist Religion, Boston/Mass. 1981

Rhys Davids, T. W.: Der Buddhismus, übers. v. A. Pfungst, Leipzig 1899

Rhys Davids, C. A. F.: A Manual of Buddhism for advanced students, London 1932 (Neudr. 1982)

dies.: Śakya or Buddhist origins, London 1928 (Neudr. 1978)

Ries, J.: Le Bouddhisme. Ses doctrines, son expansion, son évolution, Louvain – la-Neuve ²1985

Robinson, R.H., Johnson, W.L.: The Buddhist Religion, Belmont/Cal. ³1982

Ruegg, D. Seyfort: The Literature of the Madhyamaka School of Philosophy in India, Wiesbaden 1981 (HIL 7, ed. J. Gonda, Fasc. 1)

Schlingloff, D.: Die Religion des Buddhismus, 2 Bde., Berlin 1962–63

Schmidt-Leukel, P.: „Den Löwen brüllen hören". Zur Hermeneutik eines christlichen Verständnisses der buddhistischen Heilsbotschaft, Paderborn 1992

Schneider, U.: Einführung in den Buddhismus, Darmstadt 1980

Schumann, H.W.: Buddhismus. Stifter, Schulen und Systme, München [2]1994

ders.: Der historische Buddha, München [4]1994

ders.: Buddhistische Bilderwelt. Ein ikonographisches Handbuch des Mahāyāna- und Tantrayāna-Buddhismus, München [2]1993

ders.: Mahāyāna-Buddhismus, München 1990

ders.: Auf den Spuren des Buddha, Olten – Freiburg/Br. 1992

Seckel, D.: Buddhistische Kunst Ostasiens, Stuttgart 1957

ders.: Die Kunst des Buddhismus, Baden-Baden 1964

Sharma, A.: The Philosophy of Religion. A Buddhist Perspective, 1995

de Silva, P.: An Introduction to Buddhist Psychology, New York 1979

Snellgrove, D.: Indo-Tibetan Buddhism. Indian Buddhists & their Tibetan Successors, London 1987

Tachibana, S.: The Ethics of Buddhism, Oxford 1926 (Nachdr. Hongkong 1981)

Takakusu, J.: The Essentials of Buddhist Philosophy, Honolulu [3]1956

Thomas, E. J.: The Life of Buddha as Legend and History, London [3]1949

ders.: A History of Buddhist Thought, London [2]1952

Tucci, G., Heissig, W.: Die Religionen Tibets und der Mongolei, Stuttgart 1970

Vetter, T.: The Ideas and Meditative Practices of Early Buddhism, Leiden 1988

Waldschmidt, E.: Buddhistische Kunst in Indien, Berlin 1932

Warder, A. K.: Indian Buddhism, Delhi [2]1980

Williams, P.: Mahāyāna Buddhism. The Doctrinal Foundations, London – New York 1989

Winternitz, M.: Geschichte der indischen Litteratur, 3 Bde., Leipzig 1905–22 (Nachdr. Stuttgart 1968); Bd. II/1: Die Buddhistische Literatur, 1913; engl. Ausg. [mit Zusätzen]: Buddhist Literature and Jaina Literature, rev. ed., Delhi 1983, 1–407

Zotz, V.: Zur Rezeption, Interpretation und Kritik des Buddhismus im deutschen Sprachraum vom Fin-de-siècle bis 1930, Wien 1986

Zürcher, E.: Buddhism. Its Origin and Spread in Words, Maps, and Pictures, London 1962. (ec)

Register

A modo 178
A-yü-wang 199
Abegg, E. 108
Abendland 31, 98, 156, 484
Aberglaube 242
Abhängigkeit 258, 371, 498 ↗Entstehen
Abhayagiri 29, 433
abhayamudrā 44
abhidhamma abhidharma 30, 131, 230, 355, 375, 403
Abhidhamma-Piṭaka 29-30, 49, 131, 138, 230-231, 238, 355, 361, 362, 365, 375, 406, 468, 521 ↗Abidharmapiṭaka
Abhidhammattha-saṅgaha 30, 51, 468
abhidharma 29-31, 45, 49, 108, 116, 124, 349, 373, 404, 406, 410, 439, 457, 477, 500
Abhidharma-śāstra 405
Abhidharma-jñānakāyapāda-śāstra 138
Abhidharma-Lit. 132, 349
Abhidharma-Paraya-pada-śāstra 500
Abhidharma-Schriften 193
Abhidharmakośa 30-31, 123, 193, 198, 248, 253, 328, 359, 406, 410, 495
Abhidharmapiṭaka 193, 402, 406, 412, 500 ↗Abhidhamma-Piṭaka
Abhidharmasamuccaya 56
abhijjā 266
abhijñā 31, 62, 203
abhiṣeka 31, 208
abhuta-dhamma 48, 408
Absicht 396, 412
Absolute, das 31-32, 61, 85, 122, 182, 217, 340, 357, 371, 451, 475, 485, 497, 498
Absolutheitsanspruch 242, 474
Abspaltung 335, 410, 433, 468, 495, 500
Abstinenz 38, 528
Abt 142, 381, 427, 525
Äbtissin 492
Abtswürde 180
Abwertung der Welt 295
Abwesenheit eines „Ichs“ 137
ācariya 432
ācārya 32, 432, 491
Acht schwere Ordnungen 167
Achtfacher Pfad 32, 55, 48, 52, 68, 88, 91, 124, 145, 149, 155, 168, 176, 192, 209, 263-265, 269, 275, 309, 367, 378, 391, 394, 397, 408, 427, 499-502, 508-509
Achtgliedriger Weg 32, 132
Achtsamkeit 33, 65, 84, 124, 176, 192, 299, 329, 379, 397, 408-409, 413, 427
Achtsamkeitsübung 70
acintya-mokṣa 506
Acta Disputationis Archelei et Manetis 106
Adaption 209
Adelsrat 232, 439
Adelsrepublik 377, 389
adeva 193
adhikaraṇa-Regeln 34
adhikaraṇaśamatha 34
Adhvaryu-Priester 496
Ādibuddha 32, 34, 170, 223-225, 391
adukkhamasukha 497
advaita 47, 357, 497, 506
Advaita-Vedanta-Schule 325
Advayavajra 490
Adyar 104, 345, 466
Afghanistan 34, 65, 173, 415, 530
āgama 34, 208, 398, 402
Agama Hindu 207
Aggañña-Mythos 358
Aggavamsa 354

Agni 496
Ägypten 98, 307
Ah 298
ahiṃsā 35, 57, 168, 180, 212, 515
ahiñcañña ceto-vimutti 113
Ahnen-Verehrung 243, 423, 502, 509
Aitareya-Upanischad 485
Ajantā 35, 205
Ajātaśatru 377, 380, 437, 490
Ajātasattu 75, 377
Ajita Kesakambalin 337
ājīva 33, 35
Ājīvika, ajivaka 35, 164, 291
Akalika 131
ākāśa 36
ākiñcanyāyatana 37
ākiriya-diṭṭhi 141
Akkommodation 36, 54, 100
Akkulturation 209
Akosmismus 513
Aksobhya 36, 139, 170, 491-492
akuśala 37, 152, 396, 416, 440
akutobhayā-akuśala 275
Ālara Kalama 90
ālayavijñāna 38, 56, 161-162, 480
Alexander d. Gr. 98, 105
Alkohol 38, 178, 349
Allbeseelung 423
Alleinheitserfahrung 497
Allgemeingültigkeit der eigenen Lehre 474
Allgemeinwohl 430
Allumfassende Liebe 184
Allwissendheit 284
Almosen 35, 38, 73, 154-155, 179, 346, 430, 512
Almosenschale 38, 53, 61 ↗Bettschale
Alt-Prakrit 230
Altan Khan 126, 178, 314, 427
Altar/Altäre 460
Altbuddh. Gemeinde 39, 47, 100, 103, 416
Altbuddhismus 333
Alter 39, 90, 130, 176, 215, 241, 299, 501, 521
altindoarisch 400
Amarapura-Nikāya 39, 434
Amarāvatī 39, 205, 326
amata 473
Ambagahavatte Indrasabhavarañña 378
Ambapālī 489
Ambedkar, Bhimrao Ramji 40, 205, 237, 309
Amepal 318
Amerika 428, 458
Amida 40-41, 43-44, 52, 120, 156, 196, 213, 217, 219-220, 282, 328, 330, 379, 381, 385, 422, 440-441, 515
Amida-Buddhismus 41-43, 114, 120, 144, 175, 213, 217, 219-220, 253, 265, 282, 286, 328-330, 335, 345, 350, 358, 381, 385, 412, 441, 528
Amida-Sūtra 41, 43, 440-441
Amidismus ↗Amida-Buddhimus
Amitābha 40, 43-44, 71, 120, 132, 139-140, 151, 154, 156, 161, 170, 201, 217, 273, 296, 330, 346, 350, 357, 381, 418, 450, 463
Amitābha-Sūtra 43
Amitāyur-dhyāna-Sūtra 41, 43, 440
Amitāyus 40, 43-44, 120, 144
Amitodana Gautama 44
Amogavajra 139
Amoghasiddhi 44, 139, 170, 509
Amoghavajra 44, 115, 308, 391, 420, 439, 514
Amt 256, 393, 491, 521
An Hsi 415, 530
An Hsi-kao 532
An Lu-shan 118
ānāpanasati 303
anāgāmi 45, 182
anagārika 45, 136
Analogie, makro-mikrokosmische 127, 170, 452
Ānanda 44-45, 50, 278-280, 341, 486
Ānanda Metteyya 45, 99, 128
Anāraṃbha 180
Ānatapiṇḍika 439
Ānāthman/annattā 39, 46, 48, 69-70, 87, 91, 97, 137, 141, 145, 148, 193, 203, 218-219, 257, 264, 286, 305, 320, 337, 339, 363, 371-372, 375, 395-396, 410, 415, 427, 468, 497, 505, 508, 512
Anavatapta 231
Anavatapta-gāthā 51, 402

Anawrahta 51, 76, 351
Anbetung 460
Andere Kraft 457
Andhra 204, 369
Andhraka-Schulen 281
Andra-Pradesh 39
Angkor 48, 226
Angor Thom 460
Aṅgulimāla 48
Aṅguttara-Nikāya 49, 128, 231, 337, 342, 375, 402, 411, 444
Anhaften 49, 57, 60, 62, 73, 124, 149, 241, 267, 286, 293, 300, 367, 372, 383, 409, 415, 427, 442, 473, 493, 501, 505, 511 ↗Gruppe des A.
Anhängerschaft 221, 470, 474
Anhänglichkeit 53, 414
Anhäufung 427
anicca 50, 145, 501
Animismus 213, 246, 423, 433
anitya 50, 60, 72, 137, 145, 159, 442, 473, 501, 508
Annalistik 196
Annam 503
Annihilist 483
Anordnungen 428
antaravāsaka 475
Anthropologie 70, 207, 327, 427
Antworten, einsilbige 169
Anurādhapura/Sri Lanka 50, 80, 284, 433
Anuruddha 30, 44, 50, 76, 278, 468
Anuruddha-śataka 51
anuśaya 51
anussati 168
anuttara samyak-sambodhi 151
Anuttarayoga-Tantra 51, 185, 397, 451, 490
Anwendung des rechten Mittels 486
Apabhramśa 230, 370
Apadāna 51, 63, 231, 238, 402
apanasati 303
apāya 328
apodhātu 148
Apohaprakaraṇa 138
Apokalyptische Überzeugung 213
appamāna-ceto-vimutti 113
araha 151
Arakan (Birma) 65, 76
Āraṇyakas 86
Arbeit 52, 154, 179, 311, 352, 453, 523
Archäologische Ausgrabungen 205, 232, 533
Architektur 205, 249, 259
Ardhamagādhi 369
Argumentation 276, 479
arhat 51-52, 81, 88, 97, 113-114, 146, 151, 153, 161, 191, 244, 257, 262, 268, 279-280, 325, 339, 351, 373, 380, 398, 405, 407, 416, 436-437, 468, 489, 494, 507, 518
Arier 194, 496
ariya 74
ariya-aṭṭhaṅgika-magga 32, 132
ariya-dhamma 54
ariya-magga 54-55
ariya-puggala 55, 135
ariyasavaka 54-55
Armut 53, 111, 154, 177
Arnold, Paul 158
Arthavarga 402, 443
Arthavargīya 444
Arunachal Pradesh 191
arūpa-dhyāna 138
arūpa-loka 53, 182, 477, 513
arūpadhātu 129
arūpajjñāna 53, 152
arūpavacara 175
ārya 53
ārya aṣṭāṅgika-marga 32, 54-55, 132
Ārya Maitreya Maṇḍala 97, 101, 103, 158, 184
ārya-dharma 54
ārya-marga 54-55
ārya-pudgala 55, 389
ārya-śravaka 432
Āryadeśanāvikhyāpana 56
Āryadeva 54, 134, 275, 394, 400
āryaśrāvaka 54
āryapudgala 432, 435
Arzt 166
asaṃskrita 137, 338
āsana 55, 184, 311
asaṇga 134, 161, 259, 275, 290, 408, 419, 475, 495, 523
āsava 150
Asgiriya-Zweig 447
Asien 98, 375, 487, 530

Asita 89
Askese 56, 129, 138, 149, 153, 163, 187, 236, 240-241, 243, 252, 263, 308, 310-311, 513
Asket, Asketen 57, 86, 90, 91, 157, 163, 241, 278, 311, 360, 431, 439, 448, 483, 489, 494, 512
Asketenbewegung 211, 310, 431
Asketenlyrik 467
asketische Übung 57, 198, 262, 284, 431, 461
Asketismus 211
asmi-māna 68, 415
Aśoka 57, 69, 76, 79, 80, 89, 98, 141, 150, 168, 188, 199, 204, 209, 226, 235, 245, 273, 289, 301, 307, 312, 336, 346, 355, 361, 379, 393, 399, 401, 405-406, 432, 435, 437, 515, 530-531
Aśoka Moriya 57
Aśoka-Inschriften 369, 530
Aśokāvadāna 313
āśrama 86, 163
āsrava 31, 58, 303
Assaji 58, 301
Assoziation 504
Astāsāhasrikā-Prajñāparamita-Sūtra 58, 368
Astrologie 59, 128, 259, 465
Astronomie 59, 128, 496
asura 59, 174, 177, 305
asura-/Dämonenebene 234
Aśvaghoṣa 59, 92, 94, 287, 301, 394, 405, 443
Aśvajit 58
aśvattha 150
atakkavacara 60, 88
Atem 60, 408, 523
Atemübungen 303
Atharva-Veda 496
Atheismus 122, 261
Atheistische Religion 96
Atiśa 60, 81, 140, 177, 218, 223, 260, 297, 381
ātman 46-47, 60, 85, 153, 203, 264, 310, 319, 395, 427, 485, 495, 497, 512
ātman-Lehre 320
Ātman-Philosophie 305
ātmanvāda 60
attā 141, 395, 427
attavāda 60
Aṭṭhaka-vagga 402, 443
Atthakathā 61, 355
Attribute 61, 184, 420, 476
Aufenthaltsort 504
Aufgeregtheit 340
Aufhebung des Nichtwissens 397
Aufnahmezeremonien 74
Auge, das himmlische 62
Augustinus 388
Aupaniṣada 62
Ausbreitungsgeschichte 78, 307
Ausgezeichnete, der 441
Außenwelt 505
Außerkanonische Schriften 47, 342, 356, 363
Außersinnliche Wahrnehmung 216
Ausfahrten, vier 90, 130, 221
Auseinandersetzungen 220
Ausschluß 359, 393, 436
Ausschweifung 499
Aussendung 505
Ansprüche, feierliche 408, 483
Australien 363
Austritt aus dem Orden 58
Ausübung der Lehrrede 371
Authentizität 62, 362, 400, 428, 451
Autonomie 62, 393
Autor 454
Autorität 31, 62, 132, 135, 144, 194, 209, 222, 362, 458
Autoritätsglauben 216
avacara 63, 175
Avadāna-Lit. 63, 141, 283, 443
Avadāna-Śataka 63
Avalokiteśvara 63, 70, 115, 126, 139, 183, 277, 282, 296, 308, 346, 350, 429, 457
Avalokiteśvaraguna-Karaṇḍavyūha 233
Avanti 353
Avataṃsaka 248, 297
Avataṃsaka-sūtra 64, 115, 164, 169, 174, 238, 472, 489
Avatāra 64
avīci-Hölle 196 ↗Hölle
avidyā/avijjā 64, 68, 97, 151, 313, 372, 484, 516
avihimsa 35

avikkhepa 391
āyatana 64, 414
Ayudhya 64
Ayyā 74

Baader, F. v. 466
Badaratittha/SO-Indien 130
Bagh 65
Baghelkhand 72, 438
Baktrien 530
bala 37, 65, 359, 408, 427, 508
Bali 207
Baltis 255
Bāmiyān 65, 531-532
Bangla Desh 65, 204
Bankei Yōtaku 66
Bar do 414
Bar `khor 221 266
Bardan 527
Bardo 66
Bardo Thödol 37, 66, 171, 462, 492, 521
Barlaam 221
Barmherzigkeit 185, 337, 396
Basarh 489
Baso Do tsu 67
Baso Doitsu 300
Batak in N-Sumatra 206
Bauernaufstände 219
Baukanon 437
Bayon 460
Bayron 226
Bde chen gyi sku 476
Bde mchog 397
Bechert, H. 89, 109, 230
Beckh, H. 107
Bedingtes Entstehen 67, 263, 371, 373 ↗Entstehen
Bedürfnislosigkeit 262, 416
Befleckungen 423, 461
Befreiung 52, 152, 167-168, 173, 187-188, 212, 219, 241, 260, 300, 329, 398, 409, 415, 422, 425, 431, 443, 458, 473-474, 497, 506-507
Begehren 88, 266, 389, 398, 414, 478, 502
Begierde 67, 225, 240, 293, 299, 302, 372, 497
Begierdelosigkeit 57, 485
Begräbniszeremonien 374
Begrifflichkeit 442, 446
Begründer 478
Begtse 136
Behältnis 91, 507
Beherrschung 281
Beichte 68, 370
Beichtfeier 370, 393, 487
Beichtformular 370, 507
Bekehrung 350, 405
Bekehrung Tibets 169 ↗Tibet
Bekenntnis der Schuld 68
Bekenntnisformel 534
Bekenntnisgemeinschaft 244, 373, 387, 408
Bekleidung 238, 284
Belehrung 382
Belgien 158
Bemühen 379
Benares 69, 90, 188, 300, 405, 460, 447, 494
Bencho 220
Bengalen 65-66, 79, 104, 140, 204, 301
Berauschende Mittel 408
Berdjajew, N. A. 466
Bereich des Nichts 37
Berg Popa 329
Berg, mythische 304 ↗Heilige Berge
Bergson, H. 339
Berlin 100, 333, 454
Bernhard, F. J. 109, 406
Beruf 52, 69
Berührung 372, 380
Beschützer 135, 358, 424, 491
Beschützer der drei Familien 70, 297
Besinnung 427
Besitz 53, 187, 295, 512
Besitzlosigkeit 311, 431, 512, 514
Besserwisserei 474
Bestattungsfeierlichkeiten 375
Bestrafung 176, 521
Betrachtung 523
Bett 487
Bettelgang 38, 53, 154-155, 165, 312
Bettelmönch 57, 154, 284, 454
Bettelschale 38, 53, 57, 155 ↗Almoseschale
Bettler 73-74, 90, 311, 360
Bewußtheit 70, 452

Bewußtsein 39, 70, 124, 128, 187, 261, 264, 278, 292, 298-299, 302, 304, 327, 339, 394-395, 418, 427, 505
Bewußtseinselement 411
Bewußtseinsstufen 452
Bewußtseinszustände 452, 493
bhadanta/bhaddanta 72
Bhaddakaccānā 70, 75
Bhaddakaccānā/Yasodhara 377
Bhaddiya 71
Bhadra 245, 280
Bhagavadgīta 71, 394, 497
Bhagavatisūtra 291
Bhaiṣajyaguru 71
Bhaja 71
Bhaktapur 331
bhakti 71-72, 194, 319, 431, 485
bhakti-Bewegungen 205
bhakti-Frömmigkeit 431
Bhaktiśataka 72, 175
Bhante 72
Bhārhut 72, 205
Bhārhut-Stūpa 216, 438
bhava 72, 176, 291, 372, 514
bhava-cakra 73, 384
bhava-tanhā/-tṛṣṇā 502, 515
bhava-triṣṇā 72
bhāvanā 73, 235, 508
bhāvanākrama 225
Bhavāviveka 73, 95, 233, 275-276, 394, 446
Bhavya 233, 446
bheda 392
bhikkhu/bhikṣu 35, 38, 73-74, 90-91, 100, 154, 233, 235, 239, 241, 256, 295, 311, 341-342, 349, 366, 392, 445
bhikṣunī 74, 91, 256, 341
Bhikṣunī-Gāthā 238, 467
Bhopal 399
Bhrikuti 221, 378, 429, 469
bhūmi 56, 74, 84, 261, 284
Bhutan 74, 145-146, 191, 204, 425, 469
Bibliothek 205, 389, 411, 532
Bihar 66, 204, 244, 284, 361, 489
bīja 75, 293, 298, 378, 452, 462
bījamaṇḍala 293
Bildekräfte 39
Bilderkult 72, 96
Bildnisse 392
Bilokation 203
Bimbadevī 70, 75
Bimbisāra 75
Bindung an die Welt 163
Bindusāra 76
Biographien 78, 200, 203, 462
Birendra 331
Birma 51, 76, 89, 104, 109, 207, 226, 245, 278, 332-333, 345, 378, 406, 408, 465
Bitt-Opfer 346
Bitte 174
Bitte um Vergebung 68
Blaue Annalen 78, 196
Blavatsky, Helena Petrowna 78, 98-99, 345, 466
Blindgeborene 181
Blütezeit des Buddh. 503
Bo 149
Bo-Baum 79, 448
Bod yul 469
Bodh Gayā 79-80, 90, 104, 150, 205, 216, 327, 364, 437, 460
Bodh-Gayā-Mahabodhi-Gesellschaft 136
bodhi 79, 84, 88, 91, 96, 133, 149-150, 153, 179, 188, 193, 234, 256, 299, 308, 320, 453, 484, 500-501, 516-517
Bodhi Leaves 342
Bodhi-Baum 79, 448
Bodhicaryāvatāra 80, 241, 403
bodhicitta 80, 82, 257, 368, 480, 492-493, 509
Bodhidharma 81, 113, 200, 362, 528-529
Bodhipathapradipa 81, 140, 223
Bodhiruci 81, 392, 450, 472
Bodhisambharaśastra 325
Bodhisattva 40, 42-43, 53, 55, 71, 74, 81, 84, 88-90, 97, 139, 148, 151, 153, 156, 161, 163, 174-175, 183, 185, 188, 192, 199, 215-216, 220, 233, 243, 251, 261, 264, 281-282, 284, 286, 289-290, 296-297, 307-308, 350, 358-359, 361, 367, 370, 384, 391, 396, 407, 410, 424, 430-431, 440-441, 447, 451, 456-457, 460-461, 473, 478, 486, 491, 499, 501, 509, 514, 518

Bodhisattva-Ideal 41, 80, 139, 216, 281, 288, 308, 443, 498-499
Bodhisattva-Konzept 257
Bodhisattva-Schmuck 476
Bodhisattva-Titel 221
Bodhisattva-Verehrung 433
Bodhisattva-Weg 56, 80, 84, 480, 486
Bodhisattvabhūmi 288, 524
Bodhisattvayāna 272, 286
Bodhnath-Stūpa 82, 332, 447
Böhme, Jacob 466
bojjhanga 84, 180, 408, 427, 508
Bokuju Chin Shonshuku 316
Borobudur 84, 206, 438, 460
Bosatsu 84
Boulder, Colorado 478
Bön 224
Bön-Religion 83, 146, 259, 318, 343, 391, 469
Bönpo 83, 470
Brahma 84, 129, 136, 182
brahma-loka 85
brahma-vihāra 87, 113, 180, 184, 267, 303, 307-308
Brahma-Welt 388
brahmacarin 136
brahmacariya 85, 136, 534
brahman 46, 85, 131, 153, 264, 302, 310, 319, 485, 497-498
brahman-ātman-Lehre 524
brāhmaṇa 86, 465, 496
Brahmanen 64, 85-86, 179, 212, 237, 263, 301, 310, 325, 374, 380, 437, 483, 496
Brahmanismus 85, 153, 165, 194, 205, 209, 211, 227, 431, 497
Brahmaputra 224
Brāhmī 438
Brāhmī-Alphabet 389
Brāhmī-Schrift 531
`bras bu'i theg pa 364
Brennkraut 315
`bri guṅ bka` brgyud pa 145
Briefe 422
Briten 331, 434
`brog mi 390
`brom ston pa 223
Bronzestatue 474
Brten `gyur 83
Brück, V. 462
`brug pa bka` brgyud pa 145
`brug pa kun legs 145
Buch 297 ↗Schriften
Buch der Charaktere 375
Buch der Gegensatzpaare 521
Buch der großen Begebenheiten 283
Buch der Leitung (zur wahren Religion) 332
Buch der Wandlungen 115, 204, 330, 519
Buch des Ursprungs 362
Buch des Zambasta 389, 532
Buchreligion 229, 294, 316
Budapest 55
Buddh. Bewegung in Deutschland 99, 100, 158, 333, 343, 413, 438
Buddh. Europ. Union 102
Buddh. Gemeinde e.V. 454
Buddh. Gemeinde für Deutschland 47, 100, 125, 333, 416
Buddh. Gemeinschaft in der DBU 128 ↗DBU
Buddh. Gemeinschaft „Jodo Shin Shū" 101
Buddh. Gesellschaft für Deutschland 99, 105, 415, 438
Buddh. Gesellschaft München 277
„Buddh. Haus" in Berlin 125
Buddh. im Westen 97, 99
Buddh. Missionsverein für Deutschland 99, 415
Buddh. Modernismus 167
Buddh. Religionsgemeinschaft in Deutschland 102, 128
Buddh. Schulen 70, 73
Buddh. Schulen in Deutschland 103
Buddh. Taschenbibliothek 411
Buddh. u. Marxismus 77
Buddh. Union Europas (BUE) 158
Buddh. Vereinigungen 207
Buddh. Warte 416
Buddh. Weltspiegel 100, 416
Buddh.-Forschung 137
Buddh.-Kritik 479
Buddh.-Renaissance 167
Buddh.-Rezeption 466
Buddha der Zukunft 289-290, 294, 481

Buddha, historisch 193, 196, 204, 218, 263, 269, 338, 371, 425, 436, 468, 475, 501, 529
Buddha S. Commission 408
Buddha- u. arhat-Kult 437
Buddha-dharma 94
Buddha-Figuren 525
Buddha-Gayā 188
Buddha-Geschichte 92
Buddha-Legende 59, 336, 302, 372, 388
Buddha-magga 155
Buddha-mārga 97, 155
Buddha-Prinzip 34, 183
Buddha-Statue 460
Buddha-vacana 92, 354
Buddha-Vita 107, 109, 279, 518 ↗Biograhie des Buddha
Buddha-Weg 54, 97
Buddha-Welt 440, 515
Buddha-Wort 62, 228, 230, 244, 354
Buddhabhadra 94, 199, 201, 472
Buddhabild 95, 300, 531
Buddhacarita 59, 94
Buddhadana 166
Buddhadeva 94
Buddhaghosa 95, 130-131, 193, 342, 398, 509
Buddhaheit 96, 296
Buddhalandkloster 249
Buddhalegende 133 ↗Legende
Buddhanatur 32, 95-96, 134, 224, 272, 286, 300, 334, 336, 399, 472, 476, 490, 492, 506, 517
Buddhanusmriti 329, 400
Buddhapālita 95, 275, 370, 394
Buddharakṣita 72
Buddharūpa 95
Buddhas der Vergangenheit 140
Buddhas, lebende 480
Buddhasāsana Samāgama/International Buddh. Society 46
Buddhaschaft 96, 258, 286, 296, 477
Buddhastatue 249, 364
Buddhata 95-96, 296
Buddhavā-taṃsaka 64
Buddhavaṃsa 92, 96, 238
Buddhavātaṃsaka-sūtra 308
Buddhayaśas 134, 140, 231, 402
Buddhayāna 148
Buddhismus 96 (Art.) u. passim
Buddhismus, japanischer 142
Buddhismus im Westen 98
Buddhist Publication Society in Kandy 342
Buddhist Representive Council 158
Buddhist Shrine Renovation Society 104
Buddhist Society of England 46
Buddhist Society of Great Britain and Ireland 99
Buddhist Theosophical Society 345, 466
Buddhistenverfolgung 116, 120, 169, 197, 236, 364, 399, 456, 470, 525
Buddhistische Gemeinde am Niederrhein 103
Buddhistische Religionsgemeinschaft in Deutschland (BRG) 103
Buddhistische Weltkonferenzen 104
Buddhistischer Missionsverein für Deutschland 105
Buddhologie 44, 96, 105, 257, 281, 284, 338, 445, 475
Budh-Gayā-Mahabodhi Society 277
Bugaku 466
Buli 380
Bum pa 487
Bund für buddhistisches Leben 100, 110, 277, 315, 411
Buppo 110
Burjäten 314
Burma 100, 144, 329, 351, 353, 362, 366, 378, 409, 467
Burnouf, Eugène 106, 354
Buße 174, 349, 436
Butön Rinchen Drub 228
Butsu, Butsuda 110
Butsu-do 110, 155, 423
Butsuda-do 155
Butsuryuko 335
Bwut 166
Byzanz 415

Caitika 281
caitiya 111, 437, 460
caitya-gṛha 35
Caitya-Halle 111, 460

cakkavatin 111
Cakkavatti-Sihanada-Sutta 289
cakra 111, 128, 298, 395, 397, 418, 452
Cakrasamvara 111
cakravartin 77, 111, 199, 377
Calcutta 104, 106, 136
Cambridge 216
Candagutta 111
Candragomin 524
Candragupta 76, 111, 301, 391
Candrakīrti 112, 185, 275-276, 370
Cariyāpiṭaka 112, 131, 238
Carus, P. 446
Carvaka 269, 337
Caryā-tantra 112, 451
cattāri ariya-saccāni 33, 501
cātuddisa saṇgha 244
Catuḥstava 325
cāturdiśa saṇgha 244
catvāri āryasatyāni 33, 501
cetanā 112
cetiya 111
Ceto-vimutti 113, 507
Ceylon 45, 50-51, 64, 76, 78, 80, 104, 113, 136, 184, 206, 216, 226, 230, 307, 332, 345, 353-354, 377, 399, 402, 432, 464, 466, 503
Ch'an (Zen) 42, 45, 81, 113, 115, 117-118, 120, 123, 148, 162, 169, 187, 199-200, 201, 203, 225, 248, 252, 267, 286, 300, 311, 336, 352, 362, 410, 419, 454, 457, 463, 479, 503, 514, 525-526, 528
Ch'an-/Zen-Ausbildung 114
Ch'an-Chronik „Tsung-ching-lu" 526
Ch'an-Meister 114, 170, 252, 269, 463, 479, 526
Ch'an-Schule 114-115, 123, 150, 164-165, 187, 198-201, 236, 243, 251, 267-269, 300, 316, 328, 330, 352, 362, 417, 419-420, 449, 454, 457, 463, 478-479, 481-482, 517-518, 522, 526
Ch'an-Übungen 518
Ch'an-yüan chu-ch'üan-chi tu-hsü 479
Ch'ang-an 120, 136, 197, 417-418, 439, 491
Ch'ang-sha Ching-ts'en 328
Ch'an[na] 302
Ch'en 519
Ch'en-kuan 114
Ch'eng wei-shih lun 162, 197
Ch'eng wei-shih-lun shu-chi 251
Ch'eng-kuan 199, 479
Ch'eng-shih 115, 118
Ch'eng-shih-Schule 400
Ch'eng-wei-shih-lun 198
Ch'eng-yüan 161
Ch'ih-kuo 420
Ch'ing-Dynastie 178
Ch'ing-ling 114
Ch'ing-sung 419
Ch'ing-t'an 330
Ch'ing-yüan Hsing-ssu 420
Ch'ing-Zeit 118, 199
Ch'u san-tsang chi-chi 404
Ch'u-chia 456
Ch'uan-teng-lu 328, 352, 362
Cha-do 459
Chagpori 266
Chai 499
Chakras 298
Cham-Tänze 113
Chāndogyā-Upaniṣad 485
Chang-an 221, 473
Chang-chen lun 73, 233
Chang-chun 365
Channa 114
Chao Kung 454
Chao-chou 328
Chao-chou Ts'ung-shen 114
Chao-lun 187, 417
Charisma 169, 263, 480
chattra 437
Chen-jen 267
Chen-tsung 456
Chen-yen 44, 115, 118, 204, 308, 420, 452, 490, 514
Chen-yen-Schule 439
Cheng 518
Chenresi/Chenresig 63, 115
Chi-tsang 120, 276, 400
Chiang-yeh 359
Chicago 99, 136, 446
Chien-chên 383
Chien-k'ang 94, 116, 457
Chien-yeh 417
Chih 243

Chih Tao-lin 116
Chih Tun 116, 201
Chih-i 116, 472
Chih-kuan 472
Chih-men Kuang-tsu 198
Chih-yen 116, 164, 199
Chin-kang-chih 308, 490
Chin-kang-ting-ching 491
Chin-shih-tzu chang 164
China 36, 42, 44, 52, 70, 81, 94, 99, 104, 113-114, 117-118, 120-121, 135, 142, 144, 147, 154, 162, 166, 178, 183, 197, 203, 206-207, 213-214, 220, 236, 242, 245-246, 248, 251, 255, 259, 276, 286, 289, 307-308, 314-316, 318, 328, 330-331, 336, 345, 351-352, 357, 359, 364, 366, 374, 383, 388, 400, 404, 406, 415-417, 420, 424-426, 439, 446, 449, 452-456, 460-461, 469, 472-473, 479, 486, 489, 491-492, 498, 502, 514, 518, 524-526, 528, 530
China-Mission 352
Ching-t'u 42, 116, 118-119, 123, 187, 450, 453-454, 503, 526
Ching-t'u-Lehre 482
Ching-t'u-Schule 81, 161, 201, 251, 418, 482, 526
Ching-te ch'uan-teng-lu 362, 457
Ching-te-Ära 457
Ching-tso 243
Chittagong 65
Chiu-hua-shan 188
Chogyal-Dynastie 426
Choka-Shonin 319
Chos rgyal rnam gsum 144
Choson 248
Chou-Zeit 330
Chögyam Trungpa 97
Chörten 120, 437
Christen 65, 121, 204, 206, 226, 529
Christentum 31, 98, 121-122, 152-153, 157, 167, 180, 214, 248-249, 307, 253, 329, 340, 345, 380, 413, 415, 434, 474, 513, 534
Christentum u. Buddh. 31, 120, 122, 167, 182, 253
Christentum, kolonialistisches 143
Christliche Mission 98, 101, 121, 214, 332, 503
Chronik, große 282
Chü-ch'ü Meng-hsün 135
Chu-hung 118, 123
Chü-she 118, 123
Chü-she Tsung 253
Chuan-lun-wang 199
Chüeh-wu 166
Chulalongkorn 355
Chün 519
Chung-kuan-lun-su 120
Chung-lun 400
Chung-tzu 452
Cilupa 127
Cintamani 251
citt' ekaggatā 391, 303
citta 124, 128, 132, 176, 477
cittānupassanā 70, 409
Clemens Alexandrinus 98
Codanāprakaraṇa 134
Coḷa 433
Colombo/Sri Lanka 99, 104, 136, 192, 216, 277, 342, 345, 356, 517
Cone-Blockdruck 228
Conze, E. 484
Coq, A. v. Le 108
Cö-Lehren 124, 275, 364, 534
Critical Pali Dictionary/CPD 231
Csoma von Körös, Alexander 98, 106, 527
Cullavamsa 283
Cullaniddesa 124, 336
Cullavagga 233
Cunda 124, 165
Cyrene 307

Dāgoba 50, 351, 380, 405, 460
Dahlke, Paul 39, 100, 125, 333
Dai muryoju kyo 441
Daie Soko 449
Daigo-Zweig 421
Daijoji 429
Dainichi-nyorai 421
Dakarnavatantra 230
ḍākiṇī 125, 234, 358, 472, 484, 492, 494, 522, 523
Dalai Lama 64, 70, 101, 126, 178, 191, 224, 259, 266, 314-315, 333-334, 357, 366, 426-427, 435, 461, 471, 480
ḍamaru 277

Dämonen 59, 64, 131, 177, 298, 350, 358, 463, 521
Dämonenreich 174, 226
Dämonische Schützergestalten 461
Daṇḍapani 70
dāna 35, 38, 69, 268, 346, 359
Dandan-oilik 530
Danka-System 214
Dantapura 50
Darśana 126, 194, 523
Darden 255
Darjeeling 191, 426
Darstellung des Buddha 531 ↗ikonographische D.
Daruma 81
daśabala 127
Daśabhūmi-vibhāsa-śāstra 151
Daśabhūmika-Sūtra 74
Daśabhūmikaśāstra 81, 116, 450, 472
Daśabhūmikavibhāṣa 325
Daśakaro vaśi 224, 291
dasasila-upāsikā 74, 341
Dasein 163, 367, 407, 421, 427, 485, 514
Daseinsebenen 170, 368, 476
Daseinsfährten 396
Daseinsfaktoren 148
Daseinsgruppen, fünf unpersönliche 396
Daseinsmerkmale 127, 240-241, 473, 508
Daseinssphäre von Gottheiten 292
DBU 100, -103, 105, 128, 158
deśanā 131
Dekadenz 213
Dekhan 65, 204
Demetrios von Baktrien 530
Demiéville, P. 108
Demokratie 309
Demokrit 132, 407
Dengyo Daishi 128, 190, 213, 388
Denken 64, 124, 128, 168, 176, 327, 395, 397, 414, 442, 468, 497, 499, 505, 511, 514
Denkmäler 206
Derge 228, 458
Desana 131
Determinismus 291
Deuteworte 383
Deutsche Pāli-Gesellschaft (DPG) 128
Deutschland 79, 99, 101-102, 104, 106, 128, 158, 307, 333, 340, 354, 428, 438
deva 86, 128, 181, 191, 212, 329
deva-dūta 39, 130, 176, 215
Devadatta 70, 129, 327, 392, 394
Devarāja-Kult 226
devī 266
Dewey, John 40
Dhamek-stūpa 405, 438, 460
dhamma 131-132, 169, 179, 222, 256, 263, 340, 366, 430, 474
Dhammacakkappavattana-sutta 69, 132-133, 501
Dhammagutta 133
Dhammakīrti 283
dhammānupassana 409
dhammānusāri 135
Dhammapada 125, 130, 137, 173, 230, 238, 402, 407, 532
Dhammapadaṭṭhakathā 130
Dhammapāla 130
dhammarāja II. 64
dhammarucika 29
Dhammasaṇganī 29, 109, 131
Dhammayuttika-nikaya 313, 464
Dharamsala 191, 266, 462
dhāranī 131, 182, 248, 288
dharma 30, 42, 55, 57, 62, 64, 88, 97, 111, 123, 131, 134-135, 137, 139, 166-167, 178, 194, 230, 240, 256, 263, 286, 302, 319, 340-341, 349-350, 373-375, 377, 387, 392, 397, 399, 405, 407, 424, 430, 437, 475, 477, 507, 514, 534-535
dharma-Bereiche 115
dharma-dāna 256
Dharma-guttika 133
Dharma-Lehre 349, 373, 407, 410
Dharma-Leib 134, 475
Dharma-Siegel 362
Dharma-Tage 128
Dharma-Theorie 136, 473
dharma-vinaya 133
dharmacakra 133, 188, 336, 447
Dharmacakrapravartana-sutra 69, 132-133, 501
Dharmadhātu 101

Dharmaduta-Bewegung 307
Dharmagupta-Schule 237, 532
Dharmaguptaka 92, 133, 173, 231, 289, 370, 402-403, 439, 508, 532
Dharmakara 41, 441
dharmakāya 32, 34, 41, 43, 67, 95, 134, 218, 296, 338, 391, 407, 463, 475-476, 517
Dharmakīrti 134, 138, 149, 327, 524
Dharmaksema 135, 336
dharmalakṣana 161
dharmānusāri 135
Dharmapada 130, 238
Dharmapāla 61, 135, 161, 266, 277, 327, 350, 358, 491, 505, 521, 523-524
Dharmapāla von Nālandā 134
Dharmapāla Anagārika 79, 99, 136, 188, 277, 309, 333, 434, 466
Dharmapiṭaka 444
Dharmarajikā-Stūpa 530
Dharmarākṣa 136, 271, 336
dharmatā 67
Dharmatrata 130, 137
Dharmottara 134, 137
dhātu 138
dhātugarbha 380
Dhatūkathā 29, 138
dhutaṅga 57, 138, 262
dhyāna 73, 113, 139, 150, 182, 302, 359, 453, 528
Dhyāna-Schule 139
dhyāna-Stufen 85
Dhyāna-Texte 453
Dhyāni-Bodhisattva 139, 391
Dhyāni-Buddha 34, 40, 43, 139, 392, 458
Dhyāni-Sphäre 509
Dhyānimudrā 44
Dialekte 173, 369, 401
Dialektik 276, 400
Dialog 121-122, 139, 167, 208, 240, 374, 462
Diamant-Fahrzeug 192, 492 ↗Fahrzeug
Diamant-Lehrer 491
Diamant-Sutra 139, 187, 308, 463
Diamantzepter 490
Dichtung 330, 363, 400
Diebstahl 359
Dienermönch 44-45
Dienst 312, 374
Diesseits 217
Diesseitsorientierung 428
Digambara 211
dīgha 444
Dīgha-Nikāya 140, 231, 279, 402
Dignāga 134, 149, 161, 327, 337, 524
Dīpaṃkara 140
Dīpamkaraśrijñāna 218
Dīpavaṃsa 141, 282
dīrgha 444
Dīrgha-āgama 134, 140, 231, 318, 402, 444
Disziplin 244-245, 495, 507
Disziplinarstrafen 508
diṭṭhi 141, 317
Divination 83, 480
Divyāvadāna 63, 71, 141
dkon mchog gsum 535
dkyil `khor 292-293
dmar po ri 366
Dōgen 142, 148, 170, 214, 422, 429, 479
Dōgen Kigen 142, 429
Dogma 216, 239, 406
Dogmatik 31
Dogma, Dogmatismus 143
Dogmatische Streitigkeiten 433
doha 282
Doktrin 502
Dokumente 524
Dolch 61
dolpo 318, 332
Donnerkeil 490
Doppelfragen 521
Doppelte Wahrheit 209, 317, 326, 359, 367, 369, 397, 413, 442
Doppeltrommel 61
Dorf 329
Dorje 144
Dölma 142, 457
Drachen-Kagyüpa 145
Dramen 401, 465
Dravidische Herrscher 283
Drawa 257
Drei-Fahrzeug 478 ↗Fahrzeug
Drei-Korb 230, 355, 477 ↗Korb
Drei-Körper-Lehre 296, 407

Drei-Selbst-Naturen 477
Drei-Welt 85, 138, 175, 225, 477
Dreijuwel 486
Dreiteilung 285
Drepung 178, 427
Drigung-Kagyüpa 145, 233, 255
Drogensucht 103
Dromtönpa 223
Droṇa 437
Drölma 145
dṛṣṭī 141
Drugpa Kagyüpa 145
Drugpa Künleg 145, 189
Drugpa-Kagyüpa-Schule 74, 145, 255, 426, 527
Drugyül 75
Dschingis Khan 65, 314, 366
Dsungarei 314
Dt. Buddh. Union 100
Dt. Buddh. Union (DBU) 102 ↗DBU
Dt. Buddh. Union e.V. Buddh. Religionsgemeinschaft 103
`du khan 146
Dualismus 394
Dualität 396, 418
duhkha 39, 145, 265, 473, 497, 501, 508
duhkha-samudaya 502
duhkhanirodha 502
duḥkhanirodhagamini pratipad 32
dukkha 145, 265, 497, 501
dukkhanirodha 502
dukkhasamudaya 502
Dunhuang-Dokumente 318
Dünkel 146
Durchschauung der Lehre 360
Durst 153, 225, 264-266, 372, 395, 413-414, 442, 478, 502 ↗taṇhā, tṛṣnā
Durst, W. 515
Düsum Khyenpa 234
Dutoit, Julius 108
duṭṭhagāmaṇī 433
Dvādaśadvara 400
Dvādaśanikāya 325
Dvādaśanikāyaśāstra 400
Dvaita-Vedanta 498
Dvaitadvaita 498
Dvipiṭaka 230
Dyaus 496
Dynastien 117-118, 169, 178, 199, 247, 401, 456, 503, 525
Dzogchen-Lehren 51, 146, 225, 344
Dzong 146, 186, 420
Dzongkhul 527
Dzongs von Paro 75
Dzumla 318

Eberweich 165
Echigo 422
Echin-ni 422
Echizen 142
Edikt 57, 399
Edo-Zeit 430
Ehe, Ehelosigkeit 147, 163, 167, 295, 298, 430, 512, 534
Ehrentitel 390, 411
Ehrenvorrecht 467
Ehrerbietung 381
Ehrfurcht 496
Ehrfurcht vor den Alten 435
Ehrfurcht vor den Eltern 243
Eid 496
Eigentum 53
Eiheiji 142, 429-430
Einäscherung 279, 380
Eingangshalle 420
Einheit des Geistes 303
Einheitszustand 418, 521
Einkleidung 432
Einkorb 230 ↗Korb
Einmalwiederkehrender 389
Einsamkeit 306, 311, 431
Einsicht 126, 143, 168, 260, 367, 379, 431, 446, 508
Einsiedler 188, 456, 495
Einsiedler-Ideal 236
Einspitzigkeit des Geistes 303, 373, 391
Eintritt in das Erleuchtungsleben 403
Eintritt in das Kloster 393
Eintritt in den buddh. Orden 187
Einweihungsrituale 450
Einzel-Erwachter 88, 373
Einzel-Sutren 288
Einzelbuddha 148, 151
Einzeldarstellungen 171

Einzelgespräche 374
Eisai 147, 170, 199, 214, 319
Eisai-Zenji 268
Eison/Eizon 338, 383
Eitaku 66
Eitelkeit 299
eka 200
Ekan 400
Ekapiṭaka 230
ekatāna 373
Ekavyavahārika 269, 281
ekayāna 148, 219, 272
Ekottara-Āgama 231, 402, 444
Ekstasetechniken 303
Elefantengleichnis 209
Elemente 138, 148, 171, 241, 281, 291, 407, 489
Elemente des Weltprozesses 133
Ellora 205
Emanation 37, 170, 350, 357, 429, 457, 480, 491-492
Emanator 170
Emanzipation 485, 497
Empfindung 39, 148, 264, 299, 339, 363, 372, 409, 440
Enayukuji 461
Enchey, Kloster 426
Endziel 521
Energiekanäle 291, 418
Energiezentren 298, 452, 493
Engakuji-Kloster 445
Engo Kokugon 525
Enomiya-Lassalle, H. 101, 529
Enni Ben'en 381
Enrayuku-Ji 190
Entfaltung der Sammlung 73
Entfaltung der Weisheit 73
Entfaltung des Klarblicks 73
Entfaltung geistiger Ruhe 73
Enthaltsamkeit 56, 85, 431, 500, 534
Entsagung 149, 262, 485
Entscheidung, freie 480
Entschluß, rechter 149
Entstehen 371, 394, 501
Entstehen in Abhängigkeit 87, 327, 483
Entstehen u. Vergehen 410
Epirus 307
Erbarmen 151, 251, 410, 453
Erbetteln 360
Erbfolge 390
Erde 212, 352, 378, 496
Erdenleben 456
Eremiten 188, 284, 311, 388
Erfahrung 62, 212, 216-217, 224, 278, 367, 414, 452, 459, 461, 476, 493, 512, 517, 521, 524
Erfüllung 149, 440
Ergreifen 70, 372, 501-502, 511 ↗Gruppe des E.
Ergründung der Lehre (dhammavicaya) 84
Erinnerung 151, 427, 496
Erkennen 70, 181, 372, 421, 475, 505
Erkenntnis 33, 38, 51, 58, 60, 62-63, 66, 68, 86, 96-97, 127, 135, 146, 149-151, 169, 176, 203, 209, 211, 218, 258, 272, 282, 302, 359, 367, 369, 395, 397, 406, 409, 413, 443, 451, 472, 484, 492-493, 501, 505, 507-508, 511
Erkenntnismittel 149, 216
Erkenntnisprinzip 210
Erkenntnistheorie 158, 497
Erleuchtete 62, 82, 150, 459, 474
Erleuchtung 31, 38, 41, 56, 58, 62, 71, 79-82, 84, 95-96, 113, 142, 148-150, 154, 174, 182, 199, 201, 217, 225, 234, 241, 243, 251, 258, 267-268, 278, 284, 286, 298, 316, 359, 367, 377, 388-389, 419, 430, 435, 439, 448, 452, 454, 475, 477, 484, 493, 511-512, 516-518, 526
Erleuchtungserlebnis 267, 409
Erleuchtungsglieder 84, 180, 340, 427, 508
Erleuchtungsweg 370
Erlöschen 70, 152, 188, 234
Erlöser 156, 473
Erlösergestalten 296
Erlöste 88, 269, 339, 407, 413, 468, 474, 507, 516
Erlösung 32, 35, 37, 41, 46-47, 49, 52, 56, 67, 70, 88, 90, 127, 150-152, 155-157, 161, 176, 179, 182, 187-188, 192, 194, 197, 218-219, 233-234, 240, 256-258, 264-265, 267-269, 294-295, 301-302, 313, 330, 338, 367, 375, 395-396, 398-399, 411, 414, 424, 431, 440, 448,

452-453, 468, 473, 484-485, 505-508, 513, 516-517
Erlösungsbedürftigkeit 282
Erlösungserkenntnis 33
Erlösungslehre 159
Erlösungsreligion 211
Erlösungsweg 397, 412
Erneuerung 65, 142, 434
Erneuerung des Buddh. 77
Erneuerungsbewegung 525
Erschaffung der Buddha-Welt 441
Erscheinungen 410, 497
Erscheinungs-Körper 480
Erscheinungsformen 162, 195, 350, 491-492
Erscheinungswelt 394, 497
Erwachen 60, 66, 75, 79, 90, 150, 166, 234, 299, 409, 484, 500-501, 516
Erwachen (bodhi) 88, 90
Erwachsenenbildung 382
Erwachter 88-89, 279, 397
Erweckung 418
Erwerbsarbeit 295, 311
Erwerbsleben 154
Erzählungen 130, 283, 327, 364, 443
Eschatologie 117
Essen und Trinken 102, 154, 165
Estlin, J. 98
Eternalismus 275
Eternalisten 483
Ethik 36, 40, 63, 67, 117, 124, 141, 158, 167, 176, 180, 184, 217, 229, 253, 265, 267, 308-309, 346, 359, 378, 381, 391, 397, 408, 412, 415, 423, 435, 440, 477, 484, 498, 506, 515-516
Ethik des Buddhismus 155
Ethas 52
ethische Aufgaben 430
Etymologie 353, 388, 496
Eunuchen 298
Europa 89, 136, 329, 366, 446, 466-467, 478
Europäer 46, 342
Europäische Buddhistische Union (EBU) 158
Evam me suttam 92
Ewigkeitsglaube 141, 218
Exilregierung 462
Exiltibeter 82 ↗Tibeter
Existentialismus 158-159, 340
Existenz 45, 47, 60, 67, 70, 72, 90, 135, 149, 152-153, 155, 158, 173, 176-177, 182, 193, 196, 209, 217-218, 225-226, 234, 241, 260, 264-265, 269, 272, 338, 363, 372, 395, 397-398, 406-407, 413, 427, 442, 480-481, 501-502, 522-523
Existenzanalyse 158
Existenzbereiche 67
Existenzebenen 328
Existenzen 46, 86, 176, 372, 395, 478, 480, 495, 512
Existenzenlinien 159, 178, 234, 259, 357, 471, 480, 492
Existenzformen 59, 180, 473
Existenzstufen 514

Fa Ngum 261
Fa-chao 120, 161
Fa-chieh 115
Fa-chieh-kuan 163
Fa-chü-pi-yü-ching 130
Fa-feng 135
Fa-hien 280
Fa-hsian 364
Fa-hsiang 161, 199, 359, 472, 524
Fa-hsiang-Schule 123, 187, 197-198, 251, 400, 419
Fa-hsien 129, 162, 204, 300
Fa-hsing 199
Fa-hu 136
Fa-hua 472
Fa-hua-ching 472
Fa-ju 201, 419
Fa-jung 162
Fa-lang 120, 400
Fa-lun 336
Fa-shien 244
Fa-shun 116, 163, 199
Fa-t'ai 457
Fa-tchü-ching 130
Fa-tsang 116, 164, 199
Fa-tsangs 238
Fa-ya 166
Fa-yeh 419
Fa-yen 164, 198, 457, 526
Fa-yen Wen-i 164, 169
Fa-yen-Haus 169
Fa-yen-Schule 199

Fa-yin 362
Fa-ying 417
Fabeln 216
Fahrzeug, großes 151, 192
Fahrzeug, kleines 156, 191-192, 285
Fahrzeuge 36, 83, 103-104, 148, 161, 187, 192, 219, 229, 263, 272, 462, 466
Fahrzeug des Bodhisattva 478
Fahrzeug der Einzelerlösten 478
Fahrzeug der Frucht 364
Fahrzeug der Hörer (Schüler) 432, 478
Fahrzeug der Jünger 151
Fahrzeug der [geheimen] maṇṭras 299
Fahrzeuge, neun 344
falsche Ansichten 240
falsche Anschauungen 396
falsche Rede 378
Familie 147, 162-163, 167, 170, 174, 176, 187, 214, 242, 262, 329, 349, 390, 421, 423, 453, 456, 486, 491
Familienoberhaupt 377
Familienvater 194
Familienverbände 178, 259, 423
Fang-pien, upaya 453
Fasten 163, 237, 284, 431, 461, 487, 499
Fastenaskese 154
Fastengebote 311
Fastentod 112
Fastenzeiten 499
Fatalismus 141, 164, 291
Feiertage 487
Feindschaft 164
Feinkörperliche Region 85, 165, 175
Feinkörperliches Dasein 398, 514
Feinkörperliches Gebiet 63
feinstofflich 385
Feinstoffliche Energiekanäle 127
Feinstoffliche devas 477
Felsenedikte 98, 165
Felsenheiligtum 71
Felsenkloster 35, 65, 74, 71, 205
Felshöhlen 318
Felsskulptur 249
Fen-yang 420
Feng-hsüeh Yen-chao 165
Feniger, Siegmund 100, 109, 341
Ferguson, Mary 466
Fesseln 187, 389, 398, 414, 435, 497
Fesseln, die zehn 165
Fest 118-119, 500
Fest der hungrigen Geister 44
Fest des 10. Tages 113, 479
Festhalten 523
Festkalender 224, 487
Festlegung der Lehre 229
Feuer 165, 212, 496
Feuerkult 165
Feueropfer 384
Feuerritual 461
ficus religiosa 150
Figuren 525
Filliozat, J. 108, 406
Finot, Louis 406
Flachrelief 438
Flamme, erloschene 448
Flavius Arrianus 105
Fleisch 155, 165, 498
Fleischgenuß 57, 166
fleischliche Nahrung 440, 515
Floß 153, 161, 192, 511
Floß-Gleichnis 139, 414
Flüsse 384
Fo 166
Fo-kuo-chi 162
Fo-pen-hsing-chi-ching 133
Fo-t'o-pa-t'o-lo 94
Fo-t'u-ten 166
Fo-t'u-teng 453
Fo-tao lun-heng 455
Formosa 449
Fragen des Königs Menandros (Milinda) 306
Fragmentfund 389
Frank, K. S. 311
Franke, R. O. 107, 353
Frankreich 104, 106, 158, 428, 503
Frauen 147, 163, 166-167, 212, 257, 297, 341
Frauwallner, E. 108-109, 317, 372, 495
Freigebigkeit 57, 69, 180, 431
Freiheit 40, 167, 217, 253, 309, 367, 395, 415
Freiheit der Religionsausübung 504
Freiwilligkeit 167

Fremderlösung 175
Fremdherrschaft, islamische 194, 492 ↗Mitfreude
Fremdreligion 246
Freude 225, 440
Freunde 187, 430
Freunde des westl. buddh. Ordens 102
Freundschaft 168, 184, 267
Friede 69, 111, 168, 462
Friedensproblematik 309
Friedensvertrag von Tingmogang 255
Friedfertigkeit 149, 365, 435
Friedhöfe 138
friedvoll-zornvolle Gottheit 185, 523
Fromm, E. 529
Frömmigkeit 174
Frömmigkeitspraxis 346
Frömmigkeitsstil 437
Frucht der Taten 234
[Frühe] Bekehrung Tibets 83, 168-169, 196, 522
Frühe Bekehrungsperiode 343, 470
Fühlen 327
Fujufuse-ha 271, 335
Fuketsu Ensho 165
Fukien 295
fundamentalistische Phänomene 388
fundamentalistische Reaktionen 459
Fünf Dynastien 169
Fünf Familien der Siegreichen 170
Fünf geistige Fähigkeiten 427, 508
Fünf Positionen 518
Fünf Sammlungen 402
Fünf Siegreiche 170
Fünf So-Gegangene 170
Fünf Stufen 170
Fünf Tathāgatas 34, 36, 43-44, 67, 170, 291, 378, 476, 489, 492 ↗tathāgata
Fünf-Stufen-Dialektik 169-170, 429
Fünfergruppe 188
Fünfsinnenwelt 514
Furcht vor dem Tod 473
Furchtlosigkeit 44, 447
Fürsorge 435
Furtbereiter zum Heil 211
Fushozen 66
Gainggyok 76
Gakushu-in-Schule 446
Gampala 356
Gampopa 173, 223, 234, 260, 305
Gaṇḍavyuha 199
Ganden 173, 178, 271
Gandhāra 72, 173, 300, 352, 406, 530-531
Gandhāra-Zeit 182
Gandhārī 130, 173, 230, 369, 389, 532
Gaṇḍhavyūha 174
Ganges 227, 485, 494
Gangtok 426
Ganjin 383
Gansu 469
Garten des wahren Buddha 421
Gasan Joseki 429
Gastfreundschaft 167, 496
Gāthā 48, 174, 408
gati 174
Gautama 76, 89, 174, 221, 236, 425
Gautama Saṃghadeva 231, 402
Gautama-Buddha 96, 269, 372, 390, 447
Gayā 79
Gazellenhain bei Benares 90, 405, 447
Gebet 174, 264, 302, 305, 312, 346
Gebetsfahnen 175, 298, 516
Gebetsinstrument 175
Gebetsmühlen 175, 298
Gebetsraum 146
Gebetsschnur 61
Gebiete, die drei 175
Gebilde 396
Gebildete, das Geprägte 396
Gebote 180
Gebrauchsgegenstände 508
Geburten 153, 175, 188, 192, 212, 215, 225, 237, 372, 389, 395-396, 427, 435, 456, 485, 516, 518, 521
Geburt des Buddha 215, 500 ↗Biographie des Buddha
Geburtenfährte 31
Geburtenkreislauf 211-212, 216, 395, 397, 485, 497
Geburtenprozeß 47
Geburtsgemeinschaft 176
Geburtsbereiche 396

Gedanken 412, 485, 492, 523
Gedhun Chöky Nyima 357
Geduld 359
Gefühl 148, 212, 327, 427, 493, 497
Gegebenheiten 407
Gegenwart 406, 459
Geheime Daimoku 271
Geheimes Wissen 208
Geheimgesellschaften 118
Geheimlehre 115, 420, 478, 481
Geheimnis 485
Gehorsam 57, 177
Geiergipfel 176
Geist 59, 124, 176-177, 240, 250, 262, 281, 298, 303, 373, 391, 395, 416, 461, 477, 493
Geister/Götter von Bergen 358, 423
Geisterglaube 465
Geisterhäuschen 465
Geisterreich 234
Geistes- u. Bewußtseinstätigkeit 338
Geistes- u. Willensformationen, 396
Geistesklarheit 304
Geisteskräfte 31
Geistesprozesse 414
Geistesstille 391
geistige Befleckung 240
geistige Bildekräfte 427
geistige Freundschaftsgesellschaft 379
geistige u. seelische Unruhe 398
geistige Verfassung 409
geistige Gegebenheiten 415
Geistigkeit 327
geistliche Berater 68
Geistlichkeit 75, 239
Geistmonaden 394
Geistwesen 423, 461
Gelbmützen-Schule 147, 177, 471
Geld 53, 154
Gelehrsamkeit 330, 371
Gelehrtensprache 403
Gelöbnis 370
Gelübde 139-140, 177, 220, 359
Gelugpa 34, 54, 67, 101, 147, 173, 177, 270, 314, 357, 385, 417, 426, 458, 463, 490-491
Gelugpa-Hierarchie 314
Gelugpa-Schule 126, 173, 179-180, 223-224, 256, 270, 312, 357, 471
Gemeinde der vier Himmelsrichtungen 244
Gemeinde, große 280
Gemeinde um Buddha e.V. 454
Gemeinsame Rezitation 400
Gemeinsames buddh. Bekenntnis 466
Gemeinschaft[en] 176, 370, 379, 382, 392-393, 421, 498
Gemütserlösung 113, 507
Gendün Drub 126, 458
Gendün Gyatsho 126
Genku 196
Genuß-Leib 475
German Dharmadūta Society 307
Gesänge, hunderttausend 306
Gesänge, mystische 282
Gesangs- u. Musikveranstaltungen 411
Geschichte 285, 468, 502
Geschichte des Buddh. 151, 352, 412, 455
Geschichte des Ch'an 479
Geschichte Tibets 481 ↗Tibet
Geschichtlichkeit 500
Geschichtsbild 453
Geschichtsschreibung 283
Geschichtswerk 282
Geschicktes Mittel 209, 272, 359, 367, 511
Geschlechtsverkehr 359, 534
Gesellschaft 54, 179, 241-243, 248, 309, 312, 435
Gesellschaft vom Großen Erwachen 277
Gesellschaft vom Weißen Lotus 42, 201
Gesellschaft zur Schaffung von Werten 428
Gesetzesgehorsam 156
Gesetzeskönige Tibets 144
Geshe 179
Gesinnung 33, 149, 394, 422
Gespenster 226, 513 ↗Dämonen
Gespenstergeschichten 364
Gespensterreich 174, 374, 396
Gespräche des Konfuzius 267

Gestalten 64, 396
Gestilltheit (der Leidenschaften passaddhi) 84
Gesundheit 240, 428
Gewalt 180, 374, 394
Gewaltlosigkeit 57, 180, 462
Gewand 187 ↗Ordensgewand
Gewissen 68, 157
Gewissensunruhe 68, 340
Geyya 48
ghaṇṭa 34, 61, 490-492
Ghoom, Kloster 426
giak 465
Gier 155, 188, 211, 234, 253, 264-266, 268, 299, 338, 363, 483
gigaku 466
Gilgit 352, 531, 533
Glasenapp, H. v. 106, 108
Glashoff, Max 128
Glaube 180, 295, 389, 431
Glaube an eine individuelle Person 435
Glaubensgehorsam 144, 180
Glaubenssystem 383
Glaubenszugehörigkeit 527
Gläubige 69, 183, 219, 260, 334, 358, 387, 450, 490, 535
Gleichheit 40, 43, 217
Gleichheit aller Menschen 166, 365
Gleichheit aller Wesen 430
Gleichheitsprinzip 393
Gleichmut (upekkha) 84, 87, 156, 164, 168, 180, 304, 430
Gleichnis 181
Gleichnis vom „vergifteten Pfeil“ 292
glo bo 318
Globalisierung 250
Glocke 174, 490
Glocken- u. Lotusform 437
Glorreiche ↗Göttin 353
Glück 157, 175, 181, 303, 428, 440, 516
Glück der Versenkung 440
Glücksgefühl 240, 303
Glückseligkeit 397
Glücksverlangen 217
Gnade 498
Gnosis 98, 152, 264, 484
gnostische Erlösungsreligion 293
gnostische Systeme 513
Gokulika 269, 281, 369
Golddächer 458
Goldene Halle 460
Goldene Regel 157
goldener Löwe 164
Goldglanz-Sūtra 445
Gompa 181
Gondophyres 459
Gopā 522
Gorkha-Herrscher 318
Goso Hoen 488, 518
Gotama 174, 181
Gott 31, 59, 68, 96, 128, 152, 174, 181, 188, 254, 345, 412, 418, 440, 498, 521
Gottes-Vorstellungen 182
Gottesdienst 375
Gottesliebe 485
Gottesweisheit 466
Gottheiten 34, 61, 112, 124, 135-136, 144, 170, 174, 183, 185-186, 224, 250-251, 259, 275, 292-293, 298, 346-347, 358, 361, 368, 387, 397, 452, 456, 460-461, 476, 480, 487, 490, 493, 496, 498, 521-522, 525
Gottkönigtum 226
Gottmann, Karl-Heinz 55
Govinda, Lama Angarika 101, 184, 320
Gozan 381
Gozu-Schule 162
Gö Lotsawa 78
Göden 390
Görres 99
Götter 53, 124, 128, 177, 181-182, 191, 193, 226, 263, 301, 310, 314, 325, 345-346, 358, 441, 460, 481, 496-497
Götterbilder 194
Götterboten 130, 176, 215
Götterdienst 153
göttergleicher Wandel 534
Götterhimmel 174
Götterklassen 85
Götterkönig Indra 496 ↗Indra
Göttervorstellungen 182
Götterwelten 129, 371, 485
Göttin/Göttinnen 131, 182, 194, 266, 297, 353, 418

göttliche Ebene 234
Göttliche Existenz 88
Göttliche Macht 345
Göttliches Selbst 319-320
Göttliches All-Eines 264
göttliches Wesen 182, 388
Gräberkult 380
Grabhügel 437
Griech. Philosophie 143
Griechenland 98, 132
Grimm, Georg 39, 47, 100, 125, 167, 333, 416
grob- u. feinstoffliche Ebenen 452
Grobe Rede 379
Grönbold, G. 131
Großbritannien 79, 98, 104, 158
Großer Fünfte 333
Große Wesenheiten 148
Großer Tempel des Ostens 474
Großes bzw. Erhabenes Fahrzeug 285
Großmeister der Lehrübertragung 388
Großmeister der Verbreitung 240
Grotten 249
Grundbausteine der Welt 132
Grundelemente des Daseins 407
Gründer 455
Grundkategorien 442
Grundlehren 486
Grundregeln 52
Grundwerte 309
Grüne u. Weiße Tara 429, 457
Gruppe des Körperlichen 148
Gruppe des Anhaftens 167, 327, 339, 372, 427, 497 ↗Anhaften
Gruppe des Ergreifens 46, 340, 395, 396, 495, 501 ↗Ergreifen
Gruppenführer 421
grva pa 257
gter ma 462
Guenther, H.V. 109
Gueth, Anton W. F. 100, 342 ↗Nyanatiloka
Guge 255
Guhyasamāja-Tantra-Tradition 36, 43-44, 185, 378, 450, 489, 492
Guigo I. 302
Gujarat 211
Gunabhadra 231, 398, 402
Guṇamati 524
Gungthang 318
Gupta-Herrschaft 236
Gupta-Reich 531
Gupta-Schrift 469
Gupta-Zeit 65
Gurkha 331, 426
Guru 140, 257-258, 300, 306, 329, 387, 452, 493
Guru Rinpoche 186
Guru Tilopa 414
Guru-Überlieferungslinie 258
Guru-Überlieferungsreihe 185, 225, 450-451, 493
Gurudharma 341
Gurung 331
Guruparampara 185
Gurupūjā 258
Guśri Khan 178, 334
Güte 40, 82, 87, 156, 164, 168, 184, 258, 267, 308, 327, 330, 394, 430, 443
Gyalwa Karmapa 101
Gyantse 186, 350
Gyogi 424
Gyüme 178
Gyütö 178

Haarreliquien 378
Haḍḍa 531
Haibutsu-kishaku 424
Hajime Nakamura 109
Hajime Tanabe 254
Hakenkreuz 61, 83
Hakuin Ekaku 382
Halbgöttliche Wesen 173
Halbkugel 437, 447
Halle 99, 411
Halle der Himmelskönige 512
Hamsavati 362
Han Yü 330, 479
Han-Dynastie 98, 306
Han-Kaiser Ming 117
Han-Kaiser Wu-ti 502
Han-shan 417
Han-shan Te-ch'ing 187
Han-Zeit 117, 166, 188, 268, 330, 420
Handarbeit 454
Handbücher 496, 509

Handel 36, 176, 189, 237, 252, 291, 366, 395, 397, 399, 455, 462, 468, 499, 516
Handgesten 447 ↗mudrā
Handhaltungen 184, 293, 452
Handlesekunst 228
Handlungen 300, 303, 316, 383, 492-493, 496
Handschriften 231, 531-533
Handschriftenfunde 531-533
Hängen an Regeln u. Riten 398, 435
Hanoi 503
Happon-ha 335
Harappa 194
häretisch 399
Harevick, Ch. 99
Harivarman 115, 235, 248, 410
Harmonie 459
Harṣa 204
Haß 155, , 234, 240, 253, 264, 338, 416, 483
Hauptkloster 426, 430
Hauptlama 328
Hauptstūpa 71
Haupttempel 190, 213, 381-382, 421-422
Haupttempel Kongobu-ji 213
Haus des Jobo 220
Häuser, fünf 114
Häuser, fünf, der T'ang-Zeit 300, 478
Häuser, fünf, des Ch'an 164
Häuser, fünf, des Zen-Buddhismus 169-170, 381, 429
Hausleben 187
Hausloser 45, 136, 360, 512
Hauslosigkeit 37, 53, 90-91, 149, 187, 212, 257, 349, 360, 431, 500, 514, 518
Hawaii 104, 121
hayagrīva 64, 136
Hedonismus 211
Hegel, F. 31, 99, 254
Heian-Zeit 213, 389, 461
Heidegger, M. 158, 254, 340
Heil 151-152, 187, 264, 298-299, 339, 358, 364, 484, 487, 512
Heilige 52, 63, 78, 83, 135, 151, 185, 189, 194, 210, 223, 229, 268, 281, 351, 379-380, 384, 399, 405, 425, 437, 461-462, 463, 468, 476, 480, 534
Heilige Berge 116, 188, 190, 201, 224, 455, 472, 514, 518
Heilige Bönpo-Stätten 83
Heilige Formeln 265
Heilige Narren 145, 189, 282
Heilige Objekte 367
Heilige Orte 273, 329
Heilige Schriften 62, 211-212, 229, 400
Heilige See Manasarovar 224
Heilige Silben 303, 346, 485
Heilige Stätten des Buddhismus 79, 104, 162, 188, 277
Heilige Texte 226
Heilige Tradition 496
Heiligenkalender 221
Heiligenkult 380
Heiligentypus 282
Heiliger 52, 63, 189, 229, 399, 425, 480
Heiliger Bezirk 459
Heiliges Wort 228
Heiligkeit 146, 240, 262, 507
Heiligkeitsgrad 432, 435
Heiligkeitsstufe 389
Heiligtum 35, 48, 79, 84, 111, 220, 332, 438, 447, 460, 518, 531
heilsam 396, 516
Heilsbedürfnisse 53
Heilsbotschaft 219
Heilschancen 499
Heilseffektivität 209
Heilserfahrung 86
Heilserkenntnis 485
Heilsgestalten 296
Heilsgewinn 45, 263, 265, 292, 310, 513, 516
Heilslehre 211
Heilsmächtigkeit 380
Heilsmittel 211
Heilsmöglichkeit 256
Heilsoptimismus 95
Heilspfad 523
Heilspragmatismus 511
Heilssicherheit 153, 257, 264
Heilssucher 192
Heilsunsicherheit 156
Heilsverkünder 64
Heilsvermittlung 263

Heilsweg 33, 42, 82, 149, 151, 153, 159, 195, 224, 240, 272, 287, 310, 334, 367, 408, 478, 524
Heilswirklichkeit 32, 41, 367, 422, 475, 512
Heilswirksamkeit 165, 358, 384, 387, 480
Heilswissen 388
Heilsziel 52, 150-151, 153, 157, 181, 183, 188, 191, 220, 253, 263, 281, 310, 338, 358, 367, 396, 414, 442, 448, 506
Heilung 502
Heimatlosigkeit 163, 489
Heissig, W. 109
Hellblick 338, 508
Hellenismus 98
Helligkeit 484
Hemmnisse, fünf 68
Heng-shan 188
Henker 33
Hephthaliten 531
Herabkunft der Gottheit 64
Hermitage Island 342
Herr des Alls 498
Herrigel, E. 101
Herrschaft 189, 388, 433
Herrschaftsfunktion 377
„Herrschaftsjuwelen“ 111 ↗Juwelen
Herrscher 435, 519
Herrscherauftrag 68
Heruka 67, 494
Herz 176
Herz-Sutra 187, 190
Heteronomie 62
Hetubindu 134
Heuchelei 299
Hevajra 190
Hewavitarne, David 136, 277, 466
Hick, J. 122
Hiei 142, 190, 213, 388, 422, 461
Hiei-Berg 334
Hieizan 190
Hierarchie 390, 456, 464
Hierarchie der Religionen 513
Hieronymus 98, 106
Hikkaḍuve Sumangala Mahathera 277
Hildegard v. Bingen 466
Himachal Pradesh 191, 205, 266, 462
Himalaya 74, 190, 205, 212, 255, 259, 301, 318, 331, 425, 455
Himalaya-Länder 147, 178
Himalaya-Staaten 365
Himalayakette 471
Himmel 496-497
Himmel der Seligen oder Befriedigten 481
Himmelskönig 420
Himmelsrichtungen 291, 399, 441, 498, 516
Himmelsgegenden, mit den H. Bekleidete 211
Himmelswandlerin 125
Himmelswelt 499, 513
Himmlisches Auge 31, 87
Himmlische Brüder 390
Himmlische Sphären 191
Himmlische Existenz 45
Himmlischer Bereich 173
Himmlisches Ohr 31
hīna 141, 161, 191
Hīnayāna 39, 52, 71, 92, 94, 97, 104, 115, 123, 133, 136, 142, 151, 156, 191, 199, 206, 229, 263, 268, 285, 328, 409-410, 412, 432, 451, 467, 486, 495, 535
Hīnayāna-Sekten 248
Hīnayānische Pūjā 192
Hīnayānische Schulen 207
Hinduismus 33, 35-36, 48, 64, 69, 84-85, 152, 187, 194, 206, 226, 234, 263, 325, 331, 345, 361, 368, 375, 394-395, 464, 490, 496-497, 515, 521, 523
Hinduistische Yoga-Tradition 33
Hinduistische Gegenbewegung 236
Hindukusch 65, 415, 483
Hindus 65, 71, 204, 224, 346
Hingabe an Gott 71, 319
Hingeburt 40, 219, 328, 379, 440
Hinsaka 48
Hinterindien 76, 399, 464, 502
Hinwendung 492
Hisamatsu, Shinichi 195
Historiographie 78, 259, 455, 469
Historiographie, lamaistische 195
Hito no Michi Kyodan 362
Ho 268
Ho Chi Minh 503
Ho Yen 330

Ho-tse Shen-hui 419
Hochmut 211
Hochsitz- (bzw. Plattform-)Sutra 200, 528
Hochwürden Vogelnest 319
Hochzeit 147
Hockmeditation 267 ↗Meditation
Hodgson, Brian Houghton 98, 106
Hoffmann, Ernst Lothar 101, 184
Hoffmann, H. 109
Hoffnung 497
Hogen 169
Hogen Bun'eki 164
Hoher achtfacher Pfad ↗achtfacher Pfad
Holländer 434
Hon-gan 457
Hōnen 142, 218
Hōnen Shōnin 42, 196, 213, 219-220, 422
Honganji 219
Hongkong 450
Honjoji-ha 335
Honpa Honganji 219
Hormizd I. 294
Hossen 313
Hossō 161, 213
Hossō-Schule 328
Hossō-shū 197, 253, 524
Hotar-Priester 496
Hou-Han-shu 166
Hoza 382
Hozo 441
Höhlen 456, 462, 525
Höhlenheiligtümer 415, 533
Höhlenklöster 65, 531 ↗Klöster
Höhlentempel 249, 273, 460, 525 ↗Tempel
Hölle 130, 174, 191, 196, 226, 234, 251, 328, 396, 456, 473, 513, 521
Höllenwesen 441
Hören 327, 414
Hörer 358, 432
Hrih 298
hrim 43
Hsi-hsien Ch'eng-shih 198
Hsi-wang-mu 455
Hsiang-yen Chih-hsien 252
Hsiao 243
Hsien-hsüeh 330
Hsien-jen 455
Hsien-shou 199
Hsin-hsing 197, 399
Hsing-hua Ts'ung-chiang 267
Hsing-shan 243
Hsiu-hsin yao-lun 201
Hsü Kao-seng-chuan 455
Hsü tsang-chin 404
Hsüan-chao 197
Hsüan-hsüeh 330
Hsüan-tsang 118, 123, 161, 164, 197, 204, 233, 236, 244, 251, 327, 364, 392, 505-506, 524, 533
Hsüeh-feng 463, 526
Hsüeh-feng I-ts'un 198
Hsüeh-tou 526
Hsüeh-tou Ch'ung-hsien 198
Hua-hu 455
Hua-hu-ching 455
Hua-shan 188
Hua-yen 64, 114-115, 118, 123, 187, 199, 248, 336, 479, 525
Hua-yen-Bodhisattva 115
Hua-yen-ching 94, 115, 472
Hua-yen-Lehre 164
Hua-yen-Schule 94, 115-116, 162-164, 238, 472
Huan-lung Hui-nan 198
Huan-yen 479
Huang-lao 117, 456
Huang-lung 198, 420
Huang-po 199, 267, 316, 352
Huang-po Hsi-yün 199
Huang-ti p'u-sa 44, 117, 199, 456, 525
Huayan-Schule 328
Hui-chao 455
Hui-chiao 200, 417
Hui-jih Tz'u-min 482
Hui-k'ai 419
Hui-k'o 200
Hui-kuan 336, 457
Hui-kuo 308, 420
Hui-neng 113, 200-201, 288, 300, 352, 362, 419-420, 439, 528-529
Hui-ssu 472
Hui-teng 417
Hui-tsung 456
Hui-wen 472

Hui-yüan 94, 117, 120, 200, 242, 336, 418, 453, 457
hūṃ 37, 298
Humphreys, Ch. 99
Hung-chih 449
Hung-chih Cheng-chüeh 201
Hung-jen 113, 201, 419, 454
Hung-ming-chi 315, 417
Hungerleider, F. 101
Hungertod 211
hungrige Geister 177
Hunnen 353
Hunneneinfall 236
Husserl, E. 158, 254
Hyakujo Ekai 52, 352
Hymnus 436

I 247
I-ching 203-204
I-fu 419
I-hsing 115, 203
I-shing 519
I-tsing 203
I-tzu-kuan 526
Ich 217, 219, 264, 305, 375, 415, 497
Ich-Anschauung 141
Ich-Dünkel 240
Ich-Gedanken 473
Ich-Verhaftung 41, 217, 458
Ich-Wahn 363, 474
Ichglaube 398
Iddhi 31, 203, 518
Ideal 512
Idealismus 407, 410, 524
Identität 442, 461, 477
Identität, nationale 283, 426, 432
Identitätsverlust 529
Ideologie 203, 214
Ideologiekritik 203
Igyo 169
Ikeda Daisaku 428
Ikkoshu 218
Ikonographie 42, 139, 204, 316, 368, 384
ikonographisch 34, 251, 387
ikonographische Darstellung 463, 487, 521
ikonographischen Attribute 61, 350
ikonographische Darstellungsweise 476
ikonographische Erscheinung 522
Ikonoklasmus 528
Illinois, USA 446
Illusion 513
Imagination 384
Immanenz 95, 305
Independent Churches 206
Indien 35-36, 41, 53-54, 57, 59, 65-66, 74, 79, 89, 95, 101, 104, 109, 113, 126, 130, 133, 153, 162, 184, 191, 194, 197, 203-204, 206, 211-212, 224-225, 236, 241, 244, 255, 266, 269, 271, 277, 285, 294, 300-301, 305-306, 310, 318-319, 327, 331-332, 337, 356-357, 360, 364, 374, 381, 392, 400-401, 413, 415, 425-426, 432, 437, 445, 462, 464, 469-470, 473, 482, 492, 502, 530-531, 533
Indien-Pilger 161
Indienreise 300
Indigene Kirchen 206
indische Religionen 194
Individuum 157, 243, 418, 525
Indochina 261, 351, 503
Indochina-Krieg 503-504
indogermanische Sprachgruppe 400
Indologie 106
Indonesien 84, 206, 271, 428, 438
Indra 305, 490, 496
indriya 37, 65, 207, 427
Indus 112, 194, 224, 301
Industal 194
Industal-Kultur 523
Ingen Ryuki 345
Initiation 125, 208, 223-224, 258, 270, 293, 298, 300, 374, 384, 387, 450, 452, 493
Inka 362
Inkarnation 115, 199
Inkarnation von Lao-tzu 456
Inkarnationslinie 314
Innerasien 530
Innere Schau 302
Inschriften 194, 399, 415
International Buddhist Young Men's Association 104
Interpretation 466
Interreligiöse Beziehungen 208

Interreligiöse Organisationen 208
Interreligiöse Toleranz 209
Ippen-Shōnin 217
Irak 294
Iran 294
Irrational 210
Irrawaddy 76
Irrawady-Ebene 351
Irrtum 395
Iśa 485
Isan Reiyu 251
Ise 424
Isidor von Charax 105
Isipatana 188, 494
Islam 35, 98, 106, 152-153, 167, 180, 206, 236, 249, 255, 345, 352, 365, 380, 474, 532
Islamabad 352
Islamisierung 353
Isolation der Religion 388
Isolierung 395
Israeliten 102
Istadevata 522
Iśvarakrṣna 394
Iśvara 485
Itivuttaka 48, 131, 210, 238, 408, 416
Ito Shinjo 421
Izu 334

Jabala 485
Jacobi, H. 107
Jaffna 434
Jäger 33, 422
Jahreseinteilung 59
Jaina-Kloster 29
Jaina-Mönch 112
Jainas 204, 211, 218
Jainismus 29, 87, 153, 211, 217, 284, 301, 308, 369, 431, 514
Jaku 459
Jakuen 429
`jam dpal 297
Jambolana, Eugenia 212
Jambu-Baum 212
Jambudīpa 212
Jambudvīpa 212, 441
Jammu und Kaschmir 255
Jampäl Gyatsho 126
`jams dbyaṅs 297
Jangchub Ö 140
Jap. Kaiserhaus 423-424
Jap.-neubuddh. Laiengemeinschaft Soka Gakkai 102
Japan 36, 42, 52, 97, 99, 104, 109, 121, 142, 144, 147-148, 154, 163, 167-168, 170, 179, 190, 196-197, 199, 212, 219-220, 238, 245, 251, 268, 271, 276, 286, 307-308, 318-319, 328-330, 334-335, 337, 345, 351, 363, 365, 374, 379, 381, 383, 388, 400, 404, 406, 418, 420-423, 425, 428, 435, 446, 449-450, 460-461, 463, 466, 472, 479, 486, 492, 524, 526, 528
Japan-Mission 121
jarā-maraṇa 215, 372
Jaspers, K. 158
Jātaka 48, 63, 82, 72, 98, 108, 112, 147, 215-216, 238, 283, 399, 408, 456
Jātakamālā 216
jāti 215, 237, 372
Java/Indonesien 84, 206-207, 406, 438, 460
Jayasthiti Mallas 361
Jayatilleke, Kulatissa A. D. K. Nanda 216, 309
Jebtsündampa 314-315
Jen 243
Jenseits 188, 217, 473
Jesuiten 123
Jesus 181, 294
Jetavana-Kloster 433
jhāna 73, 113, 150, 182, 217, 302
Ji 218
Ji-Schule, Ji-shu 217
Jigme Sengge Wangchuk 75
Jina 211, 217
Jinas, fünf 170
Jinarakkhita Thera 207
Jinismus ↗Jainismus 35, 263
Jinisten 346
Jinshu 419
Jiriki 144, 217, 219, 457
jīva 211, 218, 415
Jizo 251, 473
jñāna 125, 218, 359
jñānagarbha 404
Jñanaprasthana 406
Jobo 140, 218, 221, 378

Jobo-Statuen 469
Jōdo 119, 334, 440
Jōdo Shin Shū 42, 119, 144, 154, 175, 214, 217-218, 220, 328, 379, 381, 422, 457
Jōdo-kyō 144
Jōdo-Shin-Familie 195, 339
Jōdo-Shin-Gemeinde 102
Jōdo-Shū 42, 119, 144, 154, 175, 196, 214, 218, 220
Johannes Damascenus 221
Jojitsu 115, 213
Jojitsu-Schule 220, 328
Jokhang 218, 220, 266, 297, 312, 469
Josaphat 221
Joshu Jushin 114
Jrimbhikagrama 284
Ju-ching 142
Ju-lai ti-wang 199
Judentum 152, 167, 180-181, 345
Jugendgruppen 310
Jung Bahadur 331
Jünger 54-55, 151, 169, 221, 241, 432
Jungmönch 484
Juwel der Weisheit 126
Juwel/Juwelen 111, 378, 534
Juwelenkette von Ratschlägen für einen König 483

K'ai-pao 404
K'ai-yüan 404
K'uai-chi 116-117, 200
K'uei-chi 161-162, 198, 251, 524
K'un-lun-Berge 455
K'ung 400
Kabuki 466
Kabul 112
Kadam Sarma 177
Kadampa 177, 223, 270, 470
Kadampa-Lehrauslegung 81
Kadampa-Schule 140
Kadampa-Tradition 223
Kagyüpa 34, 113, 124, 145, 173, 223, 258, 385, 397, 414, 470-471, 491
Kagyüpa-Schule 78, 145, 173, 234-235, 277, 300, 305, 318, 343, 347, 463, 472
Kagyüpa-Zentren 101
Kailaś 291, 397
Kailaśa 224
Kailash 224
Kakholma 297
Kakunyo 219
Kakuṣhin 318
Kāḷigodhā 71
Kālacakra 34, 224
Kālacakra-Lehren 59, 127, 291, 392
Kālacakra-Tantra- u. Mañjuśrinama-saṃgīti-Tradition 297
Kalacakrayāna 492
Kālāma-Sutta 62
Kālāmer 143
Kalenderrechnung 59
Kalī 418
Kalindi 65
Kalinga/Indien 50, 57
Kalpa 514
Kalpanālaṃkritikā 443
Kalu Rimpoché 101
Kalzang, Lama Ngawang 54
kāma 175, 225, 414
kāma-rūpa 138
kāma-guṇa 414
Kama-Lehren 146, 225, 344
kāma-loka 182, 225, 374, 414, 477, 513
kāma-taṇhā 502
kāma-tṛṣṇā 502
kāmadhātu 129
Kamakura 334, 381, 445
Kamakura-Zeit 142, 213, 319, 334
Kamalaśīla 134, 225, 276, 404
Kambodscha 48, 89, 104, 226, 351, 353, 406, 460, 464, 467, 503
Kameng 191
Kami 423-424, 461
kamma 233
kamma-bhava 514
Kampf/Kämpfe 528
Kampfkünste 528
Kan-su 231
kammavaca 235
Kanada 478
Kanakamuni 139
Kanazawa 445
Kandy/Sri Lanka 50, 100, 104, 341, 434, 447
Kangchendzönga 426

Kaniṣka 130, 137, 204, 227, 235, 245, 401, 531
Kanjur 83, 227, 229, 314, 344, 450, 458
Kanmu 190
Kann-ying 242
Kannon/Kwannon 183, 229, 251
Kanon 30, 48, 58, 62, 79, 92, 95, 97, 131, 187, 192, 210, 227-228, 235, 237-239, 244, 262, 276, 278, 280-281, 283, 288-289, 306, 314, 317-318, 332, 351, 353-354, 360-361, 365, 374, 377, 394, 398, 401, 404, 406, 428, 443-444, 449-450, 456, 460, 463, 467, 477, 485, 507, 512, 518
kanonisches Schrifttum 227
kanonischer Rang 229
kanonische Texte 516
kanonische Werke 356
Kansu 402
Kant, I. 99
Kanton 359, 491
Kanzan Tokusei 187
Kao-seng 200
Kao-seng chuan 200
Kao-tsu 456
Kapilavastu 71, 89, 91, 232, 364-365, 377, 390, 438, 501
Kapilavatthu 232, 390
Kapitel 233
Kapleau, Ph. 101
kappa 233, 514
Kara Tape 531
Karakorum 415, 530
Karaṇḍavyūha 233
Karashar 532
Karatalaratna 73, 233
Karitative Einrichtungen 243
karma 37, 47, 59, 63, 86, 88, 96, 112, 123-124, 141, 145, 150, 153, 155, 164, 176, 188, 195, 211, 217-218, 233-235, 237, 253, 263-265, 269, 284, 291, 309, 328, 338, 363, 372, 375, 395-396, 406, 412, 430, 443, 485, 495, 499, 502, 512, 514-516
Karma bka` brgyud pa 234
Karma Kagyü 158
Karma pa 234
Karma pakśi 234
Karma Pakshi 234
Karma-Gesetz 150, 291
Karma-kagyü-Linie 101, 223
Karma-Kagyü-Schule 234
Karma-Kagyüpa 234
Karma-Kagyüpa-Schule 478
Karma-Lehre 253, 328, 372, 406, 456, 515
karma-mārga 152
karma-svātaka 235
Karmamaṇḍala 293
Karmapa 64, 223, 234, 426, 480
Karmasthana 235
karmavacana 235
Karmische Gestaltungen 372
Karmische Bindungen 167
Karmische Einflüsse 407
Karnataka 205, 211
Karnavali 224
karnā 87, 185, 243, 251, 286, 307, 410, 453, 519
Kaschmir 63, 94, 137, 140, 147, 166, 227, 235, 255, 280, 352, 406, 415
Kashgar 236, 531-532
Kasia 188
kasina-Übungen 303
Kāśmira-Vaibhāṣika 489
Kassapa 236
Kasteiung 211, 236, 240
Kaste/Kasten 40, 85-87, 179, 194, 237, 250, 434
Kastenbindung 434
Kastengeist 393
Kastenkritik 203, 365
Kastenlosigkeit 378
Kastensystem 179
Kāśyapa 139, 236
Kāśyapīas 231, 398
Kāśyapīya 237
Kāśyapīya-Schule 402
Kataku Jinne 419
Katechismus 346, 438
Kathā 485
Kathāvatthu 29, 238, 361, 406, 468
Kathāvatthuppakaraṇā 313
Kaṭhina 238
Kathmandu 82, 331, 361, 438, 447
Kathmandu-Tal 331
Katholiken 249

Katholizismus 152
Katsu 268
Katyayaniputra 406
Kausitaki 485
ķāya 124
Kāyabhedavibhaṇga-vyākhyā 73
kāyanupassanā 409
kṣitigarbha 473
Kegon 64, 199, 213
Kegon-Schule 238, 319, 328, 385, 474, 526
Kegon-Sūtra 169, 288
Kei 459
Keika 420
Keimsilben 37, 43-44, 293, 298, 452, 462, 489
Keizan Jokin 429
Keizan-Gasan-Linie 430
Kenkyo 461
Kern, H. 93, 107, 425
Ketzerfrage 313
Ketzer 245
Keuschheit 57, 177
Keuschheitsgebot 368
Keuschheitsgelübde 534
Khaḍga 61
Khädrub Gyatsho 126
Khädrub Je 178
kham 44
khaṇa 407
khandha 148, 264, 279, 299, 427
Khatvaṇga-Stab 492
Khmer 226, 464, 503
Khmer-Reich 48
Khoshoten-Fürst Gushri Khan 334
Khotan 238, 295, 389, 401, 481, 530-532
Khön Könchog Gyalpo 389-390
Khri srong lde b[r]tsan 473
Khro bo 183
Khubilai Khan 268, 314, 351, 362, 366, 390, 449, 455
Khuddaka-Nikāya 51, 95-96, 107, 112, 130-131, 210, 215, 230, 238-239, 278, 336-337, 355, 361, 363, 402, 416, 443-444, 467, 483, 506
Khuddaka-pāṭha 238-239, 305, 416
Kien-lung 314
Kierkegaard, S. 158
Kii 421
Kilesa 240
Kimbila 239
Kinder 163
Kitagiri 58
Kitaro Nishida 253, 446
Kiyosumi-Tempel 334
Klarblick 303
Kleśa 240
Kleidung 53, 312, 380
Klerikalisierung 240
Kleriker 534
Klerus 239, 256, 455
Kloṇ chen pa 270
Kloster 29, 35, 66, 69, 71, 79, 87, 99-100, 118, 120, 145-147, 154, 164, 166, 178, 181, 186, 188, 201, 207, 218, 227, 233-234, 247, 249, 255, 261-262, 284, 300, 307, 311, 314, 326, 331, 334, 351-353, 357, 364, 381, 384, 390, 393, 397, 404, 415, 417, 420, 422, 429, 425-426, 427, 430, 432-433, 445, 447, 449, 453-454, 456, 458, 460, 464-465, 470, 473, 478, 492, 499, 503-505, 512, 527, 531-533 ↗Felsenkloster, ↗Höhlenkloster, ↗lamaistische Klöster
Kloster zum weißen Pferd 352
Kloster „Island Hermitage“ 100
Kloster-Hain 495
Klosteranlage 69, 72, 226
Klosterburgen 146
Klostergemeinschaft 233, 454
Klostergründung in Europa 100, 342
Klosterländereien 453
Klosterordnung 454
Klosterregeln 352
Klosterschule 412
Klosterstadt 186, 351
Klostertradition 352
Klosteruniversitäten 66, 127, 173, 178, 180, 327, 403, 458
Klosterverbände 337
Klostervorsteher 393
Klosterwesen 399, 456
Knitter, P. 122
Knochenteile 380
Knox, R. 98
Ko-i 455

`khon dkon mchog rgyal po 389-390
Koṇ jo 469
Kōan 114, 169, 240, 313, 358, 382
Kōan-Sammlungen 114, 318
Kōan-Übung 527
Kobo-daishi 213, 240
Kośa 123
Koguryo 246
Koichi Tsujimura 254
Kokuchukai 335
Kolita 301
Koliya 380
Kollekten 242
kolonialer Einfluß 388
Kolonialherren 38, 434
Kolonialherrschaft 309, 434
Kolonialisierung 121, 459
Kolonialismus 332
Kolonialmacht 434
Kolonialregime 247
Kolonialstaaten 329
Kolonialzeit 261, 366, 434-435
Kolonien 307
Komei-to 271, 428
Kominato 334
Kommunisten 262, 450
Komonha 335
Kondañña 241
Konferenzen 104, 158
Konflikte 105, 399, 462
Konfuzianer 242
konfuzianische Vorstellungen 213
konfuzianischer Staat 242
Konfuzianismus 117-119, 123, 187, 200-201, 207, 213-214, 246, 419, 423, 450, 455, 503, 513
Konfuzianismus und Buddhismus 241
Konfuzius 243, 267, 330, 417
Kongobei-ji 213, 421
Kongresse, europ.-buddh. 158
Konkurrenzkampf 456
Kontinente 441
Konversion 345, 406, 534
Konzentration 176, 302-303, 391, 528
Konzept 412
Konzil 50, 132, 141, 227, 230, 235, 243, 263, 313, 355, 361, 378, 387, 400, 433, 496, 507
Konzil, II. Vatikanische 534
Konzil von bSam yas 225
Konzil von Kaschmir 227
Konzil von Pāṭaliputra 52, 280, 289, 495, 500
Konzil von Rājagṛha 236, 269, 355, 377, 438, 485
Konzil von Rangun 341-342
Konzil von Samye 470
Konzil von Vaiśālī 279-280, 467, 490
Kopenhagen 107, 231
Korb 193, 231, 281, 355, 365, 404
Korb der erklärten Lehre 365
Korb der Lehrreden 365, 444
Korb der Ordenszucht 365, 507
Korb der vertieften Lehre 355
Korea 42, 199, 212, 245, 286, 289, 314, 351, 446, 465, 472, 517, 528
Korea-Krieg 450
Koryo-Dynastie 246
Kosa-Schule 253
Kosala 232, 360, 389, 432, 490, 494, 501
Kosala Viḍūḍabha 365
Kosambī 38, 494
Kosen Soon 382
Kosmetika 487
kosmische Ordnung 64, 497
kosmische Erscheinungen 497
kosmische Phänomene 86
Kosmogramme 452
kosmographische Vorstellung 212
Kosmologie 36, 63, 85, 139, 182, 224-225, 385, 414, 497, 513-514, 519
kosmologische Vorstellung 83, 477, 514
kosmologische Prinzipien 447
kosmologische Regionen 175
kosmologisches Konzept 514
Kosmos 291, 346, 485
Kostbarkeiten, drei 131, 392, 477, 534
Kotschinchina 503
Kotsu 384
Koya 421, 334
Koya-san 213
Koyasan-Tempel 280
Kozen-gogoku-ron 148
Köppen, C.F. 106, 109

Körper 39, 148, 240, 250, 264, 298, 327, 339, 363, 380, 407, 476
Körperbetrachtung 303
Körperhaltungen 311, 409
Körperlichkeit 36, 299
Körperlichkeitswahrnehmung 304
Körperübungen 303
Körperwelt 385
Kraft der Zerstörung 418
Kräfte 427
Krakucchanda 139
Krankheit 39, 90, 114, 130, 163, 176, 215, 298, 487, 501-502, 521
Kranz von Jatakas 216
Kreis-Symbol 169
Kreuzvajra 44, 61 ↗vajra
Krieg 168, 213
Kriegeradel 237, 250, 431
Kriegsdienst 247
Kritik 182, 241-243, 317, 325-326
Kriyā-Tantra 250, 451
Kriyā-Tantra-Klasse 112
krodha 183
Kronzeremonie 234
kṣaṇa 407
Kṣaṇabhaṅgasiddhi 138
kṣānti 359
Kṣatriyas 174, 237, 250, 266, 292, 377
Kṣemendra 63
Kṣitigarbha 251
Kṣudragama 402
Kṣudraka-Āgama 230, 238
Kṣudraka-Piṭaka 230, 239
Kuan-ching-su 418
Kuan-mi-lu-shang-sheng-tpu-shuai-t'chien-ching 289
Kuan-shih-yin 251
Kuan-ting 472
Kuan-wu-liang-shou-fo-ching 120
Kuan-yin 42, 188, 251, 273, 473
Kuang-hung-ming-chi 455
Kuangtung 526
Kuča, Kucha 251, 253, 295, 530
Küchen 499
kuśala 253
Kuśinagara 89, 91, 188, 279, 292, 437-438
Kuei-feng Tsung-mi 479
Kuei-shan 352, 481
Kuei-shan Ling-yu 169, 251
Kuei-yang 251, 300
Kuei-yang-Haus 169
Kuei-yang-Schule 251
Kugel 437
Kühe 496
Kuhn, E. 353
Kui-ji 364
Kukai 116, 213, 240, 252, 308, 420
Kukkutika 369
Kult 165, 192, 213, 256, 361, 375, 384, 397, 497
Kultbauten 188
Kultfeiern 207
Kultgemeinde 460
Kultgemeinschaft 239
kultische Organisation 423
kultische Praxis 528
kultischer Vollzug 174, 375, 423
kultischer Zweck 459
kultkritische Einstellung 263, 346
Kultpersonal 460
Kultsprache 400
Kultur 117, 205, 249, 309, 332, 351, 388, 399, 459, 469, 475, 499, 502, 531, 533
Kultur- u. Kultzentrum 351
kulturelle Brücke 531
kulturelle Identität 426
kulturelle Räume 214
kulturelle Verflechtung 446
kulturelle Gestaltungskraft 504
kulturelles Leben 381
Kulturen 36, 54, 206
Kulturgüter 191
Kulturheroen 423
Kulturtradition 118
Kumārajīva 43, 94, 115, 117, 162, 166, 220, 235, 253, 269, 271, 273, 400, 417, 453, 457, 472, 506
Kumāralāta 410, 443
Kumbum, Kloster 270
Kun dga` rgyal mtshan 252
Kun tu bzan po 391
Kuṇḍagrama 284
Kundalini-Yoga 418
Kung-an 114, 201, 240, 449
Kung-an vom Nicht 449, 518
Kung-an-Methode 454, 518

Kung-an-Sammlung 201, 517
Kung-an-Sammlung „Pi-yen-lu“ 525
Kuno, H. 406
Künga Gyaltshen 252
Kunst 66, 72, 205, 300, 352, 399-400, 405, 526
Künste 249
Kunsthandwerk 259
Kunstschätze 331, 389, 459
Kuo Hsiang 330
Kuo-shih 491
Kuomintang-Regierung 449
Kurze Sammlung 402
kusala 253, 265, 396
Kuṣāṇa 401, 530
Kuṣāṇa-Dynastie 236
Kuṣāṇa-Herrschaft 531
Kuṣāṇa-König Kaniṣka 352
Kuṣāṇa-Könige 227
Kuṣāṇa-Reich 531
Kuṣāṇās 227
Kusha 123, 213
Kusha-Schule 253, 328
Kushan-Periode 527
Kusināra 89, 188, 279
Kuthodaw-Pagode 77, 245
Kuvera 136
Kyaikpun-Pagode 362
Kye rdo rje 190
Kyogyoshinsho 422
Kyokai 382
Kyopa Jigten Gönpo 145
Kyōto 104, 142, 190, 195, 197, 253, 339, 381, 422, 446
Kyōto-Schule 31, 121, 159, 195, 253, 339-340

La Vallée Poussin 162
Laṇkāvatāra-Sūtra 113-114, 260, 288
Ladakh 191, 205, 255, 381, 469, 527
Lahaul 191
Laie 38, 53, 65, 87, 134, 136, 147, 156, 163, 179, 183, 204, 211, 216, 238-239, 241, 256, 278, 285, 295, 309-310, 339, 357, 374, 381, 389, 392, 411, 417, 430, 435, 463, 468, 487, 506, 509
Laien-Praxis 379
Laienanhänger 57, 74, 90, 116, 124, 154, 392, 424, 440, 486, 489
Laienanhängerin 74, 167, 392, 486
Laienasketen 45, 52
Laienbewegung 118, 123, 335, 428, 517
Laienbuddhismus 506
Laienethik 52, 180, 486
Laiengemeinschaft 39, 110, 154, 382, 421, 428
Laienorganisation 77
Laienschaft 295, 312, 360
Laienstand 197, 286
Laienverbände 118
Laienvereinigungen 310
lakṣaṇa 257
Lalita Vistara 70-71, 92, 107, 136, 174, 257, 288, 302, 522
Lalitapura 361
Lam rim 260
Lama 126, 173, 234, 252, 257, 259-260, 268, 270, 300, 314, 328, 357-358, 364, 381, 387, 471, 476, 480, 493, 535
Lama-Opfer 258
Lamaismus 34, 54, 59, 61, 66, 68, 74-75, 80, 101, 109, 118, 135, 183, 185, 191, 227, 257-260, 266, 291-293, 311, 343, 358, 390, 397, 414, 426, 450-451, 469, 476, 480, 490-492, 499, 515, 521-522, 534
lamaistische Kultur 255, 457, 487
lamaistische Klöster 82, 228
lamaistische Schulrichtungen 184
lamaistische Theokratie 259, 334
lamaistische Vorstellungen 175
lamaistischer Heilsweg 257
Lamayuru 255
Lamdre-Lehren 260, 390
Lamotte, É. 89, 92, 108, 244, 256, 372
Lamrim Chenmo 177, 260, 271
Lamrim-Werke 260
Lamrin-Text 173
Landbesitz 154
Landschaftsmalerei 316
Landwirtschaft 453
Langdarma 255, 431, 470
Langlebigkeit 455, 487
Lanka Dharmaduta Society 307
Lao 464

Lao-tzu 330, 455-456
Laos 261, 353, 464, 467, 503
Laute 291, 303
Läuterung 262, 292, 329, 409
Läuterungsmittel 138
Le Than-tou 503
Le-Dynastie 503
Leben 61, 311, 408, 416, 431, 455, 493
Leben des Buddha 72, 91, 94, 117, 364, 377, 399, 458, 472 ↗Biographie des Buddha, ↗Buddha-Vita
Leben nach dem Tod 456
Lebensdauer 44
Lebenserwerb 33, 35, 52, 311
Lebensführung 33, 507
Lebensgeschichte des historischen Buddha 69, 96, 299, 432 ↗Biographie
Lebensgeschichten der Heiligen 224, 518 ↗Heilige
Lebensideal 57
Lebenskunst 363
Lebensordnungen 534
Lebensprinzip 218
Lebenssinn 157
Lebensunterhalt 241, 512
Lebenswandel 379
Lebensweise 498
Lebensziele 194
Lebewesen 180, 480, 483, 490, 492, 515, 521
Leere 183, 262, 407, 427, 441, 472, 515
Leerheit 124, 257, 260, 278, 302-303, 339, 368, 387, 441, 490, 492-493, 506, 517
Leerheits-Erlösung 506
Legende 51, 113, 117, 130, 133, 141, 150, 221, 306, 313, 369, 388, 420, 439, 455
Legendensammlung 506
Legitimation 262
Leh 255
Lehranstalten 449
Lehrauslegung 470
Lehraussage 143, 262, 501
Lehrbestand 400
Lehrdarlegungen 230
Lehre 30, 36, 54, 62, 132-133, 135, 161, 168, 182, 192-193, 229, 239, 264, 283, 285-286, 294, 317, 345, 358, 363, 367, 369, 372-375, 391, 397-398, 400, 406, 408, 411, 422, 428, 431, 437, 453, 455, 458, 473, 479, 485, 490, 495, 514, 516, 529 ↗Lehren
Lehre der plötzlichen Erleuchtung 200, 457 ↗Erleuchtung
Lehre des Buddha 30, 32, 36, 45, 49, 54-55, 58, 65, 85, 88, 94, 96, 98, 111, 130-132, 140, 143-144, 149, 153, 157, 161, 164, 180, 192, 209-210, 230, 256, 263, 283, 308, 315, 325, 332, 350, 360, 371, 384, 405, 410, 413, 417, 443, 447, 467, 486, 511, 516, 534
Lehre des „Reinen Landes" 116
Lehre, gute 97
Lehre u. Praxis 244
Lehre vom Nichtselbst 371
Lehre vom „dreifachen Leib" Buddhas 475
Lehre von der Allvergänglichkeit 442
Lehren 185, 209, 220, 225, 251, 261, 263, 369, 414, 417, 422, 433, 439, 462, 472, 474, 522
Lehren, esoterische 79, 99, 270, 275, 277, 308, 466
Lehren, mystische 223
Lehren des „Ruhigen Verweilens" 260
Lehrentscheid 229
Lehrer 32, 162, 180, 201, 221, 257, 276, 387, 391, 403, 411, 417-418, 420, 428, 430, 449, 453-454, 478, 484, 489, 491, 525, 535
Lehrer der Nation 161
Lehrer der Tätigkeit 37
Lehrer-Mönch 484
Lehrgegenstände 49
Lehrgespräche des Buddha 444
Lehrmeinungen 238, 264, 468
Lehrrede 48, 205, 305, 355, 391, 506
Lehrrede an die Kālāma 156, 229
Lehrrede des Mönchs Nāgasena 306
Lehrrede des Buddha vom „vergifteten Pfeil" 292

Lehrrede über das Große vollständige Verlöschen 278, 280
Lehrrede-Analyse 445
Lehrreden 92, 140, 265, 279, 290, 337, 360, 398, 408, 477, 501
Lehrschriften 334, 360
Lehrstandpunkte 468
Lehrsystem 224, 412, 450-451, 465
Lehrtext 176, 239, 248, 290, 394, 472, 497
Lehrtraditionen 78, 194
Lehrverkündigung 309
Lehrvorträge 444
Lehrzyklen 196
Leib 338, 405
Leib des Genusses 392
Leibfeindlichkeit 241
Leiblichkeit 427
Leichenacker 494
Leichenbetrachtung 241, 409
Leichenbrand 50, 232, 351, 380, 437
Leichengespenst 177, 364, 374
Leichenstätten 350
Leichenverbrennung 292
Leichnam 380, 439
Leidbeseitigung 37
Leiden 32, 50, 69, 72, 90, 111, 132, 148, 150, 152, 155, 159, 166, 192-193, 240-241, 263, 265, 328, 338, 394, 412, 478, 501, 508
Leidensaskese 58
Leidenschaft 51, 189, 225, 265, 303, 394, 493
Leidenscharakter 50
Leidensentstehung 502
Leidenserlöschen 502
Leidenswahrheit 153, 502
Leiderfahrung 39
Leidhaftigkeit 215, 257, 264
Leistung 431
Leitfaden 443
Leitfigur 436
Leng-chia shih-tz'u-chi 362
Leningrader Schule 108
Leptscha 426
Lernen 431
Leugner 269, 337
Leugnung 415
Leukippos 132, 407
Lévi, S. 108, 229, 353
Lha mo 266
Lha ram pa 180
Lha sa 266
Lha sa gtsug lag khaṅ 220
Lha tho tho ri 469
Lhachen Bhagan 255
Lhamo 136, 266, 353
Lharampa 180
Lhasa 140, 145, 173, 220-221, 234, 266, 366, 378, 397, 417, 419
Lhasa-Blockdruck 228
Li 247, 456
Liang-chieh 266
Liang-chih 243
Liang-Dynastie 117, 199, 456
Liang-Reich 359
Library of Tibetan Works and Archives 266
Licchavi 82, 266, 380, 437
Licchavi-Fürsten 331
Licchavi-Republik 266
Licht 67, 294
Lichtgesandter 294, 296
Lichtreich 296
Lichtsymbolik 43
Lichttheologie 296
Liebe 243, 267, 457
Lieder 230, 467
Liedersammlung 467
Lih 170
Likir 256
Lin-chi 114, 118, 165, 169, 198-199, 267-268, 300, 381, 420, 449, 479, 518, 522, 525
Lin-chi I-hsüan 169, 267
Lin-chi-Haus 169-170
Lin-chi-lu 165, 267, 420
Lin-chi-Schule 114, 148, 479, 522
Lin-chi/Ta-hui 449
Lingam 418
Lingkhor 266
Lingrepa 145
Lingshed 527
Literarische Tätigkeit 173
Literatur 80, 405
Literatur, kanonische 268
Lithang-Blockdruck 228
Liturgische Formen 55, 259

Liyangeulle 356
Lo-han 268
Lo-yang 81, 117, 120, 166, 273, 307, 352, 419, 439, 491, 532
lobha 67, 266, 268
Lobpreisungen 392
Lodrö Gyaltshen 268, 364
Logik 400
Logik des „soku-hi" 254
loka 225, 513
Lokalkulte 119
Lokapāla 305, 420
lokattara 269
lokayata 269, 337
Lokeśvara 139
lokottara 269
Lokottaravāda 269, 281, 403
Lokottaravāda-Schule 283
lokuttara 269
Lombok 207
London 106, 158, 216, 231
Long Chenpa 270, 343
Los Angeles/USA 105
Losang Chöki Nyima 357
Losang Chöky Gyältshen 357
Losang Dragpa 270
Losang Kälsang Gyatsho 126
Losang Pälden Chödag 357
Losang Pälden Yeshe 357
Losang Tänpä Nyima 357
Losang Tinlä Lhündrub 357
Losang Yeshe 357
Loslösung 87, 497
Lösung 338
Lotus 43, 61, 63, 349
Lotus-Bewegungen 271
Lotusblüte, Kleinod in der 346
Lotus-Gemeinschaften 428
Lotus-Sutra 36, 120, 136, 148, 176, 271, 286, 288, 319, 334-335, 350, 382, 428, 461, 486
Lotus-Tradition 379, 382
Lotusblume 350
Lotuspflanzen 447
Lotus-Sitz 55
Loubère, Simon de la 106
Lou-lan 531
Löwenkapitell 69, 405
Loyang 295
Lü 118, 2, 273, 417
Lü Thai 464
Lü-Schule 203, 352, 439, 455
Lu-shan 94, 164, 188, 199, 201, 454, 457
Lu-shon 188
Luä 208
Luang Prabang 261
Luang Suriyabongse 309
Lüders, H. 108, 230, 354
Lüeh-ch'u nien-sung-ching 491
Luft 212
Lüge 379
Lumbini 89, 188, 273, 331, 364, 437
Lun-yü 267
Lung-men 117, 273, 473
Lung-t'an Ch'ung-hsin 463
Lungtog Gyatsho 126
Lust 147, 299
Ly-Dynastie 503
Lyrik 135

Ma gcig lab sgron 275
Ma-tsu 199, 268, 328, 481, 519
Ma-tsu Tao-i 114, 300
Macht 169, 189, 390, 435
Macht des Schicksals 164
Machtinteressen 57
Macig Labdrön 275
maddava 440
madhva 498
madhyama 444
madhyama pratipad 132, 275, 308
Madhyama-Āgama 231, 290, 402
Madhyamaka 80, 275
Madhyamaka-kārikā 73, 95, 275, 317, 373
Madhyamaka-Philosophie 259
Madhyamaka-ratna-pradīpa 73
Madhyamaka-Schule ↗Mādhyamika 225, 270
Madhyamakaśāstra 317, 400
Madhyamakalaṃkāra 404
Mādhyamika 199, 248, 275, 302, 337, 403, 416, 446, 524, 529
Mādhyamika-Philosophie 394, 519, 524

Mādhyamika-Schule 54, 73, 95, 112, 137, 201, 233, 253-254, 285, 289, 327-328, 358, 400, 404, 442, 523
Madhyantavibhāga 290
Magadha 75, 79, 112, 127, 267, 276, 301, 353, 361, 377, 437, 490
Māgadhī 230, 273, 276, 353
Māgadhī-Sprache 230
magganga 48
Maghadismen 230
Magie, magisch 31, 131, 174, 203-204, 218, 259, 288, 298, 305, 328, 360, 380, 425, 433, 439, 445, 452, 509
Magier 350, 470, 473, 484
Magier Padmasambhavā 522, 527
mahā 161
Mahā Bodhi Society 79, 104, 136, 188, 277, 416, 430, 466
Mahā Bodhi stūpa 460
Mahā Māyā 277
Mahā Thera 282, 411
Mahā-, Tantra-, Mantra- usw. yāna 97
Mahā-vagga 443
Mahābharata 394
mahābhūta 148
Mahābodhi-Gesellschaft 99, 105, 205, 277, 416, 438
Mahābodhi-Tempel 79, 150
Mahābodhi-Zentrum 416
Mahābodhiblätter 105, 416
mahādeva 245, 280
mahādevi 194
Mahākaccāyana 332, 363
Māhakāśyapa 45, 51, 222, 244, 355, 438
Mahākāla 64, 136, 183, 277
Mahākosala 360
mahāmaṇḍala 293
Mahamaudgalyāyana 301
Mahāmudrā-Lehren 223, 277, 281, 300
Mahāmuni-Pagode 78
Mahānāma 44, 278, 282
Mahanayaka-Thera 278, 408
Mahaniddesa 278, 336
Mahanikaya 464
Mahāpādāna-Suttanta 90
Mahāpajāpatī 280
Mahapajāpati Gotamī 90
mahaparinibbāna 279, 500
mahaparinibbāna 278
Mahāpariṇirvāṇa 77, 279, 338, 500
Mahāparinirvāṇa-sūtra 280, 288
Mahāpasangūha 378
Mahāprajapati 280, 439
Mahāprajapati Gautami 90, 341
Mahaprajñāpāramitā-sūtra 133, 197
Mahaprajñapāramitaśāstra 325
mahāprājñapāramitās 408
mahāpurisa 518
mahāpuruṣa 111, 518
Mahar-Kaste 40
mahārāja 255
Maharashtra 211
Mahāsaṇghika 81, 92, 193, 231, 244, 269-270, 279-280, 283, 285, 369, 402, 436
Mahāsaṇghika-Schule 40, 403, 475
Mahāsena 283
Mahāsiddha Maitripa 277
Mahāsiddha Virupa 260
mahāsiddhas 425
mahāsiddhas, vierundachtzig 281
Mahāsukha 278, 521
mahāsukhakāya 476
Mahāthera 245, 282, 312
Mahāvagga 233
Mahāvairocana 421
Mahāvairocanasūtra 282, 308, 439
Mahāvaṃsa 141, 282, 432
Mahāvastu 71, 92, 216, 281, 283, 302, 437
Mahāvibhāṣā 406
Mahāvibhāṣāśāstra 94
Mahāvihāra 284, 433
Mahāvihāra-Kloster 433
Mahāvīra 211-212, 284, 291
Mahāyāna 32, 38, 40-41, 47, 53, 66, 70-71, 73, 76, 81-82, 84, 87, 92, 94-97, 108, 124-125, 134, 138-139, 141, 151, 153, 156, 174, 183, 185, 191-193, 204, 206, 209, 216, 219, 225-226, 229, 251, 257, 261, 263-265, 268-269, 271-272, 275, 281-282, 284-285, 288-290, 295-297, 305, 308, 311, 319, 325, 328, 337-339, 341, 350-351, 359, 367-370, 373-

375, 384, 391-392, 396, 401, 403, 405-406, 408-410, 412, 416, 421-422, 427, 431-433, 437, 439, 442-443, 445, 451, 454, 464, 475, 477, 484, 486, 489, 494-495, 499, 503, 505-506, 511, 513, 515, 523, 528-529, 532, 535
Mahāyāna-Buddhismus 120, 147, 163, 167, 230, 302, 369, 374, 379, 430, 509
Mahāyāna-Länder 435
Mahāyāna-Philosophie 270, 492
Mahāyāna-Schulen 246, 264, 289, 365, 475
Mahāyāna-sūtralaṇkāra 287, 290
Mahāyāna-Sūtren 228, 285, 288, 369
Mahāyāna-Texte 281
Mahāyāna-Uttaratantra 378
Mahāyāna-Śraddhotpāda-Śāstra 287
Mahāyānasaṃgraha 56, 116, 359, 418
Mahāyānasūtralaṃkāra 287
Mahāyānauttaratantraśāstra 506
Mahāyānaviṃśaka 288
Mahayanaviṃśikā 325
Mahāyānische Philosophie 157
Mahāyānisches śūnyatā-Konzept 207
mahāyānische Tradition 177, 230
Mahendra 331
Mahīśāsaka 289
Mahīśāsakas 92, 231, 403, 508
Mahinda 284, 289, 307, 432
Mahlzeiten 164, 487
Maitreya 55, 77, 88, 96, 98, 117, 139, 273, 289-290, 294, 453, 458, 481, 512
Maitreya-saṃiti 289
Maitreya-Statue 453
Maitreya-vyākaraṇa 289
Maitreyanātha 55-56, 287, 290, 523
maitrī 87, 168, 184-185, 267, 290, 308, 485
majjhima 444
majjhima patipadā 132, 291, 308
Majjhima-Nikāya 231, 290, 337, 402
Makedonien 98, 307
Makiguchi Tsunesaburo 428
Makkali Gosāla 35, 164, 291
Makoto Kyodan 421
Makro-Mikrokosmos 127, 170, 183, 224, 291, 452
mala 292
Malaiische Halbinsel 206
Malalasekera, G. P. 517
Malerei 71, 249, 316, 384
Malla Putkasa 37
Malla-Herrscher 331
Malla-Reiche 361
Malla-Republik 292
Mallas 292
Mallas von Kuśinagara 380, 437
Mallas von Pāpā 437
Mallas von Pāvā 380
Maluṇkyaputta 292
Mamaki 378
Manadeva 82
maṇḍala/maṇḏalas 43, 84, 204, 292-293, 303, 378, 452, 489, 492-493, 523
Maṇḍala-Opfer 293
Man-t'o-lo 452
Mana 124, 128, 132, 146, 176
Manang 318
Mandalay 39, 77-78, 245, 293
Mandarava 350
Mandschu-Kaiser 178
Mandschurei 246
Manguste 61
Mani 98, 293-294
Mani kabum 296, 429, 462
Mani-Rad 175
Manichäische Schriften 106
Manichäer-Gemeinde 294-295
Manichäer-Verfolgung 294
Manichäismus 98, 152, 415
Manichäismus und Buddhismus 293
Manifestationen 338, 475
Manimekalai 230
Mañjuśrī 34, 70, 115, 183, 270, 297, 490, 514
Mañjuśrī-Centre London 158
Mañjuśrī-mūla-kalpa 297
Mañjuśrīnamasamgiti 297
Mañjughosa 252, 297, 390, 490
Mann 147, 166-167, 297
Mann u. Frau 251
Männlichkeit 284, 508
Manorathapurani 95
Mansehra 530
Mantel 475
mantra 131, 161, 175, 208, 288, 346, 452, 472, 493

mantra-Rezitation 421, 523
mantra-Schule 420
Mantrayāna 285, 297, 299, 492
Mao Tse-tung 449
Mappō 42, 197
Mar pa 300
Māra 90, 150, 299, 464
Marabutverehrung 380
Maralbaśi 389
maraṇa 299
maraṇa-sati 299, 303
Marcel, G. 158
Märchen 216
Marco Polo 98, 106, 366, 415
mārga 55, 300
marganga 48
Markgraf, Walter 128, 354
Marpa 223, 277, 300, 305, 328, 414
Marpori 366
Marx, Karl 203, 254
Marxismus 77, 309
Masao Abe 254
Maskariputra Goshāla 291
Maskentanz- u. Unterhaltungs-Theater 465
Materialismus 122, 269
Materialisten 337
Materie 296, 394
Mathurā 72, 300
Matsu 352
Mattigkeit 340
Maudgalyāyana 222, 301, 312, 399, 404-405
Mauerringe 437
Maurya-Dynastie 57, 111, 276, 301, 352-353, 399, 530
Maurya-Herrschaft 76, 530
Māyā 70, 72, 89, 93, 177, 193, 301, 310, 439, 497, 513
Māyā Gotamī 302
McGregor, A. B. 45, 99
Medien 346
Meditation 44, 53, 55-56, 60, 64, 68, 70, 73, 81, 85-87, 90, 113, 116-117, 127, 150, 152-153, 168, 182, 201, 203, 235, 240, 243, 263, 265, 267, 298, 300, 302, 306-307, 310-311, 313, 316, 319, 338, 359, 373, 382, 384-385, 392, 409-410, 413, 450, 452, 459, 472, 493, 505, 508, 517, 523-525, 527-528
Meditations- u. Askesetechniken 523
Meditations-Bodhisattvas 139
Meditations-Buddhas 139
Meditations-Sūtra 43
Meditationsarten 391
Meditationsbilder 303
Meditationsformen 309, 476
Meditationsgegenstand 338
Meditationsgeste 447
Meditationshaltung 55
Meditationshilfe 265, 384, 517
Meditationsmeister 94
Meditationsmethode 101, 391, 450, 523
Meditationsobjekt 235
Meditationspraktiken 169, 182, 189, 223, 259, 409, 413, 528
Meditationsstufen 385
Meditationstraditionen 169
Meditationszentren 478
Meditative Geisteshaltungen 408
Meditative Übungen 180, 267, 391, 409, 473
Meditative Versenkung 248
Meditierender 292
Medium von Nechung 346
mediumistisch-spiritistisch 421
Medizin 228, 240, 259, 511
Medizin- u. Astrologieschule 266
Medizin-Buddha 71, 304
medizinische Einrichtungen 57
Megasthenes 112
Meghavahana 236
Meiji Zeit 220
Meiji-Reform 214
Meister 62, 114-115, 123, 169, 198, 221, 308, 313, 350, 381, 384, 453, 481, 490
Meister Ju-ching 429
Meister-Jünger-Verhältnis 221
Meister-Schüler-Dialoge 313
Meisterworte 48, 408
Mekong-Tal 226
Mekongfluß 261
Menander/Menandros 304, 306, 530
Mendikant 90, 311

Mensch/Menschen 46, 166, 263, 267, 294, 305, 310, 319, 357, 373, 388, 394, 397, 399, 414, 422, 441, 455, 484-485, 496-497, 499, 513, 515, 531
Menschen-Opfer 83
Menschenwelt 174, 217, 226, 234
Menschenwürde 217
Menschheit 468
Menschlichkeit 243
Menzius 243, 330
Merkmale, drei 50, 73, 91, 144, 148, 218, 257, 263, 501
Merkmallosigkeit 47, 339, 427
Mero 415
Merton, T. 529
Meru 212, 304, 441
Meßrute 229
Metallarbeiten 249
Metaphysik 117, 158, 184, 305, 330, 410, 412-413, 461
Metempsychose 305
Methode 368, 486, 493
Metrik 496
mettā 87, 168, 184-185, 267, 305, 308, 327
Mettā-Sutta 305
Metteyya 289, 305
Metzgerei, 52
Mi-le-fo 117, 512
Mi-tsung 308, 439, 452, 490
Michiao 115
Mihirakula 459
Mikiguchi 428
Mikkyo 115, 461
Mikyö Dorje 235
Milarepa 173, 223, 300, 305, 384
Mildtätigkeit 268
Mile-ta-Ch'eng-fo-ching 289
Milinda 304, 306
Milinda-pañha 47, 57, 68, 109, 306, 313, 342, 468
Militarisierung 213
Militärregierung Ky 504
Minahasa 206
Minayeff 364
Mindon 77, 245
Ming 471
Ming-seng 200
Ming-ti 306
Ming-Zeit 123, 187, 273, 330, 479
Minobu-Berg 334-335
Miroku 307
Mißbräuche 453
Mißerfolg 455
Mission 121, 178, 214, 236, 307, 309, 382 ↗Christliche M.
Missionar 166, 276
Missionare 106, 117-118, 235, 289, 415
Missionare, indische 116
Missionare, katholische 415
Missionierung 431, 529
Mitfreude 87, 156, 168, 307, 430 ↗Freude
Mitgliederrekrutierungsaktionen 428
Mitgliederwerbung 421, 428
Mitgliedschaft 434, 454, 486
Mitleid 41-42, 57, 63, 82, 87, 156, 168, 216, 219-220, 243, 264, 286, 307, 330, 367, 422, 430
Mitleids-Gedanke 82
Mitra 496
Mitte 472
Mittel 453
mittelindoarische Sprache 173-174, 353, 369, 401
Mitteljapan 190 ↗Japan
Mitteljava 206 ↗Java
Mittlere Lehre 275
Mittlerer Pfad 237, 308
Mittlerer Weg 154, 275
Mkhas grub rje 178
Mo-fa 117
Moderne 179, 382, 388, 408, 430
Modernismus 168, 216, 237, 309, 312, 332, 388, 434
Modernität des Buddh. 210 ↗Modernismus
Moggalaputta 245
Moggaliputta Tissa 312, 361
Moggallāna 236, 301, 405
moha 313, 484
Mohenjo Daro 194
Mohattivatte Gunananda Thera 356
Mokkei 316
mokkha 187
mokṣa 187-188

Mokusa 315
Mon 255, 464
Monats Vesakha 151
Mond 291
Mondo 240, 313
Mone 527
Mongkut 313, 464
Mongolei/Mongolen 70, 178, 259, 313-314, 366, 427, 449, 518, 531
Mongoleneinfall 246, 351, 362
Mongolenzeit 295
mongolische Sprache 228
Monismus 32, 421
Monju 514
Monotheistische Religionen 180-181
Montoshu 218
Moral 57, 167, 189
moralische Belehrung 216
moralische Einwände 242
moralische Fragen 210
moralischer Imperativ 412
Moralität 36
Moralsysteme 167, 516
Mord 359
Morgenröte 496
Moslem-Gemeinschaften 434
Mou-tzu 315
Mount Everest 190
Mount Godwin Austin K2 190
Moxa 315
Mönch/Mönche 32, 35, 38, 44-45, 50-53, 65, 71-74, 76-77, 79, 85, 90, 100, 112, 116-117, 123, 128, 134-135, 138, 146-147, 154-155, 161, 163-167, 173, 177, 179, 197, 200, 203, 206, 211, 222, 225, 227, 229, 233, 235, 238, 241-243, 246-247, 249, 251-252, 256-257, 262-263, 273, 278, 282, 284, 292-293, 298, 300-301, 306, 308, 310-314, 316, 319, 341-342, 349, 356-357, 360, 364-365, 366, 370, 374, 378-379, 381, 383, 385, 388-389, 392-393, 408, 411, 430-431, 433, 435, 437-439, 424, 445, 448-449, 453-454, 456, 458, 460, 464-465, 467-468, 470, 472, 479-480, 485-486, 489, 491, 494-495, 498, 500, 504-506, 507, 513, 518, 531-534
Mönch, christlicher 100, 177
Mönch der Ōbaku-Zen-Schule 463
Mönche u. Laien 76
mönchische Observanz 508
Mönchs- u. Laienethik 35, 515
Mönchs- u. Nonnengemeinschaft 370, 534
Mönchs- u. Nonnengewand 475
Mönchs- u. Nonnenorden 204
Mönchsbeamter 417
Mönchsbiographien „Ming-seng chuan“ 417
Mönchsdisziplin 52
Mönchsgelübde 258
Mönchsgemeinde 58, 129
Mönchsgemeinschaft 179, 393
Mönchsgesetze 34
Mönchsgewand 218, 238, 349, 394, 432, 487
Mönchsgremium 76
Mönchsgruppe 438
Mönchskapitel 58, 233, 341, 392
Mönchskarriere 431, 486
Mönchsleben 56, 142, 268, 349, 433, 486
Mönchsname Chogen 362
Mönchsorden 298, 310, 433, 486
Mönchsordination 177, 315, 383, 481
Mönchsregeln 32, 167, 311, 341, 399, 444
Mönchsreligion 156, 310, 388, 468, 509
Mönchsstaat 240
Mönchsversammlung 51, 355, 486, 507
Mönchswohnungen 505
Mönchtum 52, 178, 227, 239, 241, 304, 310, 464, 491, 513, 534
Mönlam-Fest 271, 312
Mönthang 318
Mouhot, Henry 48
Mranma 76
Mu-ch'i 316
Mu-chou 526
Mu-chou Ch'en Tsun-su 316
Much, Hans 315
muditā 87, 307, 316
mudrā 184, 293, 303, 316, 368, 447, 452, 490, 493
Muhammad Ghori 405

Mūlamadhyamakakārikā 112, 275, 317, 325, 400, 511
Mūlamadhyamakavṛtti 95
Mūlasarvāstivāda 92, 94, 142, 231, 244, 317, 403, 508, 533
Mūlasarvāstivāda-Schule 63
Müller, Wilhelm 103
Mumon Ekai 517
Mumonkan 318, 517
Mun-Sekte 249
Muromachi-Zeit 381
Muslime 65, 69, 76, 79, 102, 204, 226, 532
muslimische Eroberer 236
muslimische Minderheiten 261
Mustang 109, 191, 318, 332
Mutter des Buddha 70
Mutter des Rāhula 377
Mutter des Westens 455
Mutterschoß 251
Mutter-Tantra 190
Myoan Eisai 381
Myoe-Shonin 319
Myohorengekyo 319
Myoko, N. 382
Myomanji-ha 335
Mystik 121, 254, 319
Mystik, christliche 340
Mystik, islamische 207
Mystikerinnen 275
mystische Strömungen 319
mystische Vereinigung 521
Mythen 213
mythisches Wesen 521
Mythologie 64, 196, 213, 301, 325, 390, 469
mythologische Gestalt 299
mythologische Vorstellungen 309
mythologisches Königreich 392

N-China 117, 136, 449-450 ↗China
N-Chou 197, 513
N-Indien 134, 236, 285 ↗Indien
nādī 127, 418
Naṅ rgyud 451
Nach-Existenz 88
Nachfolge 151, 530
Nachfolgeregelung 91
Nachtodliches Leben 497
Nachtodwelt 66
Nadir 492
nāga 325, 369
Nāgārjuna 32, 54, 73, 112, 134, 219, 259, 275, 285, 288, 317, 325, 327, 369, 373, 400, 408, 442, 483, 511, 534
Nāgārjuna-Schule 370, 446
Nāgārjunakonda 205, 326
Nāgasena 306, 313
Nāgasena-bhikśū-sūtra 306
Nagpur 40
Nahrung 38, 53, 154, 163, 312, 360
Nairañjanā 150
Nakano/Tokyo 382
Nālāgiri 327
Nālāndā 127, 134, 161, 197, 203, 205, 308, 327-328, 364, 403-404, 412, 505, 524
nāma 327
nāma-rūpa 327, 363, 372, 415
nāman 327
Namen 40, 492
Namensanrufung 526
Namgyal-Dynastie 255
Namgyal-stūpas 487
Namo Amitābhaya Buddhaya 328
Namu-Amida-butsu 40, 328
Nan-ch'üan 114, 328, 352, 481
Nan-ch'üan P'u-yüan 328
Nan-ch'üan yü-lu 328
Nan-hai chi-kuei nei-fa-chuan 203
Nan-Han 526
Nan-shan 273
Nan-yüan Hui-jang 300
Nan-yüan Hui-yung 165
Nanda 280, 439
Nanda-Dynastie 111
Nanking/China 454
Nansen Fugan 328
Nara 213, 328, 474
Nara-Zeit 383, 461, 508
naraka 328
Naropa 223, 300, 328, 414, 472
Naropa-Institut 478
Narthang 228
Narthang-Blockdruck 228
Nasana 359
Nastikas 269, 337
Nat 329

National- u. Naturgötter 329
Nationalchina/Taiwan 105
nationale buddh. Gemeinschaften in Europa 158
nationale Identität 283, 426, 432
Nationalismus 242, 329, 425, 428
Natur 242, 330, 395, 414, 493
Naturgottheiten 64, 78, 329, 423, 496
Naturreligion 83, 213
Naturvergottung 423
Naupur 531, 533
Ne Win 77
Nechung 346
Negation 58, 139, 170
Nembutsu 42, 197, 220, 329-330, 381, 385, 440-441, 450
Nembutsu-Sekte 330
Neo-Kantianismus 339
Neobuddh. Gemeinschaft „Shinnyoen“ 417
Neokonfuzianer 243, 249, 479
Neokonfuzianische Philosophen 118
Neokonfuzianismus 118, 243, 246-247, 330
Neotaoismus 117, 201, 330, 416
Nepal 82, 104, 106, 191, 204, 230, 318, 331, 361, 425, 447, 469, 491, 522
Nerañjarā 150
Neru 304
Nestorianer 415
nestorianisches Christentum 295
Nettipakarana 231, 332, 402
Neubekehrung 470
Neubuddh. Gemeinde 100
Neubuddhismus 125, 332
neubuddhistische Zeitschrift 333
Neumann, Karl Eugen 107, 333, 444
Neumond 370
New York 78, 99, 345, 426, 446, 466
New-Age-Bewegung 466
Newar 331, 491
Newari-Lit. 230
Ngagrim Chenmo 271
Ngawang Losang Gyatsho 126, 178, 333
Ngawang Namgyal,Lama Zhabdrung 74
Ngo Dinh Diem 503-504
Ngorpa 390
Ni-yüan-ching 336
nibbāna 334, 338
Nichiju 335
Nichiren 142, 214, 271, 319, 334-335, 379, 382, 422, 428
Nichiren-Schule 214, 286, 334-335, 379, 382, 428
Nichiren-Tradition 271, 428
Nicht 114
Nicht-Denken 301
Nicht-Dualität 458, 525
Nicht-Handeln 146, 455
Nicht-Ich-Lehre 336
Nicht-Sein 275, 442
Nicht-Selbst 46, 193, 257, 396
Nicht-Zweiheit 506
Nichtsheit 304
Nichtwiederkehrer 45
Nichtwissen 150-151, 153, 313, 397-398, 484, 516
nidāna 372
Nidāna-syṃyutta 398
Nidānakathā 37, 92, 302, 336
Niddesa 238, 278, 336, 361
Niedergang 370
Niedergang des Buddh. 492, 503
Niederlande 158
Niederwerfung vor dem Lehrer 432
Nieh-p'an 118, 336
Nieh-p'an-ching 336
Nieh-p'an-Schule 457
Nien-ku pai-tse 201
Nienfo 450
Nigāṇṭha Nātaputta 284
Nihilismus 32, 73, 122, 141, 254, 275, 337, 339-340
Nikāya 29, 34, 278, 337, 354-355, 379, 402, 444, 447
Nikāya-Zweig 278
Nikko 335, 424
Nimbarkas 498
Nimbus 251
Ninsho 337, 383
niraya 328
nirmāṇakāya 67, 338, 475-476, 480
nirodha 70, 152, 338
nirodhānupassanā 338
nirvāṇa 32, 40, 45, 52, 60, 73, 89, 137-138, 143, 150-153, 157, 161, 181-182,

188, 192, 217, 219, 248, 256-257, 260, 262, 264-265, 270, 279, 284, 286, 302-303, 320, 337-338, 367, 379, 395-396, 405, 411, 413-415, 440, 442-443, 448, 455, 468, 473, 484, 501-502, 513-516, 519
nirvāṇa asamkṛta 397
Nirvāṇa-Schule 336, 339
Nirvāṇa-Zustand 88
Nishida, Kitaro 339-340
Nishitani, Keiji 254, 340
Nisshin-monryu 335
Niu-t'ou 162
ṇīvaraṇa 37, 68, 303, 340
Niwano Nichiko 382
Niwano Nikkyo 382
Niwano Shikazo 382
No 466
NO-Indien 266, 292, 389 ↗Indien
Nonnen 74, 85, 90, 147, 166-167, 256, 273, 284, 298, 300, 311, 341, 349, 370, 392, 406, 411, 422, 433, 445, 448, 467, 486, 498, 500, 505, 507, 534
Nonnenorden 45, 87, 163, 166-167, 212, 263, 280, 341, 392, 433, 468, 490
Nonnenordination 315
Nonnenweihe 341
Nord-Schule 419, 440
Nord-Wei 199, 453
Nord-Wei-Dynastie 273, 456, 525
Normengehorsam 167
Novize/Novizen 32, 53, 100, 163, 342, 349, 377, 392, 411, 431, 484, 486
Novizenweihe 349
Novizinnen 411
Nubri 332
Numen 69, 460
Nyānaponika Mahāthera 100, 109, 341
Nyānatiloka Mahāthera 100, 109, 127-128, 342, 411, 502
Nyar-ma 381
nyāya 127
Nyāyabindu 134, 138, 225
Nyayabinduṭikā 138
Nydahl, H. u. O. 101
Nyethang 140
Nyimagön 255
Nyingmä Dschübum 344
Nyingmapa 34, 43, 51, 66, 83, 101, 113, 146, 225, 258, 270, 299, 343, 350, 385, 391, 426, 463, 470
Nyingmapa-Lehren 270

O-mei-shan 188
O-mi-t'o Fo 346
Ōbaku 345
Ōbaku Kiun 199
Ōbaku-ban 463
Ōbaku-Zen 214, 345
Obergewand 475
Obermiller, E. 108
Objektwelt 407
`od gsal 414
Odiyan Meditation Center 458
Offenbarung 97, 161, 180, 186, 210, 345, 451, 496
Oh Vajra 190
Ohasama, D. 101
Okkultismus 466
Olcott, Henry Steel 78, 98-99, 104, 136, 345, 434, 466
Oldenberg, H. 107, 354
Oṃ 298, 3, 489
Oṃ mani padme hūṃ 233, 299, 346
Oṃ-Verehrungsformel 142
Opfer 38, 83, 153, 165, 346, 374, 465
Opferfeste 499
Opferhandlungen 460
Opferkult 87, 194, 209, 491
Opfermahl 496
Opfermesser 61
Opferpraktiken 515
Opferritual 496
Opferspekulationen 496
Opferspenden 165
Opferung 69, 293
Opferzeremonie 146
Orakelpriester 346, 480
Orden 55, 57, 68, 71, 87, 91, 96, 193, 201, 241-242, 249, 278, 289, 347, 362, 377, 392-393, 434, 438, 478, 494
Ordensähnliche Verbände 35
Ordenseintritt 87
Ordensgewand 138, 187, 311, 341
Ordensmitglieder 87, 211 ↗Mitgliedschaft
Ordensreform 65

Ordensregel 56, 68, 204, 279, 288, 311, 355, 436, 485, 507
Ordensstruktur 379
Ordenszucht 132, 177, 230, 370, 393, 468, 477, 485, 507
Ordenszugehörigkeit 467
Ordenszweig 29, 44, 337
Ordination 38, 99, 120, 235, 256, 282, 311, 315, 333-334, 342, 347, 392-393, 405, 424, 454, 467, 486
Ordinationsalter 393
Ordinationssukzession 64, 74, 207, 337, 341, 434
Ordinationstradition 278, 377, 434
Ordinierte 233, 256, 392
Origines 466
Orissa 57
Ort 505, 518
Orthodoxie 289, 330, 387
Oryo E'nan 198
Österreich 101-102, 158, 428
Österreichische Buddh. Religionsgesellschaft 102
Otani-Universität 219, 446
Otto, R. 210
Oxford 478
Oxus 415
Ozean-Lama 126

'Phags-pa 314
P'an-chiao 116-117, 187, 472
P'eng-ch'eng 117
P'ien 518
P'ing-jung-shan 201
P'u-fa 399
P'u-hsien 188
P'u-sa chieh-fa 454
P'u-t'i-liu-chih 81
P'u-t'o-shan 188
Paahms 465
pabbajjā 37, 53, 163, 176, 187, 311, 349, 360, 393, 432, 486, 500
paccaya 349
pāccekabuddha 151, 373
pācittiya 349
padhāniyaṅga 240
padma 61, 349
Padma `byuä gnas 350
Padmapāṇi 139, 350
Padmasambhava 64, 74, 113, 135, 186, 343, 350, 384, 398, 404, 462, 470, 473, 484, 522
Paekche 246
Pagan 76, 329, 351
Pagode 78, 249, 261, 331, 351, 362, 380, 405, 438, 460
Paharpur 66
Pai-chang 199, 251, 301, 454
Pai-chang ch'ing-kuei 352
Pai-chang Huai-hai 352
Pai-ma-ssu 352
Pajāpatī 280, 302
Pakistan 65, 173, 204, 255, 352, 415, 459, 483, 530-531
Pāla-Dynastie 66, 204, 369
Palden Lhamo 266, 353
Palden Thondup 426
Palgi Dorje 470
Pāli 229, 353, 369, 467
Pāli Text Society (PTS) 99, 106-107, 128, 231, 354, 356, 416
Pāli-Anthologie u. Wörterbuch 107, 342
Pāli-Buddh. 411
Pāli-English Dictionary 107
Pāli-Forschung 107
Pāli-Gesellschaft, dt. 46, 354, 416
Pāli-Kanon 29-30, 39, 41, 47, 49, 51, 60, 79, 84, 91-92, 95-96, 106-107, 125, 128, 130, 140, 165-166, 192, 210, 215, 222, 229, 238, 256, 278-279, 283-284, 289-290, 305-306, 317, 329, 333, 336-337, 342, 353-354, 356, 361, 365, 375, 398, 401-402, 411, 414, 443-444, 464, 467-468, 475, 483, 489, 506-507, 516, 521
Pāli-piṭaka 406
Pāli-Quellen 439, 500
Pāli-Scholastik 49
Pāli-Schriften 137, 483
Pāli-Texte 75, 91-92, 373
Pāli-Tradition 89, 501, 506
Pälkhor Chöde 350
Pämayagntse 426
Pan chen bla ma 357
Panḍita von Sakya 389
Panḍita-Lama 357
Panadura-vadaya 356

pañca gati 396
pañca upadanaskandhah 46, 70, 375, 396, 427, 497, 501
pañca-śīla 38, 52, 168, 356
Pañcatathāgatas 139
Panchayat 331
Panchen Lama 126, 178, 357, 420, 458, 480
Panjab 211, 306
paññā 65, 218, 302, 509
paññā-bhāvanā 73, 507
Pantheismus 357
Pantheon 61, 83, 128, 135, 181, 183, 204, 226, 314, 347, 358, 456, 493
Pantheon des Vajrayana 358
Pao-ch'ang 417
Pao-lin 336
Pao-yün 381
Pāpā 124, 292, 440
Papañcasudani 95
Paradies 120, 358, 392, 455, 522
Paradoxie 139, 313, 286, 358
Pārājika 359, 436, 534
Parakkama Bahu VI. 433
Parakkama-Bahu I. 433
paraṃ ita 359
paramārtha 123, 161, 244, 359, 419, 524
pāramitā 36, 38, 56, 69, 74, 80, 87, 260, 271, 359, 367, 374, 430
Paramitayāna 494
paranormale Erkenntnisse u. Fähigkeiten 523
paranormale Phänomene 335
Parśva 211
Pari 360
Paribbajaka 301, 349, 360, 512
parinirvana 299, 360
Parinirvāṇa-sutras 244
parisad 256
paritta 131, 360
parivrajaka 360, 512
Parsen 204
Parther 531
Paß ohne Tor 517
Pasenadi von Kosala 278, 360, 490, 500
Passivität 37
Pāṭaligāma 361
Pāṭaligrāma 377
Pāṭaliputra 57, 112, 244, 263, 276, 313, 361, 377
Patan 331, 361
Patañjali 523
pāṭhavī-dhātu 138, 148
paticcasamuppāda 50, 176, 264, 327, 349, 371, 501
paticcca 371
pātimokkha 349, 370, 487, 507
Pātimokkhaṭhapanakkhandaka 370
Patna 184, 284, 361
Patola-Shahi-Dynastie 531
Patriarch 81, 113-116, 120, 163, 200-201, 236, 381, 417-419, 450, 453-454, 479, 482, 526
Patriarchat 113, 118, 120, 162, 199-200, 219, 267, 362, 399, 419-420, 464, 528-529
Patriarchensukzession 421
patthāna 29, 362
patti-dāna 499
Paulinus a S. Bartholomaeo 98
Pāvā 124, 284, 292, 440
pāyantika 349
Pegu 362
Pei 453
Pei Liang 135
Peking 228, 357
Peking-Blockdruck 228
Pelliot, Paul 481
Pema Kathang 462
Penner-Fluß 301
Perfect Liberty Kyodan 362
Perioden, drei 399
Perlen 292
Persien 314, 531
Person 193, 262, 279, 327, 363, 367, 372, 375, 380, 389, 396
Person/Persönlichkeit 165, 327, 367, 372, 382, 409, 427, 495, 505, 511
Personenkult 222
Persönlichkeitsglauben 495
Peshawar 227, 352
Pessimismus 181
peta 177
Peṭakopadesa 363
Petavatthu 131, 238, 363
Peutingersche Welttafel 105

Pfad der Lehre bzw. der Wahrheit 130
Pfad zum Heil 181
Pfad zur Erlösung 374
Pfadvollender 458
Pfadweiser 192
Pflichten 194, 235, 243
Phadampa Sanggye 124, 275, 364, 534
Phadum 527
Phagpa Lama 268, 364, 390
Phallus 418
Phamo Drupa 145, 471
Phänomene 407, 492
phassa 364, 372
Phe 527
Phi-Kult 262
Philosophie 30, 254
Phra Viharan 226
Phugtal 527
Phyang 255
Pi-nai-yeh-lü 453
Pi-yen-lu 198, 449, 517
Pieper, H. 101
Pilger 79, 162, 188, 197, 203-204, 244, 364, 415
Pilgerschaft 533
Pilgerzentren 205
Pippalbaum (ficus religiosa) 79, 150
Piprahwa 438
Piprava 91, 232, 365
Pirit 360
piṭaka 230, 365, 404
pīti 440
PL-Kyodan 362, 365
Plastik 249
Plinius d. Ä. 105
Po ta la 366
Po-lun 400
Pol-Pot-Regime 226
Polarität, männlich – weibliche 292
Polgasduwa im Ratagama-See 342
Politik 57, 179, 201, 219, 240, 242, 365, 435, 499
Polygynie 147
polytheistische Religionen 181
Pongyi 366
Portugiesen 433-434
posadha 370, 393, 487
Posadhavastu 370
Potala 126, 266, 333, 366
pradakṣina 367
Präexistenzenlinien 480
Prajāpatī 302, 367, 439
prajñā 34, 36, 41, 44, 51, 58, 65, 70, 82, 139, 149, 185, 243, 251, 281, 286, 302-303, 316, 326, 359, 367-369, 378, 397, 413, 418, 443, 453, 487, 489-490, 494, 505, 512, 519, 521, 523
Prajñā-Lehre 463
Prajñā-pāramitā 70, 80, 182, 439, 484, 534
Prajñā-Sūtren 453
Prajñāpāramitā-Hridaya-Sūtra 190
Prajñāpāramitā-Lehren 259
Prajñāpāramitā-Lit. 228
Prajñāpāramitā-Sutren 58, 113, 139, 190, 254, 288, 302, 358, 367-368, 391, 442, 454, 489
prajñāptivāda 281, 369
Prakrit 173-174, 369, 394, 401
Praktiken 452, 493
Pramāṇasamuccaya 134, 149
Pramāṇaviniścaya 134
prāṇayāma 60
Prang 460
praṇidhāna 41, 80, 82, 359, 370, 440-441
praṇidhi 370
prasaṇga 370
Prasaṇgika-Madhyamaka-Tradition 178
Prasaṇgika-Schule 95, 112, 275, 370
Prasannapadā 112
Prasenajit 360, 490
prātimokṣa 68, 95, 281, 341, 370, 393, 406, 436, 445, 487, 500, 505, 507-508
Prātimokṣa-sūtra 406
pratītyasamutpāda 39, 50, 70, 72, 87, 91, 145, 176, 215, 299, 326-327, 349, 364, 371, 384, 396-397, 483, 497, 501, 505, 515
Pratityasamutpādaḥridayakārikā 325
pratyekabuddha 81, 88, 151, 272, 358, 373, 397, 478
pratyekabuddhayāna 272
pravrajyā 187, 349, 432

Praxis 360, 371, 385, 387, 397, 412, 421, 429, 439, 445, 458-459, 461, 479, 493, 499-500, 517, 527-529, 534
Praxis, esoterische 461
Predigt 88, 149, 174, 373, 430
Predigt von Benares 58, 69, 71, 90, 91, 132, 133, 188, 241, 278, 308, 372, 405, 447, 494, 501
preta 177, 374, 463
Priester 118, 147, 207, 374, 401, 424
Priesterschaft 242, 465
Priestertum 239
prithivī 148, 496
Probezeit 432
Prokop 531
Prophezeiungen 346, 480
Psychologie 30
Pu-k'ung 308
pudgala 46, 363, 375, 495
Pudgalavāda 60, 375
Pudgalavādins 47, 193, 375, 468, 495
puggala 46, 363, 375
Puggalapaññatti 29, 45, 375
Puggalavādins 39, 193
pūjā 72, 146, 194, 375, 387
Pulguk-sa 249
Punakha 75
puṇya 375
Pūraṇa Kassapa 35
Purang 255
Pūrṇa 58
Pūrṇavarma 80
Purusa 394
Puruṣapura 227, 352
Pusyamitra 301
Pyee-Daung-Su Myamna-Nainggan-Daw 76
Pyu 76

Qing 178
Qing-Dynastie 471
Qinghai 469
Qizil 530, 532
Qočo 532

Ra sa 266
Rad 61, 377, 447, 489, 516
Rad (der Lehre) 132-133, 188, 221, 405, 447
Rad der Geburten 111
Rad der Wiedergeburten 313, 383-384
Rad der Zeit 224
Radhakrishnan 498
rāga 266
Rahmenerzählung 444
Rāhula 70, 377, 522
Rāhulamātā 377
rāja 377, 394, 439
Rājagaha 176, 276, 279, 355, 361, 377
Rājagṛha 45, 91, 176, 244, 263, 276, 279, 301, 377, 496
Rājaparikathā-ratnamālā 483
Rajasthān 211
Rajgir 244, 377
Rakan 268
Ral pa can 470
Rälpacen 144, 470
Rāma I. 464
Rāma IV. 313
Rāma IV. Mongkut 464
Rāma V. Chulalongkorn 464
Rāmacandra Bharatin 72
Rāmacandra Kavibharati 175
Rāmañña-Nikāya 39, 377, 434
Rāmanūja 498
Ramoche 218, 266, 378, 469
Rana-Regime 331
Rangdum 527
Rangjung Dorje 234
Rangstufung 87, 237
Rangun 46, 77-78, 104, 245, 342, 352, 355, 378 ↗auch Konzil von R.
Rañja-Schrift 127
rasa 266
ratana 131
Rationalismus 333, 367
Rationalität 210, 479
ratna 131
Ratnagotravibhāga 524
Ratnagotravibhāgaśāstra 378
Ratnakūṭa-Sūtra 288, 489
Ratnapāṇi 139
Ratnāsambhava 139, 378
Ratnāvalī 325, 483
Rätselhaftigkeit 479
Räucherwerk 465
Raum 193

Raumunendlichkeit 304
ṛddhi/siddhi 518 ↗siddhi
Realität 407
rechte Achtsamkeit 408 ↗Achtsamkeit
rechte Gesinnung 149, 394
rechte Mittel 487
Rechtfertigung 262
Rechtsstreitigkeiten 34
Rechtsumwandlung 367
Rechungpa 223
Rede, rechte 378
Reden 33, 124, 168, 176, 395, 397, 468, 479, 499, 514
Reden des Buddha 221, 379 ↗Predigten des B.
Reform/Reformen 213-214, 278, 337, 379, 393, 408, 429, 447
Reform-Zweig 377, 464
Reformatoren 334, 422
Regamey, C. 108
Regel/Regeln 341, 389, 443, 468
Regeln und Riten, religiöse 165
Regelobservanz 273, 438
Regenzeit 238, 341, 495, 504
Regenzeitabschlußfeier 341
Region der Formen 129
Region der Formlosigkeit 129
Reich, sakisch-partisches 459
Reichtum 61
Reinen, drei 456
Reines Land 40, 43, 120, 132, 151, 154, 156, 161, 219-220, 248, 296, 328, 379, 381, 440, 503, 515, 526
Reines-Land-Buddhismus 41, 352
Reinheit 61, 237, 250, 267, 283, 370, 423, 459, 461, 468, 473, 500
Reinheitspfad 379
Reinigung 262, 361
Reinkarnation 357, 379 ↗Wiedergeburt
Reinkarnationsvorstellung 474
Reiyukai 335, 379
Relevanz, sakrale 163
Reliefs 399
Religion, Entstehung einer 436
Religionen, traditionelle 162
Religionsdisput 356
Religionsfreiheit 247-248
Religionsgemeinschaft 428
Religionsgeschichte 162, 196, 316
Religionsphilosophie 340
Religionsstatistik 206
Religionsstifter 297
Religionstheologie, pluralistische 122
Religionstypologie 513
Religionswissenschaft 254
Religiose 431
Religiosenbehörde 408
religiöses Erscheinungsbild 450
religiöses Monument 437
Reliquien 50, 267, 292, 313, 351, 364, 379, 399, 405, 437, 460
Reliquien-stūpas 366, 458
Reliquienbehälter 380, 437
Reliquienkult 78, 351, 460
Rennyo 219
Rennyo Shonin 381
Repräsentanten, religiöse 248
Repressalien 271, 434
Restaurationsbewegung 294, 424
Rettung „aus eigener Kraft“ 156
Revitalisierung 98, 271
Rezitation 132, 243, 292, 319, 330, 355, 360, 385, 428, 432, 460, 487, 509, 534
Rezitationsbuch 239
Rhys Davids, 99, 107, 128, 354, 356
Richter der Toten 521
Richtigkeit der Lehre 431
Richtschnur 85, 443
riddhi 203
Ridzong 256
riechen 327, 414
Rig-Veda 496
Rigpa 158
Rigpä Dorje 235
Rijupalika 284
Rinchen Terdzö 463
Rinchen Zangpo 255
Ringgebirge 441
Ringozean 441
Rinpoche 381
Rinzai 114, 148, 169-170, 345
Rinzai-Schule 66, 147, 268, 445
Rinzai-shu 214, 240, 381, 527-528
Rinzai-Zen 268

Risshō Kōseikai 168, 271, 307, 335, 382
Risshū 213, 328, 338, 383, 508
rita 496
Riten 86, 212, 265, 374, 389, 485
Ritsu-Schule 273, 328, 338, 383
Ritual, Ritualismus 86-87, 185, 223, 237, 258, 291, 346, 368, 370, 383, 393, 429, 452, 461, 465, 493, 496, 528, 534
Ritualdolch 61, 462
Ritualinstrument 462, 476, 490
Ritualistik 421, 461
ritualistische Erstarrung 431
Ritualliteratur 229
Ritualpraxis 259, 293, 316
rituelle Gesten 303
rituelle Handlungen 490
Ritus 147, 383
Rivalitäten 430
Rollbild 384
Rosen, V. 406
Rosenapfelbaum-Insel 212
Rosenkranz 63
Rōshi 384
Rothut-Lama 234
Rotmützen 177, 343, 385
Rotmützen-Klöster 350
Rubruk, Wilhelm v. 106
Rückkehr 220
Rückversetzung in den Novizenstand 436
Rückzug aus der Welt 149, 310
Rummindei in Nepal 89, 188, 273
Rumtek 234, 426
rūpa 175, 327
rūpa-kāya 407
rūpa-loka 182, 385, 477, 513
rūpa-skandha 148, 427
rūpadhātu 85, 129
Rußland 314
Ryobu-Shinto 424
Ryonin 330
Ryōnin Shonin 385

S-Bihar 79, 276
S-Ceylon 100, 342 ↗Sri Lanka
S-China 201, 268, 417 ↗China
S-Indien 121 ↗Indien
S-Nepal 232 ↗Nepal
Sa-skya-pa-Hierarchen 314
Sṅa`gyur 470
sacca 501
saḍāyatana 372
Saddanīti 354
saddhā 65, 144, 180, 431
Saddhammapajjotikā 336
saddhama/saddharma 97, 131, 387
Saddharmapuṇḍarikasūtra 44, 71, 92, 148, 174, 264, 271, 387, 457
Sadhana 183-184, 208, 292, 384, 387, 450, 509, 515, 534
sadhu 90
Sagātha-vagga 137, 398
Sahampati Brahma 388
Saheth Maheth 432
Saicho 116, 190, 213, 388, 461
Saigon 503
Saiko-ji 422
sakadāgāmin 389
Śākaya-Stamm 89
Saker 389, 530-532
sakische Literatur 389
Sākiya 389
Sakka 389
Sakral-Sprache 353
Sakralbau 351, 459-460
Sakralplatz 459, 528
sakridagamin 389
śakti 139, 194, 368, 389, 418
Śaktismus 194
Säkularisierung 387, 424, 459, 513
Śākya 89, 380, 389-390, 425, 437, 439, 501, 522
Śākya Paṇḍita 252, 268, 389-390
Śākya Tridzin 390
Śākyamuni 43, 58, 81, 83, 89, 95, 139, 185, 221, 245, 273, 297, 312, 331, 334-335, 390, 441
Sakyapa 101, 252, 258, 260, 268, 318, 385, 389, 390, 470-471, 491
salāyatana 372
Sama-Veda 496
samādhi 65, 84, 176-177, 302, 367, 373, 391, 397, 446, 509
samādhi-bhāvanā 73, 303
Samādhirāja-Meditation 391
Samādhirāja-Sūtra 288, 391

Samādhirājacandrapradīpa-sūtra 391
samaṇa 311, 431, 512
sāmaṇera 32, 100, 177, 311, 349, 392, 431, 465, 486
Samantabhadra 34, 139, 391
Samantapāsādikā 95, 313
Samarkand 530
samatha 391
samatha-bhāvanā 73, 303
Saṃbandhaparīkṣā 134
Śambhala 392
saṃbhogakāya 43, 67, 92, 463, 475-476
saṃbhogakāya-Aspekt 170, 218, 297
sambodhyaṅga 180, 340
sambojjhanga 508
Samdhinirmocana-Sūtra 392, 524
Samding, Kloster 492
saṃgha, saṇgha 68, 392, 535, 538 ↗saṇgha
saṃghabheda 393
Saṃghabhedakkhandaka 393
Saṃghabhedavaātu 393
Saṃgharakṣa 92, 231, 402
saṃgharaksita 275, 394
saṃghātī 291, 394, 475
saṃgīti 243, 400
saṃkalpa 33, 394
saṃkappa 33, 394
saṃkhāra 396
Sāṃkhya 107, 127, 357, 394, 485, 523
samkṛta 397
sammā 33, 88, 141
sammā-kammanta 499
sammā-sankappa 149, 394
sammā-vācā 378
sammā-vāyāmā 508
sammādiṭṭhi 33, 149
samapatthi 338
Sammasambuddha 88, 151, 397
sammāsati 124, 408
Sammlung 65, 84, 181, 391
saṃsāra 32, 45-47, 49-50, 58-60, 67, 70, 72, 82, 86, 88, 96, 111, 124-125, 142, 145, 150-151, 153, 155, 165, 173, 176, 181-182, 215, 217, 219-220, 225, 233, 257, 260, 263, 265, 279, 286, 296, 299, 328, 338-339, 363, 372, 374-375, 395, 397, 414, 427, 442, 473-474, 477-478, 480, 484-485, 495, 502, 512-516, 519
saṃskāra 234, 372, 396, 427
saṃskrita 137, 397, 400
samuppāda 371
Samurai 179
samutpāda 371
Saṃvara 218, 224, 397
samyag-dristi 33, 149
samyak 33, 88, 141
samyak vāc 378
samyak-karmanta 499
samyak-sambuddha 151, 397, 486
samyak-samkalpa 149
Samye 270, 397, 470, 473
saṃyojana 146, 383, 398, 435
samyukta 444
Samyukta-āgama 231, 237, 361, 398, 402
Saṃyutta-Nikāya 130, 337, 398, 402, 444
San-ch'ing 456
San-chieh fo-fa 197
San-chieh-chiao 117, 399, 473
San-chieh-chiao-Schule 197
San-lun 81, 115, 118, 120, 199, 201, 248, 276, 336, 400, 416-417, 454
San-lun-Texte 120
San-tsang 118-119, 198, 229, 404, 449, 456
San-tung 456
Sanamkumara 84
Sāñchī, Sāñcī 205, 216, 313, 399, 438
saṇgha 29, 32, 34-35, 38-39, 45, 48, 50-51, 53, 58, 64, 71, 74-77, 96, 100, 116, 128-129, 131, 134, 138, 147, 154, 163, 165-166, 168-169, 176-177, 179, 189, 201, 207, 222, 227, 235-236, 238, 241-242, 244, 253, 256, 261-263, 278, 282, 298, 301, 307, 310, 313, 333, 337, 341-342, 359, 361, 374, 377, 379, 392-393, 399, 405, 408, 430, 435-437, 444, 447, 453, 455, 461, 464-465, 467, 477, 485-486, 489, 495, 503-505, 507, 534
saṇgha-Reformen 464
saṇghabheda 393
Sanghadeva 457
saṇgharāja 76-77, 354, 399

Sangharakshita 102
saṇgīti 400
Saṇgītisūtra 131
Śaṅkara 497-498
saṇkhara 372, 396
sankhārakkhandha 396, 427
Sanmotsu 384
saññā 511
sañña-khanda 427
saññojana 398
Sanron-Schule 213, 220, 276, 328, 400
Sanskrit 85, 369, 400
Sanskrit-Kanon 401, 444
Sanskritisierung 227, 401, 532
Santanantarasiddhi 134
Śantarakṣita 225
Śāntideva 80, 241, 276, 327, 403
Śāntirakṣita 276, 327, 398, 404, 470
Sanzo 229, 404
Sar 395
saraṇa 132
Saramedha 65
Sāriputta 133, 236, 404
Śāriputra 58, 301, 404
Śāriputraprakaraṇa 60, 301
Sārnāth 69, 104, 188, 205, 405, 437-438, 460
Sartre, J. P. 158
Sarvāstavādins 29-30, 94, 108, 131, 138, 193, 203, 206, 210, 227, 231, 235, 285, 317, 402-403, 410, 436, 453, 495, 500
Sarvāstivāda 51, 63, 76, 92, 130, 133, 151, 201, 253, 289, 306, 370, 402-403, 405, 410, 417, 436, 457, 468, 475, 489, 500, 532
Sarvatathāgatatattvasaṃgraha 491
sāsana 408
Saskya 314
Sassanidenherrscher 532
śāstra 408
Satan 463
sati 33, 60, 65, 176-177, 397, 408-409, 427
satipaṭṭhāna 70, 124, 176, 303, 409, 413, 427
satipaṭṭhāna-Übung 60, 148, 408
Satori 149, 409, 517
Sattapaṇṇi-Höhle 244, 355, 410, 496
sattva 394
Satyadvayavibhaṅga 404
Satyasiddhi 115-116, 248
Satyasiddhi-Śastra 115, 220, 235, 248, 410
Satz vom bedingten Entstehen 176, 215, 264, 349, 396, 497, 515 ↗Entstehen
Saunda-rananda-kāvya 59
Sautrāntika 134, 193, 410
sāvaka 432
sāvakayāna 432
śavātthi 432
Sayadaw 411
Schädelschale 61
Schaffsal 164
Schamanen 262, 314
Schamanismus 246, 248, 314, 450
Schamlosigkeit 240
Schan-Völker 464
Schatzfinder 462-463
Schatzfund 462
Schau der Wahren Natur 387
Schelling, F. W. 99
Schenrab Mibo 83
Schicksal 164, 291
Schildkrötendiagramme 59
Schisma 129, 279, 436
schlachten 33, 515
Schlangenkönig Mucalinda 90, 150
Schlangenkraft 418
Schlegel, A. W. v. 106
Schloß, Oskar 411
Schmerzensaskese 71, 90, 241, 278, 494
Schmidt, K. 109
Schmuckkästchen 233
Schneider, U. 109, 372
Scholastik 29-30, 45, 47, 132, 305, 330, 355, 411, 506
Schopenhauer, A. 99
Schoß 418
Schöpfergott 84, 181, 212
Schranke ohne Tor 318
Schreibmaterial 356
Schrein 249, 423
Schreinhalle 460
Schrift/Schriften 48, 62, 73, 112, 115, 135-136, 138, 141, 161-162, 177, 199,

207, 218, 229, 233, 238-239, 245, 247, 273, 275, 278, 306, 314-315, 317, 325, 342, 361-362, 375, 391, 399, 401, 404-406, 422, 438, 443, 450-451, 456, 462, 467, 469-470, 472, 477, 481, 483, 491, 494-496, 500, 506, 528, 531-532
Schriftgelehrsamkeit 81, 354, 412, 528
Schriftrollen 481
Schrifttradition 117
Schrifttum 83, 208, 227, 281, 285, 451, 462-463
Schrifttum, esoterisches 450
Schrifttum, koreanisch-buddh. 247
Schuld 68, 412, 440
Schule/Schulen 29-30, 32, 36-37, 39, 42, 47, 52, 95, 103, 105, 108, 118, 120, 123, 133, 137, 151, 157, 161, 164, 169-170, 178, 187, 199, 204, 206, 217, 219, 227, 229, 231, 235, 237-238, 248, 264, 270-271, 281, 285, 289, 300, 303, 308, 317, 334-335, 343, 345, 353, 360, 362, 367, 369, 375, 381-383, 385, 390, 392, 398-401, 403, 405-406, 409-410, 414-415, 418-419, 421-422, 425, 429, 431, 433, 436-437, 439, 444, 446, 450, 454, 461, 464, 466, 472, 475, 479, 495, 497, 505, 507-508, 525, 528
Schule der drei Abhandlungen 400
Schule der drei Abschnitte 399
Schule der Älteren 192, 436, 467
Schule der Geheimnisse 308
Schule der Merkmale des Dharma 197
Schule der Namensanrufung der Durchdringung 385, 526
Schule der „Vollendung der Wahrheit" 115
Schule des „wahren Wortes" 115, 420
Schule „der Disziplin" 273
Schulenbildung 108
Schulentwicklungen 213
Schüler 169, 173, 198, 384, 399, 419, 422, 430, 443, 453-454, 457, 463, 473, 479, 493, 512, 518-519, 525-526
Schulrichtung 78, 177, 186, 190, 196, 223, 225, 259, 350-351, 385, 390, 394, 451, 470-471, 491-492, 497, 503, 534
Schultze, Theodor 413
Schulung, dreifache 477
Schumann, H.-W. 108, 150
Schutzgeister 262, 465
Schutzgottheit 190, 266, 347, 522
Schutzpatron 514
Schwab, Ferdinand 411
Schwarzhut-Lama 234
Schweigen 235, 252, 311, 413, 431
Schweiz 101, 158, 411
Sechsarmige Beschützer 277
Seele (atman)/Seelen 70, 211, 218, 262, 264, 284, 363, 415, 498 ↗atman
Seelenwanderung 87, 395, 415
Sehen 327, 414
Sei 459
Seidenstraße 98, 117, 294, 352, 415, 481, 530, 532
Seidenstücker, Karl 39, 99, 100, 105, 107, 128, 277, 333, 354, 411, 415, 444
Sein 275, 395, 442, 455, 472, 497
Sekiso Soen 420
Sekten 118, 239, 248-249
Sekten-Shinto 423
Selbst 39, 46, 60, 68, 70, 85, 141, 150-151, 153, 193, 218, 262, 264, 305, 310, 319, 395-396, 409, 413, 416, 427, 483, 485, 495, 512, 516
Selbst-Erkenntnis 485, 497
Selbstbewußtsein 327, 477
Selbsterlösung 122, 153, 156
Selbstkontrolle 56
Selbstlosigkeit 46
Selbstzufriedenheit 398
Seleukos I. Nikator 112
Sénart, E. 93, 107, 425
Senchaku hongan nembutsushu 197
Seng-chao 187, 253, 400, 416, 457
Seng-shih-lü 273
Seng-sung 115
Seng-tao 115
Seng-ts'an 200, 417, 454
Seng-yu 118, 200, 273, 404, 417
Seng-yui 315
Sengai 416
Senioritätsrecht 467
Seoul 249
Seppo Gison 198
Sera 178, 417

Seßhaftigkeit 495
Sesshin 417
Setcho Juken 198
sexuelle Abstinenz 311, 512, 534
↗Abstinenz
sexuelle Ausschweifungen 189
sexuelle Enthaltsamkeit 56, 85, 431
sexuelle Lust 225
Shaanxi 460
Shah-Dynastie 331
Shahbazgarhi 530
Shaku Soen 382
Shaku Soyen 445
Shamar Rinpoche 235
Shansi 525
Shan-shan 531
Shan-tao 42, 120, 418, 453
Shan-wu-wei 308, 418
Shapur I. 294
Sharmapa 234
She-lun 118, 418, 524
She-lun-Schule 161, 359, 473
She-ta-ch'eng-lun 419
Shen-hsiang 238
Shen-hsiu 113, 200-201, 267, 419, 440
Shen-hui 200, 362, 419, 440, 449
Shen-jan 472
Sheng-jen 243
Sherab Zangpo 527
Shey 255
Shi-chu-ching 472
Shigatse 186, 314, 389, 419, 458
Shih Lo 166
Shih-chia-mo-ni 243
Shih-er-men-lun 400
Shih-shuang Ch'u-yüan 198, 268, 420, 522
Shih-sung-lü 273
Shih-t'ou Hsi-ch'ien 420
Shih-t'ou Hsi-ch'ien in 114
Shih-ti ching-lun 472
Shih-wang 420, 512
Shin-Buddhismus 163
Shin-Gemeinschaften 158
Shinghon 115
Shingon 190, 213, 308, 381, 420-421, 429, 461
Shingon-Lehren 334
Shinjin 219-220, 422
Shinnyoen 421
Shinran Shōnin 41-42, 52, 142, 154, 197, 213, 217-219, 330, 379, 381, 422, 441
Shinsei-shu 422
Shintō 110, 213-214, 423-425, 461
Shintō-Schrein 423-424
Shishimai 466
Shizuteru Ueda 254
Shobogenzo 142
Shōgun 271
Shoichi Kokushi 381
Shomu 238, 474
Shoretsu-ha 335
Shotoku-Taishi 213, 425
Shumitsu 479
Shwedagon-Pagode 78, 352, 378
↗Pagode
Siam 64, 89, 464
Siamesische Schule 278, 447
Sichuan 469
Siddha/Siddhas 97, 125, 425, 472, 476
Siddharthā Gautama 37, 70-71, 79, 88, 90, 150, 217, 263, 278, 280, 302, 390, 425, 439, 489, 522
Siddhātha 425
siddhi 281, 425, 518
Sigālovādasutta 147, 430
Sih-shuang Ch'u-yüan ch'an-shih yü-lu 199
Sikhs 194, 204
Sikkim 74, 104, 191, 205, 234, 331, 425, 469
Śikṣānanda 164
Śikṣāsamuccaya 80, 403
śila 32, 87, 212, 303, 341, 357, 359, 367, 411, 487, 507, 509, 515
Śīlabhadra 161, 327, 524
Silla 246
Silla-Reich 249
Silva, de, David 356
Sineru 304
Singhalesen 283, 433
Sinichi Hisamatsu 254
Sinisierung 502
Sinn/Sinne 148, 157, 216, 305, 414, 497, 505, 523
Sinnenbereich 327, 340, 372
Sinnengenuß 129, 194

Sinnenlust 150, 225, 267, 298-299, 308, 414
Sinnenzügelung 415
Sinneseindruck 364
Sinnesobjekte 414
Sinnesorgane 64, 138, 225, 414
Sinnestätigkeit 64, 303, 478, 505
Sinneswahrnehmung 183, 303
sinnliche Begierde 225, 267, 394, 398, 477
sinnliches Begehren 165, 340, 502
Sinnlichkeit 225-226, 267
Sitten- oder Clan-Shintō 423
Sittenregeln 38, 155, 168, 180, 356, 430, 432, 487, 515
Sittlichkeit 156-157, 242, 303, 359, 423, 477, 499
Situ Rinpoche 235
Sitzhaltungen 184
Sitzmeditation 201, 449, 454, 479, 527-528 ↗Hockmeditation, Meditation
Śiva 194, 207, 418
Śiva Bhairava 206
Śiva-Buddhismus 206
Śivaismus 206, 236
Siyam-Nikāya 434, 447
skandha 148, 305, 327, 340, 372, 396, 415, 427, 495
skandha-Theorie 137, 505
Skulpturen 35, 71
śloka 368
Smith, W.C. 122
smriti 496
smrityupasthāna 409
smrti 33, 65, 176, 345, 397, 408, 427
„So habe ich gehört“ 428
So ist es gesagt 210
SO-Asien 162, 309, 473 ↗Asien
Society for Buddhist-Christian Studies 122
Soe-Tae-San 517
Sogdier 531
Soheit 472, 459
Soja 499
Sojiji 429-430
Sōka-Gakkai 168, 249, 271, 307, 335, 428
Sokkuram 249
Solipsismus 134
Solowjew, W.S. 466
Somapura-Mahāvihāra 66
Son 248-249
Songdharm 464
Songtsen Gampo 64, 144, 221, 296, 429, 457, 469
Sonne 61, 291, 496
Sonnengöttin Amaterasu 424
Sonnenmythos 111
Soshi 362
sotāpanna 398, 435
Sotesan 517
Sōtō 114, 169, 479
Sōtō-Linie 142
Sōtō-Schule 148, 170, 429
Sōtō-shū 214, 345
Sōtō-Zen 142, 382, 429, 527-528
Sozan Honyaku 478
Sozialethik 179, 365, 430
Sozialismus 309
Soziallehre 496
Sozialreformerische Bewegungen 179
Spaltung 204, 275, 280, 289, 335, 362, 370, 392-393, 405, 419, 436, 507
Spanien 294
śparśa 372
Späte Bekehrung Tibets 227, 343, 431, 451, 462 ↗Bekehrung Tibets, ↗Tibet
Späte Bekehrung 470
Speicherbewußtsein 38, 431
Speisen 155, 465
Speiseverbote 311
Spenden 242, 312, 399
Spiritualität 422, 528
Spiritualität, christliche 302
spirituelle Anmaßung 359
spirituelle Kraft 359
spirituelle Reife 135, 446
Spiti 191, 381, 527
Spituk 256
Söldner- u. Mönchsheere 213
Sönam Choglang 357
Sönam Gyatsho 126, 178, 427
Sprache 353, 401, 531
Sprache des Buddha 276
Sprüche 298

Spruchsammlung 267, 301, 328
Spruchsammlung „Lin-chi-lu“ 267
śraddhā 62, 65, 144, 180, 431
śramana 90, 311, 431, 512
śrāmaṇera 53, 74, 177, 311, 349, 431, 465, 484
śrāvaka 161, 358, 432
Śravakayāna 272, 432, 478
Srāvastī 432
Śrāvastī 91
Sri Lanka 29, 38-39, 50, 54, 72, 89, 95, 109, 121, 141, 144, 167, 179, 204, 216, 278, 282-284, 289, 309, 329, 333, 342, 351, 356, 366, 379, 388, 391, 402, 408, 432, 435, 466-467, 503 ↗Colombo, ↗Kandy
Srotaāpanna 435
śruti 345, 496
Ssu-chia yü-lu 199
Ssu-fen-lü 273
Staat 179, 201, 239, 393, 435
Staats-Shinto 423
Staatsklöster 439 ↗Kloster
Staatsorakel 346
Staatsreligion 75, 77, 117, 145, 226, 261, 295, 331, 352, 423, 456, 464, 473, 503
Stag `tsher 461
Stakrimo 527
Stammesreligionen 204, 206, 226, 261
Stammkloster 173, 390 ↗Kloster
Standes- und Zunftpatrone 423
Statuen 424
Stcherbatsky, Th. 108
Stede, W. 107
stehlen 499
Stein, Sir Aurel 481
Steine 423
Steininschriften 226
Steinke, Martin 436, 454
Steinkellner, E. 109
Sterblichkeit 211, 474
Sthavira 193, 237-238, 436, 467, 500
Sthaviravāda 269, 279-280, 405, 436, 467, 495
Sthaviravādin 281, 289, 436, 468
Sthiramati 524
Stifter 262, 293, 389, 436, 532
Stifterreligion 221
Stille 391, 416, 459
Stille des Geistes 168
Stimme, erzene 301
Stimme, liebliche 297
Stofflichkeit 177
Stotra 134, 436
Strafe 436
Strebekräfte 264
Streit 419, 437, 455-456
Stuckplastiken 459
Stufe der Vollkommenheit 38
Stufenweg 271, 360, 398, 480
Stufenweg [zur Erleuchtung] 260
Stunden-Schule 218
Stūpa 35, 50, 61, 64, 69, 71-72, 78, 82, 84, 91, 111, 120, 186, 188, 205, 242, 249, 328, 351-352, 375, 380, 399, 405, 415, 437-438, 447, 460, 487, 498, 527, 530-531, 533
Stūpa-Anlage 84
Stūpa-Kult 375
Su-tsung der T'ang-Dynastie 188
Subbhadda 438
Subhadra 438
Subhadra Bhikhsu 277
Subhadra Bhikṣu 438
Śubhagupta 524
Śubhakarasiṃha 308, 39
Subhūti 58, 139, 439
Substanz- u. Merkmallosigkeit 441
Südamerika 363
Sudatta „Anathapinḍika“ 439
Śuddhodana 89, 232, 302, 439
Sudhana 174
Śudras 237
Sühne 346
Suhrillekha 325, 483
Sui 199, 499
Sui-Dynastie 117, 188, 197, 336
Suiko 425
Suji 421
Suji-oya 421
śūkara-maddava 165, 440
sukha 181, 440, 497
Sukhāvatī 43, 120, 296, 379, 440-441
Sukhāvatīvyūha 71, 120
Sukhāvatīvyūha-Sutra 41, 43, 328, 440-441, 515
Sukzession 137, 167, 379, 390, 529

Sulawesi 206
Sumaṅgalavilasini 95
Sumatra 206-207, 364, 464
Sumeru 224, 291, 304-305, 441
Sundarinanda 280, 441
Sünde 68, 412, 440
Sündenvergebung 358
Sung-Kaiser 456
Sung-ku pai-tse 201
Sung-shan 188
Sung-tzu 251
Sung-Zeit 114, 116, 118, 120, 164, 170, 199, 273, 316, 330, 404, 420, 449, 479, 526
śūnyatā 32, 47, 82, 115, 151, 170, 278, 289, 302-303, 328, 337, 339, 358, 373, 396, 400, 409-410, 427, 441, 445, 459, 492, 505, 515, 517, 519
śūnyatā-Lehre 58, 139, 142, 174, 190, 254, 275, 286, 288, 317, 320, 326, 340, 367, 369, 396, 410, 511
Śūnyatāsaptati 325
Śūnyatāvāda 275, 443
Suppabuddha 70
Sutlej 224
sūtra/Sūtren 34, 92, 117, 140, 199, 228, 237, 248, 251, 267, 284, 288, 358, 368, 391, 398, 402, 404, 409-410, 424, 443, 455-456, 460, 477, 489, 497
Sūtra des großen Glänzenden 282
Sūtra in 42 Abschnitten 306
Sūtra über die Konzentration 418
Sūtra vom Herabstieg [Buddhas] nach Laṇka 260
Sūtra vom Lotus des wahren Dharmas 271
Sūtra von der Lotus-Blume des wunderbaren Gesetzes 319
Sūtra-Vibhaṇga 445, 500, 508
Sūtralaṃkāra 443
Sūtrapiṭaka 410, 444, 507
Sūtrasamuccaya 325, 404
Sūtren-Rezitationen 111, 505, 528
Sūtren-Sammlungen 288, 489
Sūtren-Studium 300, 454
Sutta 48, 230, 353, 443
Sutta-Vibhaṅga 445, 500, 508
Suttanipāta 210, 238, 337, 402, 443
Suttanta 410, 443
Suttapiṭaka 30, 34, 45, 49, 92, 112, 140, 210, 215, 230-231, 244, 279, 290, 305, 333, 336, 337, 355, 365, 398, 443-444, 506
Suvarnāprabhāsa-Sūtra 288, 445
Suzuki Shosan 52
Suzuki, Daisetsu Teitaro 382, 445, 529
svabhāva 442
svābhāvikakāya 476
Svātantrika-Schule 73, 276, 370, 446
Svātantrika-Yogācāra-Schule 276, 404
Śvetaśvatara-Upanischaden 71
Swat-Tal 483
Swayambhūnāth-Stūpa 82, 332, 438, 447
Syama-Nikāya 39, 64, 278, 408, 447
Symbol 79, 184, 224, 293, 297, 299, 306, 349, 378-379, 447-448, 452, 469, 490, 516-517
Symbolgehalt 224, 316
Symbolik des Buddhismus 447
Symbolik des Vajrayana 448
Symbolik, sexuelle 452
Syngman Rhee 249
Synkretismen 206
Synkretismus 118, 187, 206-208, 226, 249, 361, 424, 455, 459
Synthese 424
Syrien 98, 307

T'ai-hsü 119, 449
T'ai-shan 188
T'ai-tsu 404
T'ai-tsung 199
T'ai-wu 456
T'an-luan 42, 81, 120, 219, 450, 453
T'an-yao 453, 525
T'ang-ch'eng 419
T'ang-Dynastie 118, 199, 499, 526
T'ang-Hauptlinie 420, 463
T'ang-Kaiser Hsüan-tsung 273, 452
T'ang-Zeit 164, 169, 197, 203, 336, 404, 419, 455-456, 479
T'ien-shuo ssu-p'ien 123
T'ien-t'ai 42, 116, 118, 123, 161, 199, 203, 271, 319, 336, 454, 472, 525
T'ien-t'ai Chih-i, Chih-k'ai 116

T'ien-t'ai Te-shan 526
T'ien-t'ai Te-shao 457
T'ien-t'ai-Schule 116, 190, 248, 271, 336, 388, 461
T'ien-t'ai-shan 164, 188
T'ien-t'ung-Kloster 142
T'ien-wang 420
T'out-t'o-hsing 200
Ta-ch'eng fa-yüan i-lin chang 251
Ta-hui 201, 525
Ta-jih-ching 204, 439, 491
Ta-mei Fa-ch'ang 352
Ta-mo 81
Ta-t'ung 453, 525
Ta-tsang-ching 404
Ta-yü 267
Tabu 500
Tachikawa Fudoson Kyokai 421
Tadschikistan 530
Taegu 249
Taehan 247
Tätigkeit, sozial-karitative 382, 517
Tagtsher 461
Tahui 518
Tai-hui Tsung-kao 449
Tai-tsung 161, 199
Taisho Issaikyo 449
Taisho-shinshu daizokyo 404
Taittiriya 485
Taiwan 404, 449, 528
Takakusu 404
Takkasila 360
Taksin 464
Tamang 331
Tamas 394
Tanabe 254
Tang-Dynastie 188, 248
taṇhā 49, 67, 150, 153, 225, 264, 266, 299, 338, 363, 372, 395, 414, 478, 502
Tanjur 83, 227, 229, 314, 344, 450-451, 458
Tantra 34, 51, 76, 112, 135, 161, 178, 185, 206, 223-224, 228, 230, 271, 278, 297, 316, 343, 350, 391, 420, 433, 450-451, 458, 461, 492, 494 ↗Anuttarayoga-Tantra
Tantra-Fahrzeug 451 ↗Fahrzeuge
Tantra-Klassen 51, 250, 358, 397, 450-451, 490, 525
Tantrayāna 206, 285, 298, 451, 492
Tantrismus 34, 44, 66, 76, 109, 116, 118, 139, 185, 194-195, 203-204, 206, 236, 248, 251, 265, 282, 285, 297-298, 308, 316, 327, 346, 351, 367-368, 391, 418, 420, 433, 439, 450-451, 461, 490-491, 493, 505, 514
Tanz 411, 465
Tao Chün 454
Tao-an 117, 166, 201, 243, 330, 404, 453
Tao-ch'o 42, 120, 418, 453
Tao-hsien 162
Tao-hsin 201, 454
Tao-hsin wu-men 454
Tao-hsüan 238, 273, 455
Tao-shen 336
Tao-sheng 117, 253, 336, 457
Tao-te-ching 456
Tao-tsang 456
Tao-yüan 328, 352, 362, 457, 526
Tao/dao u. do 97
Taoismus 116-119, 123, 187, 200-201, 207, 246, 268, 295, 330, 416, 419-420, 450, 455, 499, 513
Tara 44, 142, 144-145, 182, 251, 457
tariki 41, 217, 219, 330, 457
Tarkajvālā 73
Tarthang Tulku 458
Taschkent 530
Tashigang 75
Tashilhünpo 178, 357, 420, 458
Tat 458, 493, 495, 499, 512
Tatabsicht 339
Tatenfolgen (karma) 86-87, 485
Takeuchi, Yoshinori 159, 254
tathāgata 95, 192, 421, 456, 458 fünf Thathāgatas
Tathāgata-Familie 70
tathāgatagarbha 95
Tathāgataguhyaka 458
tathatā 32, 41, 459, 472
Tatkraft 37, 65, 359, 508
Tattavasaṃgraha 225
tattva 32
Tattvasaṃgraha 404
Tatvergeltung 164
Tausendblättriger Lotus 418
Tawang 191

Taxila 352, 459, 530-531
Te lo pa 472
Te-shan Hsüan-chien 198, 463
Technik 459
Tee 148, 459
Tee-Weg 148
Teil eines Ganzen 138
Tempel 65, 119, 146, 165-166, 190, 197, 207, 213, 219, 226, 238, 242, 247, 249-250, 269, 315, 331, 374, 378, 381-382, 420, 424, 429-430, 449, 453, 459-460, 503, 512-514, 531 ↗Haupttempel
Tempelmitgliedschaft 214
Tempelpriester 147
Tempelpriesterinnen 167
Temudschin 314
Tendai 381, 472
Tendai-Hokke-Schule 147, 190, 196, 213, 271, 286, 385, 388-389, 422, 526
Tendai-Lehren 422
Tendzin Gyatsho 126, 461
Teng(e)ri 314
Tenjur 83
Terma 66, 296, 350, 462
Terma-Lehren 344, 463
Terma-Schriften 463, 522
Termez 531
Tertön 344, 462-463
Tetsugen 463
Tettsu Gikai 429
Teufel 299, 463
Text 354, 392, 410, 417, 445, 454, 477, 501
Thaä-ka 384
Thabs 486
Thai 48, 464-465
Thai Yüan 464
Thailand 64, 104, 109, 226, 261, 313, 351, 353, 355, 363, 406, 464, 467
Thakuri-Dynastien 331
Thangka 384, 465
Thar rgyan 173
Theosophie 78, 99, 466
Thera 238, 356, 436, 467-468
Theragāthā 131
Theravāda 29-30, 38-39, 46, 50-51, 65, 72, 76, 95-96, 101, 104, 106, 108, 125, 132, 137, 156, 192, 204, 226, 229, 238, 240, 264, 280, 282, 289, 306, 311, 332, 337, 341, 353-354, 360, 363, 374-375, 377-378, 383, 392, 399, 406, 408-409, 433, 436, 444, 447, 464, 467, 486, 499-500, 503, 505, 507, 509
Theravāda-Länder 147, 167, 298, 309, 329, 435, 509
Theravādins 29, 133, 193, 231, 245, 305, 354, 407, 467
therī 467-468
Therīgāthā 131, 238
Thimphu 74
Thittila, P. 500
Thomas, E.J. 230
Thönmi Sambhota 468-469
Thubtän Gyatsho 126
Thuparama-Dagoba 50
Ti-lun 81, 118, 199, 472, 524
Ti-tsang 188, 473
Tibet 64, 70, 74, 83, 97, 101, 113, 125, 134, 140, 144-145, 147, 169, 178, 184, 186, 191, 197, 205, 206, 221, 223-225, 234, 236, 238, 240, 252, 255, 259, 266, 307, 311, 314, 318, 331, 333-334, 343, 350, 357, 364-365, 378, 380-381, 384, 389-390, 397, 402, 404-406, 420, 424-427, 429, 431, 435, 460-461, 469, 473, 486, 492, 522, 533-534
Tibeter 63, 186, 346
Tibetisches Totenbuch 472
ticīvara 53, 432, 487
Tiere 38, 64, 155, 165, 226, 234, 308, 346, 498, 513, 515
Tieropfer 57, 87, 165, 212, 308, 331, 346, 384
Tierpark Ṛsipatana 188
Tierreich 174, 396
Tierschlachtungen 499
Tierschutz 103
Tikse 256
tilakkhana 144, 501
Tilaurakot 232, 365
tiloka 138, 175, 226, 385, 477
Tilopa 223, 328, 472
Tinlä Gyatsho 126
tipiṭaka 106, 230, 355, 464, 475, 477
tiratana 477, 534
tisarana 256, 432, 477, 534
Tisong Detsen 144, 350, 398, 470, 473, 522

Titus F. Clemens von Alexandrien 105
Tocharen 530-531
Tod 39, 90-91, 124, 130, 132, 140, 153, 159, 169, 173, 176, 188, 192, 211, 215, 217, 219, 224, 264, 279-280, 299, 301, 338-339, 377, 392, 419, 427, 429, 439, 441, 473, 483, 500-501, 516, 518, 521
Tod des Buddha 51, 91, 104, 245, 336, 355, 380, 438
Toda Josei 428
Tōdaiji 238, 474
Todesjahr des Buddha 236, 244
Todlosigkeit 90, 338, 473-474
Tokuchika, Miki 362
Tokugawa-Periode 214, 220, 382
Tokugawa-Shōgune 214
Tokuharu, Miki 362
Tokusan Senkan 463
Tokyo 104, 334, 382, 446
Toleranz 57, 168, 209, 365, 379, 430, 435, 462, 474
Tongde 527
Tongsa 75
Tonking 503
torana 460
Torwächter-gleichnis 415, Textanhang
Totengott 521
Totenschädelkrone 476
Totenschmuck 476
Toxika 178
Tozan Ryokai 474
Tozun Ryokai 481
Tölung-Tal 427
Töten 165, 180, 416, 499
Tradition, Traditionen 29-30, 34, 36, 161, 168, 177, 184, 192-193, 208, 230, 233, 239-240, 244-246, 248, 257, 259, 262-265, 273, 278, 283, 286, 288, 295-296, 302-303, 313, 317, 319-320, 328, 332, 341, 345, 352, 354, 357, 362, 364, 377, 380-381, 388, 391, 405, 411-412, 417, 421, 432, 437, 439, 444, 450, 464, 468, 470, 474, 476, 485, 489, 491, 495-496, 500, 507, 509, 512, 517, 522, 531
Tradition, theravadische 47, 264, 500
Traditionsgeschichte 92
Traditionsgut 170
Traditionskette 384
Traditionslinie 429
Traditionsprinzip 428
Traditionsreihen 528
Traditionssicherung 485
Traditionstreue 509
Trägheit 240, 299
Trainingsprogramme 304
Traktat Pelliot 296
Tram 378
Trance 346, 480
Transformation 493
Transzendenz 95, 217, 305, 374, 379
Transzendierung 451
Träume 463
Traumyoga 414
Trebitsch-Lincoln, Ignaz 454
Treffen, europ.-buddh. 158
Trennungskonzil 467
Trevelyan, Sir George 466
tri 175
tri-svabhāva 56
tricīvara 53, 432, 475, 487
triśaraṇa/tisaraṇa 256, 477, 485, 534
Triebe, unheilsame 58
Triebversiegung 127
trikāya 66, 93, 95, 134, 286, 296, 338, 392, 407, 475, 480, 517
trilaksāna 73, 144, 241, 473, 476, 501, 508
triloka 53, 182, 225, 385, 477
Triṃśikā 477, 495, 505
tripiṭaka 193, 239, 355, 402, 404, 456, 464, 477
Tripiṭaka Koreana 249
triratna 61, 477, 486, 516, 534-535
trisaraṇa 432
trisvabhāva 477-478
Trisvabhāvanirdeśa 477, 495
triyāna 478, 486
tṛṣṇā 49, 56, 67, 150, 153, 225, 338, 372, 395, 413-414, 442, 478, 502
Ts'an-t'ung-ch'i 420
Ts'ao-shan 479, 481, 519
Ts'ao-shan Pen-chi 169, 478
Ts'ao-tung 118, 201, 268, 479, 481
Ts'ao-tung-Haus 169-170, 429

Ts'ao-tung-Schule 114
Tsan-ning 273
Tsang 390, 419
Tsanga Gyares 145
Tsangmyön Heruka 189
Tsangpa Gyare 145
Tsangpo 397
Tsao-ch'i 187
Tsao-shan 170
Tscham-Tänze 113, 479
Tschenresi(g) 479
Tschiang Kai-shek 449
Tschögyam „Trungpa" 101, 223, 478
Tschörten 380, 405, 460, 479
Tsedi 460
Tshal pa kun dga' rdo rje 228
Tshalpa 318
Tshalpa Künga Dorje 228
Tshangyang Gyatsho 126
Tsharpa 390
Tshe bcu 479
Tshe lha rnam gsum 144
Tshechu-Festspiele 350
Tshecu 113, 479
Tshültrim Gyatsho 126
Tshurphu 234
Tsi-hia-shan 454
Tso-ch'an 201
Tsongkha 270, 479
Tsongkhapa 173, 177, 260, 270, 312, 417, 458, 471, 479, 527
Tsulagkhang 220
Tsu-t'ang-chi 267
Tsung-jung-lu 201
Tsung-men shih-kuei-lun 164
Tsung-mi 115, 199, 479, 519
Tucci, G. 109, 185, 492
Tuch- u. Kleiderspenden 238
Tugenden 87, 174, 180, 200, 243, 267, 308, 430, 480
Tugenden der Laien 431
Tugendschule 54, 101, 177, 314, 417
Tulku 101, 159, 223, 234, 258-259, 347, 458, 478, 480
Tumśuq 389
Tumlong 426
Tun 124, , 412, 514
Tun-Huan-Dokumente 196, 481
Tun-huang 136, 166, 231, 402, 419, 481, 525, 530
Tun-wu 199
Tung-shan 170, 454, 478-479, 519
Tung-shan Liang-chieh 169, 481
Tung-shan Shou-ch'u 526
Tung-shan-Schule 454
Tung-shen 328
Turfan 108, 295, 402, 532
Turfan-Texte 533
Turfanexpedition 481
Turfanfragment 295
Turkestan 173, 231, 402, 530
Turkvölker 313
Turnour, George 98, 106
Tuschemalerei 316
Tuṣita 173
Tuṣita-Himmel 89, 289, 453, 481
Tz'u-en 161
Tz'u-min 120, 161, 482
Tzu-chih-lu 123
Tzu-jan 330

U chan Htoon 309
U Narada Mahathera 409
U Nu 77
U Ottama 77
U rgyan 483
Ubasoku 424
Übelwollen 340, 389, 394
Überlieferung, Überlieferungsgeschichte 62, 83, 185, 229-230, 244, 279, 281, 316, 354, 401, 451, 484, 493, 531
Überlieferung, legendäre 200, 302, 353
Überlieferungskritik 229
Überlieferungslinien 470
Überlieferungstradition 208, 270
Übernatürliche, das 188
Überreste des B. 91 ↗Reliquien
Überwindung der Leidenschaft 493
Übung, geistige 235
Übungen, vorbereitende 80, 387, 509
Übung (oder) Grundlagen der Achtsamkeit 409
Übungsperioden 417
Übungswege 391

Udāna 48, 130-131, 137, 181, 209-210, 238, 402, 407-408, 416, 483
Udānavarga 130, 137, 238, 402, 406
Udāyibhadra 483
Uddaka Rāmaputta 90, 484
Uḍḍiyana 350, 483
Udraka Rāmaputra 90, 484
UdSSR 531 ↗Rußland
Uiguren 295
Uiguren-Herrscher Bögü Khan 295
Uigurenreich 295
Ujjain 353
Ujjeni 353
Ulan Bator 314-315
Ullambana 44
Umherwandern 360
Ummon 169
Ummon Bun'en 525
Umwandlung 394
Umwelt 459
Ümyön Künga Sangpo 189
Unabhängigkeit 65, 77, 242, 423
Unabhängigkeit, nationale 156
Unbehaustheit 311
Unberührbaren, die 40, 237
Unbeständigkeit 501
Unerlöste 407
Unerlöstheit 414
Unermeßliches Licht 43
Unfrieden 111
Ungarn 158
Unheil 188, 240, 339, 442-443, 461
unheilsam 155, 265-268, 299, 313, 396, 416, 440, 508
Unheilsgrößen 484
Unheilssituation 159, 473
Unheilszusammenhang 152, 155
Unheilszustand 152, 165
Unierte Buddh. Kirche 504
Unio mystica 320, 387
Universalreligionen 474
Universum 86, 181, 461, 452, 485, 498
Unkörperlichkeit 53, 63, 165, 175, 398, 514
Unreinheit 500
Unsterblichkeit 455, 485
Unsterblichkeitsbewußtseins 86
Unsterblichkeitstrank amrita 44, 61
Unterdrückung 428
Unterdrückung des Buddh. 424
Untergewand 475
Unterhalt der Mönche 430
Unterordnung 493
Unterstützung 421
Unterweisung 69, 373, 408, 428, 444
Unveränderbarkeit 61
Unwissenheit 62, 68, 372, 473, 484
Unzufriedenheit 299
upācārya 55
upādāna 49, 73, 372, 383, 484, 502
upādānakkhandha 70, 375, 395, 501
upādānaskandha 340, 395
upādānaskhandhah 501
upādhyāya 432, 484
Upagupta 313
upajjhāya 432, 484
Upāli 244, 355, 485
Upanischaden 46, 62, 85-86, 131, 153, 168, 187, 263, 301, 305, 319, 357, 394-395, 431, 485, 496-497, 512, 523
upāsaka/upāsikā 74, 90, 167, 179, 256, 424, 486
Upasākajanalaṇkāra 486
upasaṃpadā 38, 176-177, 233, 235, 341, 393, 486
Upatissa 509
upāya 36, 51, 272, 286, 359, 367-368, 486, 490, 511, 521
upāyākauśalya 36, 41, 209, 374, 486
upekkhā 87, 180, 487
upeksā 87, 180, 487
Uposatha 68, 164, 370, 393, 411, 487
Uposathakkhandhaka 370
Ur-Buddha 34, 258
Urdu 352
Urel bei Bodh-Gaya 188
Urga 314
Urkanon 276, 353, 487
Urmaterie 394
Urmutter 418
urna 251
Urozean 441
Ursaṇgha 485
Ursachen 193, 517
Ursprung 450
Urubilvā/Uruvilvā 79, 90, 150, 188, 487
Uruvelā 79, 90, 150, 188, 437, 487

USA 99, , 219, 271, 363, 421, 428, 446, 478, 503
Usas 496
Usbekistan 530
Uṣṇīṣavijaya 144, 487
utarāsaṇga 475
Utgatar-Priester 496
Uttar Pradesh 188, 432
Uttarāpathakas 257
uttārasaṇga 487

vācā 124
vacana 228
Vaccha 494
Vacchagotta 489
Vagga 130, 233, 398, 483
Vahram I. 294
Vaibhara-Berg 489, 496 ↗Heilige Berge
Vaibhāṣika 406, 489
Vaiśālī 37, 129, 244, 267, 284, 489
Vaidalyaprakaraṇa 325
Vaiśeṣika 127
Vaiśya 154, 179, 237
Vaipulya-Sūtren 61, 288, 489
Vairocana 139, 170, 391, 421, 424, 489
Vairocana-Buddhologie 296
Vajji 267
vajra 34, 37, 61, 144, 161, 174, 462, 490-492, 512
Vajra-Bache 492
Vajrabodhi 44, 115, 204, 308, 439, 490
vajrācārya 491
Vajracchedikā-Prajñāpāramita-Sūtra 139, 368, 491
Vajradhātu 101, 158
Vajrapāṇi (Vajra-Familie) 37, 70, 139, 491
Vajrasattva 37, 491
Vajravārāhī 125, 397, 492, 494
Vajrayāna 34, 43-44, 54-55, 61, 81, 97, 101, 109, 124, 129, 131, 170, 177, 182-183, 185, 192, 204, 206, 208, 223-224, 259, 263, 265, 280, 282, 285, 291-292, 297-299, 316, 358, 364, 368, 384, 387, 414, 450-452, 476, 478, 489-490, 492, 494, 522
Vaṃsa-Reich 494
Vappa 494
Varagoda 356
Vārāṇasī 69, 405, 494
varga 233
varṇa 237
varṣa 495
Varuna 496
vassa 167, 495
Vastu 508
Vasubandhu 30-31, 55, 134, 161, 193, 219, 235, 248, 328, 406, 410, 472, 477-478, 495, 524
Vatsagotra 489
Vatsīputrīya 47, 60, 124, 375, 405, 436, 495
vayāma 33
vayo-dhātu 148
vayu 148, 496
Vebhāra-Berg 244, 355, 496
Veda 64, 85-86, 127-128, 194, 212, 237, 301, 346, 400, 485, 496-497, 512, 523
Veda-Student 194
Vedalla 48, 408, 483
vedanā 372, 409, 440, 497
vedananūpassanā 409
Vedānta 62, 85, 127, 205, 485-486, 497
Veden 298
vedikā 460, 498
Vegetarismus 103, 211, 440, 498
Veränderlichkeit 512
Verantwortlichkeit 412, 415
Verantwortung, soziale 217
Verblendung 155, 188, 211, 234, 240, 253, 264, 313, 338, 396, 398, 416, 483-484
Verdienste 250, 366, 499, 515
Verdienstübertragung 486, 499
Verehrung 40, 194, 279, 328, 367, 375, 383, 387, 421, 423, 443, 460
Vereinheitlichung 391, 397, 461
Vereinigung, sexuelle 298, 368, 452, 521
Verfallserscheinungen 393, 399
Vergänglichkeit 39, 61, 72, 90, 129, 192, 215, 257, 264, 406, 409, 473, 501, 508, 511
Vergebung 68
Vergebungsbitte 174
Vergehen 359, 473, 500

Verhalten, rechtes 87, 499
Verhaltensnormen 507
Verhaltensregeln 370, 507
Verheiratete 249
Verkündigung 82, 401, 413, 511
Verkündigung Buddhas 413
Verlöschen 278, 280, 338-339, 500
Vernichtung 176, 339, 483
Vernichtungsglaube 141
Vernichtungslehre 483
Vernichtungszustand 514
Vernunft 446
Verordnung der „Trennung von Gottheiten u. Buddha" 424
Verordnungen für Mönche u. Nonnen 461
Verpflichtung 359
Versammlungen, vier 392
Versammlungshalle 146, 460, 505
Versammlungsort 460
Versenkung 64, 73, 113, 240, 373, 391, 413, 463, 477, 500, 523, 528
Versenkungsstufen 182
Versenkungstechniken 528
Verstand 61
Verstorbene 66, 130, 262, 421, 480, 485, 499
Verstöße 436
Vertiefte Lehre 355, 477
Vertiefung 391, 422
Vertrauen 65, 180, 422, 431, 441, 458
Verunreinigung 500
Vervollkommnung 212, 493
Verwandlung der Gestalt 203
Verwandlungsleib 338, 475
Verwandte 163
Verweilungszustände 87, 168
Verweilzustände, vier erhabene 87, 180, 303, 307, 502
Verweltlichung 388
Verwestlichung 250
Verzicht 178, 411
Verzicht auf Gewaltakte 435
Verzückung (piti) 84, 303
Vesakh-Fest 104, 151,500
Vesākha 500
Vesālī 129, 263, 267, 489, 500
Veṭhadīpa 380
Vetter, Tilmann 109
Veyyākaraṇa 48
Viallet, F. A. 101
Viḍūḍabha 232, 361, 500
Vibhaṅga 29, 500
Vibhajja-vāda 289, 312, 468, 500
Vibhajyavādins 124, 193, 237, 405, 436
Vibhavatriṣṇā 56, 502
vicikicchā 340
Viśvapāṇi 139
vidyā 516
Vientiane 261
Vier Großkönige 305
Vierfache Gemeinde 284
Vietnam 55, 104, 363, 467, 502, 528
Vietnamkrieg 504
Vigrahavyāvartanī 325
vihāra 35, 460, 495, 504, 512
Vijaya-Bahu I. 433
vijñāna 70, 176, 372, 427, 505
vijñana/viññana 128
vijñānavāda 505
Vijñānavādin 138, 523
Vijñaptimātratā 198, 251, 477
Vijñaptimātratāsiddhi 505
Vikramaśīla 327, 364, 505
Vimalakīrti 457, 506
Vimalakīrti „Chu Wei-mo-ching", 417
Vimalakīrti-nideśa 414
Vimalakīrtinirdeśa-sūtra 257, 506
Vimalamitra 470
Vimānāvadanā 506
Vimānavatthu 131, 238, 506
Viṃśatikā 198, 359, 495, 505
vimokkha 506
vimukti/vimutti 187-188, 506-507
vimuttimagga 509
vinaya 34, 38, 45, 53, 91-92, 94, 116, 132-133, 147, 167, 203, 230, 244, 248, 253, 267, 273, 279, 288, 311, 318, 328, 341, 353, 355, 359, 365, 370, 379, 381, 383, 393, 403-406, 417, 428, 444-445, 453, 456, 464, 468, 477, 485, 500, 507, 533
vinayapiṭaka 162, 176, 231, 269, 283, 349, 355, 365, 403, 406, 500, 507
vinaya-Regeln 465
vinaya-Schule 508

vinaya-Texte 228
vinaya-Tradition 244
vinaya-Überlieferungen 92
viññana 70, 124, 176, 372, 427, 505
vinyana 132
vipassanā-bhāvanā 73
vipassanā-Meditation 303
vipassanā-Übung 409
vipaśyanā 260, 508
vipaśyanā-bhāvanā 508
Viras 126, 358
virāga 132
viriya 37, 65, 359, 508
Visionen 463
Viṣnu 64, 194
Viṣnu-Frömmigkeit 497
Visualisation 452, 523
Visuddhimagga 95, 131, 342, 468, 509
Visvapāṇi 509
Vivekānanda 498
Volks-Shintō 423
Volksbuddhismen 144, 180, 360, 521
Volksdialekte 401 ↗Dialekte
Volksfrömmigkeit 41, 118
Volksglauben 116, 177, 251, 465
Volksreligiosität 179, 380, 424, 464, 509
Volksschichten 422
Vollendeter 425
Vollendung der Weisheit 80
Vollkommen-Erwachter 88, 501
Vollkommenheit 352, 359, 374, 430, 436, 468, 486
Vollmond- u. Neumondtage 151, 164, 370, 393, 487, 500
Vollmönche 343
Vollordination 233, 433
Vollzug, religiöser 384
Vorbereitungszeit 486
Vorbuddh. Religion Tibets 83
Vorexistenzen 150, 215
Vorschriften 311, 500
Völkerverständigung 462
VR China 105, 449, 469, 471 ↗China
Vriji 267
Vrjiputraka-Mönche 244
vyāyāma 33
W-Ghats 71
W-Indien 353 ↗Indien
W-Nepal 389 ↗Nepal
W-Neuguinea 206
W-Tibet 389-390 ↗Tibet
Wachirayan 464
Wächter 424
Wächter der vier Himmelsrichtungen 420
Waddell 313
Waffen 61
Wagenfest 361
Waghora-Fluß 35
Wahl der geschickten Mittel 374
Wahlverwandtschaft 176
Wahrheit 61, 131, 182, 209, 281, 395-397, 421, 446, 485, 496, 501-502, 511
Wahrheit, doppelte 41, 115, 286, 511
Wahrheit, höchste 359, 511
Wahrheiten, vier edle 33, 69, 72, 87-88, 91, 145, 150, 152, 263-264, 265, 338, 410, 501
Wahrnehmung 39, 149, 264, 299, 327, 339, 363, 409-410, 427, 511
Waldeinsiedler 57, 194, 311
Waldmönch 311
Waldschmidt, E. 108, 280, 406
Walleser, M. 108, 313
Wallfahrt 79, 150, 437
Wallfahrtsstätte 50, 69, 79, 277, 378, 437
Wallfahrtszentren 69, 188
Wandel 379, 387, 395
Wanderasket 489, 512
Wanderlehrer 374
Wandermendikanten 360
Wandermönche 294-295
Wandern durch die Existenzen 47, 67, 88, 150, 338, 515
Wang Fou 455
Wang Pi 330
Wang Yang-ming 118
Wang-sheng-lun-chu 450
Wanshi Shogaku 201
Warte, buddhistische 105
Waschungen 384
Wasser 212, 489, 496
Wasserfilter 155
Wat 512

Wayman 185
Weber, M. 169, 221, 388
Weddide 206
Weg, tantrischer 453
Weg der Götter (Kami) 110, 423
Weg des Buddha 110, 147, 155, 423
Wei 453, 518
Wei Yüan-sung 242, 513
Wei-Chin-Zeit 330
Wei-Dynastie 273, 456
Wei-lang 200
Wei-shih-er-shih-lun 198
Wei-shih-Schule 512
Wei-shin 161
Wei-t'o 420, 512
weibliche Gottheit 182, 190, 266, 457
weibliche Kraft 368, 418
weibliche Laien 284
Weihe der Novizen 163
Weihezeremonie 40
Weiße Hunnen 531
weißer Elefant 89
Weiser aus dem Śakya-Stamm 390
Weißgekleidete 211
Weisheit 37, 41-44, 51, 58, 61, 65, 82, 139, 169, 171, 190, 219, 243, 251, 258, 265, 286, 291, 297, 302, 358-359, 367-369, 379, 413, 422, 466, 490, 512, 514
Weitergabe der Lampe 362, 457
Welt 162, 177, 212, 225, 257, 262, 265, 302, 338-339, 357, 371, 374, 396, 398, 407, 414, 421, 439, 441, 451-452, 474, 477, 484, 493, 497-498, 513-514, 516-517
Welt, westliche 528
Welt der Erscheinungen 368
Welt der Geburten u. Tode 339
Welt- u. Existenzerfahrung 265
Weltachse 304
Weltanschauungen 149, 456
Weltbild, naturwissenschaftliches 254,340
Weltbuddhismus, Dachorganisation 517
Weltelemente 138
Weltenberg Sumeru 224
Weltenherrscher 377
Weltentsagung 194, 349, 360
Weltentstehung 195, 514
Weltflucht 311, 513
Weltfrieden 105
Weltfriedens-Pagode 378
Weltgestaltung 365
welthafte Existenz 299
Weltkonferenz der Religionen für den Frieden 168, 122, 382
Weltordnung 36, 189, 337
Weltparlament der Religionen 99, 136, 446
Weltschöpfer 84
Weltwirklichkeit 50, 446
Weltzeitalter 156, 514
Wen ch'eng 221, 378, 429, 469
Wen-cheng 221, 429, 469
Wen-shu 44, 188, 514, 518
Wensa Losang Döndrub 357
Werde- und Wandelwelt 299
Werde-Lust 502
Werdedurst 150
Werden 72, 150, 176, 266, 372, 395, 514
Werken 404, 412
Wert 157, 309, 408, 414
Wertehierarchie 157
Werthaftigkeit 157
Wertorientierung 337
Wertvorstellungen 189
Wesen 173, 180, 182, 184, 193, 291, 308, 366, 370, 373, 395-396, 410, 412-413, 416, 430, 435, 492, 499, 514, 523, 526
Wesen, göttliche 212
Wesenheit 442, 521
Wesensgestalt 455
Wesensschonung 515
Westergaard, N. L. 353
westl. Buddh.-Forschung 136
westl. Honganji 219
westl. Mönche 342
westl. Philosophie 31, 121
westliches Paradies 379, 440, 515
Wetterzauber 439
Wiederstand, religiöser 77
Widmung der Verdienste 387, 499, 515
Wiedererscheinen 127
Wiedergeburt 49, 59, 62, 67, 85, 87, 96, 120, 129, 145, 151, 153, 155, 165,

174, 177, 182, 191, 196, 225, 233, 256, 263-264, 291, 296, 298, 338, 372, 395-397, 409, 414-415, 427, 453, 474, 480-481, 499, 506, 515, 526 ↗Reinkarnation
Wiedergeburtsebenen 234, 374
Wiedergeburtsgeschichten 48, 238, 408
Wiedergeburtslehre 182, 195
Wiedergeburtswelt 193
Wiederverkörperung 126, 173, 235, 357, 480
Wien 102, 109, 333
Wilber, Ken 466
Wildgans-Pagode 460
Wille 234, 262, 493, 516
Willensfreiheit 291, 516
Willenskraft (viriya) 84, 262, 508
Willensstrebungen 299, 327, 363, 396
Willenstätigkeit 396
William, Thomas 99, 107, 354, 356
Windisch, E. 107
Winternitz, M. 108
Wirken 490
Wirklichkeit 41, 137, 158, 193, 216-217, 302, 357, 368-369, 387, 392, 396, 409, 421, 442, 446, 451, 475-477, 485, 493, 505, 521
Wirklichkeitserfassung 358
Wirklichkeitsgehalt 513
Wirkmächtigkeit 380
Wirkungen 517
Wissen 125, 218, 303, 358-359, 367, 391, 394, 475, 477, 484, 492, 516
Wissenschaften 388, 453, 478
Wissenserlösung 507
Wohlergehen 69, 430
Wohlfahrt, öffentliche 57
Wohlstand 194, 428
Wohltätigkeit 430
Won 517
Won-Buddhismus 517
Wonbul-gyo 249
World Conference on Religion and Peace 208
World Fellowship of Buddhists 102, 104, 136, 263, 310, 517
World Fellowship of Buddhists in Bangkok 342
Worte 412, 492
Wortübertragung 208
Wörterbuch, buddh. 342
Wu 114, 1, 199, 269, 330, 453, 517
Wu Tse-t'ien 118, 164, 273
Wu-ch'ang 449
Wu-chiao-chang 164
Wu-liang-shou-ching 450
Wu-men 518, 525
Wu-men Hui-k'ai 318, 517
Wu-men-kuan 318, 517-518
Wu-t'ai-shan 188, 514, 518
Wu-tsu 449, 522, 525
Wu-tsu Fa-yen 518
Wu-wei 115, 170, 455, 479, 481, 518
Wu-wei-Formel 478-479
Wu-yüeh 188
Wunder 161, 517
Wundererzählungen 299, 309
Wunderheilungen 48, 335
Wunderkraft 301, 453
wundersame Ereignisse 279
Wundertätigkeit 94, 163, 166
Wunschjuwel 251, 378, 516
Würdenträger 480
Würdetitel 217, 458, 467
Wurzellama 258
Wüste Gobi 389
Wüste Takla Makan 415
Wuyüeh 455

X'ian 460
Xizang Zizhiqu 469
Xuanzang 364

Yab-Yum 34, 36, 171, 183, 185, 224, 293, 368, 397, 476, 521, 523
Yab-Yum-Darstellungen 391, 521
Yab-Yum-Praktiken 316
Yaśodharā 522
Yajur-Veda 496
yakkha 177
yakṣa 177, 521
Yama 67, 130, 136, 521
Yamaka 29, 521
Yamāntaka 136, 183, 297, 490, 522
Yamunā 485, 494
yāna 39, 153, 161, 272, 522
yāna: Buddha-yāna 97

Yang 188, 199
Yang-ch'i 198, 420, 518, 522, 525
Yang-ch'i Fang-hui 522
Yang-ch'i-Linie 479
Yang-shan Hui-chi 169, 251
Yang-Yin 519
Yangsi 480
yantra 303
Yasodharā 70, 522
Yeshe Tshogyal 350
Yeshe Tshogyel 522
Yi 247
Yi-Dynastie 247
Yi-tsing 364
Yidam 125, 190, 224, 258, 266, 491, 522, 535
Yidam-Gottheiten 185, 358
Yin-Yang-Symbol 480
Yin-yüan Lung-ch'i 345
Yoga 33, 37, 55, 60, 107, 124, 127, 248, 303, 394, 523
Yoga der Bewußtseinsübertragung 414
Yoga des Klaren Lichtes 414
Yoga des Zwischenzustandes 414
Yoga mystischer Hitze 414
Yoga-Tantra 451, 525
Yoga-Techniken 414, 418
Yogācāra 73, 124, 138, 197, 199, 290, 302, 378, 495, 505, 523, 525, 529
Yogācāra-bhumi 290
Yogācāra-Lehre 288, 505
Yogācāra-Lehrer Vasubandhu 505
Yogācāra-Philosophie 359
Yogācāra-Schule 38, 56, 177, 225, 261, 275, 285, 287, 290, 327-328, 392, 404, 442, 459, 477
Yogācārabhūmiśāstra 56, 408, 524
Yogācārin 124, 253, 495
Yogi 145, 223, 305, 344, 364, 368, 476, 491, 523
yojanas 212, 304
Yokoji 429
Yomyo Enju 526
yoni 418
Young Men's Buddhist Association (YMBA) 77
Yöntän Gyatsho 126
Yü-chia nien-sung fa 491
Yü-chia-lun lüeh-tsuan 251
Yü-lu 199, 267, 301
Yüan-Dynastie 118, 314, 449, 455
Yüan-jen-lun 479
Yüan-wu 198, 201, 449, 517-518
Yüan-wu K'o-ch'in 525
Yüan-Zeit 116, 352
Yüang-ying 525
Yüan 518
Yüeh-shan Wei-yen 519
Yuktisastika 325
Yün-chu Tao-ying 481
Yün-hua 116
Yün-kang 117, 251, 273, 453, 525
Yün-men 198, 316, 526
Yün-men Wen-yen 169, 525
Yün-men-Haus 169
Yün-yen 478
Yün-yen T'an-sheng 481
Yung-min 118
Yung-ming 120, 123, 457, 482
Yung-ming Yen-shou 526
Yunnan 469
Yuzu 385
Yuzu-nenbutsu-shu 385, 526

Zahlengruppen 49
Zahnreliquie 50
Zahor 350
Zaṅs dkar 527
Zanskar 191, 256, 527
Zarathustra 294
Zarathustrismus 152, 294
Zauberer 44
Zauberkraft 301
Zaubersprüche 496
Zazen 142, 201, 409, 527
Zehngestaltige, dermachtvolle 127
Zehn-Regeln-Laienanhängerinnen 341
Zeit 193, 518
Zeitalter, drei 456
Zeitalter, letztes 473
Zeitlos-Ortlos 517
Zeitrechnung 104
Zen 42, 52, 113, 125, 148, 158, 169, 190, 249, 253, 265, 335, 339, 362, 381, 384, 410, 412, 429, 446, 517, 528-529
Zen-Ausbildung 417

Zen-Buddh. 45, 66, 81, 101, 113, 147, 169-170, 179, 195, 200, 214, 240,248, 265, 286, 311, 313, 319-320, 341, 345, 381, 409, 429, 440, 445, 527-528
Zen-Erfahrung 384, 409-410
Zen-Klöster 417
Zen-Kunst 459, 528
Zen-Meditation 529
Zen-Meister 384, 416, 528
Zen-Praxis 429
Zen-Schule 113, 200, 268, 439
Zen-Tradition 45, 150, 362
Zentral- und Nordosttibet 178
Zentral-Thai 464
Zentralasien 65-66, 135, 162, 166, 197, 227, 236, 251, 280, 314, 389, 406, 415, 496, 530
Zentralasienmission 173
Zentralchina 418 ↗China
Zentralindien 227, 399, 406, 460 ↗Indien
Zentraltibet 271, 390 ↗Tibet
Zentren der Welt 460
Zentrum, religiöses und kulturelles 432
Zentrum, tib. in Hamburg 158
Zeremonien 35, 461, 467, 508
Zeremonientänze 113
Zeugnisanrufung der Erde 447
Zeugung 291, 518
Zhalupa 470
Zhang-Zhung 83
Zhijepa 124, 470, 534
Zhijepa-Schule 275, 364
Ziegelstupa 232
Ziehen in die Hauslosigkeit 311
Zierden der Lehre, sechs 134
Zimmermann, Friedrich 277, 438
Zorn 211, 398
zornvoll 490, 523
Zölibat 85, 147, 178, 223, 243, 249, 311, 341, 534
Zönobiten 311
Zucht, sittliche 284
Zu-shih 362
Zuflucht 94, 131, 498, 534
Zuflucht, dreifache 534
Zufluchtnahme 258, 509, 534
Zufluchtsformel 432, 485
Zur-Ruhe-Kommen 168, 391
Zurmang 478
Zusammenkünfte, rituelle 505
Zusammenleben 507
zuschauen 479
Zustand der Welt 305
Zuversicht 431
Zwangskonversion 331
Zwei-Leiber-Lehre 407
Zwei-Stufen-Ethik 310
Zweifel 165, 340, 398, 449
Zweifelsucht 240, 299, 389, 435
Zweiheit 498
Zweikorb 230 ↗Korb
Zwischenzustand 66, 535
Zyklische Zeitvorstellungen 195